JN418384

국제금융론

이종섭 저

도서출판 두남

PREFACE

금융혁신의 흐름이 가속되고 있다. 인공지능 등 정보통신기술(ICT)이 융합되어 이루어지는 4차 산업혁명의 시대가 전개되고, 5G기술을 적용하고 있는 모든 산업분야의 혁신이 지속되면서 금융산업도 새로운 도약의 기회를 맞고 있다.

지구촌 곳곳에서 불규칙적으로 발생하고 있는 금융위기는 우리 모두의 경제생활에 영향을 미쳐 국제금융시장의 통합화를 실감하게 된다. 금리, 주가, 환율은 모든 사람의 일상에 반영되고 있으며, 지구 반대편에서 발생하는 금융위기는 우리의 금융에 영향을 주고 있다.

본서는 지난 30년 간 국제금융론을 강의하면서 연구하고 분석한 내용을 정리하여, 국제금융을 전공하는 학생과 국제금융에 관심이 있는 다양한 분야의 직장인, 그리고 금융분야의 자격증취득에 도전하는 도전자들의 국제금융학습을 위해 발간하게 되었다.

본서는 국제금융의 전반적이고 체계적인 이해를 돕기 위해 5개 분야로 대별하여 기술하였다.

제1부는 국제금융의 기본적 수단을 제공하는 외환이 된다. 국제금융이 국가 간 자금의대차와 융통이므로, 국제금융의 이행에 기조가 되는 통화의 교환과 관련되는 외환을 분석하고 있다.

제2부는 한 국민경제의 관점에서 국제금융을 조명하는 국제수지가 된다. 국제금융은 한 국민경제에서 시작되어 타 국민경제로 전개됨으로, 한 국민경제에서 대외경제와의 국제금융을 조명한다.

제3부는 두 국민경제의 관점에서 국제금융을 연계시키는 국제자본이동이 된다. 국제자본이동은 국가 간 금융이므로 기본 국민경제와 외부경제를 연계시키는 두 경제 관점에서 보는 국제금융이 된다.

제4부는 광역경제지역을 대상으로 국제금융을 확대하는 국제금융시장이 된다. 국제금융 system을 광역지역으로 확대함으로써, 국제금융의 범주와 기능의 다양화를 모색할 수 있게 된다.

제5부는 global한 관점으로 국제금융을 조명하는 국제금융협력이 된다. 자유화와 국제화의 흐름으로 개별국가 금융은 급속히 국제금융에 융합되고 있어, 국제금융협력은 국제금융에 거시적 안목을 제공한다.

30여 년의 강의내용을 갈고 닦아 본서로 출간하게 되어 큰 보람을 느끼며, 아울러 집필기간 내내 시간을 할애해 준 가족들에게 깊은 감사를 표한다.

2019년 늦여름

이종섭

CONTENTS

PART Ⅲ 국제수지

PART Ⅳ 국제자본이동

PART Ⅵ 국제금융협력

PART

I

국제금융의 원리

Chapter

1 국제금융의 의의

제1절 국제금융의 개요

Ⅰ. 금융과 국제금융

1. 금융

금융(finance)은 경제주체 간 자금대차 및 융통을 의미하는 것으로, 자금이 풍부한 지역으로부터 자금이 부족한 지역으로 이동하여 채권, 채무관계를 형성하는 것이다. 보편적으로 한 경제권내에서의 금융은 해당경제에서 통용되는 화폐인 통화로 이루어지게 된다.

각국은 중앙은행이 발행하는 통화로 각종거래를 이행하고 있으며, 통화의 유동성을 담보로 금융행위가 이루어진다. 그러나 각국통화의 유통으로 구분되는 경제권은 상대적으로 협소하여, 경제행위 및 금융이 점차 다른 경제권으로 확대되어 진다.

다수의 경제권이 단일통화로 통합되는 경우도 발생한다. 새천년 들어 EU12개국이 유로화로 단일통합경제권이 되었다. 이들 국가는 단일통화를 관장하는 통합중앙은행을 설립하고, 통합된 금융정책으로 경제영역을 확대해 가고 있다.

경제주체들에게 경제활동영역이나 금융대상지역을 확대한다는 것은 이익의 기회를 넓혀 갈 수 있는 시장 확대의 의미가 된다. EU의 경제권통합에 따른 긍정적 효과는 여타경제 bloc지역에서의 통화통합 시도를 유발하고 있다.[1)]

---

1) EU의 통화통합에 따른 유로화의 전면적 도입을 계기로 동아시아지역의 ASEAN+한국, 중국, 일본의 통화통합을 위한 전제조건으로, EU의 통화통합 전제조건으로 시행된 유럽통화단위(ECU: Eropean Currency Unit)를 모방한 아시아통화단위(ACU: Asian Currency Unit)도입이 논의된 예를 들 수 있다.

2. 국제금융

국제금융(international finance)은 한 경제 내에서 발생하는 금융을 타 경제로 확대한 것으로, 국가 간 자금의 대차나 융통이 이루어지는 현상을 의미한다. 따라서 국제금융은 자금의 수익성 등 경제적 목적으로 자금의 대여자와 차입자가 국경을 지나, 전 세계를 대상으로 자금의 효율적 운용을 이행하는 것이다.

단일통화로 이행되는 국내경제행위가 무역과 투자 등 국제경제로 확대되면서, 국제결제에 따른 국제금융의 확대는 필연적인 과정이 된다. 국제금융은 금리, 환율, 물가 등 국가 간 금융여건의 차이로, 자금의 운용에 변동을 발생시키게 된다. 따라서 경제주체들은 금융자산과 금융부채를 국제금융시장에서 효율적으로 관리하여야 할 필요성이 증대됨에 따라 국제금융으로 이행하게 된다.

국제금융은 한 국민경제에서 이루어지는 금융에 비하면, 그 유형과 수단 그리고 목적 등이 다양하다. 다수의 국가를 대상으로 하는 국제금융에는 다수국의통화가 개입되며, 나아가 관련국들의 통화정책도 복합되어지므로, 위험과 불확실성이 증가하게 된다.

세계에는 많은 국가경제가 존재한다. 2019년 6월 기준으로, IMF와 IBRD 등 국제기구에 가입되어진 국가가 189개국임을 감안하면, 그 이상의 국가경제가 운용되고 있는 것이다.

현시점에서 대부분의 국가들이 개방화와 자유화추세에 동참하고 있는 상황을 감안하여, 각국 금융시장을 통합하는 국제금융은 점차 확대되어 갈 것이므로 국제금융시장의 구조는 점차 복잡하게 되고 국제금융의 형태 및 수단도 다양하게 전개되어 질 것이다.

Ⅱ. 국제금융의 보편화

세계무역기구(WTO)와 국제통화기금(IMF)등 실물부문과 화폐부문의 국제이동자유화를 추진하는 국제기구의 활동에 따라, 20세기 말을 기점으로 국제경제는 급속하게 확대되었으며, 개개의 국가경제도 급속하게 국제경제구조로 편입되어지고 있다. 국제경제의 확대는 국내금융에서 국제금융으로 통합되는 현상을 가속화시켰으며, 무역, 외환, 자본자유화의 흐름에서 지속적인 국제경제의 증가, 통신기술의 발달에 따른 격지 간 점두거래의 급증 등으로, 국제금융은 이제 보편적 현상이 되었다.

각국은 자유무역협정(FTA)을 통한 교역의 증가와 시장 확대를 모색하고 있고, 자본이 부족한 국가는 자본시장을 개방하여 외국의 자본을 유입하고 부족한 자본재 설비투자를 충당하며, 자본이 풍부한 국가는 해외로 자본을 유출하여 자본의 한계생산성을 높여 투자수익을 모색하고 있다.

국제금융의 보편화는 긍정적인 효과와 부정적인 효과를 동반하게 된다. 국가 간 자유로운 자본이동은 자본의 한계생산성 향상에 따른 생산, 소득 등 증가효과를 유발하여 전 세계적 관점에서 부와 효용을 증가시키게 된다. 아울러 개별국가시장의 국제시장편입으로 자본의 편재현상이 발생하여, 국가, 지역, 나아가 전 세계적 금융위기를 발생시키게 되며, 금융시장의 침체와 실물시장의 위축을 유발하기도 한다.

WTO, IMF, OECD 등 국제기구의 활동으로 국제경제와 국제금융은 자유화, 국제화의 흐름에서 점차 글로벌화 하고 있으며, 모든 국가들도 시장을 개방하고 재화의 거래에 대한 장벽을 점차 완화해 감으로써, 이해관련국들과의 협력을 통해 성장을 도모하고 있다. 이러한 환경에서 각국은 국제금융의 긍정적 효과를 극대화하고 부정적 효과를 최소화해 가면서, 경제발전을 모색하고 부와 효용을 증대시켜야 할 것이다.

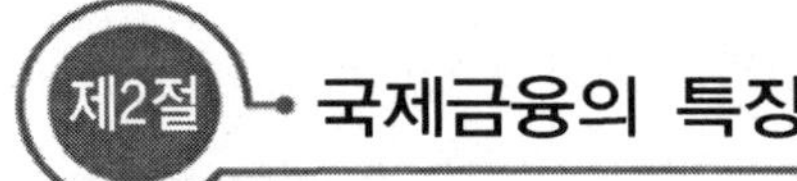

제2절 국제금융의 특징

국제금융은 자금의 융통과 대차를 국내에서 국가 간으로 확대한 개념이 되지만, 현실적으로 국제금융의 이행에는 국내금융에 비해 복잡하고 불확실성이 크게 증대한다. 국제금융에서 발생하는 불확실성은 한 통화권에서 다양한 화폐권역으로 확대되고, 한 경제권역에서 타 경제권역으로 영역이 확산되는 과정에서 발생하게 된다.

Ⅰ. 환율변동과 환위험

국내금융이 국제금융으로 확대되는 경우, 기본적으로 통화를 바꿔야 하는 외환의 문제에 직면하게 된다. 여기에서 통화의 교환비율인 환율문제가 대두되며, 관련 통화당사국의 통화정책이 반영된다. 1973년 킹스턴 합의 이후, 환율제도를 국가들이 자율적으로 선택할 수 있게 되어, 대다수 주요 국가들이 변동환율제도[2)]를 채택한 상황이므로, 환율변동에 의한 환위험 문제가 발생하게 된다.

국제금융에서는 거래당사자 중 한 당사자 이상은 통화를 교환해야 하는 외환의 문제가 발생하고, 국제금융의 대상인 자산과 부채의 가치가 변하게 되는 환위험에 직면하게 되므로 환위험관리가 필요하게 된다.

국제금융에서 발생하는 환율변동에 따른 환위험은 개개의 국제거래에서 발생하는 거래

---

2) IMF는 189개 회원국의 환율제도를 다음의 10개 유형으로 구분하고 있다. ①no separate legal tender, ②currency board, ③conventional peg, ④stabilized arrangement, ⑤crawling peg, ⑥crawl-like arrangement, ⑦pegged exchange rate within horizontal band, ⑧other managed arrangement, ⑨floating, ⑩free floating, IMF, 2013.

적 환위험, 연결재무제표 작성 시 발생하는 회계적 환위험, 그리고 기업의 가치를 변화시키게 되는 경제적 환위험 등이 있다. 따라서 국제금융에 관련되는 모든 경제주체들의 환위험관리가 필요하게 되며, 환위험관리에는 국내금융과는 달리 경제주체들에게 추가적인 시간과 비용을 요구하게 된다.

Ⅱ. 정치적 위험

금융의 범위가 국가 간으로 확대되는 경우, 외국의 경제적, 정치적, 사회적 환경에 영향을 받게 된다. 금융자산의 국가 간 이동은 양국에서 물가, 금리, 통화량, 환율 등 경제기초(fundamental)에 영향을 주게 되므로, 불확실성이 증가하고 국내거래에서는 배제되는 정치적 위험과 신용위험 등 다양한 위험이 발생하게 된다.

정치적 위험은 국제금융거래에서 예측 불가능하게 발생하는 거래상대국의 통화 관련 세금제도의 변화, 수용과 국유화, 시위, 파업, 혁명 등으로 인한 손실발생 가능성이다. 이밖에도 거래불이행 등으로 발생하는 신용위험에 따라, 국제금융거래에서는 국내금융거래에 비해 자금회수가능성이 좀 더 낮게 되어 손실발생의 가능성이 증가한다.

Ⅲ. 규모의 경제

국제금융은 시장 확대에 따른 규모의 경제(economy of scale)효과를 발생시키게 된다. 특히 국민경제의 규모가 적은 경우, 기업의 다양한 동기에 따른 해외시장 진출은 필연적인 과정으로, 시장 확대에 따른 추가이익의 기회와 경영효율성 제고를 위해 필요하게 된다.

국제금융의 규모는 급속히 증가하고 있다. 특히 2천년 이후의 통계를 보면 국제무역의 증가에 따른 결제규모에 비해, 금융자산의 국제거래증가폭이 크게 상승하고 있다.[3] 이는 국가 간 자본의 한계생산력을 비교한 자본이동 목적의 국제금융이 급증하고 있음을 의미한다.

각 개별경제의 통합에 따른 global경제와 global금융은 보편화된 추세로써, 모든 국가들이 국제경제에 동참하고 있어, 점차 국제금융의 범위는 확대되고 있다. 따라서 각 경제주체들은 글로벌 관점에서 경제행위를 이행하면서 규모의 경제효과를 추구해야 하는 과제를 갖게 된다.

3) 한은금융망을 통한 자금결제규모는 2018년 일일 평균 320억$ 수준으로, 상품교역결제의 10배 이상의 규모에 이르고 있다. 한국은행. 금융연차보고서, 2018.

1. 금융(finance)은 자금의 대차나 융통을 의미하며, 자금풍부지역에서 자금부족지역으로 이동하여, 금융당사자 간 채권·채무 관계를 형성시키는 것이다. 보편적으로 한 경제권내에서의 금융은 해당경제권에서 통용되는 화폐인 통화로 이루어지게 된다.

2. 국제금융(international finance)은 한 경제권내에서 발생하는 금융을 타 경제권으로 확대한 개념으로, 국가 간 자금의 대차나 융통이 이루어지는 현상이다. 따라서 국제금융은 자금의 수익성 등 경제적 목적으로 자금의 대여자와 차입자가 연계되어 국제금융시장에서 자금을 효율적으로 운용하는 것이다.
   국제금융은 기본적으로 국내경제행위가 무역과 투자 등 국제경제로 확대되면서, 국제결제에 따른 국가 간 금융의 확대로 이루어지게 된다. 그러나 점차 자금에서 파생되는 금리, 환율, 물가 등 국가 간 금융여건의 차이를 반영하여, 경제주체들이 금융자산과 금융부채를 국제금융시장에서 관리를 통해 효율적으로 운용하기 위한 목적으로 이루어진다.

3. 국제금융에서 발생하는 특징은 크게 세 가지로 구분되어 진다.
   첫째, 금융이 국경을 지나 국제금융으로 전환되는 경우, 경제권의 차이에 따른 통화 간 교환문제가 발생하게 된다. 킹스턴체제의 협의에 따라 주요국의 변동환율제도이행으로 환율변동에 따른 환위험(exchange risk)이 발생하게 되므로, 국제금융에 환위험관리를 필요로 하게 된다.
   둘째, 자금의 대차나 융통이 국경을 지나게 됨으로 외국의 정치, 경제, 사회적환경과, 물가, 금리, 외환시장 등 경제 fundamental의 영향을 받게 되어 불확실성이 증가하고 위험에 노출되어진다. 해외위험에는 외국의 세제 및 통화정책의 변화, 수용과 국유화 등 정치적 위험과 거래불이행 등 신용위험이 있다.
   셋째, 국제금융은 분리된 개별경제의 금융에 비해 시장 확대에 따른 규모의 경제효과를 주게 된다. 특히 자본의 한계생산성을 제고시키기 위한 목적의 국제금융은 추가이익의 기회와 경영효율성을 제고시키는 수단으로 활용된다.

Chapter

2 국제금융 환경

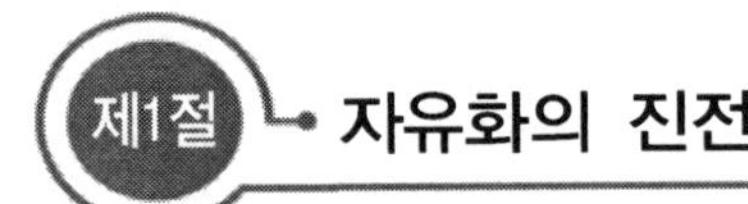

제1절 자유화의 진전

국제경제는 1789년 산업혁명 이후, 제조업의 성장을 기반으로 급속히 증가하기 시작하였고, 이후 각국의 개방경제흐름이 일반화되면서 꾸준히 확대되어 왔다. 20세기에 이르러 국제경제는 국가 별 이해관계에 따라 경제bloc으로 전환되면서, bloc간 대립과 마찰로 성장세가 둔화되었다. 결국 국제경제에서의 국가 간 이해관계 대립은 양차 세계대전을 유발하였으며, 자국의 이익만을 추구하는 폐쇄적 경제주의는 더 이상 허용되지 않아, 시장을 개방하여 같이 성장하고 발전해야 한다는 인식이 팽배하게 되었다.

이러한 분위기에서 제2차 세계대전이 연합국승리도 기울어진 1944년, 연합국 대표들은 국제경제에 대한 국가 간 이해관계 대립에서 발생하는 전쟁을 피하기 위해, 국가 간 실물의 자유로운 이동 및 결제의 효율성을 높이기 위한 국제협력을 모색하게 되었다. 아울러 세계적 관점에서 무역, 외환, 자본 등 경제 관련 자유화를 모색하기 위한 다양한 협조체제를 구축하여 세계경제의 발전을 공동으로 추구하게 되었다.

Ⅰ. 무역자유화

제2차 세계대전 직후, 미국 등 연합국의 주도하에 국제무역질서를 정립하고, 무역자유화를 지속적으로 추진하기 위한 국제무역기구(ITO: International Trade Organization)의 설립이 시도되었으나, 회원국들의 비준을 받지 못하고 무산되었다. 따라서 새로운 국제무역기구의 설립 시까지 한시적으로 운용될 예정이던 「관세 및 무역에 관한 일반협정(GATT: General Agreement on Tariffs and Trade)」이 1994년까지 국제무역을 관장하였다. 그러나 이 기구는 단순협정 형태의 기구로써 회원국들의 의무사항을 이행시킬 강행성이 결여되어, 무역자유화를 강력히 추진하지 못하였다.

GATT의 기능이 제한적이므로 국제무역의 질서를 확립하기 어렵게 됨에 따라, 실질적으로 보호무역을 제한하고 상품 및 서비스의 자유로운 이동환경을 조성하기 위한 국제협력의 필요성이 고조되었다. 급증하는 국제무역의 질서를 새롭게 정립하기 위해 다수국의 협의를 거쳐, 1995년 세계무역기구(WTO: World Trade Organization)가 설립되었다.

WTO는 GATT체제를 대신하여 국제무역의 질서를 세우고 1986년에 시작된 우르과이 라운드(UR: Uruguay Round)협정의 이행을 감시하기 위해 설립된 국제기구로 국가 간 무역관련 분쟁에 대한 판결권과 판결의 강제집행권이 있으며, 규범에 따라 국가 간 분쟁이나 마찰을 조정한다. 또한 세계무역 분쟁조정, 관세인하 요구, 반덤핑 규제 등 준 사법적 권한과 구속력을 행사한다.

WTO는 회원국들의 관세 및 비관세장벽을 철폐하기 위해 노력하였으나, 많은 국가들이 국제수지 어려움을 이유로 일괄적 관세인하에 반대하였고, 결국 무역자유화는 개별국가 간 협정을 바탕으로 이행하게 되어 국가 간 자유무역협정(FTA: Free Trade Agreement)이 보편화되고 있다.[1)]

Ⅱ. 외환자유화

1945년 설립된 국제통화기금(IMF: International Monetary fund)은 세계무역의 확대를 통하여 각 회원국의 경제발전을 도모하고, 외환제한 철폐, 적자국에 자금지원을 목적으로 하는 국제통화협의체이다. 1974년 IMF 24개 이사국대표로 구성되는 IMF의 최고위급 회의로 국제통화금융위원회(IMFC: International Monetary Financial Committee)가 설립되어 IMF의 기능을 관리하고, 회원국들의 의무사항을 감독하는 역할을 수행하고 있다.

국제통화제도의 기본적 업무는 국제통화의 부재현상에서 출발한다. 각국은 통화를 발행하고 관리하면서, 국민경제의 성장발전을 도모하고 있다. 각국의 다양한 통화는 국제경제의 결제에 제약요인으로 작용하여, 무역 및 투자 등 국제경제와 국가 간 금융자산거래에 불편성을 야기하게 된다.

IMF의 설립초기 브레튼우즈체제에서는 금과 미국 달러화의 가치를 고정(금1once=35$)하고, 금과 미국 달러화를 국제통화로 인정하였다. 그렇지만 미국을제외한 모든 국가들은 국제거래결제 시, 자국통화와 국제통화를 교환해야 하는 불편성이 여전히 지속되었다.

1973년부터 시작된 킹스턴체제에서는 의무사항이던 고정환율제도 대신 국가들이 자국의 경제상황에 적합한 환율제도를 선택할 수 있도록 허용하여, 선진개발국은 대부분 변동환율

---

1) 우리나라는 2004년 칠레와의 FTA협정을 시작으로, 2018년 말 기준 52개국과 FTA협정을 체결하고 있다. 체결국은 칠레, 싱가포르, EFTA, ASEAN, 인도, EU, 페루, 미국, 터키, 호주, 캐나다, 중국, 뉴질랜드, 베트남, 콜롬비아, 파나마, 코스타리카, 온두라스, 엘살바도르, 니카라과, 에콰도르, 이스라엘, 멕시코 등이다.

제로 이행하게 되었다. 고정환율제도를 채택하고 있는 대부분의 개발도상국들은 미국달러, 영국파운드, 유로화 등 변동환율제도를 채택한 국가 단일통화나 몇몇 통화에 환율을 고정하는 peg system으로 사실상 변동하는 구조를 갖고 있다.

통화 간 교환성을 용이하게 함으로써, 국제통화 부재의 불편함을 완화시킬 수 있으며, 통화 간 교환성의 보장은 기본적으로 교환비율인 환율안정에서 이루어지게 된다. 환율은 국가 간 통화증발의 비율, 국제수지균형, 국내경제여건 변화에 따른 대출과 차입의 규제, 대외지급에 대한 정책변경 등 요인으로 변동되며, 변동성이 클수록 교환성은 제한된다.

IMF는 원칙적으로 회원국들이 대외지급에 대한 제한적 정책시행을 금지하고 있으며, 정책시행의 원칙이 잘 지켜지고 있는지를 상시 모니터링하고 있다. 예외적으로 만성적 국제수지불균형의 어려움에 처한 국가들에 대해서는 부분적 외환관리를 허용하고 있다[2].

Ⅲ. 자본자유화

국가 간 자본자유화는 자본이동에 따른 자원의 효율적 배분, 자본의 한계생산성 증가, 자본재생산의 증가에 병행하는 소득 증가, 그리고 자본과 결부되어 package형태로 이동하는 기술의 전파 등 많은 경제적 효과를 파생시키게 된다.

자본의 한계생산성이 하락하는 자본풍부국 에서는 타국으로 자본을 이동시켜 보다 높은 자본임대수익을 얻게 되고, 자본의 한계생산성이 높은 자본부족국에서는 외국자본을 유입하여 생산시설의 확충 및 고용증대 등 경제성장을 추진할 수 있다.

국제경제에는 국제수지 흑자기조가 고착된 흑자국과 구조적인 경제구조의 불합리성으로 인한 만성적 적자국이 공존하고 있다. 지속적으로 흑자를 나타내는 국가의 상황은 자본유입에 따른 인플레이션 등 경제에 부정적 영향이 발생하게 되며, 적자국은 자본유출에 따른 소득감소와 소비 감소에 따른 생산 감소, 시설투자 축소 등으로 경기침체가 유발된다.

이러한 상황에서 자본이동에 규제가 없으면, 자본은 생산성을 감안하여 자본풍부국에서 자본부족국으로 이동하게 되는데, 자본이동을 제한하는 자본 유·출입규제는 자본의 효율적 배분을 저해하면서, 개별 국가경제의 성장을 저해하고, 이해당사국의 연쇄적인 규제를 유발하여 국제금융을 위축시키게 된다.

현시점 자본자유화를 모색하고 추진하는 대표적인 국제기구는 국제협력개발기구(OECD: Organization for Economic Cooperation and Development)로, 세계경제의 발전 및 성장과 인류의 복지증진을 도모하는 선진국 간 협력기구이다. OECD는 설립직후인 1961년

2) IMF는 협정문 제8조에 회원국의 외환규제를 금지하고 있어, 8조의 적용을 받는 선진개발국을 IMF8조국, 협정문 제14조에 국제수지 어려움에 처한 국가에 대해서는 예외적으로 외환규제를 허용하고 있어, 14조의 적용을 받는 국가를 IMF14조국이라 한다.

양대 자유화규약인 「자본이동 자유화규약」[3]과 「경상무역외거래 자유화규약」을 제정하여 금융 및 실물부문의 자유로운 거래촉진을 추진하고 있다. 또한 국제통화기금의 개혁안에도 자본이동의 자유화를 강화하는 내용이 첨부되는 등 자본자유화의 흐름이 보편화되는 추세에 있다.

전 세계적 관점에서 보면 자본자유화는 긍정적인 효과를 창출하지만, 개별국가에서는 금융경쟁력의 수준, 금융시스템의 구비 등에 따라 부정적 효과가 나타날 가능성이 존재한다. 대규모 헤지펀드가 국제금융시장에서 운용되고 있는 상황에서, 금융 관련 인프라 여건이 취약한 국가는 급격한 자본유출·입으로 금융위기를 겪을 위험도 상존한다. 이러한 경우는 자본의 유·출입을 제도적으로 규제하는 것이 필요하다.

국가 별 자본이동에 대한 규제는 직접적 방법과 간접적 방법이 있다. 직접적인규제는 거주자의 해외차입 제한, 비거주자의 국내증권투자에 대한 승인, 국내금융기관의 비거주자에 대한 대출제한 등의 방법으로 시행되고 있다. 간접적인규제는 자본 유·출입에 대한 세금부과나 일정부분 예치의무부과 등의 방법으로 시행되고 있다.

제2절 global 금융위기발생

Ⅰ. 금융위기의 원인

금융위기(financial crisis)는 금전의 대차 및 융통기능이 제한되는 것으로, 금융기관인 은행의 예금인출사태에 따른 부채상환이 어려워지는 은행위기(bank crisis)와, 국가의 통화가치가 급격히 하락하여 정책당국이 환율상승을 방어하지 못하게 되는 외환위기(foreign exchange crisis)의 상황을 의미한다. 은행위기와 외환위기는 밀접한 상호작용으로, 동시에 발생하거나 시차를 두고 연쇄적으로 발생하게 된다.

은행이 단기자금을 과도하게 차입하는 경우, 신용하락에 의한 만기연장 거부 등으로 국제유동성 부족에 따른 외환위기가 발생하게 된다. 은행의 인출사태로 인한 은행의 파산을 방지하기 위해 확대통화정책 시행이나 공적자금투입 등이 발생하면, 투기자금의 국내통화 투매로 외환위기가 발생한다. 또한 국제수지적자로 평가절하가 예상되는 경우 외화의 매입이 지속되어 외환위기가 발생하고, 은행에서 외화매입자금을 지속적으로 인출하여 은행위

3) OECD의 자본이동자유화규약은 국가 간 자본거래를 직접투자, 증권발행 및 매매, 부동산거래 등 16개 분야에 걸쳐 91개 항목별로 구분하고, 이에 대한 의무사항을 규정하고 있다.

기가 발생하게 된다.

금융위기의 원인은 해당국의 경상수지, 경제성장율, 물가상승률 등 기초경제여건의 악화에서 유래되는 제1세대금융위기 모형, 시장참가자들의 경제관련 정보를 기초로 한 미래자금의 흐름에 대한 예측을 근거로 발생하는 제2세대금융위기 모형, 경제의 과열과 냉각과정에서 환율에 대한 기대를 반영하여 발생하는 과열-냉각 모형, 인근국가에 전파되는 전염모형 등으로 설명되고 있다.

그러나 최근의 국제금융위기는 점차 복잡하고 다양한 원인이 복합되면서 발생하는 양상을 보이고 있어, 하나의 이론으로는 설명하기가 어려우며, 지속적으로 발생하는 금융위기를 설명하기 위한 이론도 다양화하고 있다.

Ⅱ. 금융위기의 사례

국제금융위기는 최초, 남미의 외환위기에서 시작되었으며, 1980년대 들어 각국의 해외투자 및 외자 도입과 관련한 금융규제가 완화되는 국제금융자유화의 추세에서, 환율제도의 경직성, 과도한 외자차입 등 금융시스템의 불안정성 등이 원인이 되어 주기적으로 발생하고 있다.

최근 들어 금융위기는 한 국가에서 경제연관성이 깊은 이웃국가로 전이되어 점차 광역화되는 추세를 보이고 있으며, 투기자금의 이동에 따라 전 세계로 확산되는 경향을 나타내게 되었다. 금융위기의 해결을 위해 IMF 등 국제금융기구와 더불어, 경제이해관련국들의 다각적인 협조체제가 필요하게 되었다.

현대적 관점에서, 최초의 국제금융위기는 1992년 EU의 통화통합 추진을 위한 유럽통화시스템(EMS: European Monetary System)금융위기로, EU 가입을 위한 회원국들의 경제수렴조건 달성을 위한 과정에서, 스웨덴과 핀란드 등 북유럽국가들의 통화가치 절하를 예상한 투기세력의 공격으로 시작되었다.

1994년에 멕시코에서 발생한 금융위기는 아르헨티나 등 남미국가로 전이되었다. 멕시코는 과다한 외자도입으로 통화인 페소화의 고평가에 따른 경상수지 적자누적 등 기초경제변수의 악화로, 외환보유고 감소와 외자의 급격한 유출로 외환위기가 발생하였다. 멕시코의 금융위기는 1995년에 아르헨티나와 브라질 등 국가로 전이되었다.

1997년 동아시아외환위기는 본격적인 국제금융위기의 시발점이 되었다. 태국에서 시작된 바트화 폭락에 이은 외자의 유출로 시작된 외환위기는 말레이시아, 인도네시아, 필리핀을 거쳐 우리나라로 전이되었다. 외환위기는 이들 국가에 심각한 경제침체를 유발하여 IMF 등으로부터 구제금융을 받고, 경제의 구조조정을 이행하면서 해소되었으나, 긴축정책의 이행에 따른 실물경제가 위축되는 등 심한 후유증을 겪게 되었다.

2006년 유럽신흥국 금융위기의 발생은 국제금리가 인상되면서, 그 동안 일본 및 유럽선진국들의 자금이 과다하게 유입된 아이슬란드, 터키, 헝가리 등에서 급격한 자금유출이 원인이 되었다. 투기자금의 이들 국가통화에 대한 투매현상이 이어지면서 금융위기가 발생하게 되었다.

2008년 미국의 주택담보대출시장에서 발생한 서브프라임 모기지(sub-prime mortgage) 부실화로 시작된 금융위기는, 유럽과 전 세계로 확산되어진 global 금융위기로 평가된다. 미국의 금리인상에 따라 서브프라임모기지 대출의 연체율과 주택압류가 증가하면서, 모기지 대출회사들의 손실누적과 파산으로 금융위기가 발생하였다. 미국의 금융위기는 미국모기지에 투자한 유럽은행들의 위기를 유발하여 유럽으로 파급되었고, 유럽에 투자한 전 세계국가들로 확산되어, 세계적인 경기침체를 불러일으켰다.

2010년 유로지역의 금융위기는 2008년 미국 글로벌금융위기의 여파와, 2000년부터 유로화의 도입으로, 한 경제권으로 통합된 국가 간 경제력의 차이에서 발생한 금융의 편재현상에서 유발되었다. 유로화 도입으로 같은 경제권이 된 국가 중 재정건전성이 취약한 남부유럽 국가들에서 금융위기가 발생하였다. 유로존의 금융위기는 독일과 프랑스 등 주요국가의 금융지원과 IMF의 금융지원을 받아 해결하였다.

제3절 주요국의 금융정책

Ⅰ. 미국의 출구전략

미국의 2008년 서브프라임모기지 부실화에서 촉발된 글로벌 금융위기로 인하여 세계최대의 투자은행인 Lehman Brothers와 Merrill Lynch사는 파산하였고, The Bear Stearns와 AIG에 대해서는 구제금융이 이루어졌으며, 모기지전문 대출회사인 Fannie Mae와 Freddie Mac은 국유화 하는 등 미국은 금융기관의 구조조정에 박차를 가해왔다. 아울러 GM 등 제조업체의 구조조정으로 대규모 유동성 지원을 위한 양적완화조치에 따른 확대금융정책을 시행해 왔다.

미국의 지난10년 간 금융정책은 과거에 유래가 없는 정부의 금융개입으로, 금융위기를 극복하고 실물경제를 안정시키기 위한 적극적인 대응이 이루어졌으며, 금융위기 이후 미국의 경기침체를 해소하기 위한 처방이었다. 미국의 양적완화조치로 2009년 초 연방재무성은행의 기준금리는 미국 역사상 가장 낮은 0%대로 진입하였다. 이러한 저금리기조는 2015

년 말까지 이어져 실물경제와 화폐경제의 활성화에 기여하였다.

미국의 장기간 지속된 양적완화조치는 글로벌 금융위기의 극복과 경기부양에 기여하였으나, 부동산 등 실물자산과 주식, 채권 등 금융자산가격은 지속적으로 상승하여, 글로벌 금융위기 이전의 수준을 상회하게 되었다. 또한 연준을 통해 매입한 막대한 양의 채권 등을 금융시장에서 매각하는 경우, 금리가 급등할 가능성이 있어 금융시장의 위험요인으로 작용할 수 있게 된다.

글로벌 금융위기의 여파가 해소되고 미국경제가 회복세에 들어선 2016년부터 연방재무성준비은행의 기준금리는 0~0.25%에서 시작하여, 2018년 12월에는 2.25~2.50% 수준으로 인상하게 되면서 과잉유동성을 흡수하기 위한 정책이 시행되고 있다.

미국 등 선진국의 양적완화조치 종료와 출구전략을 의미하는 금리인상은 그 동안 선진국의 신흥개발도상국에 투자되었던 자금의 환수를 의미하는 것으로, 국제금융시장의 금리인상과 더불어 신흥개발도상국의 외자유출에 따른 금융 불안을 가중시키는 요인이 된다.

2017년 출범한 미국 트럼프행정부는 미국 우선주의를 기치로 하여 보호무역의 강화, 환태평양경제동반자협정(TPP: Trans-Pacific Partnership) 탈퇴 및 북미자유무역협정(NAFTA: North American Free Trade Agreement)과 우리나라를 비롯한 다수국과의 FTA재협상 등을 통해 자국 산업의 보호 및 육성을 도모하고 있다.

미국의 자국 중심적 경제행태는 국제금융의 불안정요인으로 작용하게 되며, 최근 미·중간 무역 갈등의 심화도 국제금융 및 경제위기를 유발할 요인이 될 수 있다. 그 동안 지속되어온 미국을 중심으로 한 선진국의 국제경제상황에 대한 공조정책이 프럼프 행정부의 자국중심주의적 행태에 의하여 균열되는 경우 국제금융위기는 언제라도 재발될 가능성이 있다.

Ⅱ. 일본의 아베노믹스

일본은 1985년 플라자합의[4] 이후 엔고 현상에 따른 경제거품이 붕괴되고 장기간경기침체를 겪어 왔다. 1980년대 4%이상의 경제성장률은 이후 1%대로 급락하면서 30년 가까이 저성장을 지속하였고, 물가하락에 따른 장기디플레이션으로 경제침체를 경험하게 되었다.

2012년 말 아베행정부는 엔고현상을 타파하고, 장기디플레이션에 따른 경기침체를 벗어나기 위해 아베노믹스를 추진하게 되었다. 아베노믹스의 주요내용은 양적완화조치를 이용한 재정 확대로, 민간부문의 소비 진작 및 기업의 설비투자 확충 등을 통해 경기부양을 목표로 하고 있다.

---

4) 플라자 합의는 1985년, 미국, 영국, 프랑스, 독일, 일본 등 주요경제국 재무장관의 합의로 각국이 외환시장에 개입하여 미국 달러화를 일본 엔화와 독일 마르크화에 대해 평가절하 시킨 것이다. 플라자 합의 이후, 2년 간 엔화와 마르크화는 각각 66%와 57% 절상되어 엔화의 가치상승은 수출경쟁력을 약화시켜 일본의 경기침체를 일으키는 계기가 되었다.

아베노믹스의 지속적 추진에 따라 취업률이 상승하고 소득과소비가 증가하였으며, 주가 등 금융자산의 가격도 상승폭이 현저하며, GDP성장률도 1%대를 초과하는 등 일본경제는 서서히 회복하는 추세를 보이고 있다.

2016년까지의 제1차 아베노믹스의 성과를 토대로, 2017년부터는 제2차 아베노믹스가 추진되고 있다. 제2차 아베노믹스의 주요내용은 확장금융정책을 통한 양적완화의 지속, 재정확충으로 민간소비 및 설비투자의 확대 등을 통한 구조개혁으로 경제 활성화를 목표로 하고 있다.

일본의 양적완화조치에 따라 일본은행의 기준금리는 마이너스를 유지하고 있으나, 최근 미국 연준의 지속적 기준금리인상에 따라, 일본의 확장금융정책이 언제까지 유지될지 국제금융시장의 관심이 모아지고 있다. 일본의 저금리정책과 엔carry현상에 따른 해외투자확대로 신흥국 등 경제성장에 기여하였으나, 장기간의 양적완화조치에 따른 인플레이션우려로 출구전략이 시행되는 경우, 투자자금의 회수에 따른 신흥국의 금융위기를 유발할 가능성이 존재하고 있다.

Ⅲ. 중국위안화의 국제화

중국의 2011년 WTO 가입을 계기로 미국과 국제경제의 주도권을 두고 경쟁과 대립이 격화되고 있다. 현 국제통화제도인 IMF에서 미국달러화에 대한 국제통화역할 부여에 대해 가장 먼저 claim을 제기한 것도 중국이며[5], 병행하여 위안화의 국제화를 강하게 추진하고 있다.

위안화의 국제화 추진배경에는 중국이 세계최대의 외환보유국으로 외환보유액의 대부분을 차지하는 미국 달러의 가치하락에 대한 외환보유국의 손실 가능성을 대변하고, 미국 달러화가 국제통화역할을 수행하는 현 국제통화제도에 대한 문제점 제기로, 중국의 국제경제 위상을 높이기 위한 목적으로 추진되고 있다.

중국은 위안화의 국제화를 위해 IMF 등 국제금융기구에서 위안화의 국제통화역할을 증가시키며, 아울러 동아시아지역 금융협력체인 치앙마이이니셔티브(CMI: Chiang Mai Initiative) 및 아시아·태평양 지역을 대상으로 하는 아시아인프라투자은행(AIIB: Asian Infrastructure Investment Bank)에서 주도적 역할을 수행하는 등 활동을 증대해 가고 있다.

중국은 위안화를 실질적 국제통화화하기 위한 시도로, 아세안 등 주변 국가들과의 거래

5) 2009년 피츠버그 G20 중앙은행총재회의에서 당시 중국의 중앙은행인 인민은행총재 주소천이 현 국제통화 협력기구인 IMF의 문제점을 지적하고 개편을 주장하였으며, 2013년 멕시코 G20 정상회담에서 의제로 선택된 이후 개편에 관한 논의가 지속되고 있다.

시 위안화로 결제, 위안 화 투자확대, 홍콩[6]과 마카오 등 위안화 금융시장 육성, 주요국들과 위안화 통화스왑 체결 및 준비자산 구성 등 다양한 시도를 추진하고 있다.

2016년 위안화는 SDR basket에 포함되어 국제화의 중요한 단계를 거치게 되었다. SDR basket에서 위안화의 비중은 10.92%로 미국 달러화, 유로화에 이어 세 번째 비중을 차지하고 있으며, 기존에 편입된 일본 엔화 8.33%, 영국 파운드화 8.09%를 상회하는 수준에 있다.

중국의 경제적 기초여건과 성장률은 위안화의 국제화에 충분한 조건을 제시하고 있으나, 위안화가 국제통화로써의 역할수행에는 외환시장의 인프라가 구축되고, 자유변동환율제도로 이행하여 환율에 정부의 정책개입이 해소되며, 더하여 자본자유화 가 이루어져 자본의 자유로운 유출·입이 허용되어야 할 것이다.

이러한 여건이 갖추어지면 위안화는 미국의 달러화 및 EU의 유로화와 더불어 3대 국제기축통화 역할을 이행할 것으로 예상된다.

제4절 전자금융의 확산

Ⅰ. 전자금융 발전배경

전자금융(electronic finance)은 금융에 정보통신기술을 적용한 것으로, 금융channel의 전자화를 통한 전자적 수단에 의한 자금대차이행을 의미한다. 전자금융은 은행 간 계좌이체에 이용되거나, 점두거래(OTC: Over The Counter)방식의 전자상거래에 대한 결제에 이용되면서 급속히 확산되고 있다.

최근 전자금융의 급속한 확산은 정보기술(IT: Information Technology)에 대한 지속적 투자의 확대와, 컴퓨터와 스마트폰 등 유·무선 통신수단의 새로운 기술개발 등이 배경이 되고 있다. 특히 스마트폰을 이용한 무선통신기술을 금융에 접합시킨 유비쿼터스금융(ubiquitous banking)[7]이 일반화되고 있다.

금융기관들은 고객 및 타 금융기관과의 on-line system을 구축하여 금융 channel을 확

---

6) 홍콩은 1997년 영국에서 중국으로 반환되어 정치적으로는 중국의 영토가 되었으나, 경제는 자치적으로 운영하고 있으며, 중국의 지원 하에 국제금융센터로써의 위상을 높이고 있다.

7) 유비쿼터스금융(ubiquitous banking)은 다양한 유·무선통신매체를 이용하여 언제나(whenever), 어디서나(wherever), 어떠한 통신수단으로든 시·공을 초월한 종합금융서비스의 제공이 가능하게 되는 상황을 의미한다.

대하고, 나아가 전 세계적인 global banking system을 구축하여 은행전산망을 연결한 국제금융결제구조인 SWIFT(society for world interbank financial telecommunication)와 국제거래결제구조인 DVPS(delivery versus payment system)를 확충해 가고 있다.

국제경제거래에서 서류작성을 전자화하기 위한 국제통신network의 구축을 위해, UN 유럽경제위원회의 주도하에 EDIFACT(electric data interchange for administration commerce and transport)를 추진하고 있어, 전자금융은 더욱 보편화되고 확산되는 추세에 있다.

Ⅱ. 화폐의 전자화

전자금융의 확대로 기존의 화폐를 대체하는 전자화폐의 이용이 점차 증가하고 있다. 전자화폐(electronic money)는 IC카드나 컴퓨터에 저장된 화폐가치 디지털정보로 전자적결제가 가능한 수단이다. 기존의 화폐기능을 수행하며, 기존화폐의 발행주체가 정책당국이 되는데 비해 전자화폐는 신용을 배경으로 개인이나 기업 등 발행주체가 다양하다.

전자화폐의 형태는 크게 IC카드형과 네트워크형으로 분류된다.

IC카드형은 신용카드, 직불카드와 같은 형태로 카드에 IC칩을 내장하여 암호화된 입·출금정보를 중앙처리장치로 처리하는 형태로, 휴대가 간편하고 IC판독기가 설치된 모든 업소에서 이용 가능한 전자화폐이다.

네트워크형은 PC에 화폐 관련 정보를 저장하고 통신회선을 통해 결제를 이행하는 bloc chain형[8] 전자화폐로, 위조나 변조가 불가능하다. 네트워크형 전자화폐로는 비트코인(BTC: bitcoin),[9] 이더리움(ETH: ethereum)[10] 등이 대표적이며, 기타 개인이나 기관에서 발행하는 다양한 종류의 전자화폐가 급속히 확대되는 추세에 있다.

전자화폐는 발행주체가 개인, 기업, 단체 등 다양하여 신용도에서는 각국의 통화당국이 발행하는 기존의 화폐에 비해 다소 낮으나, 현실적으로 결제, 가치저장, 유통 등 화폐의 기능을 수행하고 있다. 특히 비트코인이나 이더리움 등 가상전자화폐는 점차 유통량이 증가

---

8) 블록체인(bloc chain)형 전자화폐는 블록에 데이터를 저장하여 체인형태로 연결하게 되므로, 전자화폐를 보유하고 있는 개인별 컴퓨터에 공동으로 복제해 저장하는 분산형 데이터 저장방식이다. 따라서 거래에 참여하는 모든 참여자들에게 거래내력을 공개하는 공공거래장부로, 개인이 이를 위조하거나 변조할 수 없게 된다.

9) 비트코인(bitcoin)은 2009년 일본의 사토시 등 엔지니어들이 창출한 암호화폐로 2140년까지 2100만개가 발행·유통되도록 설계되었으며, 비트코인의 공급은 채굴(mining)로 이루어진다. 비트코인의 가격이 급상승하게 된 계기는 2016년 컴퓨터 랜섬웨어 공격 시 해커들이 데이터 복구비용을 비트코인으로 요구하면서부터이다.

10) 이더리움(ethereum)은 2014년 러시아의 비탈릭 부테린이 창출한 암호화폐로, 비트코인과 마찬가지로 채굴에 의하여 공급되며 채굴량은 무한정하게 설계되었다. 스마트기능을 도입하여 각 산업분야에 호환성이 증대되어, 지급결제기능에 집중된 비트코인보다 사용이 편리한 암호화폐로 평가되고 있다.

하여 국제유동성의 역할을 수행하고 있다.

Ⅲ. 인터넷전문은행의 확산

전자금융의 일반화는 금융기관의 구조를 변화시켜 인터넷금융서비스를 제공하여 전자결제서비스만으로 수익을 창출하는 인터넷전문은행의 출범을 불러왔다. 인터넷전문은행은 콜센터 중심의 본부만 운영하여, 지점이나 점포를 두지 않는다. 따라서 시설투자나 인원 등에서 비용을 절감하게 되는 비교우위를 갖게 되어, 전자금융에 강점을 보유한 통신회사들의 인터넷전문은행 이행이 보편적 현상이 되고 있다.

미국은 1995년 Security First Network Bank가 설립된 이후 급속히 수가 증가하였으나, 글로벌 금융위기가 발생한 2008년 통폐합을 거쳐 12개로 운영되고 있다. 일본은 2000년 Japan Net Bank가 설립된 이후 증가추세를 보이고 있으며, 영국, 독일, 프랑스, 중국 등 주요국에서 인터넷전문은행의 설립이 계속되었다.

우리나라는 비교적 늦게 2017년 최초의 인터넷전문은행인 K-bank가 설립되었고, 이듬해 Kakao-bank가 설립되었으며, 제3의 인터넷전문은행을 설립하기 위한 심사를 진행 중에 있어, 앞으로 다수의 인터넷전문은행이 설립되어 기존의 은행과 금융서비스제공경쟁을 하게 된다.

인터넷전문은행의 등장과 확대는 국제금융의 활성화에 기여할 것으로 인식되고 있다. 특히 국제금융은 격지 간 금융이 기본이므로, 원격지금융에 적합한 전자금융에 강점을 보유한 인터넷전문은행의 확산은 국제금융에 다양한 서비스와 유리한 조건을 제공할 것으로 예상된다.

요 약

1. 경제 관련 자유화는 무역자유화, 외환자유화, 자본자유화를 의미한다.
첫째, 무역자유화는 관세, 비관세 등 국가 간 실물이동을 제한하는 무역정책의 완화내지는 철폐로 국가 간 실물이동을 자유화하기 위한 목적에서 추진되고 있다. WTO는 무역자유화에 대한 국제기준을 설정하려고 시도하였으나, 국제수지 적자국을 중심으로 일괄적인 관세인하에 반대하여 시행하지 못하였고, 대안으로 국가 간 FTA(free trade agreement)를 권장하고 있는 등 무역자유화에 주력하고 있다.
둘째, 외환자유화는 국제통화의 부재를 보완하기 위한 통화 간 교환성보장 및 외환관련정책의 완화내지는 철폐를 목적으로 한다. IMF는 협정문 제8조에 원칙적으로 회원국들의 대외지급에 대한 제한적 정책시행을 금지하고 있다. 다만 협정문 제14조에 만성적인 국제수지불균형의 어려움에 처한 국가들에 대해서는 예외로 외환 관련 정책을 허용하고 있다. IMF 협정문 제14조의 적용을 받는 국가들을 2019년 기준, 19개국에 불과하여, 세계적인 외환자유화의 추세에 있다.
셋째, 자본자유화는 국가 간 자본이동을 자유롭게 하여 자본자원의 효율적 배분에 따른 자본의 한계생산성을 제고하고, 여기에서 파생되는 소득 증가 등 다양한 효과를 추구하는 것을 목적으로 한다. OECD는 자체규범으로 자본이동자유화의 지속적 추진을 명시함으로써 세계경제의 발전 및 성장과 인류의 복지증진을 도모하고 있다. OECD는 가입국가를 확대해가면서 자본자유화를 추진하고 있다.

2. 금융위기는 금전의 대차 및 융통의 기능이 제한되는 것으로, 금융기관인 은행의 예금인출사태에 따른 부채상환이 어려워지는 은행위기(bank crisis)와, 국가의 통화가치가 급격히 하락하여 정책당국이 환율변동을 방어하지 못하게 되는 외환위기(foreign exchange crisis)상황이 복합되어 발생하는 포괄적 의미를 갖는다.
은행위기와 외환위기는 밀접한 상호작용으로 동시에 발생하거나, 시차를 두고 연쇄적으로 발생하게 된다. 은행이 단기자금을 과도하게 차입하는 경우 신용하락에 의한 만기연장거부 등에 따라 유동성이 부족하게 되어 은행위기와 외환위기가 동시에 발생하게 된다.
은행의 인출사태 발생으로 은행 파산을 방지하기 위해 확장통화정책을 시행하거나 공적자금투입 등 이 발생하는 경우 투기자금의 국내통화투매로 외환위기가 발생하게 된다. 국제수지적자로 평가절하가 예상되는 경우, 외화의 매입이 지속되어 외환위기가 발생하고, 은행에서 외화매입자금을 지속적으로 인출하는 경우 은행위기가 발생하게 된다.

3. 양적완화정책은 금융시장의 신용경색을 해소하고 실물부문의 경기부양을 위해 정책당국이 다양한 방법으로 시장에 유동성을 공급하는 정책을 의미한다. 양적완화는 기준금리가 낮아 금리인하가 불가피한 상태에서 재정확충을 위해 직접적으로 시중통화량을 증가시키기 위한 확대통화정책이 된다.
2008년 서브프라임모기지 사태로 미국경제가 침체되면서 연방 준비은행의 양적완화정책과, 최근 일본의 경기침체와 마이너스 금리조건에서 시행되고 있는 아베노믹스는 모두 소비를 진작하고 생산을 확대하여 경기를 부양하기 위한 대표적 양적완화정책의 예이다.
출구전략은 양적완화정책으로 경기를 부양하기 위해 시행되었던 과잉유동성을 흡수하기 위한 목적으로 시행된다. 경기침체 시 각 정책당국은 기준금리를 인하하고, 재정지출을 확대하여 소비와 소득을 진작하며, 경기침체를 해소하기 위해 추가로 유동성을 공급하게 되어 인플레이션 등 경제의 부정적 효과가 발생하게 된다.
이러한 상황에서 경제에 미치는 휴유증을 최소화하고 재정건전성을 강화하기 위해 과잉유동성을 흡수하기 위한 출구전략이 시행되며, 대표적 경우는 2018년부터 기준금리를 서서히 인상시키면서, 개발도상국에 투자되었던 자금의 환수로 이어지는 미국의 통화정책에서 나타나고 있다.

4. 인터넷전문은행은 인터넷금융서비스를 제공하여 전자결제서비스만으로 수익을 창출하는 은행으로, 콜 센터 중심의 본부만 운영하여 지점이나 점포를 두지 않는다. 따라서 시설투자나 임금 등 비용을 절감할 수 있어, 기존은행에 비해 비교우위를 갖게 된다.
미국에서 1995년 처음 설립된 이후 금융선진국 중심으로 확산되었으며, 우리나라도 2017년 K-bank와 Kakao-bank가 설립되어 기존의 은행들과 경쟁하면서 금융업을 이행하고 있다.

Chapter

3 국제금융의 연구분야

제1절 외환

Ⅰ. 외환의 의의

외환은 화폐의 이동 없이 국제결제를 가능하게 하는 수단과 방법으로, 외화로 표시된 다양한 형태의 외화청구권(claims for foreign currency)을 의미한다. 우리나라의 외국환거래법에서는 외환을 대외준비자산, 외화증권, 외화채권으로 규정하고 있다.

외환은 국제금융에서 통화의 구분에 따른 교환의 필요성에서 파생되었으며, 국가 간 합의된 국제통화가 존재하지 않는 현 상황에서, 국제결제에 기본적 수단을 제공하고 있다.

외환거래는 당사자 간 신뢰관계를 배경으로 하는 송금환거래와, 무역결제에 주로 이용되는 추심환거래로 구분되며, 추심환거래는 지급인도조건과 인수인도조건으로 구분된다.

환어음은 선적서류 등 유가증권을 담보로 발행되는 어음으로 화환어음과 무담보어음, 일람불어음과 기한부어음 등으로 구분된다. 환어음은 요식증권으로 필수기재사항과 기타 임의기재사항이 있으며, 필수기재사항이 누락되는 경우 법적 구속력을 상실하게 된다.

Ⅱ. 환율

환율은 통화 간 교환비율이며, 한 통화로 본 다른 통화의 가격을 의미한다. 이는 외국의 통화를 주식이나 채권 같은 금융자산으로 인식하며, 외환의 가격인 환율은 여타 금융자산 가격의 결정과 변동구조에 적용되는 가격결정구조를 갖게 된다.

환율의 형태는 이론적 환율로 명목환율과 실질환율, 교차환율과 재정환율, 현물환율과 선물환율로 구분하게 된다. 환율을 고시하게 되는 환율표시법에는 직접표시환율과 간접표시환율, 매입환율과 매도환율, 대고객환율과 은행 간 환율 등으로 구분하게 된다.

균형환율은 시장에서 외환의 수급에 의하여 결정된 환율로 어떠한 교란요인에 의하여 균형환율에서 이탈하는 경우, 균형환율에 복귀하느냐의 여부에 따라 안정적 외환시장 및 불안정적 외환시장으로 구분된다.

환율이론은 환율의 결정과 변동을 설명하는 것으로, 고전적 이론으로 국제대차설, 구매력평가설, 환 심리설이 있고, 현대적 이론으로 국제수지접근법, 자산시장접근법으로 구분된다.

변동환율제도 하의 미래 환율을 예측하기 위한 환율예측은 기초적 분석기법으로, 모형에 의한 예측과 시장균형분석을 이용하게 되며, 기술적 분석기법으로 차트법, 추세분석법 등이 이용되고 있다.

환율제도는 통화 간 환율을 고정하는 고정환율제도와 통화 간 환율이 변동하는 변동환율제도로 대별될 수 있고, 각 제도는 변형된 다수의 환율제도로 구분된다. 각 환율제도는 장점과 단점을 가지고 있어, 국가별 경제여건에 적합한 제도를 선택하여 운용하게 된다.

Ⅲ. 외환시장

외환시장은 외환이 거래되는 장소적 개념과 외환이 거래되는 시설 및 기구로 표현되는 추상적 개념으로 구분하여 설명된다.

외환시장이 다른 상품시장과 구분되는 특징으로는 개방시장, 효율시장, 점두시장, 도매시장, 동질시장 등이 있으며, 외환시장은 다양한 목적을 가진 외국환은행, 고객, 중개인, 중앙은행, 국제결제통신망 등이 참여하여 구성된다.

외환시장에서는 국제대차의 청산, 환율변동위험의 헤지, 외환시장 간 환율차이를 조정하는 재정, 선물환율을 대상으로 하는 투기 등 주요기능이 이루어지고 있다.

외환시장효율성은 선물환율이 차기에 현실화 한 현물환율의 불편추정치가 되는지 여부를 분석하는 내용으로, 선물환율을 이용한 차기 현물환율예측이 중심 내용이 되고 있다.

Ⅳ. 외환관리

외환관리는 대외지급수단인 외환을 효율적으로 운용하기 위한 정책당국의 거시적 외환관리로, 환율관리와 외화자금 유출·입관리 및 외환보유액관리가 그 내용이 된다.

환율관리는 국제수지불균형을 조정하고 환율의 급격한 변동을 방지하기 위한 목적에서 시행되며, 적정 환율제도의 선택과 정책당국의 외환시장개입 및 통화정책 등 다양한 수단으로 이행된다.

외화자금 유출·입 관리는 각국의 외환자유화로 인한 외화자금의 급격한 유출·입을 규제하기 위한 목적에서, 외화자금의 유출·입에 대한 직접규제와 간접규제로 구분하여 시행된다.

Ⅴ. 환위험관리

환위험관리는 기업 등 경제주체의 환율변동에 따른 환위험을 회피하기 위한 미시적 관리가 된다. 환노출은 환위험에 드러나 있는 상태를 의미하며, 기업들은 환노출관리를 통해 환차손을 최소화하고 환차익을 극대화하는 환노출관리를 하게 된다.

환노출 유형은 기업의 국제거래 시 마다 발생하는 거래노출, 기업의 연결제무재표 작성 시 발생하는 환산노출, 기업의 가치를 평가하는 경우 발생하게 되는 경제적환노출 등이 있다.

거래적환노출은 기업 내부적 요인을 이용한 내부적 관리기법과 기업 외부적 요인을 이용한 외부적 관리기법으로 구분하여 이루어지며, 경제적환노출은 생산관리, 재무관리, 마케팅관리 등의 기법을 이용하여 관리하게 된다.

제2절 국제수지

국제수지(BP: Balance of Payments)는 일정기간 한 국민경제의 거주자와 비거주자 간 이루어진 경제거래를 화폐가치로 파악한 것이다. 따라서 한 국민경제의 관점에서 국제금융을 분석하는 내용이 되어, 경제의 상황을 파악할 수 있게 된다.

Ⅰ. 국제수지의 정의

국제수지는 개월, 분기, 년 등 일정기간 별로 파악되어 해당기간에 이루어진 유량(flow)의 개념이 되어, 일정시점에서 파악되는 저량(stock)의 개념인 국제대차(balance of international indebtedness)와 구분된다.

국제수지를 파악하는 의미는 국민경제의 대외경제현황을 파악하고, 각 산업별 대외경쟁력을 분석하며, 국제수지의 불균형상황을 고려한 조정정책시행의 지표로 활용하고, IMF를 통한 국제경제협력의 자료로 이용하기 위함이다.

국제수지표(balance of payments table)는 IMF의 양식에 따라 국제수지를 보고식으로 작성한 표로 경상수지, 자본 및 금융계정, 오차 및 누락으로 대별하여 작성된다. 경상수지는 국민경제의 실물부문거래를 기록하고, 자본 및 금융계정은 국민경제의 화폐부문거래를 기록하며, 오차 및 누락 항은 틀리고 빠진 부분을 조정하게 된다.

Ⅱ. 국제수지계정

경상수지(current account)는 기본계층으로 상품수지, 서비스수지, 본원소득수지 그리고 이전소득수지로 구분하여 기록한다. 경상수지의 구성은 국민경제의 실물부문에 해당하는 기초산업분야로 이루어진다.

자본수지는 자본이전 및 비생산, 비 금융자산거래가 계상되며, 금융계정은 국민경제의 거주자와 비거주자 간 주식과 채권 등 금융자산의 거래를 기록하는 항이다.

오차 및 누락은 기초통계자료의 오류, 통계작성과정의 실수, 경제주체들의 자료 누락, 국제거래의 추후조정 등으로 국제수지가 부정확하게 작성되어 수정을 요하는 항이다.

Ⅲ. 국제수지 균형조건

국제수지가 균형에 이르기 위해서는 국제수지에 영향을 미치는 조건이 균형을 이루어야 한다. 국제수지균형은 환율, 국민소득, 화폐량, 이자율 그리고 비교역재 등에서의 조건이 충족되는 경우 이루어지게 된다.

환율은 통화 간 교환비율로써 환율이 변하면 통화 간 상대가격이 변하게 되고, 국가 간 거래되는 모든 상품의 가격에 영향을 미쳐, 교역재의 가격경쟁력을 변화시키게 된다.

국민소득은 국민경제의 총지출규모를 결정하며, 총지출규모는 경상수지에 반영되므로, 국민소득이 증가하게 되면 총지출규모도 증가하고, 소비의 증가와 수출의 감소, 수입의 증가를 거쳐 경상수지를 악화시키게 된다.

화폐량과 이자율은 경상수지 및 자본·금융계정에 포괄적 영향을 주어 국제수지를 변화시키게 되는 요인이다. 화폐량이 증가하면 이자율은 하락하여 지출규모를 증가시켜 경상수지를 악화시키고, 국가 간 실질이자율차를 발생시켜 자본의 유출을 일으키게 되어, 자본·금융계정을 악화시키게 된다.

비교역재는 특성상 국가 내에서는 거래되어지나, 국가 간에는 거래되지 않는 재화로써, 서비스업종 및 가격에 비해 이동비용이 과다하거나 세계적 고른 분포로 국가 간 비교우위가 발생하지 않는 재화이다. 비교역재는 교역재와의 상대가격을 통해 생산이 대체되므로 간접적으로 국제수지에 영향을 미친다.

Ⅳ. 국제수지 조정이론

국제수지는 경제주체들의 자율적 거래를 합산한 결과이므로, 대부분 불균형상태에 있게 된다. 국제수지는 복식부기의 원리에 의하여 기록되므로 불균형 시 이를 균형 시키게 된다.

국제수지를 균형 시키기 위한 국제수지조정이론은, 근대이론으로 가격-정화조정 메커니즘과, 현대적 이론으로 국제수지요인에 중점을 두고 전개되는 탄력성접근법, 총지출접근법, 통화론적접근법이 있다.

국제수지 균형모형은 개방경제에서 거시경제균형을 위한 분석모형으로, 케인지안의 *IS*-*LM*모형에 대외경제균형을 나타내는 *BP*곡선을 도입하여 분석하는 먼델-플레밍모형으로 대표되고 있다.

Ⅴ. 국제수지조정정책

국제수지조정정책은 국민경제의 대외부문의 균형과 관련되어 시행되므로 대내균형을 저해하지 않아야 한다. 따라서 조정정책의 시행 시 대외균형과 동시에 대내균형을 고려하여, 두 균형이 동시에 이루어질 수 있도록 해야 한다.

대내균형과 대외균형을 달성하기 위한 경제정책은 지출의 규모에 중점을 두는 지출조정정책과 지출의 구조에 중점을 두는 지출전환정책이 있으며, 지출조정정책의 범주에는 재정정책과 금융정책, 지출전환정책의 범주에는 무역정책과 외환정책이 있다.

지출조정정책은 국가 별 자체적으로 시행하게 되는 반면, 무역정책과 외환정책 등 지출전환정책은 이해관련국과 연계되기 때문에 상대국의 대응을 유발하게 되므로 시행이 제한적이다.

국제자본이동

Ⅰ. 국제자본이동의 의의

국제자본이동은 이동방향에 따라 해외투자와 외자도입, 상환 및 결제기간에 따라 단기자본이동과 장기자본이동, 자본이동의 주체에 따라 사적자본이동과 공적자본이동, 자본이동 주체의 수에 따라 단독자본이동과 합작자본이동 등으로 구분된다.

국제단기자본이동은 상환 및 결제기간이 1년 이하로 산업설비 등에 투입되지 못하고, 단기금융시장에서 수익성을 추구하면서 부동하는 형태의 자금이다. 국제단기자본이동의 동기는 금융시장 간 금리 차 추구, 외환시장 간 환차익추구, 자본도피 등을 목적으로 한다.

국제장기자본이동은 상환 및 결제기간이 1년 이상으로 피 투자국의 산업에 투여되는 형태를 갖는다. 장기자본이동의 동기는 시장점유율확대, 수출이 저해되는 경우의 대체, 생산요소의 추구, 원자재의 안정적 확보, 기업의성장 등에 대응하기 위함이다.

자본도입과 외채정책은 자본이 부족한 개발도상국을 중심으로 외자에 의한 경제성장을 도모하기 위한 목적에서 시행된다. 외자를 적절히 운용함으로써 생산기반을 확충하고 고용과 소득 증가를 이룰 수 있으나, 과도한 외채는 국가의 경제적·정치적 부작용을 초래하기도 한다.

Ⅱ. 국제자본이동의 효과

국제자본이동의 효과는 크게 국제수지효과와 후생증대효과 그리고 부정적 효과 등으로 구분되어 진다.

국제수지효과는 투자국의 경우 자본이동에 수반하여 제품생산에 필요한 원자재, 부품, 중간재 등 연계상품의 수출이 증가하고, 피 투자국의 경우 외자에 의한 국내생산시설의 확충과 생산재의 수출이 이어져, 무역이 증가하는 무역효과를 의미한다.

재무효과는 투자국의 경우 자본의 과잉에 따른 자본의 수익률하락 위험을 외국에 투자하여 추가적인 자본의 임대수익을 얻게 되어 전체적 재무구조를 개선하게 되며, 피 투자국의 경우 자본유입에 따른 국제수지개선효과가 발생하고 생산성 증대에 따른 수입감소와 수출증가로 재무구조를 개선하게 되는 효과를 의미한다.

Ⅲ. 국제금융 위기

금융위기(financial crsis)는 국민경제의 금융시스템이 효율적으로 작동하지 못하여 금융기능이 위축되고, 실물경제도 침체되어 정책당국이 개입하게 되는 상황을 의미한다. 금융위기는 외환위기와 은행위기를 포함하는 포괄적 개념이 된다. 외환위기(currency crisis)는 일국의 통화가치가 단기간에 급격히 하락하여 태환성에 문제가 발생하고 외화의 급격한 유출에 따라 외환보유액이 급감하여, 외환시장의 기능으로 환율상승을 방어하지 못하게 되는 것이다. 은행위기(banking crisis)는 은행이 인출사태발생에 따른 유동성부족에 직면하여 예금, 채권 등에 대한 부채상환이 어려워지며, 추가적 인출사태의 발생으로 금융기관 자체적 능력으로 채무이행이 어려워지는 것이다.

금융위기의 예로 1992년 발생한 유럽통화시스템(EMS) 금융위기, 1994년 멕시코 페소화의 가치폭락으로 시작되어 아르헨티나, 브라질 등으로 확대된 중남미 금융위기, 1997년 동아시아 외환위기, 2002년 러시아와 유럽의 신흥시장국 금융위기, 2008년 미국의 서브프라임모기지 사태로 인한 글로벌금융위기 등을 들 수 있다.

금융위기를 방지하기 위해 각국은 자체적 경제기초여건의 강화, 자금유출·입에 대한 규제관련 법적 조항 마련, 경제이해관계국 들과의 금융협력, 지역 및 국제금융협력기구를 이용한 글로벌 금융안전망 구축 등 다양한 대응전략을 마련하고 있다.

Ⅳ. 국제금융 규제

국제금융이 자유롭게 이루어지는 경우 자본의 편재현상을 조정하여 자본이 부족한 개발도상국의 생산시설 확충에 따른 생산성을 향상시켜 세계적인 부와 효용을 증가시키게 된다. 따라서 대부분의 개발도상국은 외자유입에 다양한 우대정책을 시행하면서 자본유입을 촉진하고 있다.

개도국을 중심으로 발생하는 금융위기는 개도국의 장기간 지속되어진 관치금융의 관행으로 인한 금융시장의 비효율성에서 비롯된다. 따라서 금융규제의 주요 내용은 금융시스템의 비효율성을 개선하여 건전성을 제고하기 위한 방향으로 이루어진다.

금융규제의 과정은 부실금융기관의 시장진입 규제, 금융기관의 재무구조 건전성 제고, 금융시스템의 정비 등 사전적 규제와, 금융위기 발생으로 금융기관이 파산하는 경우 투자자보호 및 회생 등 사후적 규제로 구분되어 이루어진다.

한 국가의 금융규제 완화는 상대적 관점에서 다른 국가의 금융규제강화가 되어 경쟁적 금융규제 완화를 불러일으켜, 결국 금융규제가 사라지는 방임상태를 유발하여 국제금융의 무질서와 혼란을 일으켜 금융위기로 이어지게 된다. 이러한 상황에서 국가 간 공정한 금융규제시스템을 구축하기 위한 국제적 공조의 강화가 필요하게 되었다. 금융규제에 대한 국제공조는 금융의 주체인 은행의 자산관리에 집중되었고, 은행감독의 국제기준인 바젤협약이 이루어지게 되었다.

제4절 국제금융시장

국제금융시장(international financial market)은 국가 간 무역, 투자, 자금의 대차거래 등에서 수반되는 주식, 채권, 예금 등 금융자산이 거래되는 장소, 기구, 시설 등이 포괄되는 구조이다. 최근 금융자유화 및 통신기술의 발달로 국가 별 금융시장은 국제금융시장으로 급속히 편입되어지고 있다.

Ⅰ. 국제금융시장의 유형

국제금융시장은 전 세계를 대상으로 하는 금융거래가 이루어지는 시장으로, 개개 국가의 금융시장, 외환시장, 주식시장, 채권시장, 은행시장 등을 포괄하는 종합적 금융거래의 메커니즘으로 확대되고 있다.

국제금융시장에서 금융거래는 시장의 기본가격인 물가, 금리, 환율의 불균형에 따른 차익거래를 목적으로 이루어지고 있다. 이들 개별가격은 시장 간 차이가 존재하나, 종합적으로는 시장 간 균형을 이루는 평가(parity)의 상태에 있어 국제금융시장 균형조건이 이루어지고 있다.

국제금융센터는 금융기관이 집중되어 국제금융거래가 지속적 반복적으로 이루어지는 장소적 개념으로, 전통적 금융시장에서 발전되거나 국가의 정책적 육성전략에 의하여 조성된다.

Ⅱ. 국제은행시장

국제은행시장(inernational banking market)은 간접금융시장으로 비거주자 간 예금과 대출을 은행이 중개하는 시장을 의미한다. 국제은행시장의 업무는 주로 단기금융과 관련되므로 유로커런시시장과 같은 국제단기금융시장의 형태를 갖게 되며, 예금시장과 대출시장으로 기능이 구분된다.

유로금융시장은 유로통화가 거래되는 시장으로, 유로통화의 의미가 통화발행국 이외의 국가에서 운용되는 통화로, 각 통화 및 통화표시 금융자산이 통화당사국의 통화 관련 규제를 벗어나 거래되는 국제금융시장을 의미한다.

단기금융시장은 개인이나 기업 등 경제주체들이 단기자금거래를 이행하는 만기 1년 이내의 단기금융상품을 거래하는 자금시장이다. 단기금융시장은 단기자금의 유동을 위해 현금과 단기자금의 선택적 금융을 이행하기 위한 기능을 제공함과 동시에, 금융상품에 대한 금리위험을 관리할 수 있는 수단을 제공한다.

Ⅲ. 국제자본시장

국제자본시장은 장기증권을 매개로 국제기업, 상업은행, 투자은행, 각국 정부 및 중앙은행 등이 자금을 조달하고 유통하여 국제금융이 이루어지는 시장을 지칭한다. 국제자본시장은 주식이나 여러 종류의 채권을 매개로 한 직접금융이 이루어지는 장기금융시장이 된다.

국제채권시장은 각국의 국채, 지방채, 회사채, 금융채, 특수채 등 이 국경을 지나 유통되는 시장으로, 채권을 매개로 국제적 중·장기 자금거래가 이루어지는 시장이 된다.

국제주식시장은 기업의 주식이 국경을 지나 거래되는 시장으로, 각국의 주식시장과 거래소시장을 중심으로, 비거주자를 대상으로 발행되고 유통되는 시장을 의미한다.

Ⅳ. 파생금융시장

파생금융은 예금, 외환, 주식, 채권 등 다양한 기초금융자산을 담보로 파생된 금융을 의미하며, 파생금융시장은 파생금융을 상품화한 선물, 옵션, 스왑 등 파생금융상품이 거래되는 시장이다.

금융선물은 금융상품에 대한 선물계약으로 미래일정시점에서 매입하거나 매도하기로 약정하는 거래이다. 금융선물거래는 세계적 자유화추세와 변동환율제도 도입으로 인한 국가 간 금융상품의 거래에서 가격변동위험이 증대됨에 따라, 이를 헤징하기 위한 목적으로 도입되었다.

금융옵션은 금융상품이 담보된 기초자산을 미래 약정된 가격으로 약정된 시점에서 매입하거나 매도할 수 있는 선택권부 권리를 거래하는 것이다. 따라서 옵션매입자는 기초자산인 금융상품의 가격변동 상황을 고려하여 옵션의 행사 여부를 결정하며, 옵션매도자는 옵션매입자의 권리를 이행할 의무를 갖게 된다.

금융스왑은 미래일정시점에서 계약 시 정한조건으로 금융상품을 교환하는 거래로, 기본적 형태는 다른 통화 간 현물환거래와 선물환거래를 동시에 거래하여 환위험을 헤징하거나, 통화 간 자금수지의 불균형을 해소하기 위한 방법으로 이용된다. 최근에는 기초자산을 다양화하여 금리, 주식 등 다른 금융자산으로 거래가 확대되고 있다.

제5절 국제금융협력

Ⅰ. 국제금융협력기구

최근의 국제금융위기는 경제적 이해관계가 밀접한 이웃국가로 전이되므로 금융위기를 방지하기 위한 지역 국가 간 공동대응이 필요하게 되었고, 금융위기 극복에도 지역경제협의체가 중심적 역할을 수행하게 되는 현상이 두드러져 국제금융협력의 필요성은 증대되고 있다.

국제경제협력의 필요성이 증가함에 따라 국제적 경제협의체와 병행하여 지역별 경제협의체가 만들어지고 있다. 이러한 경제협력체는 아시아, 유럽, 북미, 남미, 아프리카 등 광역권 별로 구분되어, 해당지역의 경제 및 금융협력의 구심점이 되고 있다.

국제금본위제도는 국제경제에서 금을 국제통화로 인정한 제도로, 각국 통화의 금 평가(gold parity)를 고정함에 따라, 금을 중심으로 모든 통화의 가치가 고정되는 순수고정환율제도이다.

고정환율제도는 영국의 채택을 시작으로 모든 국가로 확대되었으며, 각국 통화의 금 평가고정, 금의 자유로운 유출·입 허용, 금과 각국 통화의 태환 허용, 금과 통화의 비율유지 등 규칙을 지키면서 유지되었다.

금본위제도는 금의 공급과 국제경제의 증가가 괴리되면서 금의 국제통화역할이 제한되었고, 국가 간 국제수지불균형의 심화에 따라 금의 국가 간 편재현상이 심화되며, 금이 고갈된 적자국을 중심으로 금 태환이 제한되는 규칙위반이 발생하여, 1914년 제1차 세계대전의 발발과 동시에 붕괴되었다.

국제통화기금제도는 금본위제도가 붕괴된 이후 두 차례의 세계대전을 겪은 국제사회의 국제경제 질서에 대한 필요성이 고조됨에 따라, 국제경제협력 및 국제결제의 원활화를 위해 설립된 제도이다.

국제통화기금은 회원국의 쿼터납입금과 신 차입협정 등 보충차입협정으로 조달되는 일반재원계정과, 기타 IMF보유 금 매각 등으로 조성된 특별지출계정 및 저소득국 지원 등을 목적으로 회원국이나 다른 주체로부터 출연금 등으로 조성된다.

국제통화기금은 회원국의 상황을 고려하여 다양한 융자제도를 운용하고 있는데, 일반적인 국제수지문제해결을 지원하기 위한 스탠바이협약과 확대신용제도가 있고, 글로벌 금융위기의 사전예방을 위해 탄력적 크레딧라인과 예방적 유동성지원라인을 도입하고 있다. 이외에도 자연재해 및 전쟁피해 회원국을 지원하기 위한 긴급지원금융을 제공하고 있다.

G20 정상회의는 세계에서 경제비중이 큰 20개 국가의 정상들이 모여 국제경제의 발전을 모색하기 위한 선진국협의체이다. 2008년 미국의 서브프라임 모기지로 촉발된 글로벌 금융위기를 계기로, 기존의 G7재무장관 및 중앙은행총재 회의를 확대·개편하여 출범하게 된 국제협력기구이다.

최초에는 한시적 협의기구로 출범하였으나, 빈번하게 발생하는 국제금융위기의 극복을 위해 국제적공조의 필요성이 증대함에 따라 정례화하였으며, 세계경제의 주요이슈를 논의하고 미래비전을 제시하는 세계경제의 최상위 경제포럼으로 운영되고 있다.

금융안정위원회(FSB: Financial Stability Board)는 G20정상회의가 글로벌 금융규제체계 개편논의의 주체가 되어, 2009년 기존의 금융안정포럼의 기능과 역할을 강화하기 위해 확대·개편한 기구로, 글로벌금융규제 개혁추진과 이행상황에 대한 모니터링을 시행한다.

국제결제은행은 중앙은행 간 국제금융협력기구로 제1차 세계대전의 종료 직후, 유럽의 경제복구 및 독일의 전쟁배상금 지급문제 해결을 위한 배상금결제전담기구로 출범하였으며, 이후 국가 별 중앙은행 간 협력증진, 국제금융거래의 원활화, 국제결제업무를 위한 국가 간 협조체제가 되었다.

국제결제은행은 금융시스템의 안정성 제고를 위해 중앙은행 및 금융당국의 정책수행을 지원하고 관련 분야의 연수를 이행하며, 국가 간 지급결제에 대한 협정의 대리인 또는 수탁자로서의 업무를 수행하고 있어, 설립 이후 유럽석탄·철강공동체의 수탁자로서 지급·수취업무 이행, 1958년 이후 유럽통화협정 등의 이행대리인으로서 각종 결제 및 관리업무를 수행하고 있다.

Ⅱ. 국제개발금융기구

경제개발협력기구(OECD)는 선진국 간 정책조정 및 협력을 통해, 세계경제의 공동발전 및 성장과 인류의 복지증진을 도모하기 위하여 설립된 국제적 경제협력기구이다.

경제개발협력기구의 사업 및 전략목표는 글로벌화의 부작용을 해소하기 위한 포용적 성장, 디지털화, 조세회피 방지, 이민, 양성평등, 기후변화, 교육 등 다양한 과제에 대한 정책대안을 제시하고 회원국들의 이행정도를 평가한다.

경제개발협력기구는 국내 경제정책, 규제개혁 등 다양한 분야에서 회원국 간 정책경험을 공유하고, 현안문제에 대한 해결방안을 모색한다. 또한 세계경제 환경변화로 새롭게 제기되는 글로벌 이슈에 대한 정책대응방안을 연구하는 한편, 주요사안에 대한 규범 제정에도 중요한 역할을 담당하고 있다.

세계은행(WB: World Bank)은 기존의 국제부흥개발은행(IBRD)과 국제개발협회(IDA)를 통합하여 설립되었다. 이들 두 기관과 국제금융공사(IFC), 국제투자보증기구(MIGA), 국제투자분쟁해결본부(ICSID) 등 세 기구를 합쳐 세계은행그룹(WBG)이 된다.

국제부흥개발은행은 제2차 세계대전의 종료를 기점으로, 국제통화 및 금융제도의 안정을 목적으로 설립된 IMF와 더불어, 전쟁복구 및 경제부흥을 위한 개발자금지원을 목적으로 설립된 국제기구이다. 주요 업무로는 빈곤 완화와 공동번영을 위해 중소득 국가와 국제신인도가 있는 저소득국가에 대한 융자를 지원하고, 자금 수혜국에 대한 기술지원도 병행하고 있다.

국제개발협회는 빈곤 없는 세상을 지향하여, 최빈국에 개발자금을 장기, 무이자로 융자하거나 무상공여를 제공하는 것을 주 업무로 하는 국제기구이다. 따라서 IBRD 등 여타금융기관에 비해 매우 양허적 조건인 무이자나 저리의 융자가 제공된다.

아시아개발은행은 아시아·극동지역의 경제개발지원을 위한 재원 마련을 위해 역내경제개발에 특화된 은행의 필요성이 제기되면서 1966년 설립되었다. 아시아개발은행의 주요업무는 융자, 지급보증, 주식투자, 무상원조, 협조융자, 기술지원 등으로, 운용재원은 회원국의 출자 및 자본시장차입 분으로 조성되는 일반재원과 회원국의 특별 출연금으로 조성되는 특별기금으로 이루어진다.

유럽부흥개발은행은 1980년대 후반 동유럽 국가들의 민주화와 시장경제 도입을 지원하기 위하여 유럽공동체 12개국이 설립한 기구로, 융자, 지분투자 및 지급보증 등으로 중부유럽에서 중앙아시아에 이르는 36개국을 대상으로 자금조달이 어려운 민간부문에 투자함으로써 개방화, 민주화된 시장경제로 전환을 지원하고 있다.

미주개발은행은 1959년 중남미와 카리브해 지역국가들의 경제·사회개발과 지역통합을 지원하기 위해 설립된 은행으로, 자본금규모가 가장 큰 지역개발은행이다. 미주개발은행의 자본금을 신용등급이 일정 등급 이상인 국가와 은행의 금융상품에 투자하며, 중남미 및 카리브해 지역회원국들의 경제 및 사회개발 촉진을 위해 활용한다.

아프리카개발은행은 아프리카역내국의 경제개발 및 사회발전을 도모하기 위해, 만성적 재원부족 해결, 역외국 참가 허가 및 지원 세분화 등을 목적으로 1960년도에 설립되었다. 아프리카개발은행은 회원국의 분담금으로 융자, 투자, 무상공여 등의 사업을 이행하며, 구체적으로는 역내국의 경제 및 사회 개발사업 지원, 개발재원의 조달과 공공 및 민간투자의 촉진, 개발프로젝트 및 참가기업 선정과 관련 조사연구, 개발사업계획의 작성, 연구, 자금조달 및 집행에 필요한 기술지원 등을 시행한다.

아시아인프라투자은행은 2013년 중국의 주도로 역내개발도상국의 인프라투자를 활성화하기 위해, 우리나라를 포함한 57개국이 참가하여 설립된 은행이다. AIIB는 회원국 정부의 출자와 국제금융시장에서의 차입 등으로 일반재원을 조달하며, 이를 회원국에 대한 융자, 국채, 예금 등으로 운용한다. AIIB는 수권자본 제도를 채택하고 있어, 설립 당시 수권자본금은 천억 달러로 출자·배분된 자본금이 증가하고 있다.

요 약

1. 외환보유액은 각국 정부의 비거주자에 대한 외화청구권형식의 대외준비자산(international reserves) 보유량을 의미한다. 대외준비자산의 구성은 외화표시 대외지급수단, 외화증권, 외화채권 등 유가증권, 예치금, IMF포지션, SDR 그리고 금 등으로 이루어진다.
   각국이 외환보유액을 보유하는 목적은 국제수지 불균형 시 조정을 위해서, 그리고 국내외환시장에서 외환수급의 불균형으로 환율이 심하게 변동하는 경우 시장에 개입하여 조정하기 위함이다.

2. 자본은 기능적으로 국가 간 이동이 용이한 생산요소이다. 따라서 이동에 제한을 철폐하는 자본자유화의 상황에서는 자본의 한계생산성을 감안하여 자본풍부국에서 자본부족국으로 이동하게 된다.
   자본은 생산시설투자 등을 통하여 생산 및 고용 그리고 소득을 증가시켜 국가경제 활성화에 기여하는 등 긍정적 효과가 나타나게 됨으로, 대부분의 국가에서는 자본의 유입에 대해 조세 등 우호적인 경향이 있으며, 자본의 유출은 규제하는 경향을 보이고 있다.

3. 국제금융센터는 국제금융이 집중적·반복적으로 이루어지는 장소적 의미를 가지고 있다. 국제금융센터는 금융 관련 모든 서비스가 제공되는 국제금융센터와 이들 주요 국제금융센터를 연결하는 지역금융센터, 그리고 금융산업 육성을 목적으로 인위적으로 조성된 역외기장센터로 분류된다.
   국제금융센터로는 런던과 뉴욕 등이 있고, 이 두 국제금융센터를 연결하는 지역금융센터로는 홍콩, 싱가포르, 두바이, 프랑크푸르트, LA, 시드니 등 이 있고, 역외기장센터로는 바하마, 케이만, 버진 아일랜드, 라부안 등이 있다.

4. 핀–테크(fintech)산업은 금융(finance)과 기술(technology)이 결합된 산업으로, 자금의 융통과 대차업무에 정보기술(IT: information technology)을 도입하여 다양한 금융서비스를 제공하는 산업을 의미한다.
   핀–테크산업의 영역은 전자적 수단을 이용한 지급결제서비스 제공, 리스크헤징이나 개인 및 기업의 회계업무처리 등 금융소프트웨어 개발, 고객의 신용도를 기준으로 맞춤형 금융서비스 제공을 위한 금융데이터 분석, 금융기관의 중개 없이 전 세계시장을 대상으로 금융업무 이행의 조건을 제공하는 플렛폼 등으로 확대되고 있다.

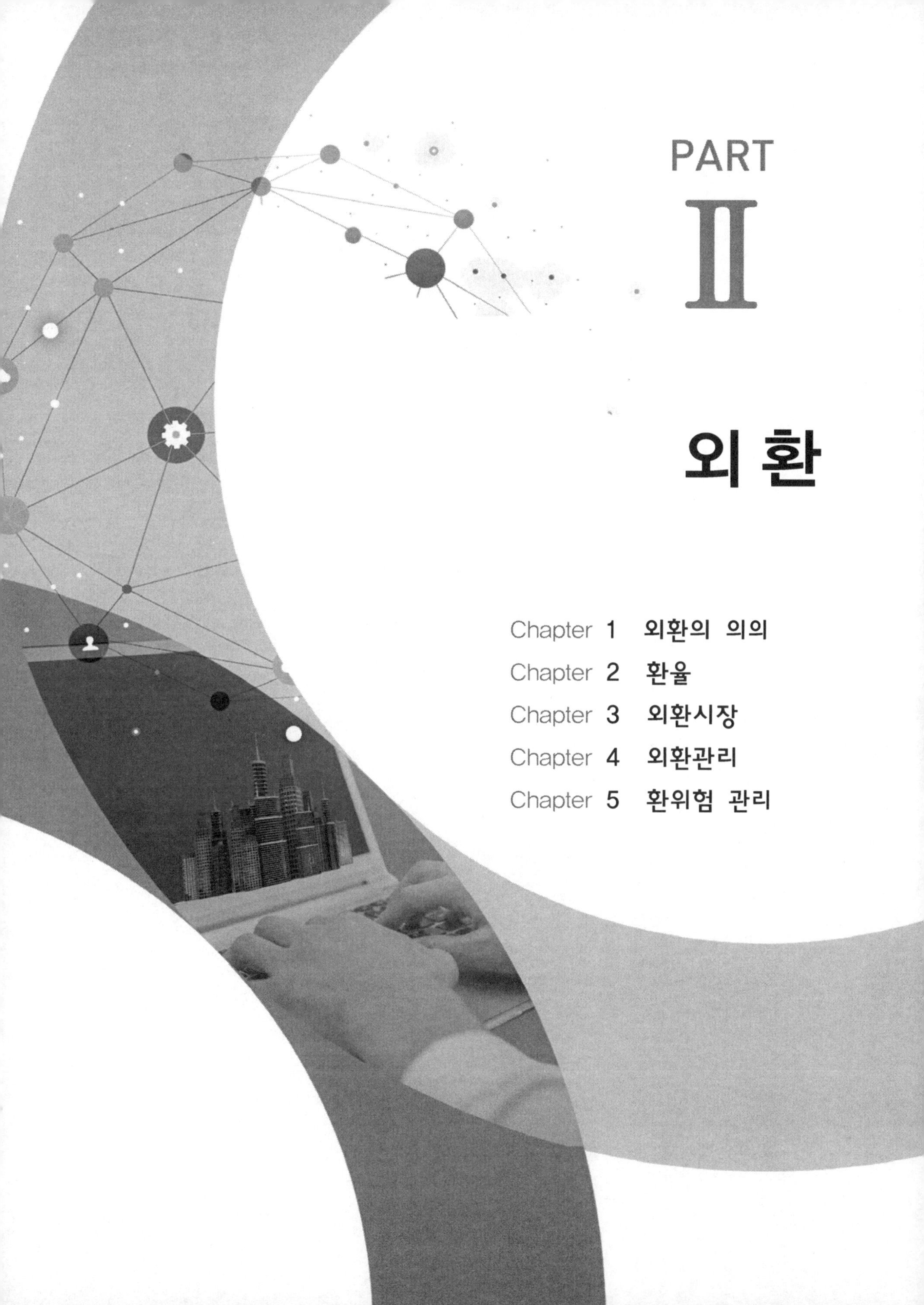

PART Ⅱ

외 환

Chapter

1 외환의 의의

제1절 외환의 정의

한 국민경제 내에서 발생하는 거래를 결제하기 위해 각국의 정책당국은 해당 경제권에서 통용되는 화폐인 통화를 공급한다. 한 국민경제 내에서의 격지 간 거래는 환의 수단을 이용하여 결제가 이루어지게 된다. 환은 계좌이체의 형식과 같이 채권자와 채무자가 대면하지 않고, 통신수단을 이용하여 신속하고 정확하게 결제하는 방법이다.

외환은 환이 국경을 지나는 확장된 개념으로, 다른 경제권 간에 화폐의 이동 없이, 은행과 같은 금융기관을 통하여 결제를 가능하게 하는 수단과 방법을 의미한다.

외환은 외화청구권(claims for foreign currency)의 의미로 외국통화의 교환을 이행할 수 있는 다양한 형태의 권리증서로서, 우리나라의 경우 외국환거래법에 외환을 대외지급수단, 외화증권, 외화채권으로 정의하고 있다.

대외지급수단은 외화로 표시되거나, 외국에서 사용할 수 있는 정부지폐, 환어음, L/C, 대금이 담보된 우편·전신환 등을 의미한다.

외화증권은 외화로 표시되어 외국에서 지급받을 수 있는 증권으로, 국채, 지방채, 사채 등 채권, 주식, 출자 지분 및 이들과 관련되는 권리증서, 그리고 수익증권, 이권, 무기명양도성 예금증서, 유동화증권 등 권리증서가 포함된다.

외화채권은 외화로 표시되거나, 외국에서 지급받을 수 있는 예금, 신탁, 보증, 대차 등으로 발생한 금전채권이 포함된다.

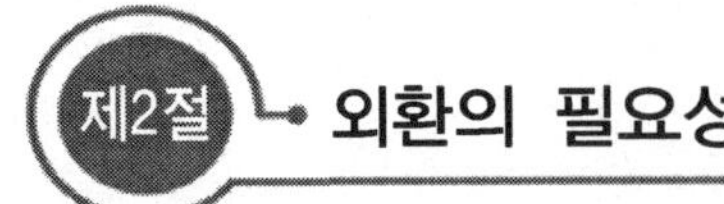

제2절 외환의 필요성

18세기 산업혁명 이후, 국가 간 교역은 꾸준히 증가해 왔으며, 20세기 후반에 들어 개방화와 자유화에 따른 각국시장의 통합현상이 가속화되면서 국가 간 교역도 크게 증가하고 있다. 아울러 자본시장 개방과 자본자유화의 흐름에서 국가 간 자본이동도 급속히 증가하고 있다.

국제경제의 증가는 국제유동성(international liquidity)을 담당하게 되는 국제결제수단의 추가적인 공급을 필요로 하게 된다. 국제결제수단이 되는 국제통화(international currency)는 모든 국가들이 국가 간 거래에 통용하기로 합의한 화폐를 지칭하는 것이다.[1)]

제1차 세계대전 이전, 영국의 주도로 채택되어진 국제금본위제도 하에서의 금과, 제2차 세계대전 이후 브레튼우즈 체제하에서 금과 미국 달러화가 국제통화의 역할을 수행해 왔으나, 1973년 킹스턴체제 이후 국제통화로 합의한 통화는 존재하지 않는다.[2)]

세계 대부분의 국가들이 통화를 발행하고 관리하면서 독자적인 통화정책을 수행하는 상황에서, 국가 간 결제는 통화를 교환하게 되는 외환의 수단을 이용하게 된다. 따라서 국제거래의 결제에는 한 당사자 이상은 통화를 교환해야 하는 외환거래를 이행하게 된다.

외환보유액은 각국정부의 비거주자에 대한 외화청구권 형식의 대외준비자산(international reserves) 보유량을 의미한다. 대외준비자산의 구성은 외화표시 대외지급수단, 외화증권, 외화채권 등 유가증권과, 예치금, IMF포지션, SDR, 그리고 금 등으로 이루어진다.

각국 정부가 외환을 보유하는 목적은 대외지급에 대비하는 국제결제수단(international reserves)으로써 국가의 부를 축적함과 동시에, 국제수지불균형 시 조정을 위해서, 그리고 국내외환시장에서 외환수급의 불균형으로 환율이 심하게 변동하는 경우 시장에 개입하기 위함이다.[3)]

---

1) 국제통화기금(IMF)의 출범 시, 금과 미국 달러화를 국제통화로 지정하였으나, 킹스턴체제로 전환하면서 통화 간 환율이 변동하게 되어, 미국 달러화의 기축통화역할은 종료되었다. 그러나 각국의 국제수지작성 등 국제통계에는 여전히 미국 달러화를 이용하고 있다.

2) 현 국제통화제도를 관장하고 있는 국제통화기금에서 창출한 SDR(Special Drawing Right)은 금리를 부가하는 등 통화기능을 부여하고 있으나, 엄격한 의미에서는 특정통화를 인출할 수 있는 권리증서와 같은 수단으로 통화와는 구분된다.

3) IMF가 제시한 외환보유액의 보유목적은 첫째, 통화정책 및 환율정책 수행의 신뢰성 제고, 둘째, 위기대응능력 확충을 통한 외부취약성 제한, 셋째, 국가의 현재 및 미래 외채상환능력에 대한 시장신뢰 구축, 넷째, 자국통화가치에 대한 지지기능, 다섯째, 정부의 외환소요 및 외채상환 지원, 여섯째, 국가적 재난 또는 긴급 상황대비 등이다. Revised Guidline for Foreign Exchange Reserve Management, IMF, 2014.

외환거래

외환거래의 구조는 국가 간 채권자, 채권자의 외국환은행, 채무자, 채무자의 외국환은행 등이 결합되는 형태가 된다. 외국환은행은 거래자인 채권자와 채무자의 신용을 보증해주며, 외환거래를 통한 국제거래결제가 원활히 이행될 수 있도록 지원하는 역할을 수행한다.

기본적 국제거래로 한국의 수입업자가 미국의 수출업자로부터 상품 100만 달러어치를 수입하는 경우를 가정해 본다. 수출업자는 상품을 송부하고 수입업자는 대금을 결제한다. 대금결제는 외국환은행 간 전산시스템을 이용하여, 수입업자로부터 수입업자 거래은행과 수출업자 거래은행을 경유하여 수출업자에게 지급되는 과정을 거쳐 이행된다.

이 경우 수입업자 거래은행에서 수출업자 거래은행으로 100만 달러가 지급되기 위한 환어음 등이 외환의 수단이 된다. 외환은 결제과정에 따라 송금환결제와 추심환결제로 구분된다.

Ⅰ. 송금환결제

송금환(remittance exchange)결제는 수입업자인 채무자가 수출업자에게 결제대금을 송금할 목적으로, 외국환은행에 100만 달러를 지급하고 송금을 청구하게 된다. 수입업자 거래은행은 100만 달러를 수출업자 거래은행에 외환의 방식으로 송금하고, 수출업자 거래은행이 수출업자에게 100만 달러를 지급함으로 거래가 종료된다.

송금환은 채무자가 결제를 하고, 이를 담보로 은행 간 결제를 거쳐 채권자에게 대금이 이동하는 순리적 절차의 결제방식으로 순환이라고도 하며, 채권자와 채무자간 신뢰관계를 바탕으로 개인송금 등의 결제에 이용된다.

송금환결제는 송금수표(D/D: Demand Draft)방식과, 전산망을 이용한 우편송금환(M/T: Mail Transfer)과 전신송금환(T/T: Telegraphic Transfer)방식으로 구분된다.

Ⅱ. 추심환결제

추심환(collection exchange)결제는 송금환과 결제자금의 방향이 다르게 된다. 앞의 예에서 수출업자는 상품을 선적하고 송장, 선하증권, 보험증권 등 선적서류를 수취하고, 이를 담보로 하여 수입업자를 지급인(drawee), 수출업자 거래은행을 수취인(payee)으로 한 환어음을 발행하여 어음매입을 의뢰하며, 수출업자 거래은행은 어음을 매입하고 대금을 지불한다. 수출업자 거래은행은 매입한 환어음을 수입업자 거래은행에 전달하고 수입업자에게 추심을 의뢰한다. 수입업자 거래은행은 환어음을 수입업자에게 제시하며, 수입업자는 환어음을 인수하고 대금지급을 이행하여 거래는 종료된다.

그림 2-1 송금환 결제구조

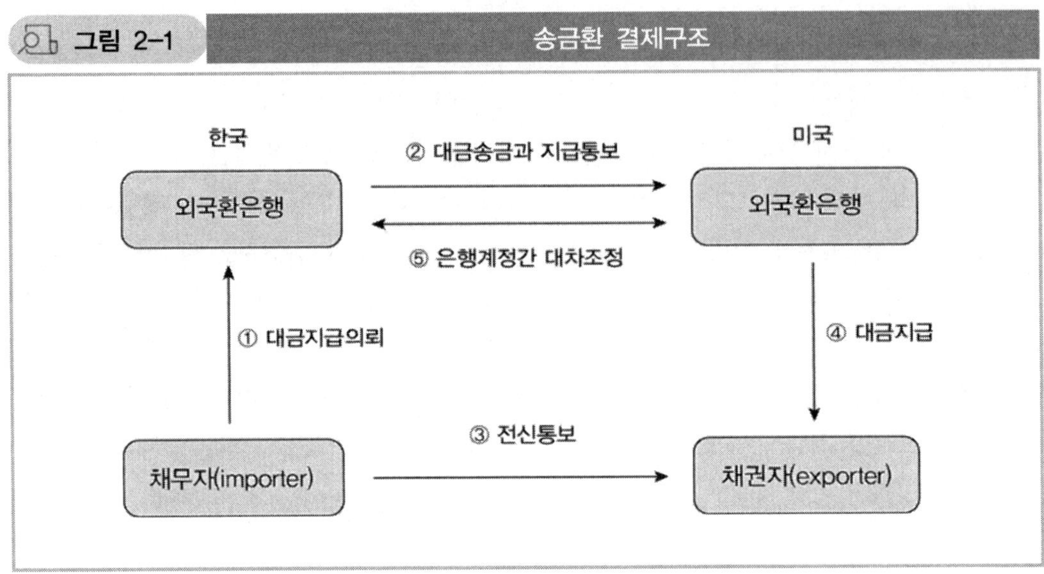

추심환 결제는 채권자가 먼저 추심을 이용해 결제를 요청하고, 채무자가 요청에 응하는 방식으로 결제가 역방향으로 진행되어 역환이라고도 하며, 주로 무역결제에 이용된다. 추심환 결제방식은 인도조건에 따라 지급인도조건과 인수인도조건으로 구분된다.

1. 지급인도조건

지급인도조건(D/P: Documents against Payment)은 수출업자가 상품을 선적하고, 선적서류를 담보로 하여 수입업자를 지급인으로 하는 일람출급환어음(sight bill of exchange)을 발행하는 조건이다. 수출업자 거래은행을 통하여 수입업자 거래은행에 어음대금의 추심을 의뢰하고, 수입업자 거래은행은 수입업자에게 어음을 제시함과 동시에 지급을 받고 선적서류를 인도한다.

그림 2-2 추심환 결제구조

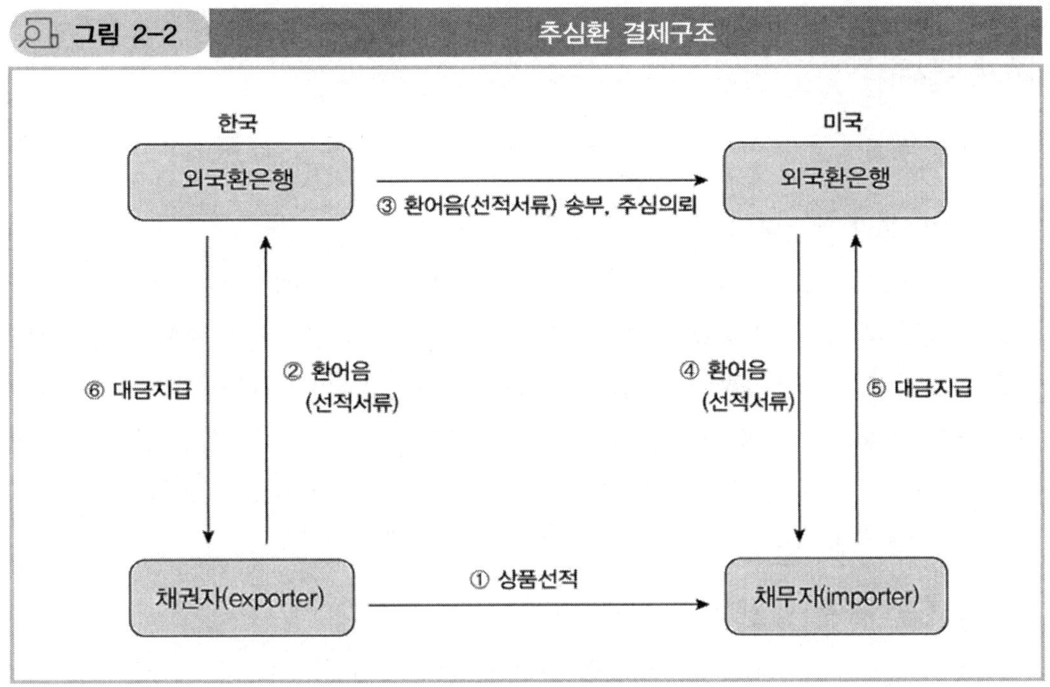

2. 인수인도조건

인수인도조건(D/A: Documents against Acceptance)은 수출업자가 상품을 선적하고, 선적서류를 담보로 수입업자를 지급인으로 하는 기한부환어음(usance bill of exchange)을 발행하는 조건이다. 어음이 수입업자 거래은행을 통해 수입상에게 제시되면, 수입업자는 환어음을 인수하고 선적서류를 인도받아, 어음의 만기일에 추심은행인 수입업자 거래은행에 대금을 지급한다. 추심은행인 수입업자 거래은행은 수출업자 거래은행에 대금을 이전하고, 수출업자 거래은행은 수출업자에게 대금지급을 함으로써 거래가 종료된다.

인수인도조건은 환어음에 명시된 기간만큼 대금지불이 연기되므로, 이 기간 동안 수출업자가 수입업자에게 신용을 공여하는 형식이 되어, 수입업자에게 유리한 거래조건이 된다.

Ⅲ. 환어음

환어음(bill of exchange)은 국제거래에서 채권자가 채무자에게 지급을 위탁하는 유가증권이다. 수출업자는 상품을 선적하고 선적서류를 담보로 하여, 거래은행에서 수입업자를 지급인으로, 수입업자 거래은행을 수취인으로 하는 환어음을 발행한다.

환어음은 유가증권인 선하증권(bill of lading) 등 선적서류[4]를 담보로 발행되므로 국제

4) 선적서류(shipping documents)는 기본적 선적서류와 부가적 선적서류로 구분된다. 기본적 선적서류

결제에 가장 많이 이용되고 있으며, 외화로 가치가 표시되는 외화표시 환어음은 대표적인 외환의 수단이 된다.

1. 환어음 종류

(1) 화환어음과 무담보어음

화환어음(documentary bill of exchange)은 선적서류를 담보로 발행된 환어음을 의미한다. 무역거래는 격지 간 거래이므로, 상품의 이동에 상당기간이 필요하게 된다. 따라서 선하증권 등 선적서류를 근거로, 상품의 선적과 결제가 이행되는 경우가 대부분이다.

무담보어음(clean bill of exchange)은 환어음 발행 시 선적서류가 담보되지 않는다. 따라서 환어음의 신용도가 화환어음에 비해 하락하게 되며, 국제기업의 자회사나 지점 간 거래 등 당사자 간의 신용을 기본으로 발행되는 경우가 대부분이다.

(2) 일람불어음과 기한부어음

일람불어음(at sight bill)은 환어음이 제시되면 즉시 지급되는 조건의 어음이다. 수출업자는 상품을 선적하고 선적서류를 취합하여, 이를 담보로 환어음을 발행하고, 이를 거래은행에 제시하여 정해진 조건에 따라 수출대금을 회수하게 된다.

기한부어음(usance bill)은 환어음이 제시되면 조건에 따라, 일정기간이 지난 후 지급되는 조건의 어음이다. 조건에 따라 어음 발행일로부터 일정기간 후에 지급하는 발행 후 정기출급불, 어음이 제시되고 난 후 30일, 60일 등 일정기간이 지난 시점에서 지급하는 일람후정기불, 어음지급조건에 확정일을 명시하고 확정일에 지급하는 확정일출급불 등이 있다.

(3) 은행어음과 개인어음

은행어음(bank bill)은 환어음 지급조건에 지급인을 은행으로 지정한 어음이다. 무역거래에서 수입업자가 채무자이나 신용을 기준으로 거래은행을 지급인으로 하게 되며, 대부분의 경우 은행어음조건이 된다.

개인어음(private bill)은 수입업자 등 개인이 지급인이 되는 조건으로, 은행어음에 비해 신용도가 낮으므로 유통 시 할인율이 크게 된다.

로는 선하증권(B/L; Bill of Lading)이나 항공운송장(Air Way Bill), 상업송장(commercial invoice)이나 포장명세서(packing list), 그리고 보험증권(Insurance Policy) 등이 되며, 계약조건으로 요구되는 부가적 선적서류로는 검사증명서(Inspection Certificate), 원산지증명서(Certificate of Origin) 등이 있다.

2. 환어음조건

환어음은 요식증권이므로 어음에 다음의 내용이 구비되어야 한다. 내용 중에는 필수 기재사항과 임의 기재사항이 있으며, 필수 기재사항이 누락되는 경우 요식행위가 충족되지 못하고, 법적구속력을 상실하게 된다.

필수 기재사항으로는 환어음 확인문구, 지급액, 지급자(drawee), 지급일, 수취인(payee), 지급장소, 발행일자, 발행지역, 발행인 날인 등이 있다.

임의 기재사항은 필수 기재사항 외의 부연설명이나 어음의 조건을 나열하는 등 어음의 효력이나 법적구속력과는 관련되지 않는다.

요 약

1. 외환은 외화청구권(claims for foreign currency)으로 외국통화를 교환할 수 있는 권리이며, 우리나라의 외국환거래법상 외환은 외화로 표시된 대외지급수단, 외화채권, 외화증권을 의미한다.
   대외지급수단은 외화로 표시되거나 외국에서 사용할 수 있는 지폐와 어음 등을 지칭한다. 외화증권은 외화로 표시되어 외국에서 지급받을 수 있는 각종채권 및 권리증서를 지칭한다. 외화채권은 외화로 표시되거나 외국에서 지급받을 수 있는 예금과 신탁 등 각종 금전채권을 지칭한다.

2. 송금환(remittance)은 채무자가 결제를 이행하고, 이를 담보로 은행 간 결제를 거쳐 채권자에게 대금이 이동하는 순리적 결제과정으로 순환이라고 하며, 채권자와 채무자간 신뢰관계가 구축된 경우, 신뢰관계를 기본으로 개인송금 등에 이용된다.
   추심환(collection)은 채권자가 먼저 추심을 하여 결제를 요청하고, 채무자가 이에 따르는 방식으로, 결제가 역방향으로 진행되어 역환이라고 하며, 주로 무역대금결제 등에 이용된다.

3. 일람불환어음(at sight bill)은 환어음이 제시되는 경우 즉시 지급이 이행되는 조건의 환어음으로, 수출업자는 상품을 선적하고 선적서류를 취합하여 이를 담보로 환어음을 발행하고, 거래은행에 제시하여 수출대금을 회수하게 된다.
   기한부환어음(usance bill)은 환어음이 제시되면 조건에 따라 일정기간이 지난 후 지급되는 조건의 어음으로, 조건에 따라 일정기간이 지난 후 지급되는 정기출급불, 어음이 제시되고 난 후 일정기간이 지난 시점에서 지급되는 일람후정기불, 확정일에 지급되는 확정일출급불 등으로 구분된다.

4. 지급인도조건(D/P: documents against payment)은 수출업자가 상품을 선적하고, 선적서류를 담보로 하여 수입업자를 지급인으로 하는 일람출급환어음을 발행하는 조건의 결제방식이다.
   인수인도조건(D/A: documents against acceptance)은 수출업자가 상품을 선적하고, 선적서류를 담보로 수입업자를 지급인으로 하는 기한부어음을 발행하는 조건의 결제방식이다.

Chapter

2 환 율

제1절 환율의 정의

환율(exchange rate)은 통화 간 교환비율로, 한 통화가치로 평가한 다른 통화의 가치가 된다. 국제금융에서 외국의 통화는 한 금융자산(financial asset)으로 인식하게 되며, 환율은 외국통화를 국내통화로 환산한 가격이 된다.

환율은 관련통화의 가치가 변하는 경우 변동하게 되는데, 통화의 가치변화에 따른 환율변동을 제도적으로 허용하는 변동환율제도, 환율변동을 허용하지 않고 환율을 고정하는 고정환율제도로 구분된다.

변동환율제도에서 환율은 기본적으로 외환의 수요·공급에 따라 결정된다. 외환시장에서 공급이 수요를 초과하는 경우 관련 통화환율은 하락하게 되고, 수요가 공급을 초과하는 경우에는 상승하게 된다.

환율은 외환의 수요·공급 외에도 관련통화국의 물가상승률, 경제성장율 등 장기적 요인과, 천재지변의 발생, 경제 관련정책의 변경 등 단기적 요인에 의해서도 영향을 받게 된다.

환율의 변동은 국가 간 교역되는 상품의 가격에 반영되어 국제경제의 흐름을 변화시킨다. 환율변동에 따라 수출품의 가격이 등락하면서 수출량이 증감되는 현상을 유발하며, 수입재의 국내가격을 변동시키고, 교역재와 비교역재의 상대가격변화를 통한 국내총수요의 구조를 변화시켜 물가수준에 영향을 미친다. 따라서 대부분의 국가들은 경제여건의 개선을 위해 다양한 방식으로 환율을 관리하고 있다.[1)]

모든 나라들은 환율의 통화가격 비교기능이 원만히 작동될 수 있도록, 정도의 차이는 존재하지만 환율정책을 통해 환율을 관리하고 있다. 환율관리는 저개발 국가들이 시행가능

1) 각국의 외환당국이 환율을 관리하는 목적은 환율의 급격한 변동성 완화, 목표환율대의 달성, 외환보유액수준 충족, 주요경제이해국의 시장개입에 대한 대응 등이며, 우리나라의 경우 주요목적을 환율변동성 완화에 두고 있다.

한 강한관리로 부터, 선진개발국들의 외환시장에서 외환매입이나 매도방식으로 이행되는 약한 관리까지 다양하다.

1997년 외환위기 이후 자유변동환율제를 시행하고 있는 우리나라의 경우, 환율은 기본적으로 외환시장에서의 외환수급으로 결정되는 구조로 운용되며, 일시적 수급불균형으로 환율이 급격히 변동하는 경우, 환율변동속도를 완만히 조정하기 위해 정책개입을 한다.[2)]

제2절 환율의 형태

환율의 형태는 이론적 형식으로 구분되거나, 시장에서의 환율을 고시하는 표시법으로 구분하게 된다. 통화 간 교환비율인 환율이 다양하게 구분되고 여러 방식으로 표현되는 것은, 국가 및 외환시장에서 외환에 대한 거시정책목표, 외환거래의 기능 등이 다양하기 때문이다.

Ⅰ. 환율의 종류

1. 명목환율과 실질환율

명목환율(nominal exchange rate)은 정책당국이 고시하는 환율이다. 정책당국은 대외교역의 결제기준으로, 금융·통화정책의 시행기준으로, 이해당사자들의 대외결제기준으로 구분하여 통화 간 환율을 고시하고 있다.

실질환율(real exchange rate)은 통화 간 명목환율을 관련 양국의 상대적 물가지수를 반영하여 산출한 환율이다.

$$e = s \times (p^*/p) \tag{2-1}$$

e: 실질환율
s: 명목환율
p, p^* : 자국과 외국 물가지수

실질환율은 수출경쟁력의 지표로 활용되며, 실질환율이 하락하는 경우 수출상품의 가격이 상승하여 가격경쟁력이 하락함을 의미하고, 반대의 경우 수출상품가격이 하락하여 가격

2) 시장개입은 외환의 수요와 공급을 균형 시켜 균형환율에서 이탈 시 균형환율에 복귀시키기 위한 목적으로 이루어지고 있으며, 이를 위한 재원으로 외환시장 안정용 국고채 발행자금, 외환보유액과 외국환평형기금 등이 있다.

경쟁력이 상승함을 의미한다.

실효환율(effective exchange rate)은 상품의 가격경쟁력을 나타내는 지표로, 환율관련 두 당사국의 물가지수만 반영하지 않고 교역국들의 명목환율을 무역비중으로 가중 평균한 것으로, 보다 효과적인 가격경쟁력을 산출할 수 있다.

실질실효환율(REER: real effective exchange rate)은 실질환율과 실효환율을 결합한 개념으로, 실효환율에 자국과 주요교역상대국들의 교역가중치를 반영한 가중평균 물가지수를 사용하여 산출한다. 실질실효환율은 자국통화의 실질구매력을 표현하는 개념으로, 가격경쟁력의 지표로 이용된다.

2. 교차환율과 재정환율

교차환율(cross rate)은 자국통화가 개재되지 않은 외국통화 간 환율을 의미한다.[3] 우리나라에서 유로화/달러화 환율, 파운드화/유로화 환율 등은 교차환율이 된다. 국제금융시장의 환율은 국제기축통화인 미 달러화를 기준으로 고시되고 있어, 미 달러화의 개재가 없는 여타통화 간의 환율을 교차환율이라 한다.

재정환율(arbitrage rate)은 국내외환시장에서 거래를 위한 환율이 형성되어있지 않는 경우, 국내시장환율과 국제시장 환율을 이용하여 산출되는 환율이다. 국내시장에 고시되지 않은 통화환율은 국제시장에서 형성된 해당통화와 달러 간 환율을 이용하여 산출된다.

3. 현물환율과 선물환율

현물환율(spot exchange rate)은 외환거래 성립 후, 2영업일 이내에 외환의 결제를 이행하여야 하는 현물환거래에 적용되는 통상적인 환율이다. 외환거래는 주로 통신수단을 이용한 격지 간 거래이므로 결제가 지연될 가능성이 있어, 이를 감안하여 2영업일 이내에 결제하도록 규정하고 있다.

선물환율(forward exchange rate)은 외환거래 성립 후, 2영업일 이후의 지정일에 결제가 이루어지는 선물환거래에 적용하는 환율이다. 따라서 선물환율은 계약시점에서 미래의 결제환율을 예측하는 형식을 갖게 된다.

선물환율은 현시점에서 계약하고 미래 시점에서 결제하기 때문에 국제결제에서 환위험 헤징이나 환투기에 이용된다. 국제외환시장은 매일 주요 국제통화(major currency) 간 1주일 물부터 3년 물까지의 선물환율을 고시하고 있다.

---

3) 국제금융시장에서는 기축통화인 미국 달러화를 기준으로 통화 간 환율을 표시하게 되므로, 미국 달러화의 개재가 없는 여타 통화간의 환율을 교차환율이라고 한다.

Ⅱ. 환율 표시법

1. 직접표시환율과 간접표시환율

직접표시환율(direct quotation)은 외국통화 한 단위를 자국통화단위로 표시하는 환율로, 방화표시환율과 같은 내용이 된다. 예로 우리나라에서 미 달러화에 대한 원화환율을 1$/1,1250₩과 같이 표시하는 것으로, 외국통화가 기준통화가 되고 자국통화는 비교통화가 되는 환율표시법이다. 대부분의 국가에서는 직접표시환율을 이용하여 환율을 고시하고 있다.

간접표시환율(indirect quotation)은 자국통화 한 단위를 외국통화단위수로 표시하는 환율로, 외화표시환율 또는 수취계정표시환율과 같다. 예로 영국에서 미 달러화에 대한 파운드화 환율을 1£/1.275$와 같이 자국통화를 기준통화로, 외국통화를 비교통화로 환율을 표시하는 방법이다. 이러한 간접표시환율은 영국과 호주 등 일부 영연방국가에서 이용되는 환율표시법이다.

2. 매입환율과 매도환율

매입환율(bid rate)은 외국환은행의 외환매입에 적용하는 환율이다. 외환거래는 외국환은행(foreign exchange bank)이 거래중심자의 입장이 되므로, 매입환율은 외국환은행이 상대방으로부터 외환을 매입하는 경우 적용하는 환율을 의미한다.

매도환율(offered rate)은 외국환은행이 거래상대방에게 외환을 매도하는 경우 적용하는 환율이 된다. 외환시장에서 매입환율과 매도환율은 2개의 수치로 고시(two way)되는데, 두 환율의 차인 매매율 차(bid-ask spread)는 거래비용의 형식으로 은행의 수익과 정부의 세금을 창출하는 부분이 된다.

매매율 차는 국제거래의 빈도가 높은 통화에서 빈도가 낮은 통화에 비해 적게 책정되는 경향이 있고, 대고객거래 보다 은행간거래의 경우에 적게 책정되는 경향이 있다.

3. 대고객환율과 은행간환율

대고객환율(customers rate)은 외국환은행이 무역업자 등 외환실수요자와의 외환거래 시 적용하기 위해 고시하는 환율이다. 대고객환율은 결제수단의 형태에 따라 현찰(cash)매매율, 여행자수표(TC: Traveler's Check)매매율, 전신환(TT: Telegraphic Transfer)매매율 등으로 분류된다. 고객의 입장에서 매매율 차가 큰, 즉 거래비용이 가중되는 수단은 현찰, 여행자수표, 전신환의 순이다.

은행간환율(inter-bank rate)은 외국환은행간 거래 시 적용하는 환율로, 통상적인 외환시장환율을 의미한다. 은행간환율은 대고객환율에 비해 매매 차가 적게 고시되는데, 외국환은행 간에 포지션 조정 등 대규모 거래에서 나타나는 단위당 거래비용의 감소 등을 감안한 것이다.

제3절 균형환율

균형환율(equilibrium exchange rate)은 외환시장에서 외환에 대한 수요와 공급에 의하여 결정된 환율로써, 이 균형환율은 다시 외환의 수요와 공급요인에 영향을 주어, 상호간에 영향을 미치게 되는 상호작용(feedback)의 기본이 되는 환율이다.

균형환율은 외환의 수요와 공급요인을 반영한 수요곡선과 공급곡선이 교차하는 점에서 결정되고, 외생적 요인의 영향에 따라 수요요인과 공급요인이 변하게 되면서 변동한다.

Ⅰ. 외환의 수급

1. 외환의 수요

그림 2-3 외환의 수요곡선

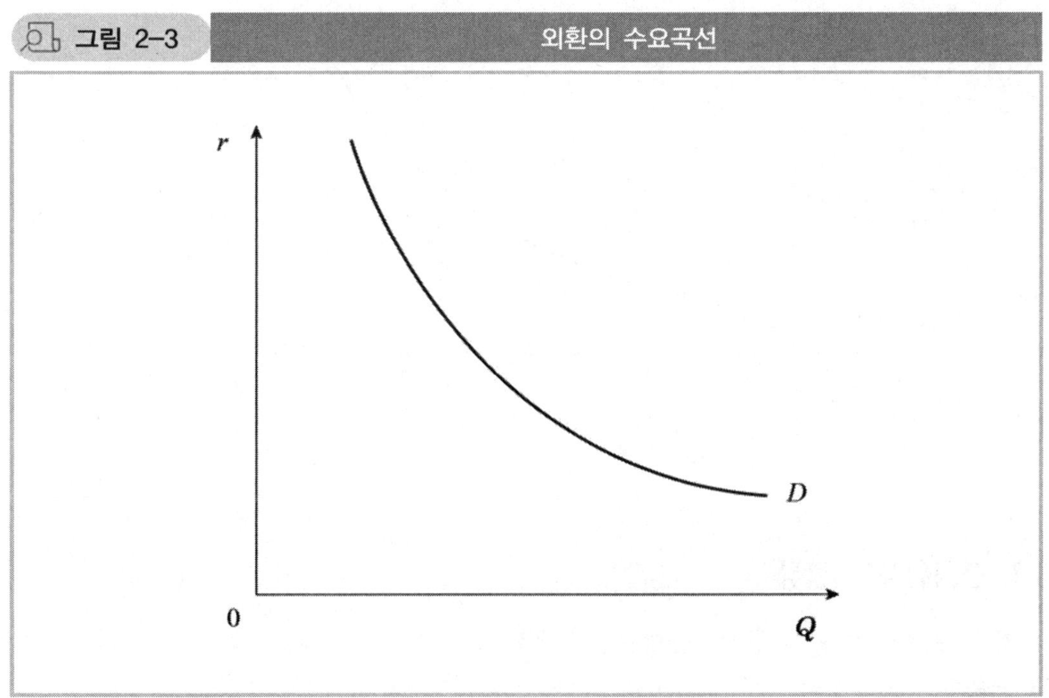

외환시장에서 외환수요는 첫째, 외국의 재화 및 용역의 수입에 대한 결제, 둘째, 해외금융자산에 대한 투자, 셋째, 외국에 대한 이전지급 등의 요인에 의하여 이루어지게 된다.

외환의 수요는 외환의가격인 환율과 부(−)의 관계로, 외환의 가격이 높으면 수요는 감소하고, 외환의 가격이 낮으면 증가한다. 따라서 외환의 수요곡선은 우하향의 형태를 갖게 된다.

2. 외환의 공급

외환시장에서 외환공급은 외국으로 재화나 용역의 수출에 따른 수출대금의 국내외환시장 유입, 해외에서의 차관이나 외자도입 등 금융부채 발생 그리고 해외이전지출 등으로 이루어진다.

외환의 공급은 외환의 가격인 환율이 높으면 증가하고, 낮으면 감소하는 우상향의 형태를 갖게 된다.

그림 2-4 외환의 공급곡선

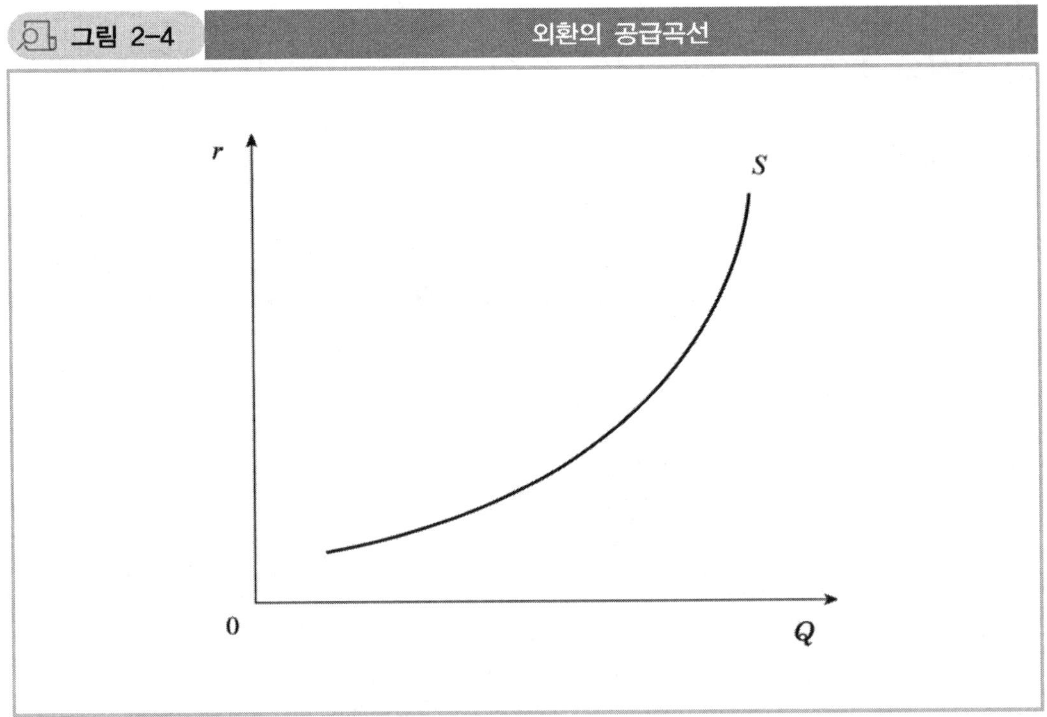

3. 균형환율의 결정

자유변동환율제도 하에서의 균형환율은 외환의 수요곡선과 공급곡선이 교차하는 점에서 결정된다.

그림 2-5 균형환율의 결정

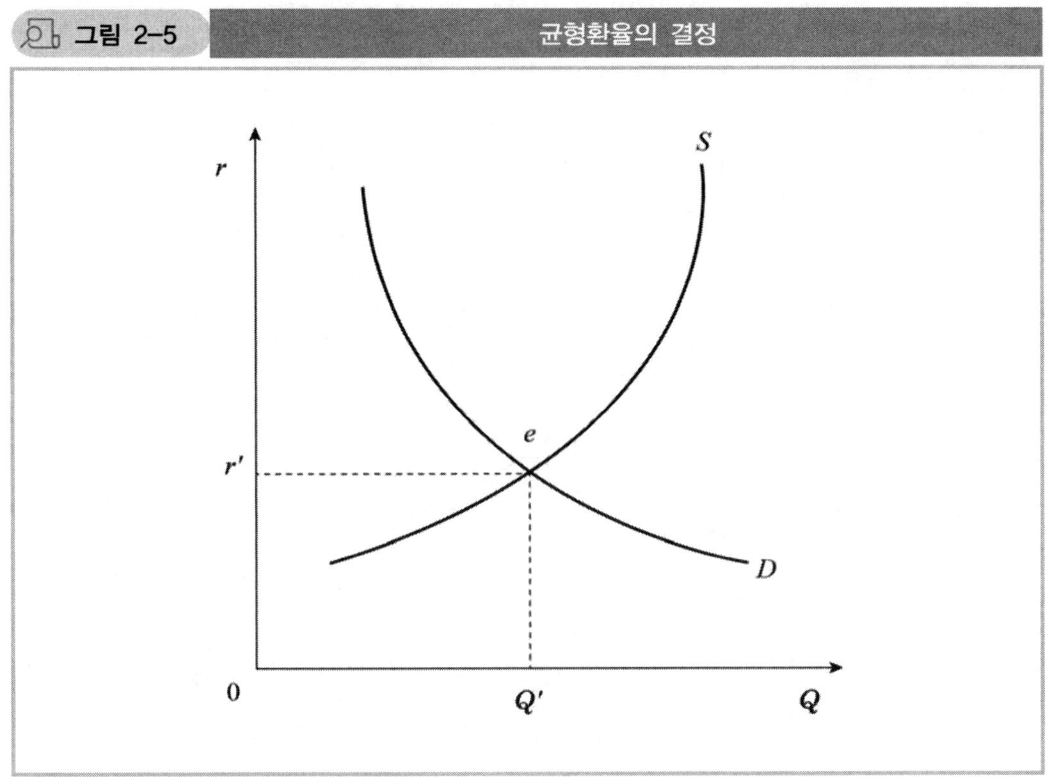

(그림 2-5)에서 외환의 수요곡선과 공급곡선이 교차하는 e점에서 균형환율이 결정되며, 균형환율에서 이루어지는 외환의 거래량은 $0Q'$가 된다.

외환시장에서 외환의 수요요인과 공급요인이 안정적으로 유지되면, 균형환율에서 환율이 하락하는 경우 외환의 초과수요에 의한 환율상승이 발생하며, 균형환율에서 환율이 상승하는 경우 외환의 초과공급에 의한 환율하락이 발생하여 균형환율에 복귀하게 된다.

환율은 두 통화 간 교환비율이므로, 두 통화에서 발생하는 외생적 요인에 의하여 외환의 수급곡선에 변화가 있게 된다. 예로 우리나라의 재정확장정책에 의하여 국민소득이 증가하고, 국민소득의 증가에 따른 수요의 증가로 국내재와 외국재에 대한 총지출이 증가하여, 외환의수요가 증가하였다고 가정한다.

이 경우 외환의 수요곡선은 외부로 확대되어 D'가 되고, 균형환율은 e'점으로 이동하여 S''가 되며, 거래량도 Q''로 증가하게 된다.

또한 외국에서 발생하는 외생적 요인에 의해서도 변동하게 되는데, 예로 한-미 FTA에 따른 수출증가로 달러화 유입이 증가하여 공급곡선이 확대되었다고 가정한다. 공급곡선이 외부로 확대되어 균형점은 기존의 수요곡선과 새로운 공급곡선이 교차하는 e'점으로 이동하여 균형환율은 S''로 하락하며, 거래량은 Q''로 증가하게 된다.

그림 2-6 균형환율의 변동

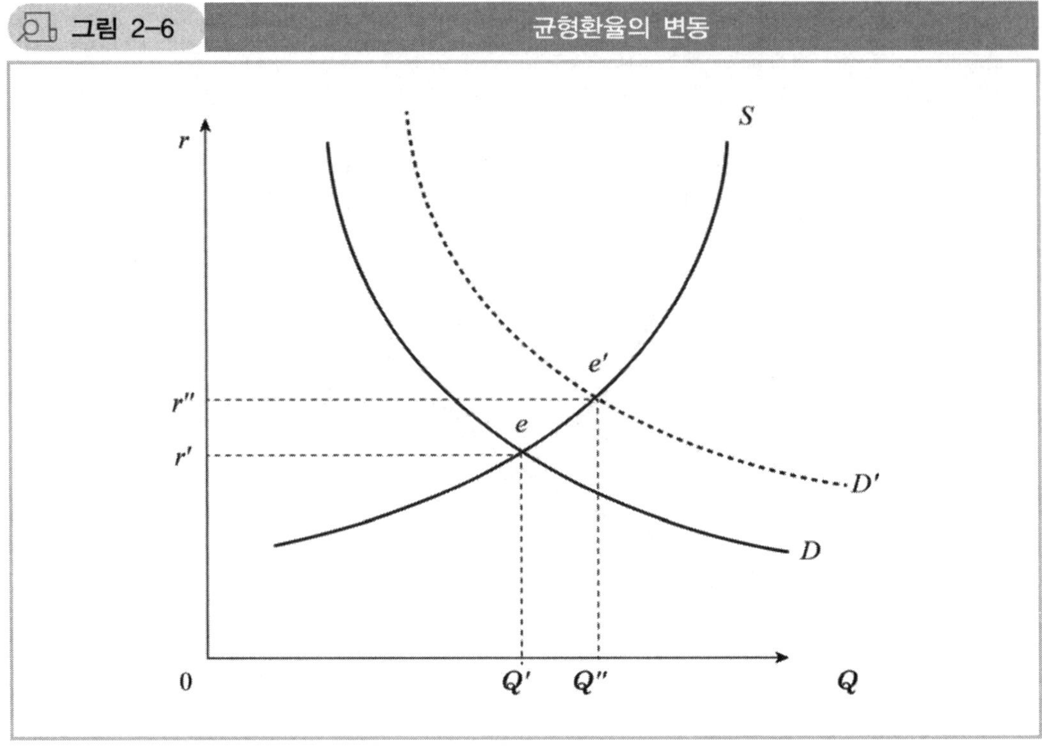

그림 2-7 균형환율의 변동

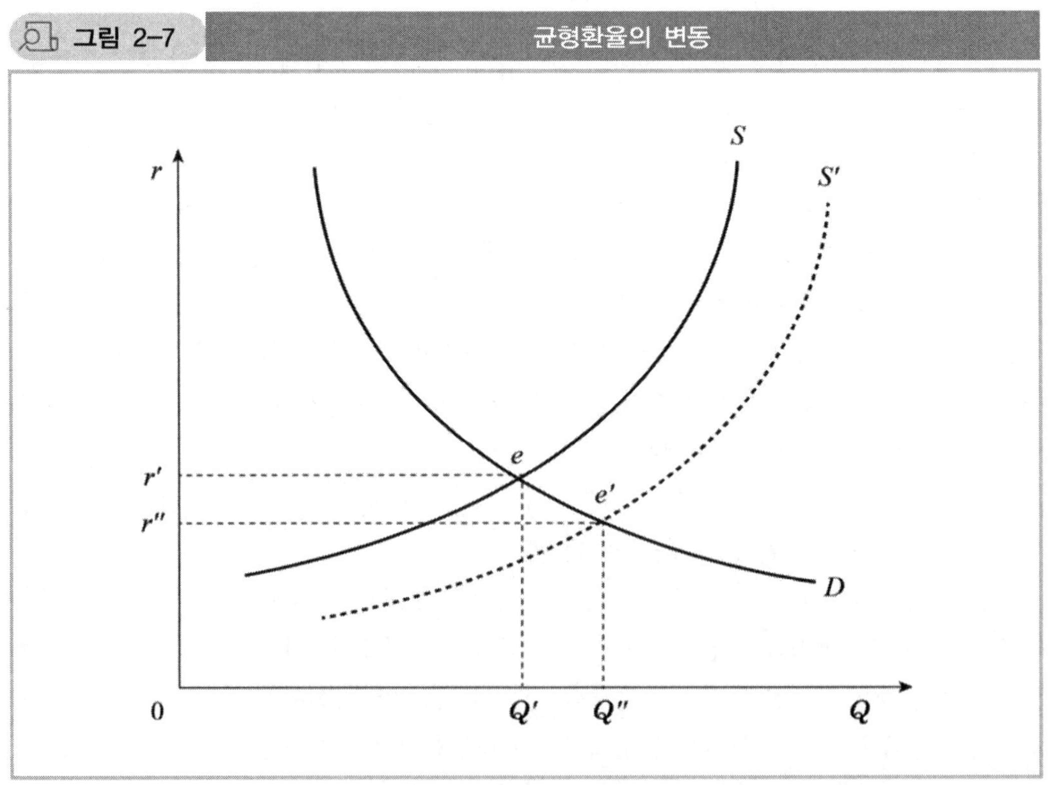

Ⅱ. 외환시장 안정성

자유변동환율제도하에서, 균형환율은 통화 관련 당사국의 경제적 요인과 기타 정치적, 사회적 모든 외생변수를 반영하여 변동하게 되는데, 환율이 균형수준에서 이탈하게 되는 경우, 외환시장의 구조에 따라 균형환율에 복귀하게 되는 안정적 외환시장과 균형환율에서 더욱 크게 이탈하게 되는 불안정적 외환시장으로 구분된다.

1. 안정적 외환시장

그림 2-8 안정적 외환시장

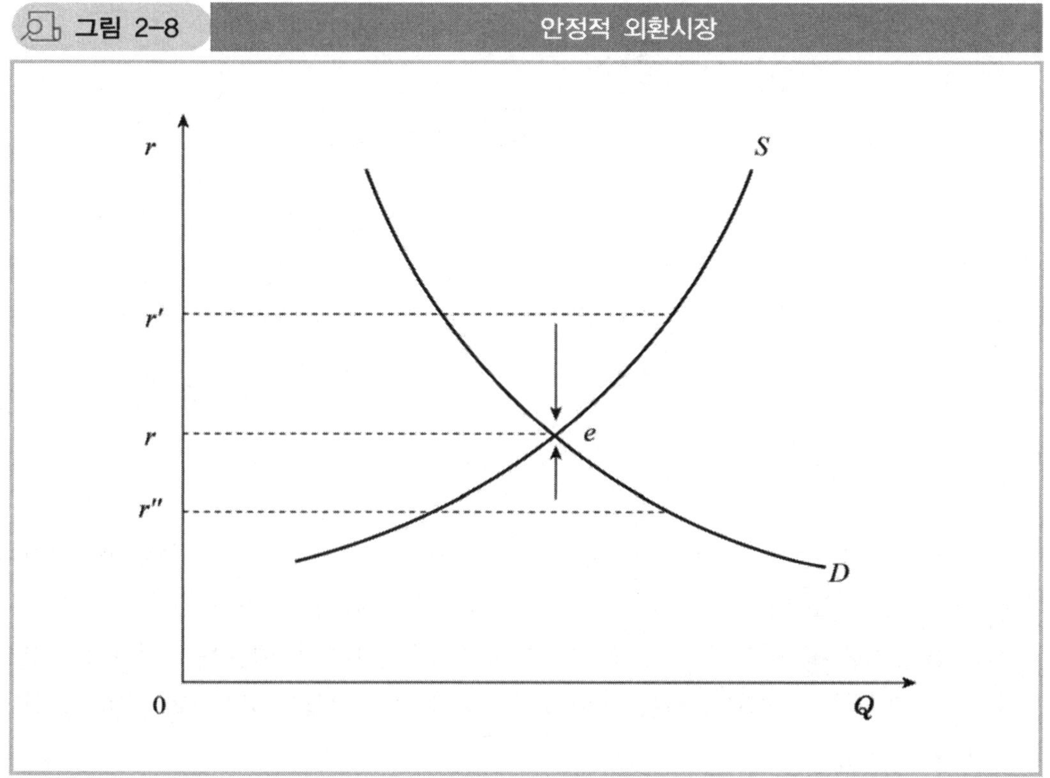

안정적 외환시장에서는 통화당사국의 대내·외적 변수로 인하여 균형환율에서 이탈되는 경우, 외환시장에서의 후속적 거래에 따라 균형환율에 복귀하게 된다. 안정적 외환시장에서의 외환 수급곡선은 다음과 같은 형태로 나타난다.

(그림 2-8)은 전형적인 외환시장의 특성을 갖는 우하향하는 수요곡선과 우상향하는 공급곡선의 행태를 나타내주고 있다. 이러한 외환시장에서 균형환율은 외생변수의 변화로 균형점에서 이탈하더라도, 후속적 외환거래의 이행으로 균형환율에 복귀하게 된다. 환율이 r에서 r'로 상승하는 경우 초과공급으로 r에 복귀하며, r''로 하락하는 경우 초과수요로 균

형환율 r로 복귀하게 된다.

그림 2-9 안정적 외환시장

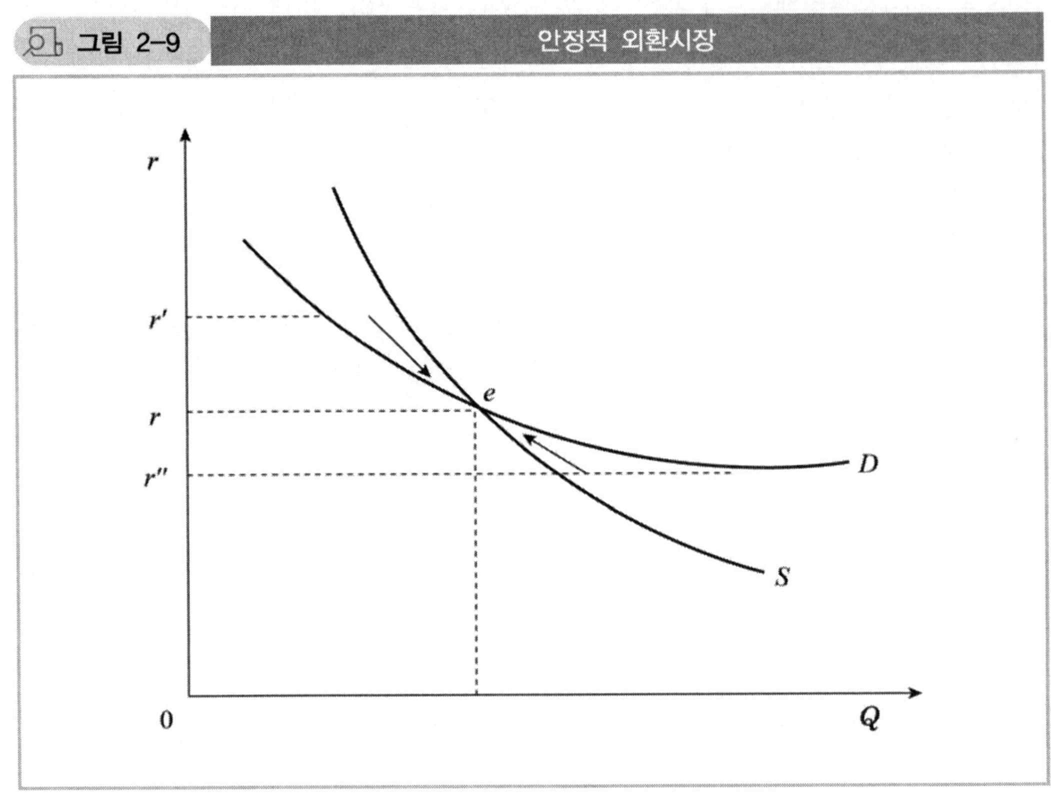

(그림 2-9)에서 외환의 수요곡선은 전형적인 우하향의 형태를 보이고 있고, 공급곡선이 비정상적으로 우하향하고 있으나 기울기가 수요곡선에 비해 가파르기 때문에 안정적 외환시장이 된다. 환율이 r에서 r'로 상승하는 경우 초과공급에 따라 환율은 하락하여 균형환율인 r로 복귀하며, r''로 하락하는 경우 초과수요에 따라 환율은 상승하여 균형환율인 r로 복귀하게 된다.

2. 불안정적 외환시장

불안정한 외환시장에서는 환율관련 외생변수의 변화에 따른 환율변동이 발생하여 균형환율에서 이탈하게 되는 경우, 후속적인 외환거래에 따라 균형환율에 복귀하지 못하고 더욱 크게 이탈하는 현상을 나타낸다. 불안정한 외환시장에서의 외환수급곡선은 다음과 같은 형태로 나타난다.

그림 2-10 불안정적 외환시장

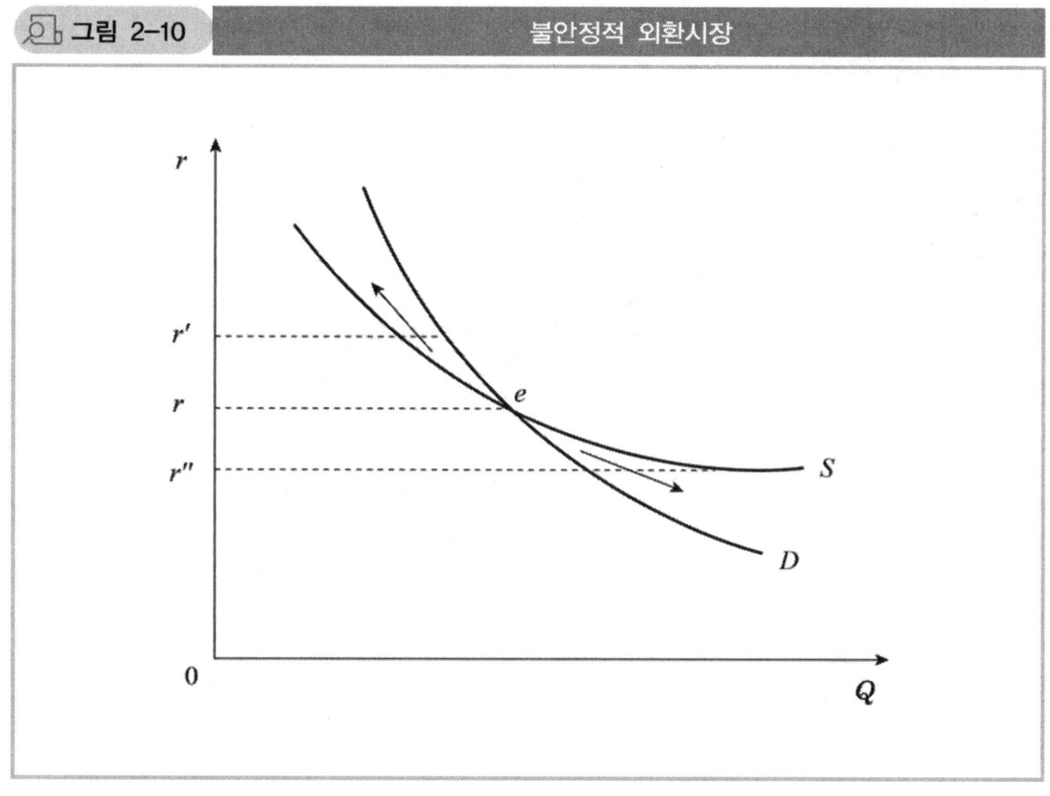

(그림 2-10)에서 수요곡선은 우하향의 정상형태이나 외환의 공급곡선은 우하향의 비정상적 형태를 보이고 있다. 다만 안정적 외환시장에서의 형태와 달리, 기울기가 수요곡선보다 완만하므로 균형환율 r은 안정적이지 못하다. 외생변수에 따라 환율이 r'으로 상승하게 되는 경우, 초과수요 발생으로 환율은 추가로 상승하게 되며, 환율이 상승할수록 초과수요가 가중되어, 환율상승을 저지하기 위한 관리의 시행으로 초과수요가 해소될 때까지 지속적으로 상승하게 된다.

외환시장이 불안정하므로 외생변수의 변화에 따라 환율이 r''로 하락하게 되는 경우, 초과공급이 발생하여 환율은 추가로 하락하게 되며, 환율이 하락할수록 초과공급이 누적되어, 환율하락을 저지하기 위한관리가 시행되어 초과공급이 해소될 때까지 지속적으로 하락하게 된다.

외환시장 불안정성은 외환시장에서의 거래량이 적어 투기적 외환거래가 가능한 경우에 나타나며, 시장참여자들의 외환수급에 대한 심리적 요인으로 과잉반응(overshooting)이 발생하는 경우에 나타나게 된다.

그림 2-11 불안정적 외환시장

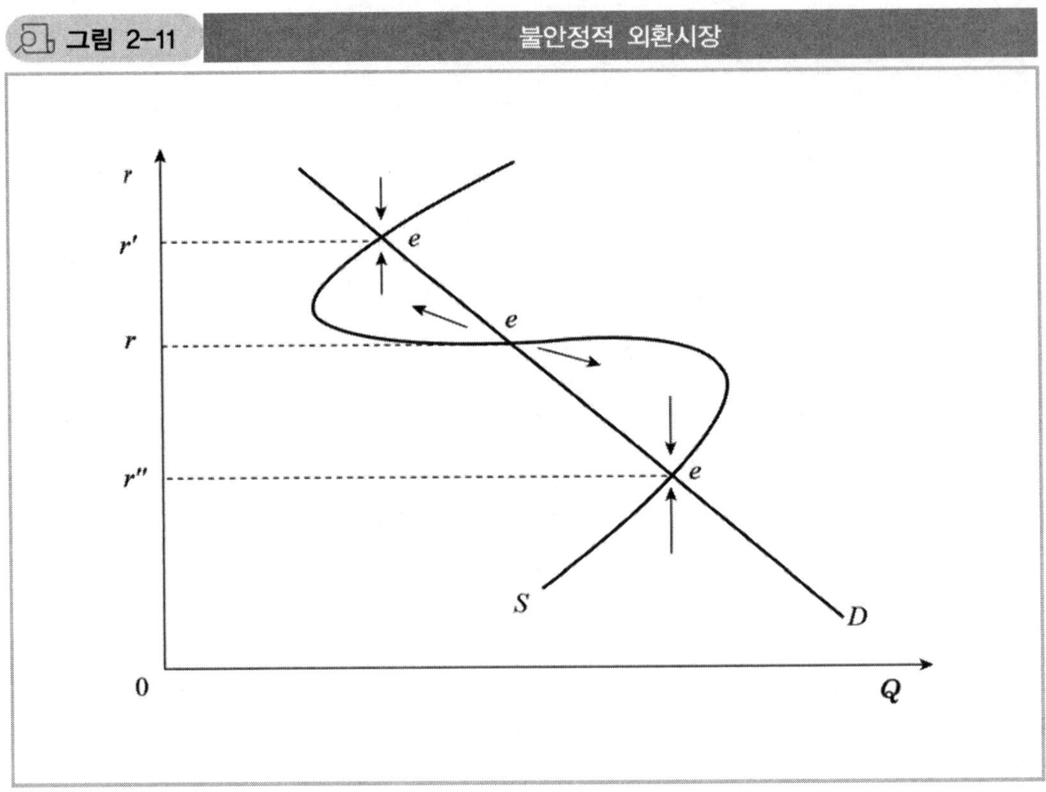

(그림 2-11)에서 외환시장은 안정성과 불안정성이 공존하고 있다. 이 시장에서는 복수의 환율이 존재하며, r'와 r''는 외환의 우하향하는 수요곡선과 우상향하는 공급곡선의 교차로 균형환율에서 하락 시 초과수요가 발생하게 되고, 균형환율에서 상승 시 초과공급이 발생하여 균형환율에 복귀하게 된다.

그러나 r은 우하향하는 공급곡선의 기울기가 수요곡선보다 완만하여 상승 시 r의 수준에 복귀하지 못하며, 하락 시 r에서 더욱 하락하게 되는 불안정성을 보이게 된다. 이러한 예는 공정환율과 암시장환율 등 저개발국 등에서 복수환율이 존재하는 경우에서 관찰된다.

제4절 환율이론

환율은 기본적으로 외환시장에서 외환의 수요와 공급을 반영하여 결정되고 변동한다. 외환시장에서 공급이 수요를 초과하는 경우 외환의 가격인 환율은 하락하고, 수요가 공급을 초과하는 경우 환율은 상승하게 되는데, 이는 해당통화의 국내통화에 대한 상대가격에서의 변화를 의미한다.

통화 간 환율은 관련되는 통화가치가 국내·외 경제, 정치, 사회적 요인의 영향을 받아 결정·변동하므로, 경제기초여건(fundamental)과 관련되는 중·장기적 요인과 시장참가자의 기대, 뉴스 등 단기적 요인에 의하여 영향을 받게 된다.

통화 간 환율이 어떻게 결정되고 어떠한 요인에 의하여 변동하게 되는지를 체계적으로 설명해 주는 것이 환율이론이다. 환율이론은 고전적 이론으로 국제대차설, 구매력평가설, 환 심리설 등이 있으며, 현대적 이론으로 국제수지접근법, 통화적접근법, 포트폴리오접근법 등이 있다.

환율이론은 환율의 결정과 변동을 체계적으로 설명할 수 있어야 한다. 외환의 가격인 환율은 국가 간 거래되는 모든 재화의 상대가격을 반영하여 결정되므로, 현실적으로 모든 요인을 반영하여 환율을 설명해 줄 수 있는 환율이론은 존재하지 않는다. 따라서 모든 환율이론은 부분적 타당성을 인정받는 제한성을 갖게 된다.

Ⅰ. 고전적 이론

1. 국제대차설

영국의 경제학자 고센(G.J.Goshen)에 의하여 제시된 국제대차설(theory of international indebtedness)은 환율이 외환의 수요와 공급에 의하여 결정되고, 외환의 수·급은 국가 간 대차관계로 결정되고 있음을 설명하는 이론이다.

국제대차설은 제1차 세계대전 이전 금본위제도의 환율이론으로 인정되었다. 이 이론은 외환시장에서의 외환수급은 현대적 경상수지에 해당하는 상품 및 서비스수지를 의미하는 국제대차를 외환의 수급요인으로 보고, 환율은 국제대차에 의하여 결정되고 변동한다고 인식하였다.

국제대차설은 현대적 환율결정·변동이론에서는 제한성을 갖게 된다. 현 시점에서 외환의 수급은 경상수지 및 자본, 금융계정을 포괄하는 국제수지의 결과이며, 일정시점에서 대외채권과 대외채무의 stock개념인 국제대차를 flow개념인 국제수지와 구분하지 않고 있어, 환율이론으로는 제한적이 된다.

2. 구매력평가설

스웨덴의 경제학자 카셀(G. Cassel)은 물가의 환율에 미치는 영향을 강조하면서, 양국통화의 구매력을 중심으로 환율의 결정과 변동을 설명하는 구매력평가설(theory of purchasing power parity)을 주장하였다. 구매력평가설은 환율의 결정을 설명하는 절대적 구매력평가설과 환율의 변동을 설명하는 상대적 구매력평가설로 구분된다.

(1) 절대적 구매력평가설

절대적 구매력평가설에 의하면 환율은 양국에서 화폐가 갖는 구매력을 비교하여 결정된다. 구매력평가설의 근거는 일물일가의 법칙(law of one price)으로, 국가 간 교역에 제한적 요인이 없다면 동일재에 대해서 모든 국가의 가격은 동일하게 된다. 가격에 차이가 존재하게 되면, 제품은 재정거래의 이행으로 동일재에 대한 모든 국가의 가격은 평가(parity)를 이루게 된다.

구매력평가설의 실증에 이용되는 제품의 예로 빅맥을 들 수 있다. 이는 빅맥을 구매할 수 있는 통화의 구매력을 비교하여 환율을 결정하는 것으로, 미국에서 빅맥은 2$에 구매되고, 한국에서 2,300₩에 구매되는 경우, 2$과 2,300₩은 구매력이 균등하므로 1$/1,150₩의 환율이 결정된다.

일반적인 관점에서, 하나의 상품가격을 비교하여 환율을 결정하기는 무리이므로, 양국의 상품에 대한 통화의 구매력을 포괄하는 물가지수를 이용하여 양국의 구매력을 비교하게 된다.

(2) 상대적 구매력평가설

상대적 구매력평가설은 절대적 구매력평가설에 의하여 결정된 환율이 일정기간이 경과하면서, 변동하게 되는 환율변동을 설명해 준다. 구매력을 비교하여 결정된 환율은 구매력에 변동이 발생하는 즉, 물가수준의 변동이 발생하는 경우 구매력도 변동하게 됨을 의미한다.

예컨대 기준년도에 구매력을 비교하여 결정된 1$/1,150₩의 환율은 기준년도의 한국과 미국의 물가상승률이 각각 2%, 3%라고 가정하면, 비교년도의 환율은 1,150×103/102로 산출되어 1$/1,161₩으로 변동하게 된다.

구매력평가설은 논리적으로 환율의 결정과 변동을 설명하고 있어, 기초적 환율이론으로 평가되고 있으나, 국가 간 완전 자유무역의 근거에서 출발하고 있으므로, 국가 간 관세 등 무역정책이 존재하는 현실과 괴리되고 있다. 또한 환율변동의 전제조건을 국가 간 실물이동에 집중하고 있어, 화폐부문의 이동을 무시하고 있는 점 등에서 현실적이지 못하다는 비판을 받고 있다.

3. 환 심리설

프랑스의 경제학자 아프타리옹(A.Afftarion)은 환율의 결정·변동에 외환시장 참여자들의 미래에 대한 기대, 예측 등 심리적 요인이 작용한다고 주장하였다. 환율은 외환 수·급에 의하여 결정되고, 외환의 수·급 주요결정요인은 시장참여자들의 미래 외환에 대한 합리적 기대(rational expectation)로 인식하고 있다.

시장참여자들의 외환에 대한 미래의 평가는 국제수지의 동향, 자본이동의 흐름, 통화정책의 추이 등 장기적 관점과, 단기자본의 움직임, 투기 가능성 등 단기적 관점을 복합하여 이루어진다.

환 심리설은 불안정적 외환시장에서 비정상적인 환율행태를 설명하는데 유용한 이론이 된다. 예로 1997년 한국의 외환위기시 환율의 움직임을 설명할 수 있다. 당시 미 $환율은 시장평균 환율제도의 기조 하에, 일일변동폭을 전일의 시장평균을 중심으로 상·하로 제한하는 구조에서 결정되었다. 이 시점 미국 $화의 일방적 상승추세는 통화구매력, 국제수지 등 기본 환율변동요인보다 시장 참여자들의 미국 $화에 대한 환율상승의 기대가 주요인으로 작용하였다.

환 심리설은 기존의 구매력평가설 등 이론으로는 설명할 수 없는 투기거래와 같은 심리적 요인을 반영하여, 환율이론의 범주를 확대시킨 의의를 인정받고 있다. 그러나 이들 요인의 환율변동 유발정도는 구체적으로 평가할 수 없는 비계량적 요인이기 때문에, 체계적 이론전개가 제한되는 단점을 가지고 있다.

Ⅱ. 현대적 이론

1. 국제수지접근법

환율결정에 관한 국제수지접근법은 개방경제의 결과인 국제수지를 이용하여 환율결정과정을 설명하는 내용으로, 국제수지가 흑자인 경우 외환의 추가유입에 따른 환율 하락이, 국제수지가 적자인 경우 외환의 추가유출에 따른 환율 상승이 유발됨을 기본전제조건으로 한다.

국제수지접근법은 환율의 움직임을 경상수지와의 관련성에 초점을 맞추어 설명하는 전통적접근법과 자본수지와의 관련성에 초점을 맞추어 설명하는 먼델-플레밍모형으로 구분된다.

(1) 전통적접근법

전통적접근법은 경상수지의 균형을 환율의 변동에 따른 상대가격의 변화효과를 중심으로 분석하는 탄력성접근법과 경상수지균형을 국민소득의 변동효과를 중심으로 분석하는 총지출접근법으로 구분된다.

탄력성접근법(elasticity approach)은 경상수지 중 상품수지에 주안점을 두고, 균형환율이 상품수지의 결과로 결정된다고 본다. 수출은 외환의 공급요인으로, 수입은 외환의 수요요인으로 작용하며, 흑자 시 외환의 추과공급에 따른 환율 하락이, 적자 시 외환의 초과수요로 인한 환율 상승이 발생하게 된다. 탄력성접근법은 국제수지 중 상품수지가 많은 비중을 차지하던 초기의 환율결정 및 국제수지조정 관련 이론으로, 부분적 설명력을 인정받고 있다.

총지출접근법(absorption approach)은 경상수지에 영향을 주는 내용으로, 환율 외에도 국민소득의 변화에 따른 총지출의 역할을 부가하는 이론이다. 개방경제에서 경상수지는 국내총생산과 국내총지출의 차액으로 결정되므로, 경상수지흑자는 국민소득이 총지출액보다 크다는 의미가 되어, 경상수지 개선을 위해서는 환율인상이 불가피함을 주장하고 있다.

탄력성접근법과 총지출접근법은 경상수지에 주안점을 두고 환율결정의 과정을 설명하고 있다. 두 접근법 모두 환율상승 즉, 자국통화의 평가절하를 통한 경상수지 적자해소를 목적으로 하고 있어 환율조정 위주의 환율행태를 설명하는 이론이라고 할 수 있다.

대부분의 국가들이 자본시장을 개방하지 않던 20세기 중반까지 전통적접근법은 환율결정과 국제수지조정이론으로 인정되었다. 이 시점에서는 경상수지가 국제수지의 주요 자율적항목이 되고, 자본수지는 조정적 역할을 이행하는 항목이었다. 따라서 경상수지에 초점을 둔 전통적접근법이 환율결정구조를 설명하는데 보다 효과적이었으며, 이러한 배경에서 적자국은 경상수지 적자해소의 수단으로 경쟁적 평가절하를 시도하였다.

(2) 먼델-플레밍(Mundell-Fleming)이론

먼델-플레밍이론은 점차 국가 간 자본이동의 규모가 커지면서 경상수지만으로는 환율결정구조를 설명하기 어렵게 됨에 따라, 환율과 국제수지에 대한 경상수지의 역할에 더하여 자본수지의 영향을 분석하는 이론이다.

이 이론은 자본수지도 금리차를 반영하여 발생하는 자율적 거래이므로, 국제수지균형은 경상수지와 자본수지를 합하여 평가해야 한다는 내용이다. 경상수지에서 불균형이 발생하더라도 자본수지에서의 반대방향거래가 유발되므로, 전반적인 국제수지는 균형을 지향하게 되는 것이다.

이러한 먼델-플레밍이론은 전통적접근법에 비해, 자본이동이 더욱 자유로워지는 상황과, 국제거래에 자본거래비중이 커지게 되는 국면에서는 이론적 타당성이 부분적으로 인정된다. 그러나 이 이론은 자본수지의 흐름이 경상수지를 조정하는 거래에서 출발함으로, hedge fund와 같은 자발적 투기자본 이동에서 발생하는 외환거래에 의한 환율결정을 설명하기에는 한계점을 노출시키게 된다.

2. 자산시장접근법

자산시장접근법(asset market approach)은 1973년 킹스턴체제의 출범과 더불어 선진국들이 변동환율제도로 이행한 이후, 환율의 변동성으로 인하여 외국통화를 한 금융자산으로 인식하기 시작하면서, 외환의 가격인 환율결정에 금융자산가격 결정구조를 도입한 이론이다. 전통적접근법에 의한 환율결정이 외환시장에서 외환의 수요와 공급에 의존한다는 내용과 달리, 환율결정이 외환이라는 자산에 대한 수요와 공급에 따르게 된다고 주장하고 있다.

국제수지접근법이 일정기간 동안 거래실적에 근거한 국제수지 균형이행의 과정으로 환율의 결정을 설명하는데 비해, 자산시장 접근법은 일정시점마다 자산시장의 균형이행을 위한 환율의 결정을 설명하고 있는 점에서 차이가 있다.

자산시장 접근법은 통화에 관점을 두는 통화론적접근법과 금융자산에 관점을 두는 포트폴리오균형접근법으로 구분되며, 통화론적접근법은 가격조정과정의 신축성과 가격조정과정의 경직성을 전제로 하여 신축가격모형과 경직가격모형으로 분류된다.

(1) 통화론적접근법

신축가격(flexible price)모형은 재화와 자산의 가격이 탄력적이어서, 시장 간 수요요인과 공급요인에 의하여 변동하게 되면, 즉각적인 재정거래로 균형을 이루게 된다고 인식한다. 따라서 상품시장이 개방되어 통합된 상태에 있어, 시장 간 이동이 자유로우며 대체적이다. 자산시장에서 거래되는 국내채권과 외국채권도 자유이동에 따른 완전이동성으로 수익률에 차이가 존재하는 경우, 수익률이 높은 시장으로 이동하여 수익률차가 해소됨으로 선호에 차이가 없게 된다.

재화시장과 자산시장 모두가 이동성과 대체성이 완전하여, 가격이 탄력적이어서 경제는 균형을 이루며, 환율을 결정하는 요인은 통화량이 된다. 금융자산의 가격은 통화가치로 반영되어, 환율은 통화수급이 일치하는 점에서 결정된다. 그러므로 환율은 관련 양국에서 정책당국의 통화공급과 국민소득의 변화에 따른 통화수요, 그리고 이자율변동에 따른 통화수요의 측면을 고려하여 결정된다.

$$St = \alpha_1(Mt - Mt^*) + \beta_2(Yt - Yt^*) + \gamma_3(It - It^*) \qquad (2\text{-}3)$$

St : t시점 명목환율
Mt, Mt^* : t시점 자국과 외국의 통화공급
Yt, Yt^* : t시점 자국과 외국의 실질소득
It, It^* : t시점 자국과 외국의 명목금리

위 식에서 자국의 통화공급이 증가하면 국내물가가 상승하게 되고, 구매력의 하락으로 이어

져 환율이 상승하게 됨을 의미하여, 외국의 통화공급이 증가하면 환율이 하락하게 되므로, 통화공급의 증가율이 큰 통화가치가 하락하여 환율변동을 유발하게 된다.

국민소득변화는 환율을 변동시키게 된다. 국내 국민소득 증가는 소비 증가로 이어져 경상수지악화를 유발하게 되며, 외국의 국민소득 증가는 소비 증가와 자국의 수출 증가로 이어져 경상수지 개선을 유발한다. 같은 조건에서는 소득증가율이 큰 국가의 통화가치가 하락하여 환율상승이 이루어진다.

명목금리의 변화도 환율을 변동시키게 된다. 국내명목금리가 상승하게 되면 물가상승이 이어져 통화의 구매력은 하락하게 된다. 따라서 국내명목금리가 상승하면 환율은 상승하게 되고, 외국의 명목금리가 상승하게 되는 경우 환율은 하락하게 되며, 같은 조건에서는 명목금리의 상승률이 큰 통화가치가 하락하고 환율은 상승하게 된다.

신축가격모형에서는 통화와 환율이 신축적으로 작용하여, 재화시장 및 자산시장에서의 모든 가격이 같이 움직이고 있다고 가정한다. 이러한 통화와 환율 간의 관계는 장기와 단기에 모두 탄력적으로 작용하여, (2-3)식에서 명목변수에 변화요인이 발생하더라도 교역조건 등 실질변수는 변함없이 유지된다.

돈부쉬(R.Dombush)에 의하여 주장된 경직가격(sticky price)모형은 실물시장과 자산시장의 가격결정구조의 차이에서 출발한다. 환율은 자산시장에서의 가격결정구조를 갖게 되므로, 시장에 유입되는 정보를 근거로 신속하게 변동하지만, 상품의 가격은 국가 간 재정거래 등을 통하여 조정이 완만하게 이루어지므로, 단기적으로는 경직성을 보인다. 따라서 단기환율이 균형환율에 비해 과도하게 변동하는 과잉반응(overshooting)을 나타내게 된다.

재화가격은 단기적으로는 경직적이나 장기적으로는 조정을 거쳐 신축적이 되므로 계약에 따른 재화의 이동이 장기적이 되는 경우, 단기적 경직성에 따라 신축가격모형에서 인정하는 실물부문의 균형인 구매력평가는 배제된다.

경직가격모형은 자산시장가격결정에 국내채권과 외국채권의 완전 대체성 등 신축가격모형과 대부분의 기본가정이 일치한다. 다만 재화가격의 단기적 경직성으로 인하여, 환율이 단기적으로 통화량 변화에 대해 균형수준 이상으로 과잉반응 한다는 점에 차이가 있다.

따라서 (2-3)식에서 $\alpha_1 = 0$가 불균형 되어 $\alpha_1 > 0$이나 $\alpha_1 < 0$이 되는 경우를 의미한다. 예컨대, 국내통화량이 5% 증가하면 장기적으로 환율은 5% 상승하게 된다. 그러나 단기적으로는 환율이 5% 이상 상승하게 되고, 국내통화량이 5% 감소하면 장기적으로 환율은 5% 하락하게 되지만, 단기적으로는 그 이상으로 하락하게 되는 것이다.

환율결정에 관한 경직가격모형은 1973년 킹스턴체제 출범 시, 주요선진국들의 변동환율제이행으로 환율이 단기적으로 심한 변동성을 보였던 원인의 설명력 등 통화량과 환율이 심하게 불균형 되는 상황에 적합한 환율결정이론으로 인식되고 있다.

경직가격모형은 기본가정으로 자본이동에 주안점을 두고, 자본수지는 자본이동의 한 현상으로 자본이동에 포함시키고 있는 결함이 있다. 그러나 자본이동은 자본의 생산성을 고려하여 유발되며, 자본수지는 경상수지의 조정적 의미에서 유발되는 근본적 차이가 존재하므로, 자본수지의 역할을 경시하는 제약요인이 발생한다.

(2)포트폴리오균형모형

환율결정에 관한 포트폴리오균형(portfolio balance)모형은 국내통화, 국내채권, 외국채권 등 금융자산이 불완전대체재로, 거래 시 리스크 프리미엄(risk premium)이 발생하게 되어, 환율은 위험회피목적의 투자자가 금융자산의 보유를 다양화하는 과정에서 결정되는 것으로 본다.

현실적으로 국가마다 금융자산에 부과하는 세율, 금융자산의 신용등급, 금융정책의정도 등에서 차이가 발생하므로, 금융자산의 대체성은 제한된다. 따라서 포트폴리오균형모형은 국내채권과 해외채권을 완전대체재로 인정하는 통화적접근법에 비해 현실적이라 할 수 있다.

투자자들은 금융자산의 기대수익 및 위험의 분산을 고려하여 최적의 포트폴리오를 구성하게 되며, 선호도가 낮고 위험이 가중되는 금융자산의 경우, 거래에 대한 반대급부로 리스크 프리미엄을 부가하게 된다. 따라서 국내자산과 외국자산이 불완전대체재인 경우, 환율은 통화공급 조건과 리스크 프리미엄을 고려하여 결정되어지므로, 국제금리평가조건은 배제되고 있다.

국내자산과 외국자산이 불완전 대체재인 경우, 기대수익이 낮고 위험이 가중되는 자산에는 리스크 프리미엄이 부가됨으로, 투자자들은 위험을 분산시키고 수익률을 높이기 위해, 포트폴리오를 다양화하는 자산보유전략을 수립한다.

환율은 투자자들의 포트폴리오전략에 따라 변동하게 된다. 한국의 투자자들이 미국 국채를 선호하여 보유자산에 편입량을 늘리게 되면, 국내시장에서 미국 국채 구입에 따른 미국 $화 수요가 증가하여, 달러환율은 상승하게 될 것이다.

포트폴리오밸런스모형은 환율결정에 금융부문을 적절히 응용하고 있으며, 투자자들의 해외자산에 대한 투자가 경상수지의 흑자를 반영하여 이루어지는 점 등 자본수지의 역할도 포함시키고 있어 보다 현실적인 환율결정이론이라고 평가되고 있다.

제5절 환율예측

환율예측(foreign exchange rate forecasting)은 주요선진국들의 변동환율제 이행시점에서부터, 국제금융거래의 가장 핵심적인 과제로 부상하였다. 국제거래를 이행하는 경제주체들은 환율의 변동에 따라 거래수익의 변동성이 크게 영향을 받게 되므로, 환율변동을 관리하기 위한 전제조건으로 환율예측에 관심을 집중하고 있다.

변동환율제도하에서 환율은 임의행보(random walk)를 보이고 있어, 미래의 환율움직임을 예측하기는 불가능하다. 그러나 경제주체들은 다양한 방법을 동원하여 환율의 움직임을 예측하고, 이를 근거로 기업경영 전반에 관한 각종 환노출을 효율적으로 관리하기 위한 전략을 추구해 가야 한다.

현실적으로 일반적인 환율예측은 주요통화 간 외환시장에서 제시되고 있는 기간별 선물환율을 이용하여 시행되고 있으며, 선물환율 스왑률은 관련당사국의 금리, 물가상승률 등 거시정책변수들을 근거로 산출되어지며, 외환시장효율성 분석을 통해 예측력을 검증하고 있다. 이 외에도 개별경제주체들은 다양한 기술적 환율예측기법을 이용하여 환율예측에 활용한다.

환율변동으로 국제기업전반의 영업에 영향을 받게 되는 상황에서, 환율예측은 점점 더 중요한 이슈가 되고 있다. 환율예측기법은 기초적 분석법과 기술적 분석법으로 구분되어 시행되고 있으며, 보다 정확한 환율 예측을 위한 새로운 기법들이 지속적으로 개발되고 있다.

Ⅰ. 기초적 분석법

기초적 분석법(fundamental analysis method)에 의한 환율예측은 경제 관련 변수들을 분석하여 환율을 예측하는 것으로, 환율변동에 영향을 미치는 기초경제변수를 중심으로 환율예측모형을 설정한다. 모형에 의거한 환율예측은 환율예측모형분석법과, 외환시장에서 결정된 선물환율과 금융시장에서 결정된 커버된 금리평가를 중심으로 환율예측을 하는 시장균형분석법으로 구분된다.

1. 환율예측모형분석

환율예측모형을 중심으로 환율을 예측하는 방법은 환율변동에 영향을 미치는 기초변수들, 즉 금리, 통화량, 국민소득, 물가지수, 국제수지 등을 변수로 하는 환율예측모형을 설정하고, 이를 실증분석 하여 환율예측에 활용하는 방법이다.

$$S_t = (m_t - m_t^*) - (y_t - y_t^*) - (i_t - i_t^*) \quad (2\text{–}6)$$

(2–6)식에서 미래 t시점 환율은 관련 양국의 t시점 통화량, 국민소득, 이자율의 추이를 반영하여 결정되는 것으로, 변수들이 추가되면 오차의 크기가 감소하여 예측력도 증가하게 된다.

이러한 환율예측모형에 의한 환율예측은 환율에 영향을 주는 변수들을 추출하여 이루어지므로, 장기적인 환율예측에 효과적이라는 장점을 갖는다. 그렇지만 예상치 못한 news나 참여자들의 심리 등 요인은 배제되어, 단기적 환율예측으로는 부적절하게 된다.

2. 시장균형분석

외환시장에서 외국환은행과 broker들이 고시하고 있는 선물환율은 외환시장이 효율적인 경우, 차기의 현물환율과 불편추정치(unbiased estimator)가 된다. 특정외화와 자국화의 선물환율할인(discount)이나 할증(premium)은 양국 간 명목금리의차에 의하여 그 방향이나 크기가 결정된다고 가정하는 금리평가설에 의하여 산출된다.

$$F - S/S = i - i^* \quad (2\text{–}7)$$

F : 선물환율
S : 현물환율
i, i^* : 자국과 외국의 명목금리

선물환율이 차기에 시장에서의 현물환율이 될 수 있는지와 관련한 많은 실증분석이 시행되어왔으며, 외환거래에서 발생하는 위험에 대한 프리미엄을 감안하면 대체로 외환시장이 효율적이라는 즉, 선물환율이 차기현물환율의 불편추정치가 된다는 것이 일반적인 견해이다.

따라서 시장참가자들은 외환시장에 고시되고 있는 선물환율을 이용하여, 환위험을 헤징하거나 환투기의 대상으로 활용하고 있다.

Ⅱ. 기술적 분석법

환율예측에 관한 기술적 분석(technical analysis)은 과거의 환율자료(time series)를 근거로, 환율변동의 패턴을 분석하여 미래의 환율변동을 예측하는 방법이다. 기술적 분석은 차트분석법과 추세분석법으로 구분된다.

1. 차트 분석법

차트 분석법(chart analysis method)은 과거의 환율자료를 그래프에 차트 하는 방법으로, 차트의 형태에 따라, 선 차트, 봉 차트, 점도 차트 등으로 구분된다.

선 차트(line chart)는 시간, 일간, 주간, 월간 등 단위로 환율의 중간, 최고, 최저 등 하나의 값을 기준으로 연결한 선으로 나타내는 차트이다. 선 차트는 기간 단위별 하나의 기준점으로 표시되므로, 전반적 동향을 분석하는데 유용한 수단이 된다.

그림 2-12 선차트

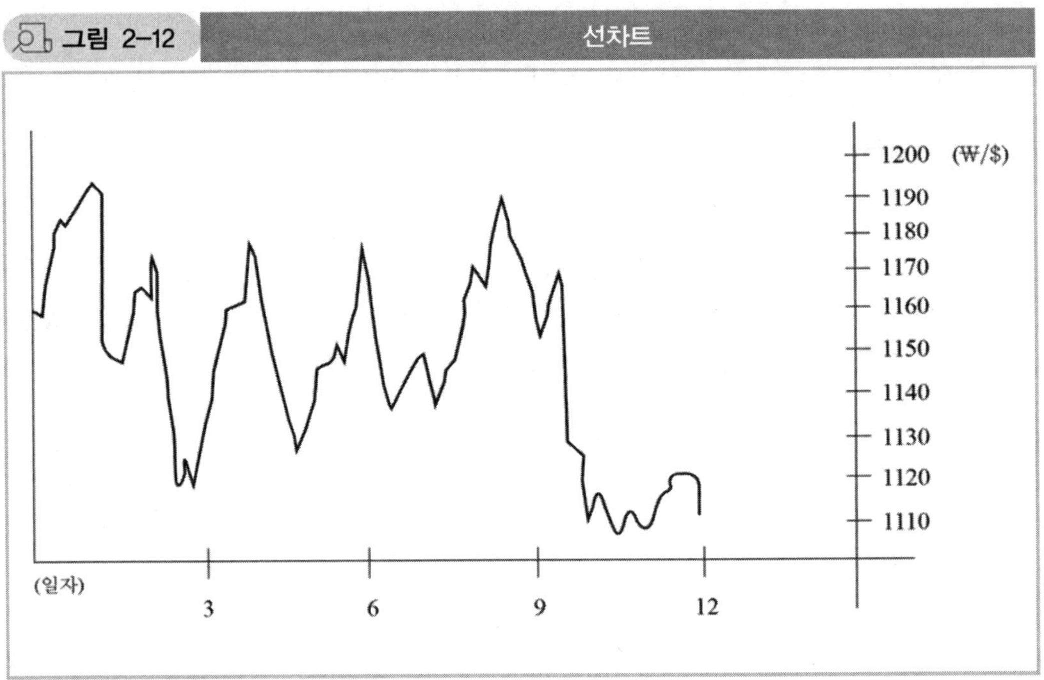

봉 차트(bar chart)는 시간, 일간, 주간, 월간 등 단위로 환율의 최고, 최저, 종가, 시가 등을 봉으로 표현하여, 기간단위 별 환율의 등락폭 및 환율추이를 파악하는 방법으로, 선 차트에 비해 보다 많은 정보를 함축하여 제공하게 된다.

점도 차트(point and figure chart)는 시간단위에 관계없이 환율변동에만 초점을 맞추는 차트법으로, 환율이 일정 폭 이상으로 상승하는 경우 포인트(X)로, 환율이 일정 폭 이상으로 하락하는 경우 피겨(○)로 표시해 가는 방법이다.

점도차트는 거래기간이나 거래량과 관계없이 환율의 상승과 하락이 일정수준 이상인 경우만 차트 됨으로, 사소한 환율변동은 고려하지 않고 장기적 추세를 파악할 수 있는 장점이 있다.

그림 2-13 봉차트

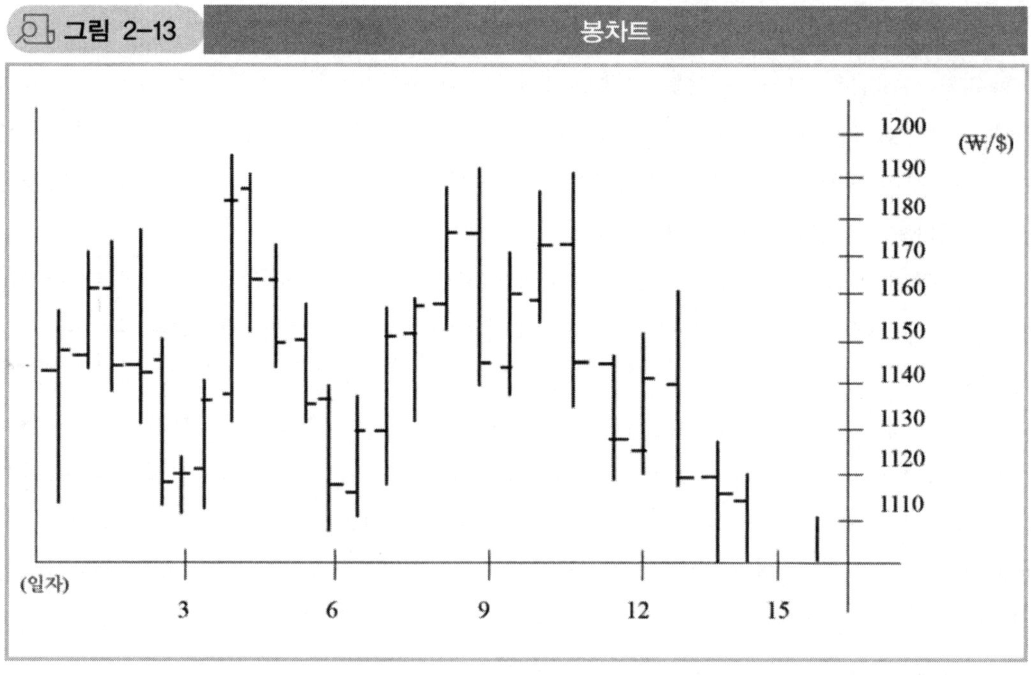

그림 2-14 점도차트

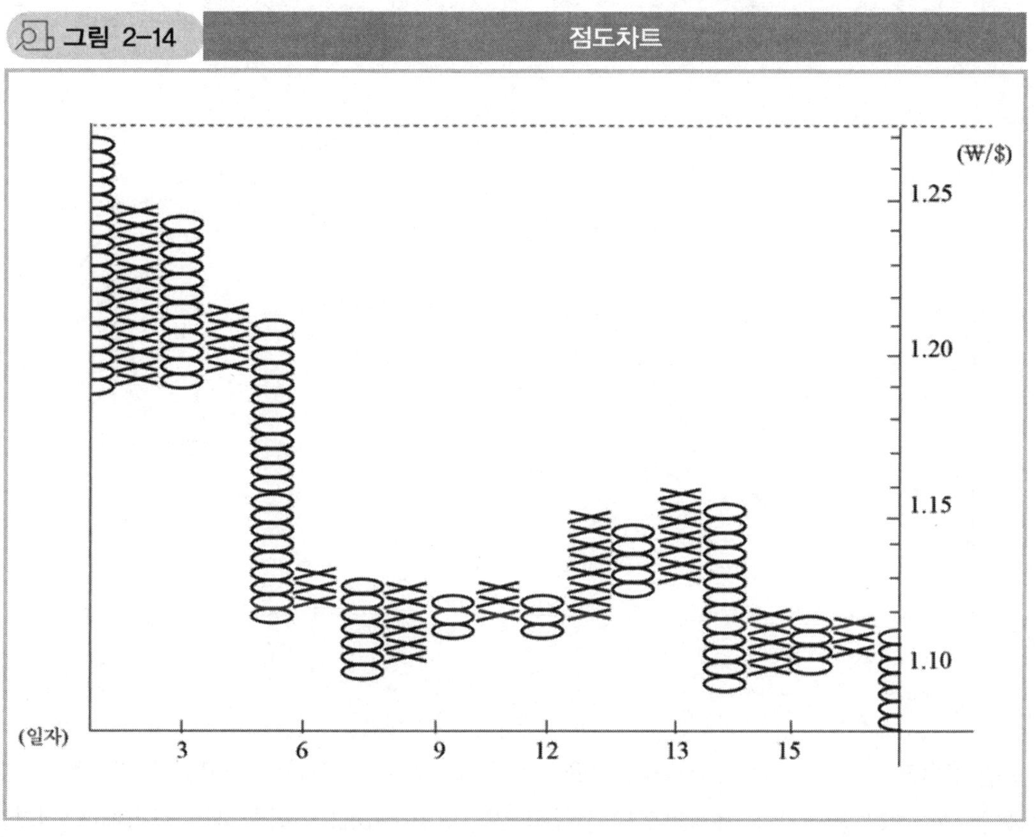

2. 추세 분석법

환율의 움직임을 그래프 상에 나타내면 변동의 유형과 방향이 반복되는 경향을 보이게 된다. 추세 분석법(trend analysis method)은 차트상의 최고, 최저, 시가, 종가 등을 선으로 연결하여 반복되는 경향을 파악하여 환율을 예측하는 방법이다. 추세분석법은 이동평균법, 필터법, 진동지수법 등으로 분류된다.

이동평균법(moving average method)은 단기간의 환율이동평균과 장기간의 환율이동평균을 그래프에 선으로 연결하여, 두 곡선의 상황에 따라 외환의 매매시점을 파악하는 방법이다.

단기이동평균선은 환율의 단기적인 변동요인이 반영되어 결정되며, 장기이동평균선은 단기적 환율변동의 추세가 장기적 환율변동에 미치는 영향을 반영하여 결정된다. 따라서 단기이동평균선은 단기적 요인으로 환율이 상승하거나 하락하는 경우, 장기이동평균선을 교차하게 된다. 단기이동평균선이 상향하면서 장기이동평균선을 교차하는 경우 환율상승의 시점이므로 외환을 매입하게 되고, 하락하면서 교차하는 경우 환율하락의 시점이므로 외환을 매각하게 된다.

그림 2-15 이동평균

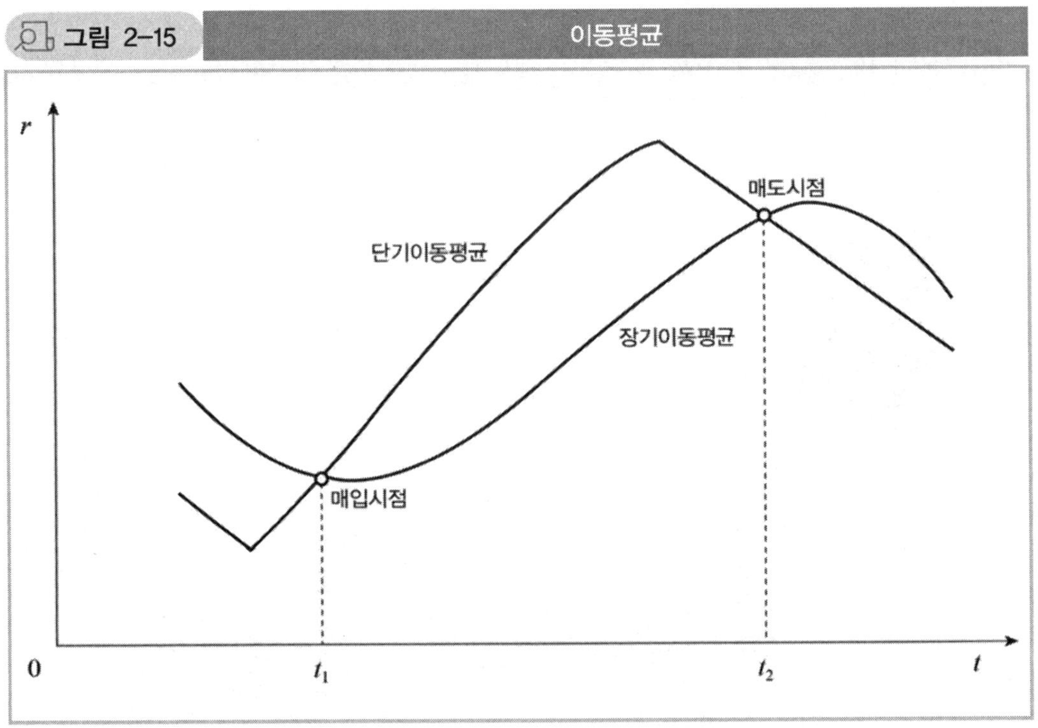

필터법(filter method)은 최근의 환율추세를 도시하여 최저점과 최고점을 파악하고, 환율상승이 최저점을 지나 자체적으로 설정한 일정범위(filter)를 통화하는 시점에서 외화를

매입하고, 환율하락이 최고점을 지나 일정범위를 통과하는 시점에서 외화를 매각하는 방식의 환율예측법이다.

자체적으로 설정한 환율의 필터범위를 지나서 상승하면 t_1시점에서 외화 매입을 하게 되며, 환율의 필터범위를 지나서 하락하는 t_2시점에서 외환매도를 하게 되는 것이다. 환율필터의 범위는 자체적으로 설정되며, 추세가 명확한 경우 필터의 범위는 축소되고, 불명확한 경우에는 필터의 범위를 확대하게 된다.

그림 2-16 필터

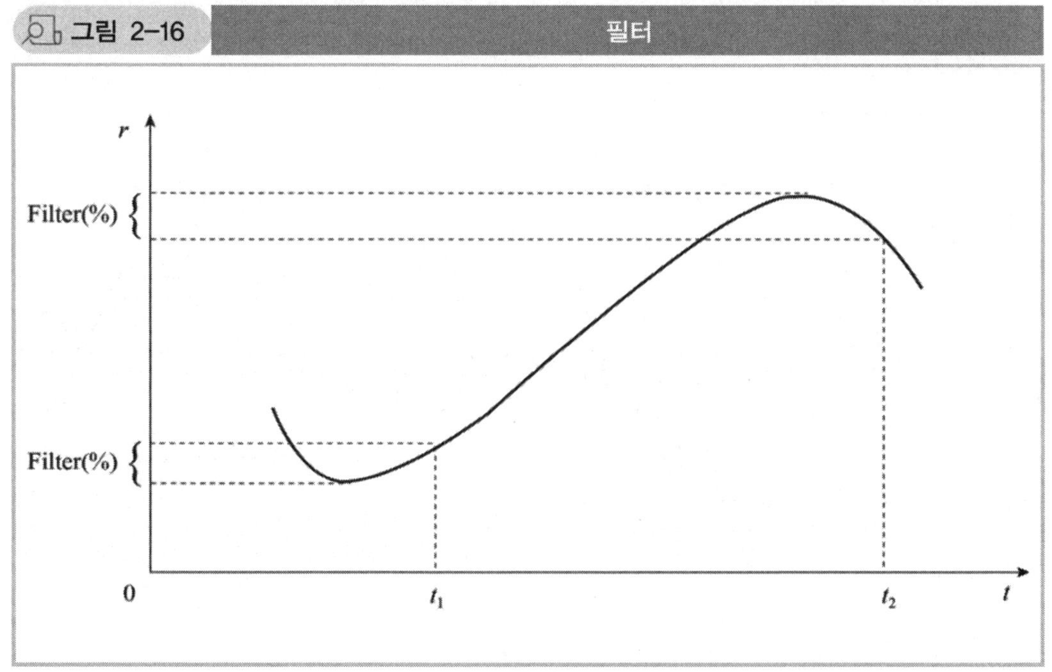

진동지수법(oscillator index method)은 앞의 이동평균법에서 단기이동평균과 장기이동평균 차이를 지수화한 진동지수를 파악하여, 진동지수가 일정수준 이상이 되면 외화를 매도하고, 일정수준 이하가 되면 외화를 매입하는 방법이다.

진동지수는 단기이동평균과 장기이동평균의 격차가 정(+)이면 단기 이동평균이 장기 이동평균보다 크게 되어 단기환율이 장기환율에 비해 높다는 의미이고, 부(−)이면 단기환율이 장기환율에 비해 낮다는 의미이다.

A시점의 경우 단기환율이 장기환율에 비해 낮으므로 외화매입시점이 되며, C시점과 F시점에서는 단기환율이 장기환율에 비해 높으므로 외화매도시점이 된다. B, D, E, G시점은 단기환율과 장기환율이 균형을 이루는 시점으로 B, E시점은 균형점을 저점에서 고점으로 지나고 있으므로, 환율이 상승하는 신호가 되어 매입시점이 되며, D, G시점은 균형점을

고점에서 저점으로 지나고 있어, 환율이 하락하는 신호로 매도시점이 된다.

이상의 기술적 분석은 과거의 환율자료에서 나타난 규칙 등을 기초로 하는 환율예측방법으로 환율 관련 경제적 요인을 근거로 모형에 의한 환율예측을 하는 기초적 분석법과는 차이가 있다. 일반적으로 기술적 분석은 단기적 환율예측에 보다 효율적이며, 기초적 분석은 장기적 환율예측에 효율적인 수단으로 인식되고 있어, 두 분석법을 적절히 이용한 환율예측이 이루어져야 할 것이다.

그림 2-17 진동지수

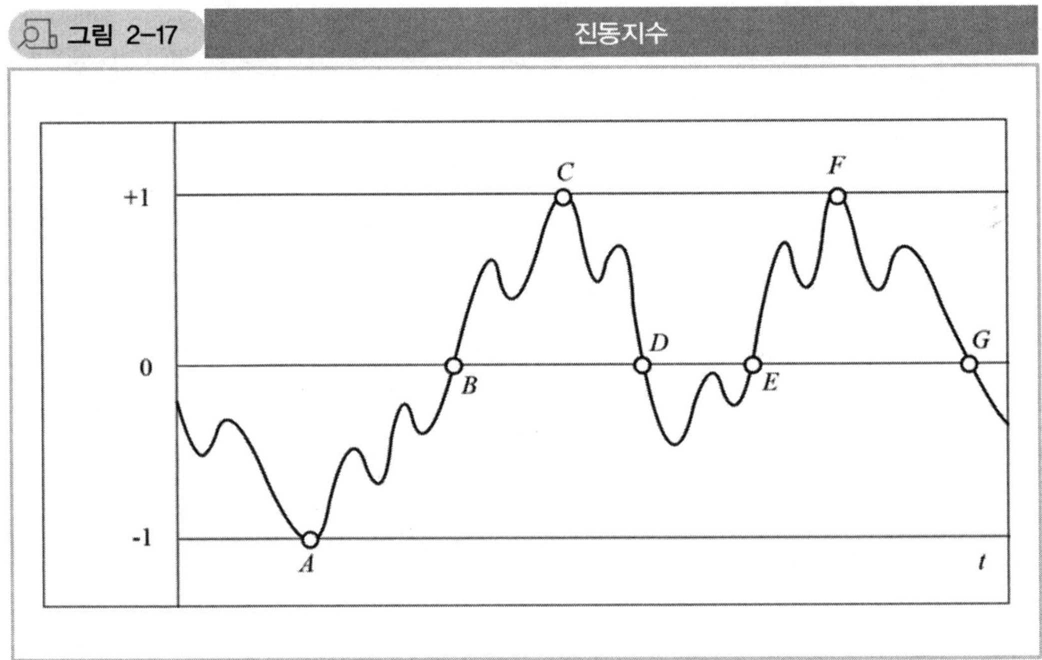

제6절 환율제도

모든 국가들은 환율에 관한 정책운용방향을 제시하는 환율제도를 시행하고 있다. IMF의 초기 브레튼우즈체제에서는 모든 회원국이 금을 중심으로 통화 간 환율을 고정하는 순수고정환율제도를 채택하였으나, 1973년 킹스턴체제에서는 모든 회원국이 각국의 경제여건에 적합한 환율제도를 선택하고, IMF에 보고하게 되었다.

환율제도의 선택은 해당국가의 경제적 이해관계와 관련되어진다. 경제발전단계의 정도, 실물결제와 화폐경제의 개방여건, 경제성장과 경제안정의 정책적 필요성 등에 따라 환율제도의 선택은 변화될 수 있으므로, 시간이 지나면서 최적의 환율제도로 이행하게 된다.

환율제도는 고정환율제도와 변동환율제도의 기조에서 운용되므로, 어떤 제도를 선택하든 환율안정, 통화정책의 자율성, 자본자유화 등 통화정책목표를 모두 달성하기는 어렵게 되는 삼불원칙(trilemma)에 직면하게 된다. 따라서 국가들은 지향하는 정책의 우선순위를 감안하여 환율제도를 선택하게 된다.

킹스턴체제를 기점으로 주요선진국들은 변동환율제로 이행하였으며, 고정환율제도의 범주인 peg제도를 선택한 국가들도, 고정시킨 선진국의 통화가 변동환율제의 기조에 있어, peg시킨 통화와 같이 변동하는 구조를 갖는다.

현재의 상황에서 보면, 환율제도는 다음과 같은 형태로 분류할 수 있다.

첫째, peg제도로써 경제연관성이 밀접한 국가통화에 고정하는 제도.

둘째, 관리변동환율제도로 외환 및 환율에 관리를 시행하는 제도.

셋째, 자유변동환율제도로 외환보유고를 통한 시장에서 관리하는 제도.

그 외에도, 제도를 복합한 형태의 환율제도가 시행되고 있으나, 환율제도의 운용은 기본적으로 고정환율제도와 변동환율제도의 기조에서 이루어진다.

Ⅰ. 고정환율제도

1. 고정환율제도의 유형

고정환율제도(fixed exchange rate system)는 자국통화를 외국통화에 대해 환율을 고정시키는 환율제도이다. 고정환율제도는 시대적 배경에 따라 그 의미와 내용이 다르게 된다.

제1차 세계대전이전에 시행된 국제금본위제도는 모든 통화들이 금과 평가를 고정하고, 이를 근거로 통화 간 환율이 결정되는 순수고정환율제도의 형태였다. 브레튼우즈체제에서의 고정환율제도로 일컬어지는 peg제도는 자국의 통화를 자국과 경제적 이해관계국 통화나 복수의 통화에 고정시키는 제도로, peg의 주 대상통화인 미국 달러화, 영국 파운드화, 유로화 등이 변동환율제의 기조에서 운용되는 통화이므로, 대상통화 외의 여타 통화와의 환율은 변동하게 되는 구조를 갖는다.

현행 IMF제도 하에서, peg제도는 대상통화와 엄격한 고정을 유지하는 엄격고정제도, 일정 제한범위 내에서 환율변동을 허용하는 유연고정제도, 그리고 변형된 제도로 구분되고 있다.

엄격고정제도(hard peg system)는 대상통화를 법화(legal tender)로 채택하거나 국내통화가 존재하더라도 대상통화와의 환율을 완전히 고정시키는 제도로, 국내통화정책을 포기하고 주요 경제이해관계국과 금융시스템을 일원화하는 환율제도이다.

유연고정제도(soft peg system)는 대상통화나 통화 군에 고정된 환율을 일정기간 내 소폭변동 할 수 있도록 허용한 제도이다. 시행국은 환율의 제한폭을 유지하기 위해, 지속적으로 외환시장에 개입하는 외환정책 및 통화정책을 시행하게 된다.

이외에도 대상통화와 고정된 환율수준을 통화관련국가의 물가상승률을 감안한 구매력을 비교하여, 주기적으로 소폭 변동시켜가면서 통화 간 환율을 조정하는 crawling peg system 등이 있다.

2. 고정환율제도의 장·단점

통화 간 환율을 고정시키는 고정환율제도의 장점은 다음과 같다.

첫째, 무역과 투자 등 국제경제의 활성화를 촉진한다. 환율이 고정되어 있으므로 국제거래에 대한 결제에 환위험이 제거되어 대외거래가 활발해 지고, 자원의 효율적 분배에 따른 부와 효용을 증가시키게 된다.

둘째, 적절한 통화정책으로 국내인플레이션을 방지할 수 있다. 정책당국은 환율의 고정을 유지하기 위해서 통화증발 등 무분별한 통화정책을 시행하기 어렵게 되므로 통화정책의 적절성이 유지된다.

셋째, 투기적 단기자금의 급격한 유·출입을 방지하여 국내시장의 안정성을 유지할 수 있다. 환율이 고정되어 있으므로 환차익을 추구하는 투기자금의 공격대상에서 제외되어, 금융시장의 안정성이 제고되는 효과를 준다.

고정환율제의 단점은 다음과 같다.

첫째, 환율고정은 국제수지의 불균형을 고착화시키게 된다. 적자누적국은 외환의 유출과 다로 환율상승에 따른 교역재의 상대가격이 변하여 불균형을 해소하게 되는데, 환율이 고정되어 있으므로 상대가격도 고정되고 국제수지불균형도 지속된다.

둘째, peg통화 당사국의 인플레이션이 자국에 전파되는 부정적 효과를 준다. 예로 미국 달러화에 환율을 peg시키고 있는 국가에서, 미국의 인플레이션은 환율이 고정된 자국 상품의 가격경쟁력을 제고시킴으로 자국의 국제수지흑자를 유발하게 된다. 고정환율을 유지하기 위해 외환흑자분을 정책당국이 매입하게 되고, 국내통화의 추가공급이 이어져 인플레이션이 유발된다.

Ⅱ. 변동환율제도

1. 변동환율제도의 유형

변동환율제도(floating exchange rate system)는 자국통화와 외국통화 간 환율이 지속적으로 변동하는 제도이다. 환율의 지속적 변동을 유발하는 주요인은 외국통화의 국내외환시장에 대한 수요와 공급이다.

환율의 변동은 모든 교역재의 상대가격을 변화시켜 국제수지에 중대한 영향을 미치기 때문에, 모든 국가들은 환율의 변동을 주시하고 적정수준에서 유지될 수 있도록 관리하게 된다.

국가들이 환율을 관리하는 수준에 따라 변동환율제는 관리변동환율제와 자유변동환율제로 구분할 수 있고, 관리변동환율제는 관리의 정도에 따라 강한 관리와 약한 관리로 구분하게 된다.

관리변동환율제(managed floating system)는 정부가 변동환율제의 기조 하에서 환율의 변동을 관리하는 제도이다. IMF회원국들은 IMF와 협의하여 환율제도를 선택하게 되므로, 선택한 환율제도에서 관리의 주 대상이 외환의 거래구조인 외환시장에서의 관리인 경우 약한 관리가 되고, 외환의 가격인 환율을 운용하기 위한 환율제도 측면의 관리인 경우 강한 관리가 된다.

약한 관리는 외환시장에서의 수급에 영향을 주는 요인을 대상으로 이루어진다. 예로 외환의 수요가 공급을 초과하여 환율이 상승하는 국면에서는 정부보유 외환을 시장에 매각하여 추가공급에 따른 환율의 하락을 유발하고, 반대의 경우 외환시장에서 추가매입으로 환율의 상승을 유도하게 된다.

강한 관리는 환율제도의 운용과 결부되는 요인을 대상으로 이루어진다. 예로 국제수지적자국은 부족한 외화를 꼭 필요한 분야에 배정하기 위해, 불요불급거래에 대한 외환의 수요를 억제한다. 이러한 수단으로 복수환율제를 시행하여 대외지급과 국내수요에 대한 외환의 가격인 환율을 이원화함으로써, 외환의 수요를 제한하게 된다.

자유변동환율제(free floating system)는 환율에 대한 관리를 배제한 제도로써, 환율은 외환시장에서의 수급에 따라 자유롭게 변동하며, 정책당국은 환율이 급격하게 변동하는 상황이 아니면 외환시장에 개입하지 않는다.

현재 선진개발국의 대부분이 자유변동환율제를 채택하고 있으며, 이들 국가들은 급격한 외환의 유출·입에 따른 위기 시 환율관리수단이 없으므로, 이에 대비하여 외환 관련 법규로 대응수단을 마련하고 있다.

우리나라는 1997년 외환위기를 계기로 자유변동환율제로 이행하였으며, 유사시에 대비하여 외국환거래법에 급격한 환율의 변동에 대비한 법적 관리조치를 마련하고 있다.[4)]

---

4) 현행 외국환거래법에는 외환거래자유화에 따른 부작용을 최소화하기 위해, 한국은행을 외환거래 정보의 집중, 교환, 중계 등을 담당하는 외환정보 집중기관으로 지정·운영함으로써 효과적인 사후관리 및 모니터링체계 구축을 도모하고 있으며, 유사시에 대비한 안정장치(safeguard)로 가변예치의 무제, 자본거래허가제 등의 실시근거를 마련하고 있다.

2. 변동환율제도의 장·단점

통화 간 환율이 변동하게 되는 변동환율제도의 장점은 다음과 같다.

첫째, 환율의 변동은 교역재의 상대가격을 변화시켜 국제수지불균형을 효율적으로 조정할 수 있다. 국제수지적자가 누적되면 외환의 초과유출로 환율이 국내시장에서 상승하게 되어, 수출의 증가와 수입의 감소로 적자를 해소하게 된다. 킹스턴체제에서 변동환율을 허용하게 된 배경에는, 환율고정에 따른 적자해소의 어려움이 계기가 되었다.

둘째, 환율이 변동하면 통화정책으로 국내·외 균형을 달성할 수 있다. 대외균형은 환율변동에 따른 자동조정메커니즘이 발동하게 되며, 확장통화정책으로 국민소득을 증가시키거나 긴축통화정책으로 인플레이션을 방지할 수 있게 된다.

셋째, 환율이 외환시장에서의 수급에 따라 균형에 이르게 됨으로 정책당국이 외환시장에 개입하지 않아도 되며, 따라서 외환보유액을 과도하게 보유할 필요가 없어 외환의 적절한 운용이 이루어지게 된다.

변동환율로 인하여 발생하는 단점은 다음과 같다.

첫째, 환율이 변동하므로 국제무역과 투자 등에서 환위험이 발생하는 등 불확실성이 크게 되어, 국제거래를 위축시켜 자원의 효율적 분배를 저해하게 되고, 궁극적으로 전 세계적 관점에서 부와 효용을 감소시키게 된다.

둘째, 환율이 자유롭게 변동하므로 단기차익을 목표로 하는 단기성투기자금의 이동이 빈번해지고, 이에 따른 환위험이 증폭될 수 있어 외환시장이 불안정하게 된다.

Ⅲ. 우리나라의 환율제도

우리나라는 1945년 조선은행권을 발행함으로써, 미 달러화와의 공정환율을 1달러당 15원으로 하는 고정환율제를 시작하였다. 이후 공정환율을 수차에 걸쳐 변경하면서 큰 폭의 평가절하를 단행해 실세수준으로 조정이 이루어졌다.

1964년부터는 외환시장 상황을 감안하여 변동을 허용하는 단일변동환율제를 시행하였으나, 사실상 미 달러화에 고정시킨 고정환율제의 구조였고, 이후 실세반영을 하면서 환율인상이 지속적으로 이루어졌다.

1980년 국제경제관계가 미국위주에서 다변화하는 추세를 감안하여, 환율을 주요 교역국의 통화에 연동시키는 복수통화 바스켓페그제도로 이행하면서, 실질적 환율변동이 시작되었다.

1990년부터 환율결정에 시장기능을 강화하는 시장평균환율제도를 시행하면서, 환율의 과도한 변동을 제한하기 위해 일일 환율변동폭을 제한하고, 점차 그 폭을 확대해 갔다.

1997년 발생한 외환위기로 환율변동폭의 제한이 무의미하게 됨에 따라, 환율을 안정시키기 위한 IMF구제금융을 계기로 자유변동환율제도로 이행하여 현재에 이르고 있다.

1. 고정환율제도(1945.10.1.~1964.5.2.)

해방 후 미군정당국에 의해 미 달러화와 조선은행권간 공정환율이 1달러당 15원(0.015)으로 책정되었다. 1948년부터 외국환 예치증제도를 실시하면서, 1달러당 850원(0.85원)을 기준으로 하는 자유매매율이 형성되어 운용되었다.

1948년 정부수립 후 「한미 간 환금에 관한 잠정협정」에 의거 1달러당 450원(0.45원)의 공정환율을 설정하였으며, 공정환율의 실세화를 위해 외환경매제를 시행하였다.

1950년 전쟁결과로 피폐해진 경제여건에 따라, 원화의 평가절하가 이루어져 공정환율은 1달러당 2,500원(2.50원)으로 조정되었으며, 이후로도 7차례의 평가절하를 통해 실세수준으로 조정되었다.

2. 단일변동환율제도(1964.5.3.~1980.2.26.)

1964년부터 단일변동환율제도를 채택하였고, 1965년에 실시된 단일변동환율제도는 그동안 시행되던 복수환율체계를 단일화하고, 달러화환율에 일부 변동을 허용하는 제도이다.

그러나 환율변동보다는 환율의 조정이 이루어졌고, 1974년 이후 1달러당 484원으로 사실상 고정되어 운용되었으며, 1980년 1달러당 580원으로 환율을 인상하는 원화의 평가절하가 시행되었다.

3. 복수통화 바스켓페그제도(1980.2.27.~1990.3.1.)

복수통화 바스켓페그 산식

$$Et = \beta E_1t + (1 - \beta)E_2t + \alpha$$

Et : 원/달러 환율
E_1t : SDR 바스켓에 의한 원/달러 환율
E_2t : 독자 바스켓에 의한 원/달러 환율
β : SDR 바스켓의 가중치
$1 - \beta$: 독자 바스켓의 가중치
α : 실세. 반영장치 (정책 변수)

복수통화 바스켓페그제도는 환율이 원칙적으로 SDR바스켓과 독자바스켓에 의하여 결정되며, 필요한 경우 실세반영장치로 정책변수를 포함시키게 되는 제도이다. 위 식에서 SDR바스켓을 구성하는 통화는 미 달러화, 독일 마르크화, 일본 엔화, 프랑스 프랑화, 영국 파운드화 등이며, 독자바스켓을 구성하는 통화는 우리나라와 교역이 많은 일본 엔화, 미국 달러화, 독일 마르크화, 영국 파운드화, 캐나다 달러화 등이다.

복수통화 바스켓페그제도는 원화의 가치를 주요국가의 통화 및 우리나라의 교역대상국 통화에 연계시킴으로, 장기적으로 원화의 변동성을 국제수지의 현황에 반영하는 장점이 있으나, 정책변수에 따른 인위적 환율조정의 이미지를 주어, 환율조작국이라는 비난을 받게 되는 부정적 요인이 발생하게 되었다.

4. 시장평균환율제도(1990.3.2.~1997.12.15.)

시장평균환율제도는 외환시장에서의 수요와 공급에 의하여 결정되도록 한 제도로, 일중 환율변동폭을 제한하는 제도이다.

시장평균환율은 외국환은행이 고객이나 타 외국환은행과 거래하는 기준이 되는 원화의 미 달러화 환율로, 전일의 외환시장에서 거래된 평균환율이 되며 환율변동폭의 매매기준율을 의미한다.

시장평균환율제도의 시행기간 중 일일 환율변동폭은 외환시장의 기능을 개선하기 위해 다음과 같이 점차 확대되었다.

기준환율 ± 0.4%('90.3.2.) → ± 0.6%('91.9.2.) → ± 0.8%('92.7.1.) → ±1.0%('93.10.1.) → 1.5%('94.11.1.) → ±2.25%('95.12.1.) → ±10.0%('97.11.20.) → 폐지('97.12.16.)

5. 자유변동환율제도(1997.12.16.~현재)

1997년에 들어 경상수지의 악화와 누적된 대외채무의 증가로 대미 달러환율은 지속적으로 상승하였으며, 하반기부터 동아시아국가들의 외환위기가 국내로 전이되면서 외환위기상황이 가중되었다. 외환위기를 극복하기 위해 IMF구제금융이 이루어졌으며, 이를 계기로 원화평가절하의 압력이 시장메커니즘에 의하여 단기간에 반영될 수 있도록, 일중변동폭을 해제하면서 자유변동환율제도로 이행하였다.

요 약

1. 외환의 수요곡선은 외국의 재화 및 용역 등 수입의 결제, 해외금융자산에 대한 투자 그리고 외국에 이전지급 등 외환수요요인을 종합하여 도출된다. 외환의 가격이 하락하면 외환수요는 증가하고, 외환의 가격이 상승하면 감소하게 되어 우하향하는 형태를 갖게 된다. 외환의 공급곡선은 외국에 대한 재화와 용역 등의 수출대금, 해외에서 차관이나 외자도입 등 금융부채 발생 그리고 해외이전지출 등 외환공급요인을 종합하여 도출된다. 외환의 가격이 하락하면 외환공급은 감소하고, 외환의 가격이 상승하면 증가하는 우상향하는 형태를 갖게 된다.

2. 안정적 외환시장은 균형환율이 환율 관련 외생변수의 변화로 균형점에서 이탈하게 되는 경우, 외환수급요인의 조정에 의하여 균형환율에 복귀하게 되는 행태를 나타내는 외환시장이다.
불안정적 외환시장은 균형환율이 외생변수의 변화로 균형점에서 변동하는 경우, 후속거래로 균형환율에 복귀하지 못하게 된다. 외환시장 불안정성은 시장규모가 적어 투기외환거래가 가능한 경우나, 시장참여자들의 외환수급에 대한 심리적 요인으로 과잉반응(overshooting)이 발생하는 경우 나타나게 된다.

3. 환율예측은 주요국이 변동환율제도로 이행함에 따라 환율변동위험을 관리하기 위한 목적에서 시행된다. 그러나 변동환율제도하에서 환율변동은 임의행보(random walk)를 보이고 있어 미래 환율을 정확히 예측하기는 불가능하다.
현실적으로 환율예측은 외환시장에서 제시되고 있는 기간 별 선물환율에 의거하고 있다. 선물환율 스왑률은 통화당사국의 물가, 금리 등 거시경제정책변수를 근거로 산출되며, 외환시장효율성분석을 통해 예측력을 평가받고 있다.

4. 환율제도는 대별하여 고정환율제도와 변동환율제도로 구분하며, 고정환율제도는 순수고정환율제도인 금본위제도와 특정통화에 자국통화가치를 고정시키는 peg제도로 구분된다. 변동환율제도는 시장수급에 따라 환율이 결정되는 자유변동환율제도와 정부가 환율변동을 관리하는 관리변동환율제도로 구분된다.
환율제도선택은 해당국가의 이해관계와 관련되어 경제발전단계, 실물경제와 화폐경제의 개방여건, 경제성장과 경제안정의 정책적 필요성 등에 따라 환율제도 선택이 가능하므로, 시간이 지나면서 최적의 환율제도로 이행해 가게 된다.

Chapter

3 외환시장

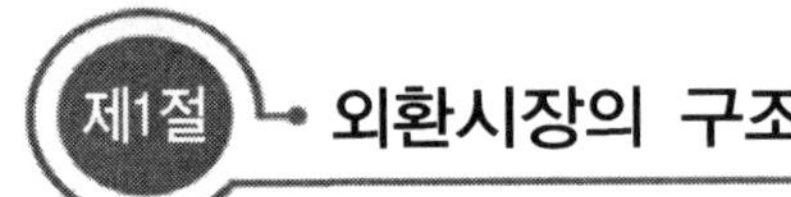

제1절 외환시장의 구조

Ⅰ. 외환시장의 정의

외환시장(foreign exchange market)은 외환의 수요와 공급이 이루어지고, 통화 간 환율이 결정되는 구조를 의미한다. 외환시장은 두 가지 관점에서 정의될 수 있다.

첫째, 외환거래가 이루어지는 장소적 관점으로, 외환거래가 집중적이고 반복적으로 이루어지는 좁은 의미의 외환시장이 된다. 장소적 관점의 외환시장은 주요국가의 도시에 분포하고 있으며, 시간대 별로 전 세계의 외환거래를 연결시키게 된다. 대표적 외환시장으로 런던, 뉴욕, 동경, 홍콩, 싱가포르 등이 있다.

둘째, 외환거래를 이행하는 기구 및 시설을 지칭하는 총괄적인 거래메커니즘으로, 시간과 공간을 초월하는 추상적이고 넓은 의미의 외환시장이 된다. 외환거래가 통신수단에 의하여 이루어지므로, 외환시장은 점차 전 세계로 확대되어 광의의 개념으로 전환되고 있다.

개별국가의 외환시장에서는 자국통화와 외국통화의 거래가 이루어지고 있으며, 전 세계의 외환시장에서는 각국 통화의 거래가 이루어지고 있다. 외환시장에서 각국의 통화는 주식, 채권 같은 하나의 금융자산(financial asset)으로 인식된다. 현 시점에서는 무역 등 국제거래의 결제를 위한 외환거래에 비해, 금융자산의 수익률을 추구하는 외환거래의 비중이 대부분을 차지하고 있다.

Ⅱ. 외환시장의 특성

외환은 한 금융상품으로써 개개의 상품과 비교하면 거래량이나 국가경제에 미치는 영향이 가장 큰 상품이라고 할 수 있다. 따라서 외환이 거래되는 외환시장은 어떤 단일상품이 거래되는 시장과 비교해 볼 때, 다음과 같은 특성을 나타내게 된다.

첫째, 개방시장(open market)으로 전 세계를 대상으로 외환거래가 가능하도록, 주요 외환시장이 시간대별로 개장과 폐장이 지속된다. 따라서 범 세계 적으로 외환시장이 24시간 단절되지 않고, 언제나 통신수단으로 연결되어 외환거래가 가능한 개방시장의 특징을 갖게 된다.

둘째, 점두시장(OTC: over the counter market)으로 외환거래자는 외국환은행이나 외환거래소 등 특정장소에서 대면거래를 하지 않고, 컴퓨터와 스마트폰 등 유·무선의 통신수단을 이용하여 격지 간 거래를 하게 되는 점두시장의 특징을 갖게 된다.

셋째, 효율시장(efficient market)으로 거래되는 외환과 관련된 모든 정보가 시장참여자 모두에게 동시에 제공되는 시장이다. 따라서 외환시장에서는 소수에 의한 정보의 독·과점이 불가능하게 되어 완전경쟁시장의 특징이 강하게 나타난다.

넷째, 도매시장(wholesale market)으로, 외환거래의 대부분은 은행 간에 거래되는 도매거래 위주의 시장이다. 따라서 거래단위도 최소 50만 불에서 100만 불 수준으로 거래단위 및 규모가 크게 된다.[1)]

다섯째, 동질시장(homogeneous market)으로 외환시장에서 거래되는 외환은 모든 시장에서 동질적이며, 외환의 가격인 환율은 모든 시장에서 균등화하게 된다. 시장간 일시적 수급불균형에 따른 환율의 차이는 재정거래(arbitrage transaction)를 통하여 신속히 해소된다.

Ⅲ. 외환시장 참여자

외환시장에는 수출이나 수입에 종사하는 외환의 실수요자, 증권회사와 보험회사 등 비은행금융기관, 공모 및 사모펀드 등 투기자금 운용업자 등이 환위험 회피 및 투기 등을 위해 참여하고 있다. 이들의 외한거래를 위해 외국환은행과 브로커 등이 참여하여 외환거래를 이행하고 있다.

첫째, 외국환은행(foreign exchange bank)은 영리를 목적으로 외환시장에 참여한다. 외환시장의 주당사자인 외국환은행은 외국환업무가 가능한 상업은행(commercial bank)으로, 다양한 목적의 참여자들과 외환거래를 이행하게 되며, 외환position을 조정하기 위해 타 외국환은행과 은행 간 거래를 이행하게 된다.

둘째, 고객(customer)은 외국환은행과 외환거래를 하는 무역에 종사하는 국제기업, 금

1) 외환의 소매거래는 거래소나 개별 외국환은행에서 이루어지고 있으며, 우리나라의 경우 한국거래소의 통화선물거래 시 한 단위가 1만 달러이며, 외국환은행에서는 수요자에 맞춤형 외환거래가 이루어진다.

융기관, 개인 등 외환의 실수요자로, 외국환은행과 외환거래를 이행하며, 환위험을 헤징하기 위한 목적의 환위험회피자와 투기를 목적으로 하는 외환투기자로 구분된다.

셋째, 중개인(broker)은 외환거래를 중개하고 중개료를 취득한다. 중개인들은 시장에 등록하고, SNS를 통해 외환 관련 서비스를 제공하여 고객을 확보하고, 외환매매거래를 연결시키게 된다.[2)] 중개인은 자신의 위험과 계산으로 거래하는 딜러(dealer)와 달리 거래중계 수수료를 목적으로 중개를 이행한다.

넷째, 중앙은행(central bank)은 정책당국의 입장에서 외환시장에 참여한다. 일반적인 상업은행과 달리 중앙은행은 영리목적이 아닌, 외환수급의 균형과 환율의 안정을 위해 외환시장에 개입하게 된다.

다섯째, 외국환은행의 통신망을 연결한 국제결제통신망(SWIFT: Society for Worldwide International Financial telecommunication)은 외환거래를 신속하고 정확하게 결제하는 기구이다. 외국환은행들은 국가의 데이터집중센타를 통해 자체전산망을 국제결제통신망과 연결하여 외환거래를 결제하고 있다.

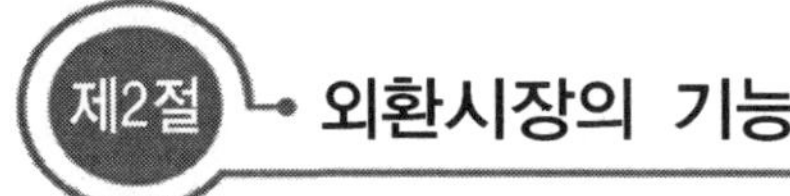

제2절 외환시장의 기능

외환시장에서 수행되는 기능은 기본적으로 청산, 재정, 헤징, 투기 등이 있으며, 점차로 외환거래가 파생상품의 거래와 연계되어 합성(synthetics)되고 또한 혼성(hybrid)되어 지면서, 외환시장에서의 기능도 다양화하며 세분화되는 추세에 있다.

Ⅰ. 청산(clearing)

외환시장 참가자들은 경제적 목적으로 외환시장에 외환을 공급하거나 수요하게 된다. 이들의 외환거래를 기본으로 외환시장에서 외환의 수급곡선에 의한 균형환율이 결정된다. 이러한 가격구조를 통한 외환의 수요와 공급에 균형을 이루어, 거래를 결제하게 되는 청산은 외환시장의 기본적 기능이다.

청산기능이 이행될 수 있는 기본조건은 국제수지의 불균형조정을 위한 환율의 변동이다. 상품수지에 적자가 발생하면 외환의 유출에 따른 환율 상승으로 수출 증가와 수입 감소가 이어져 상품수지가 흑자로 전환된다. 이러한 환율의 변동으로 외환의 수급이 균형을 이루

2) 우리나라는 외환중개인의 등록을 허용하지 않고, 대신 금융결제원의 자회사인 서울외국환중개와 한국자금중개 등 두 중개회사와 외국계중개회사가 외환중개 업무를 이행하고 있다.

고, 외환시장에서의 청산기능이 작동하게 된다.

변동환율제를 시행하는 경우, 외환시장에서 청산기능은 정상적으로 이루어지지만 고정환율제에서는 제한된다. 환율고정의 경직성으로 외환시장에서의 수급조정이 이루어지지 못하게 되며, 불안정외환시장에서 나타나는 환율의 지속적 상승이나 하락을 유발하게 되고 청산기능이 제한된다.

Ⅱ. 재정(arbitrage)

외환시장은 통신수단에 의한 격지 간 거래이므로 시장 간 환율에 차이가 존재하는 경우, 신속한 재정거래로 외환시장 간 환율의 균형을 이루는 동질시장의 의미를 갖는다.

외환시장은 통신수단으로 환율 등 외환거래와 관련된 모든 정보를 동시에 제공하게 되는데, 시장 별 외환수급의 일시적불균형에 따라 같은 통화 간 환율이 다르게 고시될 수 있는, 즉 시장 간 환율에 차이가 발생하게 된다.

재정은 외환시장 간 환율 차이가 발생하는 경우 환차익을 얻기 위해 이루어지는 시장간 환율조정거래를 의미한다. 예로 런던외환시장에서는 1€/1.2307＄, 뉴욕외환시장에서는 1€/1.2305＄의 환율이 고시되고 있다면, 상대적으로 런던시장에서는 유로화가, 뉴욕시장에서는 달러화가 고평가되고 있다. 이러한 상황에서 유로화를 뉴욕시장에서 매입하여 런던시장에서 매도하고, 달러화를 런던시장에서 매입하여 뉴욕시장에서 매도하는 재정거래로 환차익을 얻게 되는 것이다.

외환시장 간 재정거래는 환율차가 거래비용을 감안하고도 환차익을 얻을 수 있는 조건이 되는 경우 발생하게 되며, 거래의 반복으로 외환시장 간 환율 차는 신속하게 해소되고 균형을 회복하게 된다.

Ⅲ. 헤징(hedging)

무역업자 등 외환실수요자는 헤징거래를 이용하여 환율변동에 따른 환위험을 회피하게 된다. 수출대금결제를 3개월 달러표시 환어음으로 받게 되는 경우, 3개월 후의 달러환율시세에 따라 환차손이나 환차익이 발생하게 된다. 이러한 대금수취시의 환차손가능성을 제거하기 위하여, 외환시장에서 환위험회피 목적의 헤징거래를 이행하게 된다.

선물환거래를 이용한 헤징은 외환채권이나 채무 발생 시 결제시점에 맞춰 외환시장에 고시된 선물환율을 이용하여 이루어진다. 수입업자가 대금결제를 3개월 후 달러로 하게 되는 수입계약을 체결하는 경우, 시장에 고시되고 있는 3개월 달러선물을 매입하는 선물환거래를 체결하여 환위험을 헤징하게 된다. 계약은 현시점에서 체결하고 결제는 3개월 후에 하게 되므로, 결제 일에 자국화를 대가로 매입한 달러로 결제를 하게 되어, 계약시점부터 결제시점까지 환율변동에 관계없이 환위험을 제거할 수 있게 된다.

현물환거래를 이용한 헤징거래는 수입계약 체결시점에 결제대금인 달러화를 외환시장에서 매입하여 3개월 간 금융시장이나 외환시장에서 운용하고, 결제시점에서 회수하여 결제를 이행하는 방식으로 환위험을 헤징하게 된다.

Ⅳ. 투기(speculation)

외환시장에서의 투기는 투기자의 통화에 대한 미래가치 변화예측을 근거로 이루어지는데, 대부분 선물환거래를 이용하여 이루어지며, 부분적으로는 현물환거래를 이용하기도 한다.

선물환거래를 이용한 투기의 경우, 외환시장에 고시되고 있는 기간 별 선물환율을 대상으로 미래에 가치가 상승하리라고 예상되는 통화를 매입하고, 가치가 하락하리라고 예상되는 통화를 매도하는 방식으로 거래를 이행하여, 예측의 정확성에 따라 환차손이나 환차익이 발생하게 된다.

현물환거래를 이용한 투기의 경우, 외환시장에서 거래되고 있는 통화들을 대상으로 미래가치가 하락할 것으로 예상되는 통화를 차입하여, 상승하리라고 예상되는 통화를 매입하게 된다. 예상대로 차입한 통화의 가치가 하락하고 매입한 통화의 가치가 상승하면, 매입통화를 매도하고 대금을 차입통화로 환전하여 차입금을 상환하고 나머지금액은 투기이익이 된다.

투기는 일반적으로 외환시장의 안정에 기여하는 것으로 인식되고 있다. 외환시장에서 외환거래가 대량으로 이루어지는 경우, 시장에 고시된 선물환율을 중심으로 현물환율이 상당폭 괴리되는 경우, 정책당국의 시장개입을 예상하면서 괴리된 변동 폭을 축소하는 방향의 투기거래가 시행되기 때문이다.

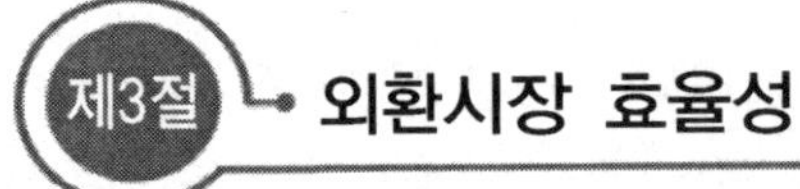

제3절 외환시장 효율성

Ⅰ. 외환시장 효율성 분류

외환시장 효율성(foreign exchange market efficiency)은 외환의 가격인 환율이 관련되는 모든 정보를 근거로 하여 합리적으로 결정되므로, 예측치인 선물환율이 차기에 시장에서 결정되는 현물환율과 같게 된다는 내용이다.

외환시장이 효율적인 경우, 모든 정보를 근거로 미래 환율예측치인 선물환율이 결정되므로, 선물환거래로 이익을 창출할 수 없게 된다. 외환시장이 비효율적인 경우, 선물환율은 모든 정보가 반영되지 못하므로, 추가적 정보를 이용할 수 있는 시장참여자들은 이익을 얻게 된다.

환율관련 정보의 내용에 따라 효율성은 다음과 같이 분류할 수 있다.

첫째, 약형 효율성(weak form efficiency)은 환율예측에 과거의 정보만을 이용하게 되는 것으로, 현재 이후의 정보들이 예측치에 계속 반영되어 선물환율과 시장현물환율이 괴리되어지는 외환시장 비효율성을 발생시키게 된다.

둘째, 준강형 효율성(semi-strong efficiency)은 환율예측에 과거의 정보와 현재이용가능 모든 환율 관련정보 예컨대, 금리, 물가지수, 국제수지, GDP성장률 등이 반영되어진다고 가정한다. 따라서 환율 예측치는 기간 별 시장환율과 근접하게 되고, 선물환율을 거래하여 추가적 이익을 기대하지 못하게 되므로 외환시장은 효율적이 된다.

셋째, 강형 효율성(strong efficiency)은 환율예측에 과거의 정보 및 현재 이용가능 정보, 그리고 정부나 기업의 비공개 내부정보 등을 모두 이용하게 된다고 가정한다. 이 경우 외환시장은 효율적 특성을 보이게 되므로 정부나 기업의 내부정보도 소수참가자들이 독점하지 못하게 되며, 선물환율은 차기현물환율의 불편추정치가 되고 외환시장은 효율적이 된다.

Ⅱ. 불편추정치 검증

외환시장의 효율성을 검증하기 위한 실증분석은 정보를 이용하여 결정된 선물환율이 만기일에 외환시장에서 거래되는 현물환율의 예측치가 될 수 있는지와 관련하여 통계적 관점에서 편차 유무를 분석하는 내용이 된다.

t기에서 결정된 선물환율은 이용가능한 모든 정보를 이용하여 결정되었음으로 차기 즉, 선물환율의 기간이 지난 후인 t_{+1}기의 현물환율과 같아지는 불편추정치(unbiased estimator)가 될 것이다.

$$Ft = St_{+1} \qquad (2\text{–}8)$$

그러나 t 시점에서 선물환율은 미래의 예측을 근거로 결정되었음으로, 일정기간이 지난 t_{+1} 시점의 현물환율은 선물환율과 오차가 발생하게 된다.

$$St_{+1} = Ft + \varepsilon t_{+1} \qquad (2\text{–}9)$$

St_{+1} : t_{+1}시점의 현물환율
Ft : t시점의 선물환율

εt_{+1} : t_{+1}시점의 현물, 선물환율의 오차

외환시장효율성검증은 환율의 시계열자료(time series data)를 이용한 회귀방정식에서 차기의 현물환율이 선물환율과 유의수준에서 편차가 없는, 즉 t_{+1}기의 예측오차인 εt_{+1}의 평균값이 영(zero)이 되어, 불편추정치가 되는지 여부를 분석하게 된다.

지금까지 이루어진 외환시장효율성 검증결과는 다양하게 나타나고 있으나, 대체로 예측오차의 평균값이 영(zero)과 괴리되는 즉, 외환시장효율성이 성립하지 않고, 선물환율은 차기현물환율과 편차를 보이는 것으로 나타나고 있다.

이러한 외환시장의 비효율적 원인으로 제기되고 있는 요인은 위험할증(risk premium)이다. 외환시장에 모든 정보가 반영되어 외환시장효율성이 성립한다고 하면, 위험을 감수하는 투기자들은 추가정보를 이용하여 투기거래를 하게 되며, 위험회피 목적의 거래자들은 투기자들과의 거래에서 투기거래에 따른 위험보상을 요구하게 된다.

선물환율에 위험보상의 대가로 추가되는 부분이 위험할증으로, 선물환율은 차기에 현물환율과 위험할증만큼의 오차가 발생하게 되는 것이다. 따라서 외환시장효율성은 위험할증을 감안하여 판단되어야 한다는 의견이 보편화되는 추세에 있다.

제4절 우리나라의 외환시장

우리나라외환시장의 구조는 은행간시장과 대고객시장으로 대별되어 있다. 은행 간 시장은 외국환거래법에 의거 외국환업무 취급인가를 받은 국내외국환은행, 한국은행, 종금사, 증권사 그리고 외국은행의 국내지점 등이 참여하여, 외국환은행 간 직접거래 및 중개회사를 이용한 외환거래를 이행하고 있다. 대고객시장은 개인, 기업, 정부 등 경제주체들이 실수요목적 및 투기목적의 외환거래를 위해 참여하고 있다.

이들 시장에서는 전통적 외환거래인 현물환거래, 선물환거래, 외화자금거래, 그리고 파생적 외환거래인 통화선물, 통화옵션, 통화스왑, 그리고 이들 거래를 복합한 합성거래와 혼성거래가 이루어지고 있다.[3)]

3) 합성거래(synthetic transaction)는 기존의 외환거래와 파생거래기능을 복합시켜 이루어지는 거래이며, 혼성거래(hybrid transaction)는 기존의 외환거래와 파생거래의 성격을 변화시켜 이루어지는 거래인 점이 차이가 있다.

Ⅰ. 현물환거래

우리나라의 현물환거래는 외국환은행의 외환포지션의 불균형을 해소하여 외국환균형상태(square position)에 이르기 위한 거래가 대부분을 차지하고 있다. 우리나라의 외국환거래규정은 외국환은행의 재무건전성을 위해 외국환매입초과나 외국환매도초과로 인한 환노출의 규모를 제한하고 있다[4].

현행 외국환은행의 외환포지션한도는 현물자산과 현물부채를 합산한 현물환포지션, 외환파생상품 자산과 외환파생상품 부채를 합산한 외환파생상품 포지션, 그리고 이 둘을 합산한 종합포지션으로 설정되어있다. 각 외국환은행은 종합포지션한도를 전월 말 자기자본의 50% 이내로 유지해야 하며, 외환파생상품 포지션한도는 국내 외국환은행의 경우 전월 말 자기자본의 30%, 해외지점은 전월 말 자기자본의 150% 이내로 유지해야 한다.

Ⅱ. 선물환거래

우리나라의 선물환거래는 선물환매입과 선물환매도 등 한쪽 방향의 거래만 발생하는 outright forward거래와 선물환거래가 스왑거래의 일부분으로 발생하게 되는 swap forward거래로 구분된다.

outright forward거래는 만기에 실물인·수도가 이루어지는 선물환거래와, 만기에 실물인·수도의 차액만을 정산하는 차액결제선물환(NDF: non deliverable forward)거래로 구분된다. 국내외환시장에서는 외국환은행과 외국지점 간 외환스왑거래, 수출입거래기업과 외국환은행 간 선물환거래 및 외환스왑거래, 비거주자와 외국환은행 간 차액결제선물환거래가 큰 비중을 차지하고 있다.

또한 국내중개회사를 통한 차액결제스왑(NDF Swap) 거래서비스도 제공되어, 만기일이 다른 복수의 차액결제선물환을 동시에 매입·매도하는 거래도 가능하게 되었다.

차액결제선물환거래는 만기 시 차액만을 결제하게 됨으로 결제위험이 상대적으로 감소하며, 주로 미 달러화로 차액결제를 이행함으로서 원화와 달러화의 외환거래에 원화를 보유하거나 환전할 필요가 감소하는 등 이점이 많아 점점 거래비중이 높아지고 있다.

원화와 미 달러화 간 차액결제선물환거래는 1990년대 중반부터 홍콩과 싱가포르시장에서 거래가 시작되었으며, 1999년 외환자유화조치로 국내외국환은행과 비거주자의 거래를 허용하면서 거래규모가 급증하였다. 원화와 미 달러간 차액결제선물환 거래지역도 뉴욕, 런던, 프랑크푸르트 등으로 점차 다양한 지역으로 확대되고 있다.

---

4) 종합포지션과 선물환 포지션을 기준으로 외환포지션관리를 이행하고 있으며, 종합포지션 한도는 전월 말 자기자본의 50%, 선물환 포지션한도는 국내은행은 전월 말 자기자본의 50%, 외국은행의 국내지점은 전월 말 자기자본의 250% 이내로 유지되도록 규정하고 있다.

Ⅲ. 외화자금거래

우리나라에서 이루어지는 외화자금거래는 현물환과 선물환, 만기가 다른 현물환과 현물환, 선물환과 선물환을 교차하여 거래하는 외환스왑거래, 외국환은행 간 90일 이내의 외화콜(call)거래[5], 1개월 이상 1년 이내의 외화단기거래 등이 있다.

외환스왑거래는 당사자 간 직접거래와 중개회사를 통한 중개거래로 구분되며, 1999년 서울외국환중개와 한국자금중개에서 원/달러 통화스왑거래를 시작한 이래 원/위안 통화스왑거래가 주종을 이루었다. 이 외에도 미국 달러화와 유로화를 비롯한 주요 국제통화 간에도 외환스왑거래가 이루어지고 있다.

초단기 외화 콜 시장은 1989년 금융결제원의 주관으로 개설되어 미 달러화부터 거래가 이루어지기 시작하였으며, 이후 일본 엔화, 유로화, 영국 파운드화로 확대하여 거래가 이루어지고 있다. 외화콜금리는 국내의 수요와 공급에 따르기보다는 인근 국제금융시장의 초단기금리와 연동되므로, 우리나라의 외화콜금리도 시차가 1시간 빠른 싱가포르 시장금리를 기준으로 거래하고 있다.

단기 외화대차시장은 외국은행의 국내지점 및 외국소재 은행이 대여하고 국내은행이 차입하는 형태로 운영된다. 외국은행의 국내지점은 본점으로부터 차입하거나 국내은행으로부터 외화콜머니 등으로 외화자금을 조달하고, 일정가산금리를 부가하여 국내은행에 단기신용공여를 이행한다. 단기대차 시 적용금리는 Libor에 일정금리를 부가하며, 부가조건은 외화유동성 상황, 차입자 및 차입자국가의 신용도 등을 고려하게 된다.

Ⅳ. 파생상품거래

우리나라의 외환시장에서 거래되는 외환 관련 파생상품은 통화선물, 통화옵션, 통화스왑, 그리고 신용파생상품 등이다.

통화선물거래는 1999년 한국선물거래소에서 미국 달러화선물거래가 시작된 이래, 일본 엔화, 유로화, 중국 위안화 선물거래가 추가되어 이루어지고 있다. 한국거래소에서 선물거래구조는 선물증거금 납부, 매매주문과 계약체결, 일일정산시스템(수시청산 가능), 최종결제일 인수도 등으로 진행되며, 최종결제일 이전에도 수익성을 감안하여 청산이 가능하므로 주식거래구조와 비슷한 투기거래의 구조를 갖는다. 따라서 최종결제 일에 인수·도 되는 비율도 3~4%에 불과하고 나머지는 수시 청산된다.

통화옵션거래는 1999년 한국거래소에 미국 달러옵션이 상장된 이후 거래조건의 규격화

---

5) 외화콜거래의 기간에 대한 법적기준은 명시되어 있지 않다. 다만 「외국환계정해설」, 「은행회계해설」 등에서는 90일 이내의 외화대차거래를 외화 콜로 분류하고 있다. 외화 콜거래의 빈도는 Overnight (O/N)거래와 Tommorrow Next(T/N)거래가 가장 많다.

로 거래량이 부진하여 다른 통화로 확대되지 못하였다. 한국거래소의 미국 달러화 통화옵션은 옵션증거금납부, 매매주문과 계약체결, 만기일옵션 이행, 또는 불이행으로 진행되는 유럽형옵션 유형이 된다. 서울외국환 중개 등에서 거래되는 장외통화옵션은 미국 달러화를 대상으로 하여 이루어진다.

통화스왑거래는 한국자금중개와 서울외국환중개 등 중개회사를 통하여, 미국 달러화와 우리나라의 원화를 대상으로 통화교환거래가 이루어지고 있다.

신용파생거래는 대출금이나 채권 등 채무자의 신용에 따라 가치가 변동하는 기초자산의 신용위험만을 분리하여 거래하는 방식으로, 국제금융시장에서 급속히 증가하고 있다. 우리나라에서는 은행과 보험회사를 중심으로 외국금융기관과 거래가 이루어지고 있으나, 거래건수나 거래규모가 미미한 실정이다.[6)]

요 약

1. 외환시장은 좁은 의미로는 외환거래가 집중적, 반복적으로 이루어지는 개념이 되나, 넓은 의미로는 외환거래를 이행하게 되는 기구와 시설 등 추상적의미를 갖게 된다. 외환시장은 다른 상품시장과 비교하여 다음의 특징을 갖는다.
   첫째, 주요외환시장이 세계적으로 분포되어 영업이 단절되지 않고, 통신수단을 이용하여 거래가 지속적으로 이행되는, 개방시장(open market)의 특징을 갖는다.
   둘째, 거래당사자가 특정장소에서 대면하지 않고 유·무선 통신수단에 의한 격지 간 거래가 이루어지는 점두시장(OTC: over the counter market)의 특징을 갖는다.
   셋째, 외환거래와 관련하여 모든 정보가 시장참가자 모두에게 동시에 제공되는 완전경쟁시장의 특징을 갖게 되어, 특정인이나 소수에 의한 독·과점이 불가능한 효율시장(efficiency market)의 특징을 갖는다.
   넷째, 외환시장에서 이루어지는 외환거래의 대부분이 은행 간 거래로 거래단위가 100만 달러에 이르며, 거래규모도 큰 도매시장(wholesale market)의 특징을 갖는다.
   다섯째, 외환은 모든 시장에서 동질적 상품이며, 외환의 가격인 환율은 재정거래이행으로 모든 시장에서 가격이 균등화하게 되므로, 외환시장은 동질시장(homogeneous market)의 특징을 갖는다.

---

6) 2016년 6월 기준으로 국내신용파생상품 거래 잔액은 70조 원으로 국내 전체 파생상품거래 잔액 7,720조 원의 0.9%에 불과하다. 한국은행, 우리나라의 금융시장, 2018.

2. 외환시장참여자는 다음과 같다.
첫째, 외국환은행(foreign exchange bank)은 외환거래를 이행할 수 있는 상업은행으로, 외환시장의 주 당사자이며 이익을 목적으로 외환거래를 이행한다.
둘째, 고객(customers)은 외환의 실수요자로 환율변동에 따른 환위험을 회피하기 위한 목적과, 환율변동에 따른 환차익을 추구하는 환투기목적으로 외환시장에 참여한다.
셋째, 중개인(broker)은 외환거래를 중개하고 수수료를 취득하기 위해 외환시장에 참여하게 된다.
넷째, 각국의 중앙은행(central bank)은 외환수급이나 환율안정 등 비영리 목적으로 외환시장에 참여한다.
다섯째, 국제결제통신망(SWIFT)은 국가 간 외환거래 결제시스템으로 외국환은행의 전산망을 연결하여 외환거래를 결제하는 시스템이다.

3. 외환시장효율성 분석은 현 시점에서 결정된 선물환율이 차기현물환율의 불편추정치(unbiased estimator)가 되는지 여부를 검증하는 것이다. 이를 위해 환율의 시계열자료를 이용한 회귀방정식으로 차기의 현물환율과 기존의 선물환율 간 편차를 이용한 예측오차를 분석하게 된다.
선물환율과 차기현물환율의 편차를 유발하는 요인은 위험할증(risk premium)으로 이는 위험을 회피하기 위한 목적에서, 외환거래를 하는 위험회피자들이 위험을 감수하는 투기자들과의 거래에서 투기거래에 따른 위험보상요구로 발생하게 된다.

4. 외환시장의 주요기능은 다음과 같다.
첫째, 청산(clearing)으로 외환시장에서 결정된 환율의 가격구조를 통하여 외환의 수요와 공급을 청산시키는 기능을 한다.
둘째, 재정(arbitrage)으로 외환시장 간 환율이 괴리되는 경우, 통신수단에 의한 신속한 이차취득거래로 환율을 균형시키는 재정기능을 이행한다.
셋째, 헤징(hedging)으로 외환실수요자들의 환율변동에 의한 환위험가능성을 선물환거래 등으로 회피하는 헤징기능을 제공한다.
넷째, 투기(speculation)로 선물환거래나 현물환거래를 이용하여 투기이익의 기회를 제공한다.

Chapter

4 외환관리

제1절 외환관리의 의의

외환관리는 대외지급수단인 외환을 효율적으로 운용하기 위한 정부의 규제나 조정을 의미한다. 외환관리는 각국의 대외경제가 급속히 성장하고, 국내경제 환경이 국제경제와 연계되면서, 국제경제에 대한 국가의 규제와 조정이 필요하게 됨에 따라 시행되었다.

제1차 세계대전 이후, 국제수지 적자국을 중심으로 실물거래 및 외환거래의 적자를 해소하기 위한 목적의 무역정책과 외환정책이 시행되었다. 각국은 관세·비관세 장벽을 높였으며, 경쟁적 평가절하 등 외환정책을 시행하여, 국가 간 이해관계의 대립으로 제2차 세계대전을 겪게 되었다.

제2차 세계대전 이후 국제통화협력체인 IMF를 중심으로, 국제결제의 효율성을 제고시키기 위해 회원국의 외환관리를 완화시키고, 궁극적으로 철폐하기 위한 다방면의 시도가 이루어졌다. IMF협정문에는 회원국들의 외환관리를 배제하도록 규정하고 있어, 원칙적으로 회원국들은 외환관리를 시행할 수 없다.

국제통화기금에는 전 세계의 거의 모든 나라들이 가입되어 있고, 다수의 국가들이 국제수지적자를 지속하는 상황에서는 외환관리를 통한 적자해소가 불가피한 측면이 나타나게 된다. 따라서 IMF도 근본적인 국제수지적자의 어려움에 처한 개발도상국, 저개발국들은 예외적으로 외환관리를 시행할 수 있도록, 협정문 제14조에 예외규정을 두고 있다.

외환관리는 외환의 가격인 환율을 중심으로 이루어지는 환율관리와, 외환의 거래구조를 중심으로 이루어지는 외환관리로 시행된다.

환율관리는 환율제도의 선택과 운용, 외환시장의 안정을 위한 환율의 변동성 제한 등에 대한 관리를 의미하며, 외환관리는 외환제도 및 외환거래제도의 수립과 운용 등에 관한 관리를 의미한다. 외환관리의 수단에는 외환의 효율적 관리를 위한 환율의 안정적 변동, 외화자금의 유출·입 조정, 외환보유액의 관리 및 운용, 금융안정을 위한 국제협력 등이 포함된다.

제2절 환율관리

Ⅰ. 환율관리의 목적

환율관리는 환율제도에 따라 추구하는 목표가 다양하게 된다. 고정환율제도의 기조에서는 환율이 고정되어 있으므로, 외환거래구조를 이용한 관리가 시행되며, 변동환율제하에서는 환율의 변동을 유인하는 관리가 시행되어, 관리변동환율제도와 자유변동환율제도에서의 관리유형은 다르게 된다.

국제경제가 활성화된 20세기 초반부터 환율관리의 목표는 국제수지흑자에 따른 외환의 초과유입으로 대외준비자산인 외환을 축적해 가는 것이었다. 이를 위해 교역재의 상대가격을 변화시켜 수입을 제한하고, 수출을 증가시키기 위해 환율을 상승시키는 방법으로 환율관리가 시행되었다.

국가 간 교역에서 자국통화가치를 하락시키고, 상대적으로 외국통화가치를 상승시키는 환율상승이 발생하면, 수출품가격은 수출시장에서 하락하여 가격경쟁력을 높일 수 있어 수출을 증가시키게 된다. 아울러 수입품가격은 국내에서 상승하여 국내 수입대체재의 가격경쟁력 강화에 따라, 수입이 감소하여 경상수지를 개선하게 된다.

국제금본위제도가 붕괴된 제1차 세계대전 발발시점에서부터 제2차 세계대전이 종료되고 국제통화협력체인 IMF가 출범한 1945년까지 30년 동안은 국제통화협력체가 존재하지 않았고, 국가 간 경쟁적인 평가절하로 환율상승을 유발하여 국제수지를 개선하고자 하는 시도가 보편화 되었다.

국제수지를 개선하기 위한 의도적 평가절하는 교역상대국의 평가절하 대응으로 결국 국가 간 교역을 급격히 감소시켰으며, 국제경제의 위축으로 자원의 효율적 배분이 제한되고, 나아가 전 세계적 부와 효용의 감소를 유발하게 되었다.

현 시점에서 환율관리는 환율의 급격한 변동을 완화시켜 외환시장의 안정을 모색하는데 초점이 맞춰진다. 우리나라도 복수통화바스켓 페그제도와 시장평균환율제가 시행되던 관리변동환율제기간에는 환율관리의 목표가 경상수지 개선이었으나 자유변동환율제로 이행한 이후 외환시장 안정을 목표로 하고 있다.

이 외에도 외환관리의 목적은 고용 창출과 소득 증대, 국내물가 안정 등 거시경제목표와 부합하도록 설정되고 있다.

Ⅱ. 환율관리의 수단

환율관리의 수단도 환율제도에 따라 이용가능의 범위가 다양하게 된다. 주요교역국 통화와 자국통화를 고정하는 peg system을 채택하는 경우, 국제수지 개선을 위해 복수환율제도(multiple rates of exchange system)를 시행하기도 한다.

복수환율제도는 민간부문의 교역결제에 적용하는 환율과, 정부 간 차관이나 융자 등에 차별화된 환율을 적용하는 제도이며, 기타 정부가 고시하는 공정환율과 암시장환율이 공존하는 방식으로 운영된다.

현대적 관점에서 환율관리는 정책당국의 외환시장 개입, 통화정책 시행, 정책금리 조정 등 방법으로 시행된다.

정책당국의 외환시장 개입은 외환시장에서 자국통화를 매개로 외화자산을 매입하거나 매도하는 방식으로, 국내통화량과 외화자산의 상대적 규모를 변화시켜 환율의 변동을 유도하는 것이다. 예로 국내외환시장에서 달러환율이 급격하게 상승하는 경우, 정책당국은 외환시장에서 달러화를 매각하고 원화를 매입함으로써 환율상승을 완화시키게 되며, 달러환율이 급격히 하락하는 경우, 달러화를 매입하고 원화를 매각하여 환율하락을 저지하게 된다.

통화공급을 이용한 환율관리는 확장통화정책이나 긴축통화정책으로 시행된다. 환율은 통화 간 교환비율이므로 통화증가율이 큰 국가의 통화가치는 하락하여 환율이 상승하고, 상대적으로 비교통화가치는 상승하게 되어 환율은 하락하게 된다. 통화공급을 증가하여 수요의 증가와 생산시설 및 고용확대 등 경기활성화를 위한 양적완화조치의 내용이 되는 확장통화정책은, 이면에 자국화의 가치를 하락시켜 환율상승에 따른 경상수지 개선의 의미도 병행된다.

중앙은행의 정책금리조정은 국내시장금리의 변화로 이어져, 자국통화표시 금융자산과 외국통화표시 금융자산의 기대수익률에 변화를 유발하고, 금융자산 간의 수요변화를 통해, 외화의 유출·입을 변화시켜 환율이 변하게 된다. 국내정책금리가 하락하게 되면 원화표시 금융자산의 수익률은 하락하게 되므로 투자자들은 이를 매각하고, 상대적으로 수익률이 상승한 외화표시 금융자산을 매입하게 된다. 따라서 외화에 대한 수요증가가 발생하여 환율이 상승하게 된다.

정책당국의 외환시장 개입이나 통화정책 그리고 정책금리조정 등은 외환시장이 안정적으로 운영되는 경우 효과가 크게 나타난다. 따라서 외환시장의 안정성을 증대시키기 위한 제도의 완비, 시장규모의 확대와 거래량 증가, 외환시장의 안전망 구축 등이 필요하다.

제3절 외화자금 유출·입 관리

각국의 외환거래자유화로 인하여 외화자금의 유출·입이 더욱 빈번한 상황에서는 외자의 유출·입에 의한 국내경제의 변동성이 증가한다. 따라서 각국의 정책당국은 외화자금 유출·입 현황을 파악하여 국내경제에 미치게 되는 효과를 분석하고 대책을 마련하기 위해 외환전산망을 구축하고 있다.[1)]

외환전산망은 외환거래를 주관하고 있는 외국환은행 등 금융기관들의 외환거래 관련정보를 집중기관에 집중하고, 이용기관에 정보를 제공하고 있다. 이를 토대로 정책당국은 외화자금의 유출·입 실태를 파악하고 국내시장에 미칠 영향을 분석하여 관련 기관에 통보하고 대응책을 모색하게 된다.

외환자유화는 국제결제를 용이하게 하며, 국가의 신인도를 높이게 되어, 해외투자를 유치하는 등 긍정적인 측면과 더불어, 급격한 외화자금 유출·입으로 국내경제기조에 불안정성을 유발하는 등 부정적인 측면이 상존하게 된다.

외화자금이 급격히 유입되는 경우 외화의 초과공급으로 환율이 하락하게 되어, 수출감소와 수입증가 등 경상수지 악화를 유발하게 된다. 아울러 외화자금의 유입에 따른 국내 통화량 증가로, 인플레이션이 발생하게 된다.

외화자금의 급격한 유출 시 환율상승과 금리가 급격히 상승하여 국내금융시장과 외환시장이 교란되고 외환위기와 은행위기를 유발하여 금융위기를 불러오게 된다. 이러한 상황은 1997년 외화자금의 급속한 유출에 따라 외환위기를 경험한 우리나라와 다수국의 금융위기에서 나타났다.

현시점에서 대부분의 국가들은 자본자유화와 외환자유화를 추진하고 있어, 자유화에 따른 부작용을 최소화하기 위한 정책을 제도화하고 있다. 외화자금 유출·입 규제는 유출·입 되는 자금에 대한 직접규제와 간접규제로 구분되어 시행된다.

Ⅰ. 외화자금 직접규제

외화자금 유출·입에 대한 직접규제는 유출·입 되는 자금을 대상으로 한다. 외화자금유입에 대한 직접규제는 거주자들의 해외자금차입 제한, 비거주자들의 국내증권투자에 대한 사전승인, 국내기업의 해외주식이나 채권발행 제한, 일정액 이상의 단기자금 유입 시 일정

1) 우리나라도 외환정보시스템을 구축하여 외환정보 집중기관으로 한국은행을 지정하고, 외국환은행 등 외환거래정보 보고의무기관, 그리고 금융위원회, 국세청, 관세청 등 외환정보이용기관 등을 전산네트워크로 연결하고 있다.

부분에 무이자 예치부과 등으로 시행된다.

외화자금유출에 대한 직접규제는 국내금융기관들의 비거주자에 대한 대출제한, 금융기관의 비거주자와 외화스왑거래에 대한 사전허가, 무역결제 외의 해외송금 금지, 외화예금의 일일 인출범위 제한 등의 방법으로 시행된다.

Ⅱ. 외화자금 간접규제

외화자금 유출·입에 대한 간접규제는 경제주체의 자본 유출·입에 따른 이익을 축소함으로써, 자본유출·입을 억제하기 위한 방향으로 시행된다. 간접규제의 수단은 다음과 같다.

가변예치의무제도(variable deposit requirement)는 거주자의 해외차입이나 외화증권 발행에 대해서, 일정비율을 중앙은행에 무이자로 예치토록 하는 방법으로, 예치대상이나 예치비율의 조정 등을 통해 자본이동 규모를 신축적으로 조정하는 방법이다.

한계지준제도(marginal reserve requirement)는 일정한도를 초과하는 비거주자의 예금에 대해 중앙은행이 지급준비의무를 부과하는 제도로써, 동 예금에 대한 금리인하를 병행 실시하는 방법이다.

금융거래세(financial transaction tax)는 거주자가 해외로부터 자금을 차입할 경우 또는 비거주자가 국내증권에 투자하거나 투자원리금을 회수하는 경우 일정비율의 세금을 부과하는 방법이다.

Ⅲ. 우리나라의 규제제도

기존의 외국환관리법에서는 국내·외 자금이동을 수반하는 자본거래 등을 원칙으로 금지하고, 그 중에서 외국환관리법의 목적에 비추어 필요하다고 인정되는 부분만 예외적으로 허용하는 제도(Positive system)였다. 1999년에 제정된 현행 외국환거래법은 원칙적으로 자본거래를 포함한 모든 외국환거래를 자유롭게 인정하되, 필요하다고 인정되는 부분에 대해서만 예외적으로 규제하는 제도(Negative system)로 운용되고 있다.

현행 외국환거래법은 외환거래자유화에 따른 부작용을 최소화하기 위해 한국은행을 외환거래정보의 집중, 교환, 중계 등을 담당하는 외환정보 집중기관으로 지정·운영함으로서, 효과적인 사후관리 및 모니터링체제 구축을 도모하고 있다. 다만 유사시에 대비한 안전장치(safeguard)로 가변예치의무제, 자본거래허가제 등의 실시 근거를 마련하고 있다.

제2절 외환보유액 관리[2)]

Ⅰ. 외환보유액의 의의

외환보유액은 수입대금결제, 대외부채상환 해외투자 등에 가용하고, 국제수지 불균형과 외환시장 불안정을 조정하기 위해 정부가 보유한 대외지급준비자산(international reserves)을 의미한다.

외환보유액을 구성하고 있는 내용은 유가증권형식의 외화청구권(claims for foreign currency)인 외환, 해외 예치금, SDR, 금, IMF reserve position[3)] 등이다.

외환보유액은 대외지급이 가능하며, 환율을 안정시키는 수단으로써, 보유액에 따라 국가의 부와 신인도의 척도로 활용되어 진다. 외환보유액이 충분하면 국가의 지급능력이 충분하다는 의미로, 국가신인도가 향상되어 해외자본조달이 용이하게 되고, 외국의 투자를 보다 많이 유치할 수 있게 된다.

IMF가 제시하는 외환보유액의 보유목적은 다음과 같다.[4)] 첫째, 통화정책과 환율관리의 신뢰성 제고, 둘째, 위기대응능력 확충을 통한 외부취약성 제한, 셋째, 국가의 현재와 미래 외채상환능력에 대한 시장신뢰구축, 넷째, 자국통화가치 지지기능, 다섯째, 정부의 외환소요 및 외채상환 지원, 여섯째, 국가적 재난 또는 긴급 상황대비 등이다.

외환보유액은 대외준비자산이므로 많을수록 활용성도 증가하고 국가의 신인도도 높일 수 있는 반면 적립을 위한 조달비용이 운용수익보다 크게 나타날 수 있어 보유비용이 소요된다. 더구나 외환보유액의 운용에는 수익성보다 안전성이 우선시 됨으로 기회비용이 발생하게 된다.

외환보유액 적정수준은 이론적으로 규명될 수 없으며, 보는 견해에 따라 다양하게 된다. 특히 국가별 국제수지현황, 국제경제의 규모, 환율제도나 외환관리의 다양성 등으로 일반적인 외환보유액 적정수준을 산정하기는 어려우므로, 국가별 여건을 감안하여 탄력적으로 운용되어야 한다.

---

2) 외환보유액관리는 한국은행의 자료를 참조하였음. 한국은행, 한국의 외환시장과 외환제도, 2016.
3) IMF position은 리저브트란셰(Reserve Tranche)와 IMF에 대한 융자로 이루어진다. 리저브트란셰는 회원국에 배분되는 쿼터에서 회원국통화로 납입한 금액 중 교환성통화로 교환한 금액과 금, SDR, 교환성통화 납입액으로 이루어진다.
4) IMF, Revised Guideline for Foreign Exchange Reserve Management, 2014.

Ⅱ. 외환보유액 운용

외환보유액의 적정수준이 국가별 여건에 의하여 결정되면, 보유외환의 효율적 운용이 필요하다. 우리나라는 1997년 외환위기 시 급감했던 외환보유액이 2000년 이후 경상수지 흑자에 따라 누적되어, 2019년 들어 4천억$에 육박하고 있으며 세계 8위의 수준에 있다.[5)]

외환보유액의 효율적 운용은 국제수지 흑자국을 중심으로 중요한 과제로 부상하고 있으며, 우리나라의 경우 한국은행이 중심이 되어 운용하고 있는 외환보유액관리는 다음과 같은 방향에서 이루어지고 있다.

1. 외환보유액 운용목표

외환보유액 운용의 기본목표는 유동성과 안전성확보를 최우선으로 하되, 적정한 범위 내에서 수익성을 제고시키는 데 있다. 외환보유액이 개별국가의 최종적인 대외지급준비자산이라는 점을 고려하여, 다양한 목적을 감안한 외환보유액관리와 관련되는 목표를 추구하게 된다.

(1) 유동성

외환보유액은 최종적인 대외지급준비자산으로써 대외지급이 필요한 경우 항상 지급이 가능한 상태에 있어야 하며, 보유외환을 국제금융시장에서 언제라도 현금화할 수 있도록, 유동자산에 투자하여 유동성을 유지해야하기 때문이다. 특히 외환보유액은 글로벌 신용경색 등 위기상황에서 항상 가동되어야 하므로, 극단적인 시장상황에 대비한 유동성을 고려하여 운용되어야 한다.

(2) 안전성

외환보유액은 국가의 부와 관련되므로 가치보전을 우선적으로 고려하여 운용되어야 한다. 외환보유액의 안전성은 투자자금의 회수불능 등 상황과 금리, 환율 등을 종합적으로 고려하여 리스크가 높은 금융상품에 대해서는 투자를 제한하여 안전성을 높이고 있다.

과거 중앙은행들이 외환보유액을 주로 미국단기국채 등 안전자산에 투자할 때에는 안전성에 대한 고려가 크지 않았으나, 1990년대 후반 이후 외환보유액의 투자대상이 장기국채, 회사채, 자산유동화채, 신흥국투자자산, 주식 등으로 점차 다변화 하면서, 신용리스크 관리와 환율 및 금리변동의 관리가 중요시 되고 있다.

---

5) 우리나라의 외환보유액은 2019년 1월 기준 4,054억 9,000만 달러로 사상 최고치를 기록하고 있다. 외환보유액 순위는 다음과 같다. 중국(30,879억$), 일본(12,793억$), 스위스(7,961억$), 사우디아라비아(4,899억$), 러시아(4,759억$), 대만(4,630억$), 홍콩(4,320억$), 한국(4,055억$), 인도(4,002억$), 브라질(3,770억$) 등.

(3) 수익성

외환보유액 관리에는 유동성, 안전성에 더하여 최대한의 수익성을 추구해야 한다. 특히 외환보유액의 유지에는 조달비용과 간접적 기회비용이 발생하게 되므로, 이러한 보유비용을 충당하기 위한 수익성을 필요로 하게 된다. 더하여 외환보유액이 증가할수록 수익성 목적의 관리가 중요하게 된다.

투자자산의 수익성은 유동성과 안전성에 반 비래하는 역(−)의 관계에 있다. 따라서 중앙은행들은 자국의 외환보유액 규모 및 증감, 외환위기 등 역사적 경험과 국내·외 금융시장 동향 등을 종합적으로 고려하여 수익성대비 유동성과 안전성에 적정한 배분을 모색하여야 한다.

2. 외환보유액 운용현황

(1) 자산의 운용목적 별 구성

해외에서 운용하는 외화자산을 유동성자산, 수익성자산 및 위탁자산으로 구분하고, 운용목표, 투자가능 상품의 범위, 리스크 허용한도 등을 설정하여 운용하고 있다.

유동성자산은 보편적으로 발생하는 외화자금의 빈번한 유출·입 및 일시적인 외화자금수요에 신속하게 대처하기 위한 자산으로, 자금유출·입 실적, 외화유동성 수요전망 및 현금성자산 보유에 따르는 기회비용 등을 고려하여 투자액을 결정한다.

수익성자산은 안정적인 수익획득을 위해 주요국의 중장기채권에 투자하는 자산으로, 투자대상은 주요선진국 통화로 발행된 국채, 정부기관채, 회사채, 자산유동화채 등 신용도가 높은 자산으로 구성한다.

위탁자산은 고수익상품투자를 통한 수익성제고를 위해 투자실적이 양호한 국제적인 자산운용사 등에 위탁하여, 고수익채권 및 증권 등에 투자하는 자산이다. 우리나라는 한국투자공사(KIC: korea investment corporation)에 외환보유액을 위탁하여 수익성을 고려한 자산운용을 하고 있다.

(2) 통화별 구성

외환보유액의 통화구성은 대외지급준비자산이라는 점을 고려하여, 국제금융시장에서 기축통화를 대상으로 하여 미국 달러화 위주로 구성되며, 기타 국제거래 통화, 외채구성통화 등 주요통화 국 별 특성과 함께, 투자대상 통화국의 자본시장 발달정도 등을 고려하여 결정하게 된다.

우리나라의 외환보유액도 이러한 원칙에 입각하여 통화 구성을 하고 있으며, 이중 미 달러화의 비중이 62.5%를 차지하고 있다.[6] 2016년 기준으로 미 달러화, 유로화, 일본 엔화,

---

6) 세계 외환보유액 통화별 자산비중은 2018년 6월 말 기준, 미국 달러화 62.3%, 유로화 20.3%, 일본 엔화 5.0%, 영국 파운드화 4.5%, 캐나다 달러화 1.9%, 호주 달러화 1.7%, 기타 통화 4.4% 등이다. IMF, data and statistics, 2018.

영국 파운드화, 호주 달러화, 캐나다 달러화로 구성되어 있으며, 중국 위안화는 최근의 위상제고 및 우리나라와 경제적 연계성을 감안하여 투자대상에 포함하고 있다.

(3) 상품별 구성

외환보유액 투자 금융상품은 외환보유액의 특성에 부합하도록 안전성과 유동성 및 수익성을 고려하여, 투자적격등급 채권과 상장주식 등 금융자산 위주로 투자하고 있다. 우리나라도 외환보유액 증가에 따라, 외화자산의 위험분산과 수익성 제고를 위해, 각국의 국채 이외에 정부·기관채, 회사채, 자산유동화채 및 주식 등으로 상품구성을 다변화하고 있다.

3. 외환보유액 위험관리

외환보유액의 위험관리는 시장, 신용, 유동성 및 운영위험으로 구분하고, 이를 효율적으로 관리하기 위해, 국제적 최적관행에 부합하는 리스크 관리체계를 구축하고 있다.

(1) 시장위험 관리

시장위험은 금리, 주가, 환율 등 시장가격변동에 따라 손실이 발생할 위험이다. 이에 대해 통화 및 투자 상품, 투자만기 등의 운용기준대비 변동허용 폭을 설정하고 추적오차(tracking error) 한도를 두어, 운용기준과 달리 운용할 수 있는 리스크 수준을 직접 통제하고 있다. 또한 극단적 위기 발생 시 손실에 대비하기 위해 스트레스테스트 등 시나리오 분석도 실시하고 있다.

(2) 신용위험 관리

신용위험은 금융상품의 발행기관 혹은 거래상대방이 유가증권, 파생상품 등의 계약에 명시된 의무를 불이행함으로써 투자손실이 발생할 위험을 의미한다. 따라서 적격투자자산 및 거래상대방의 신용등급을 일정수준 이상으로 제한하고, 각각에 대해 투자 및 거래한도를 설정함으로써, 동 위험을 관리하고 있다.

(3) 유동성위험 관리

유동성위험은 보유상품이 시장에서 거래가 활발하지 않거나 시장가격이 형성되지 않아, 매매과정에서 비정상적인 거래비용이 발생할 위험이다. 이를 관리하기 위해 시장규모가 크고 거래가 활발한 금융상품으로 투자대상을 제한하고, 정부채 등 고 유동성자산의 비중이 일정수준 이상이 되도록 하고 있다. 이외에도 매매호가 스프레드 등을 활용하여 유동성을 점검한다.

(4) 운영위험 관리

운영위험은 부적절하거나 잘못된 내부절차, 직원, 시스템 또는 외부사건 등으로 인하여 직접·간접적인 손실이 발생할 위험을 의미한다. 우리나라의 경우, 이러한 위험을 관리하기 위하여 외화자산 운용조직을 견제와 균형원칙에 따라, 투자운용부, 외자기획부, 운용지원부로 분리하여 운영하고 있으며, 또한 내부통제를 담당할 준법감시인을 별도로 두며, 핵심 리스크지표 모니터링 등을 통해 위험발생 가능성을 점검한다.

제5절 글로벌 금융안전망7)

전통적으로 한 국가에서 금융위기가 발생하면, 외환보유액의 활용, 국내금융시스템을 이용한 자본유출·입 관리 등, 국가별 해결방안을 모색하면서, 금융위기를 극복하기 위한 독자적 노력이 이루어졌다.

그러나 1980년도 이후 외환자유화, 자본자유화의 진전으로 국가 간 자본의 유출입이 급증하면서, 금융위기는 주기적으로 발생하게 되었고, 주변국가로 전이되면서 위기의 규모도 증가하는 추세를 보였다. 이러한 상황에서 금융위기의 예방 및 해결은 개별 국가적 노력으로는 불가능하게 되었으며, 주변 이해당사국들과의 공조 및 국제금융기구와의 협조체제가 불가피하게 되었다.

따라서 모든 국가들은 금융위기를 예방하고 극복하기 위해서 지역 및 국제금융협력 체제를 구축하고, 복합적인 금융안전망을 구축해 감으로써, 다른 국가와의 협력을 강화해 가고 있다.

글로벌 금융안전망(GFSN: Global Financial Safety Nets)은 금융위기에 대응하여 국가들이 외화유동성을 확보하기 위한 각종 체제 및 협정 등을 지칭하는 것으로, 복합적인 금융안전망을 구축하고 이를 효율적으로 활용함으로써, 금융위기를 방지하기 위한 안전장치가 된다.

Ⅰ. 국제적 금융협력

국제적 금융협력의 구심체는 현 국제통화제도를 관장하고 있는 국제통화기금(IMF: International Monetary fund)이다. IMF가맹국들은 경제력을 감안하여 배분된 할당량(quota)을 기준으로, 금융위기 시 600%를 인출할 수 있는 대기성차관과 엄격한 대출조건이 부여되는 탄력적 크레딧라인 및 예방적 유동성지원라인을 이용할 수 있다.

---

7) 글로벌 금융안전망분야는 한국은행의 자료를 인용하였음. 한국은행, 한국의 외환시장과 외환제도, 2016.

그러나 글로벌 금융위기 시 IMF의 대출제도는 엄격한 조건과 대출 이후에 따른 구조적 정책시행 등으로 위기발생국에게 현실적 도움이 되지 못하였고, 금융위기의 확산에 효율적으로 대처하지 못하였다는 비판이 제기되었다.

이러한 점을 감안하여, G20정상회담을 중심으로 상시 글로벌 금융안전망구축의 논의가 시작되어, 국가 간 금융협력방안이 지속적으로 개발되어지고 있다. 특히 IMF의 대출제도에 대한 개선방안이 집중적으로 모색되어, 기존의 대기성차관(SBA: Stand-By Arrangement)외에 금융위기 예방을 위한 탄력적 신용라인(FCL: Flexible Credit Line)과 예방적 신용라인(PCL: Precautionary Credit Line)대출제도를 신설하였다.

나아가 IMF와 지역금융협정 간의 협력강화, 위기대응을 위한 구조적 대응방안 모색 등 글로벌 금융안전망을 통한 국제금융협력이 강화되고 있다. 우리나라는 금융위기 방지 및 해결을 위해 IMF와 세계은행그룹(WBG: World Bank Group) 등 국제기구와의 국제금융협력을 강화해 가고 있다.

Ⅱ. 지역적 금융협력

금융위기는 단일 국가에서 시작되지만, 그 여파는 인근 국가로 전이된다. 1997년 동아시아 외환위기는 태국에서 시작되어 인도네시아, 필리핀, 말레이시아를 거쳐 한국으로 확대되었으며, 2007년 미국에서 시작된 서브프라임모기지 사태는 유럽을 거쳐 전 세계로 확산되었고, 2010년 유럽의 금융위기는 아일랜드에서 포르투갈과 스페인을 경유하여 EU국가들에게 전파되었다.

현대적 금융위기는 경제구조가 유사한 국가 간, 헤지펀드의 지역별 시간대별 이동 용이성 등을 감안하여, 유사한 발전단계에 있는 국가들 및 인근 역내국가로 옮겨가는 보편적 현상을 보이고 있다.

역내국가 간에는 경제연계성 및 경제정책에 대한 상호의존성이 높고, 잠재적 위험의 발생가능성이 공존하며, 해결과 대책도 공동대응이 필요하게 되는 점 등을 감안하여 지역금융 협력이 강화되고 있다.

대표적인 지역금융협력체로 동아시아지역의 치앙마이이니셔티브 다자화협정(CMIM: Chiang Mai Initiative Multilateralization), 유럽의 금융안정 메커니즘(ESM: European Stability Mechanism), 북미지역의 통화스왑 협정(NAFA: North American Framework Agreement), 중남미지역의 준비기금(FLAR: Fondo Latino Americano de Reservas), 중동지역의 아랍통화기금(AMF: Arab Monetary Fund), 대표적 신흥국인 BRICs국가들의 긴급외환보유액협정(CRA: Contingent Reserve Arrangement) 등이 존재한다.

치앙마이이니셔티브 다자화협정은 ASEAN 10개국과 한·중·일 3개국의 금융협력체이다. ASEAN 10개국[8])과 한·중·일 3국간의 양자 간 통화스왑 네트워크를 구축하고, 13개 회원국에 경제력을 감안해 차등화된 분담금을 부과해 기금을 조성하여, 역내 금융위기 발생 시 외화유동성을 지원하게 된다.

우리나라는 동아시아 역내 지역금융협력체인 치앙마이이니셔티브 다자화협정, 아시아인프라투자은행(AIIB: Asian Infrastructure Investment Bank), 아시아·태평양 경제협력체(APEC: Asia-Pacific Economic Cooperation) 등에 가입하여, 지역금융 협력을 위해 주도적 역할을 수행해가고 있다.

이 외에도 아프리카개발은행(AfDB: African Development Bank), 유럽부흥개발은행(EBRD: European Bank for Reconstruction and Development), 미주개발은행(IDB: Inter-American Development Bank) 등 지역금융협력체에도 가입하여 전 세계적 금융협력을 강화해 가고 있다.

Ⅲ. 국가 간 금융협력

국가 간 금융협력은 중앙은행을 통한 통화스왑의 형태로 이루어진다. 중앙은행을 통한 국가 간 통화스왑은 양국 간 직접적인 유동성 공급과 금융협력을 강화하는 목적으로, 금융위기 예방 및 해결에 주요한 기능이 인정되면서 점차 확산되는 추세에 있다.

국가 간 통화스왑은 특히 외화자금의 부족으로 금융위기가 발생하는 경우 자국화를 담보로 외화를 확보할 수 있어, 주요통화당사국과의 통화스왑협정은 금융위기를 쉽게 해결할 수 있게 한다. 우리나라도 금융위기에 대응하여 주요 통화국과 국가 간 통화스왑 협정을 지속적으로 추진하여 왔다.

2018년 말 기준으로 우리나라는 미국, 일본, 중국, 아랍에미레이트, 말레이시아, 호주, 인도네시아, 캐나다, 스위스 등과 통화스왑 협정을 체결하였으며, 이중 미국, 일본과는 계약이 만료된 이후 연장되지 않아 종료된 상태이다. 그러나 주요 국제통화당사국이라 할 수 있는 중국, 캐나다, 스위스 등과의 통화스왑으로 금융안전망을 강화해 가고 있다.[9])

8) 1967년 동아시아지역의 경제적·사회적 기반확립을 위해 창설된 기구로 필리핀, 말레이시아, 싱가포르, 인도네시아, 태국, 브루나이, 베트남, 라오스, 미얀마, 캄보디아 등 10개국으로 구성되어 있으며. 경제력에 따라 앞의 5개국은 Big five, 뒤의 5개국은 Small five국으로 지칭한다.

9) 2019년 초 기준, 우리나라의 스왑협정은 아랍에미레이트 200억 딜르함(54억$), CMIM 384억$, 인도네시아 115조 루피아(100억$), 호주 100억 호주달러(77억$), 말레이지아 150억 링깃(47억$), 중국 3,600억 위안(560억$), 캐나다 무제한 캐나다 달러, 스위스 100억 스위스 프랑(106억$) 등이다.

1. 외화자금 유출·입을 규제하기 위한 간접규제 수단은 다음과 같다.
   첫째, 가변예치의무제도(variable deposit requirement)는 거주자의 해외차입이나 외화증권 발행에 대해 일정비율을 중앙은행에 무이자로 예치토록 하는 방법으로, 예치대상이나 예치비율의 조정을 통해 자본이동규모를 신축적으로 조정하는 방법이다.
   둘째, 한계지준제도(marginal reserve requirement)는 일정한도를 초과하는 비거주자의 예금에 대해 중앙은행이 지급준비의무를 부과하는 제도로써, 동 예금에 대한 금리인하를 병행 실시하는 방법이다.
   셋째, 금융거래세(financial transaction tax)는 거주자가 해외에서 자금을 차입하는 경우, 또는 비거주자가 국내증권에 투자하거나 투자원리금을 회수하는 경우, 일정율의 세금을 부과하는 방법이다.

2. 글로벌 금융안전망(GFSN: Global Financial Safety Nets)은 금융위기에 대응하여, 국가들이 외화유동성을 확보하기 위한 각종체제 및 협정 등을 지칭하는 것으로, 여러 안전망을 구축하고 복합적으로 활용함으로서, 금융위기를 해결하고 금융안정을 이루게 된다.
   구체적인 방법으로는 충분한 외환보유액 적립, 경제 관련 국가들과의 통화스왑협정, 지역금융협력체 및 국제금융기구와의 협조체계 구축 등 다양한 수단이 있으며, 이를 복합적으로 운용함으로써, 다각적 금융안전망을 구축하게 된다.

3. 아시아지역의 대표적인 금융협력체는 다음의 두 가지가 있다.
   치앙마이이니셔티브(CMIM: Chiang Mai Initiative Multilateralization) 다자화협정은 ASEAN 10개국과 한·중·일 3국의 금융협력체이다. ASEAN 10개국과 한·중·일 등 Big 3국간의 양자 간 통화스왑 네트워크를 구축하고, 13개 회원국의 경제력을 감안하여, 차등화 된 분담금을 부과하여 회원국의 금융위기에 대비한 기금을 조성한다.
   아시아인프라투자은행(AIIB: Asia Infrastructure Investment Bank)은 회원국의 출자에 의한 자본금을 기반으로, 융자, 지급보증, 지분투자 등의 업무를 통해 아시아지역의 인프라를 개발하기 위한 목적으로 설립된 지역개발 금융협의체이다.

Chapter

5 환위험관리

제1절 환위험과 환노출

환위험(foreign exchange risk)은 환율변동으로 인한 기업 등 경제주체들이 보유한 자산과 부채의 가치가 변하여 손실이 발생할 가능성을 의미한다. 경제주체들은 외부경제와의 거래로 외화표시자산과 부채를 보유하게 됨으로 환노출(foreign exchange exposure)상태가 되며, 환율변동에 따른 환위험의 가능성이 존재하므로, 환위험은 환노출과 환율변동에 의하여 결정된다.

환노출은 경제주체들이 보유한 외화표시 자산·부채 등의 보유상황에 따르게 됨으로 통제가 가능한 요인이며, 환율변동은 외환시장에서 이루어짐으로 경제주체들의 통제불능요인이 된다.

환위험은 환율변동에 따른 환차손의 가능성을 고려하는 관점인데 비해, 환노출은 환율변동에 따른 환차손의 가능성과 더불어 환차익의 가능성을 동시에 고려하고 있는 적극적인 관점으로 차이가 있다.

국제경제에 자본자유화와 외환자유화가 진전되면서, 외환의 거래규모도 지속적으로 증가하고 있다. 경제주체들은 점점 더 대외경제 부문을 확대해 가고 있고, 외화표시 자산·부채도 증가해가고 있는 상황에서, 기업을 중심으로 환율변동에 따른 위험관리가 중요한 과제가 되고 있다.

대다수의 기업들은 국제금융부나 외환관리부를 중심으로 환율변동에 따른 위험을 해소하고자, 적극적인 환노출 관리를 통해 환차익을 극대화하고, 환차손을 최소화하는 전략을 수립·운영한다.

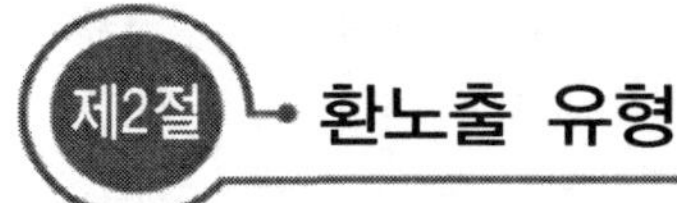

제2절 환노출 유형

Ⅰ. 거래노출

거래노출(transaction exposure)은 외화결제조건의 국제거래에서, 계약시점과 결제시점의 환율변동에 의한 환노출을 의미한다. 따라서 거래 시마다 거래노출이 발생하게 되므로, 기업의 입장에서는 단기성 경제적 노출이 된다. 국제거래의 대부분은 계약 성립 후 결제까지는 일정조건의 이행에 따른 상당기간이 필요하게 됨으로, 계약시점에서 발생한 외화채권은 결제시점까지의 환율변동을 거쳐 가치가 변하게 되고, 기업은 거래와 동시에 거래노출에 직면하게 된다.

거래노출은 외화표시 결제조건으로, 상품을 수출하는 경우와 수입하는 경우 모두 발생한다. 상품수출의 경우, 계약시점 발생한 외화채권의 가치는 환율변동을 거쳐, 결제시점의 채권가치와 다르게 된다. 상품수입의 경우, 계약시점 발생한 외화채무의 가치는 환율변동을 거쳐, 결제시점의 채무가치와 다르게 된다.

거래노출이 상품거래에서만 발생하는 것은 아니고, 해외금융시장을 이용한 금융거래에도 발생한다. 기업이 해외금융시장에서 외화를 차입하여 국내에서 국내통화로 환전하여 운용하는 경우와, 국내통화를 외화로 환전하여 해외시장에서 운용하는 경우, 모두 운용기간의 환율변동에 따른 환노출을 갖게 되는 것이다. 환노출은 시장 간 통화별 운용수익률을 감안하여 측정된다.

Ⅱ. 환산노출

1. 환산노출의 개념

환산노출(translation exposure)은 기업의 연결재무제표 작성 시, 외화표시 자산, 부채 등 재무제표의 항목을 국내통화로 환산하는 과정에서, 환율변동으로 인한 가치의 변동가능성을 의미한다.

기업은 회계보고를 하거나 재정상태를 파악하기 위해, 정기적으로 모기업과 자회사 등의 재무제표를 연결시켜 모기업통화로 연결재무제표를 작성하게 되므로, 환산노출은 회계노출(accounting exposure)의 의미가 된다.

외화표시 재무제표를 모기업통화로 환산하는 경우, 환산시점의 환율을 기준으로 환노출에 드러난 항목과 환노출에 드러나지 않은 항목이 구분되어야 하며, 각각에 어느 시점의 환율을 적용하여 환산하게 되는지는 환산노출 측정방법에 따라 다르게 된다.

2. 환산노출 측정법

(1) 현행환율법

현행환율법(current rate method)은 재무제표상의 자산과 부채항목을 대차대조표 작성일의 환율로 환산하고, 자본은 거래가 발생한 시점의 환율인 역사적 환율로 환산하며, 손익계산서 항목인 수익과 비용은 현실화한 시점의 환율로 환산하는 방법이다.

현행환율법은 외화표시 모든 항목이 환노출에 있다고 가정하고, 일괄적인 현행환율을 적용하여 환산함으로, 정확한 재무상태의 파악이 어렵다는 단점이 있다. 그러나 재무제표 작성시점의 환율을 이용하여 대차대조표상의 항목들을 환산함으로 가치평가가 현실적이고, 환산이 단순하여 사용이 용이하다는 점에서 미국 등 대부분 선진국의 회계기준으로 이용되고 있다.

(2) 유동성/비유동성법

유동성/비유동성법(current/noncurrent method)은 재무제표항목을 유동성과 비유동성으로 구분하여 환산한다. 만기가 1년 미만인 유동자산·부채 등 유동항목(current items)은 현행환율로 환산하며, 만기 1년 이상인 고정자산·부채는 발생시점의 환율인 역사적 환율로 환산하는 방법이다.

대차대조표상의 유동자산은 현금, 단기유가증권, 외상매출금, 재고자산 등이며, 비유동자산은 토지, 건물 등 부동산, 기계, 설비 등 고정자산, 장기채권 등이 된다. 유동부채는 외상매입금, 단기차입금 등이며, 비 유동부채는 장기차입금이 된다. 따라서 대차대조표상의 환노출은 유동성자산과 유동성부채의 차이로, 순 유동자산에서 발생하게 된다.

손익계산서 상의 수익과 비용은 회계연도의 평균환율을 적용하여 환산하며, 비유동성항목과 관련하여 발생하는 수익과 비용은 역사적 환율을 적용하여 환산한다.

유동성/비유동성법은 계산이 비교적 용이하고, 자회사의 유동성분석에 효율적으로 적용되어지나, 모회사의 재무제표항목에 유동성/비유동성의 적용이 자의적일 수 있다는 단점이 있다.

(3) 화폐성/비화폐성법

화폐성/비화폐성법(monetary/nonmonetary method)은 환율의 변동을 화폐적 현상으로 파악하여, 재무제표상의 내용을 화폐성항목과 비화폐성항목으로 구분하고, 재무제표상의 화폐성항목만 환율변동에 노출된 것으로 파악하여 현행환율로 환산하고, 비화폐성항목은 역사적 환율로 환산하는 방법이다.

화폐성항목은 현금 및 현금화가 용이한 예금, 외상매출금, 유동성이 좋은 어음과 유가증권 등 통화가치로 표시된 자산과 부채를 의미하며, 비화폐성항목은 장비와 시설, 토지와 건물 등 부동산, 재고자산 등 현금화가 지연되는 항목이다. 따라서 대차대조표상의 환노출은 화폐성자산에서 화폐성부채를 차감한 부분에서 발생하게 된다.

화폐성/비화폐성법은 유동성/비유동성법과 달리, 대차대조표상의 항목들을 기간이 아닌 성격으로 분류하고 있다. 따라서 재고자산을 유동성항목으로 인식하고 현행환율을 적용하는 유동성/비유동성법과 달리, 비화폐성항목으로 인식하고 역사적 환율을 적용하여 환산한다.

(4) 시제법

시제법(temporal method)은 화폐성/비화폐성법과 비슷한 환산법을 적용한다. 차이점은 화폐성/비화폐성법은 대차대조표상의 항목들을 성격에 따라 분류하는데 비해, 시제법은 원가산정법에 의거하여 취득원가로 산정된 항목과 시장가치로 산정된 항목을 구분하여 역사적환율과 현행환율을 적용하여 환산한다.

재무제표의 현금, 채권 등 현재나 미래가격으로 평가되어있는 자산과 부채항목은 현행환율을, 역사적 환율로 평가되어 있는 자산과 부채항목은 역사적 환율로 환산한다.

재고자산의 경우, 대차대조표상에 원가로 평가되고 있으면 역사적 환율로, 시장가치로 평가되고 있으면 현행환율로 환산하므로, 재고자산을 역사적 환율로 환산하는 화폐성/비화폐성법과 차이를 보이게 된다.

손익계산서 환산의 경우, 대차대조표상의 역사적 환율을 적용한 항목에는 역사적 환율을 적용하고, 나머지항목은 평균환율을 적용하게 된다. 따라서 환차손익이 손익계산서에 즉시 반영되어, 외환손익이 영업손익에 비해 더 큰 영향을 미치는 경우가 발생하는 단점이 있다.

(5) 우리나라 환산제도

우리나라의 환산제도는 「기업회계기준」에 의거하고 있다.

국내기업의 경우, 화폐성/비화폐성법을 적용하여 환산하도록 되어있다. 따라서 화폐성외화자산과 부채는 대차대조표 작성일 현재의 환율(현행환율)로 환산하고, 비화폐성 자산과 부채는 발생 당시의 환율(역사적환율)로 환산하게 된다.

국내기업의 해외지사나 사업소의 경우 모기업과 통합재무제표 작성 시 외화자산과 부채를 원화로 환산하는 경우에는 화폐성/비화폐성법을 적용하며, 모기업과 독립채산제로 운영하는 경우에는 현행환율을 적용하여 환산하도록 하고 있다. 외국기업의 국내지점이나 사업소의 경우 현행환율법으로 환산하도록 되어 있다.

우리나라의 현행환산제도는 화폐성/비화폐성법을 적용하고 있으나, 미국, 영국, 일본 등 선진국에서 채택하고 있는 현행환율법의 적용에 관한 논의가 진행되고 있다.

Ⅲ. 경제적 노출

경제적 노출(economic exposure)은 환율변동으로 인한 기업의 순 가치가 변할 수 있는 가능성이며, 영업노출(operating exposure)과 같은 의미가 된다. 환율의 변동은 장기적으로 기업의 생산품 가격변화에 따른 판매량변화를 거쳐 영업전반과 수익성에 영향을 미치게 되고, 궁극적으로는 미래현금흐름에 변동을 유발하여 기업 가치를 변화시키게 된다.

예로 원화에 대한 미 달러환율이 상승하게 되는 경우, 달러화로 평가되는 수출시장에서의 상품가격은 하락하여 수출물량이 증가하게 되어, 국내기업의 현금수입이 증가하게 된다. 아울러 달러화로 평가되는 수입재의 국내시장가격이 상승하여 수입물량은 감소하게 되므로, 수입경쟁재를 생산하는 국내기업의 현금수입도 증가하게 되는 것이다.

나아가 환율상승에서 나타나는 수입원자재의 가격상승에 따른 제조원가의 상승, 국내시장에서의 물가상승과 임금상승 등으로, 현금흐름에 변화를 가져오게 되는 것이다. 이러한 과정을 거쳐, 환율의 변동은 기업의 현금흐름에 변화를 주는 등 영업 전반에 영향을 미쳐, 기업의 현재가치를 변화시키게 되는 것이다.

경제적 노출은 환율변동에 의한 영업행위의 변화로 기업가치가 변화할 가능성이므로, 장기적 관점에서 보면 거래노출을 포괄하는 의미가 된다.

환노출 관리

Ⅰ. 환노출 관리의 의의

1973년 킹스턴체제의 전환으로 주요국들의 환율제도가 변동환율제도로 이행하면서 환율의 변동은 예상보다 크게 나타났으며, 특히 외환관리에 의한 환율조정이 빈번하게 이루어졌던 개발도상국 통화에서 두드러지게 나타났다.

20세기 중반 이후 국제무역과 투자는 지속적으로 증가하여 기업들의 대외경제 부문이 크게 확대되었고, 우리나라와 같이 자유변동환율제도를 시행하며 경제의 대외의존도가 높은 국가의 기업들은 환위험의 가능성이 크게 증가하였다. 나아가 자본자유화의 흐름에 적극적으로 동참하고 있고, 주요 경제이해당사국들과의 FTA로 무역을 자유화하는 현실에서 국내기업들의 환위험은 가중되고 있다.

환위험 관리는 생산관리, 재무관리 등 국내부문의 관리와 병행되어지는 중요한 대외부문 관리로 부상하였다. 국제기업의 환위험관리는 기업이 내부적으로 통제 가능한 환노출과 통제 불능한 환율변동으로 구성되므로, 환위험을 관리하기 위해서는 환노출에 대한 관리가 주 대상이 된다.

국제기업의 환노출관리는 체계적으로 이루어지게 된다. 환노출 관리체계는 첫째, 환노출 관리기간을 분리하여 장·단기 별 환노출의 규모를 파악하며, 사안별 환차손익에 따른 헤징 여부를 관리하는 단계, 둘째, 사안 별 환노출 관리기법을 거래비용과 효율성분석으로 선택하는 단계, 셋째, 선택된 환노출 관리기법의 이행단계, 넷째, 환노출 관리기법의 결과를 평가하고 feed-back하는 단계 등으로 구성된다.

환노출을 관리하는 기법은 단기적인 관점에서 거래의 발생시점마다 시행되는 거래노출 관리와 장기적인 관점에서 기업 전반의 경제활동에 초점을 맞춘 경제적 노출관리로 구분되어 시행된다. 또한 기업의 내부적 조직을 이용한 내부적 기법과 기업의 외부적 조직을 이용한 외부적 기법으로 구분되어 사안별 적절한 관리기법을 이용하게 된다.

Ⅱ. 거래노출 관리

국제기업의 거래노출관리는 대외거래 발생 시마다 시행된다. 거래노출관리는 기업의 통제가능 한 내부적 관리기법과 기업이 통제할 수 없는 외환시장과 금융시장 등을 이용한 외부적 관리기법을 이용하여 이루어지게 된다.

1. 내부적 관리기법

(1) 네팅

네팅(netting)은 상계의 의미로 국제거래를 지속적으로 이행하는 기업 간 발생하는 채권과 채무관계를 사안별로 결제하지 않고, 일정기간 별 누적된 순 차액만 결제하는 방법이다.

네팅은 국제기업의 모기업과 해외지부나 자회사간 결제에 이용될 수 있고, 지속적으로 채권·채무 관계를 발생하는 개별기업 간 결제에 이용될 수 있는 환노출 관리기법으로, 두 기업 만 개입되는 양자 간 네팅과 여러 기업이 개입되는 다자 간 네팅이 있다.

양자 간 네팅(bilateral netting)은 모기업과 자회사 등 두 기업 간 일정기간의 채권·채무관계를 상쇄시키고 차액만을 결제하는 것으로, 환노출이 순 외화차액으로 축소되는 효과를 준다.

예로 모기업이 중국 자회사로부터 원자재를 수입하여 250만 달러의 채무를 발생하고, 자회사에게 완제품을 수출하여 300만 달러의 채권을 발생시키게 되면, 환노출 발생액은 총 550만 달러에 이르게 된다. 이때 상계를 하면 환노출 발생액은 50만 달러(300만 달러 −250만 달러)로 축소되는 효과를 준다.

다자 간 네팅(multilateral netting)은 3개 이상의 기업들 간 네팅으로 기업 간 일정기간 발생한 거래의 결제를 수합하여, 채권·채무관계를 연계 처리하는 청산기구(clearing system)의 운영으로 이루어진다.

국내기업, 미국기업, 일본기업의 거래에서 국내기업은 미국기업에 100만 달러의 채무가 있고, 미국기업은 일본기업에 120만 달러의 채무가 있고, 일본기업은 국내기업에 130만 달러의 채무가 있다고 가정하자. 세 기업의 공통적인 채무액 100만 달러를 상쇄하고 나머지 차액만 결제하면, 국내기업은 미국기업에 대한 채무가 해소되고, 차액으로 미국기업은 일본기업에 20만 달러를, 일본기업은 국내기업에 30만 달러를 지불하는 상황이 되어, 환노출은 대폭 감소하게 된다.

네팅은 환노출을 대폭 감소시킴으로써 금융, 외환거래비용을 절감하고, 환차손의 위험을 회피하는 효과와 유동성 부족을 완화해주는 효과가 있으나, 거래마다 결제기간이 다르므로 네팅의 기간을 조정해야 할 필요가 있다. 다자간 네팅의 경우, 다국적기업의 조직이 아닌 독립된 기업 중 네팅 참여기업을 물색해야 하는 불편이 따르게 된다.

(2) 매칭

매칭(matching)은 외화자금의 흐름을 조정하는 방법이다. 기업의 외화자금 수입과 지급을 통화별, 기간별로 일치시켜 외화 채권·채무를 해소해 감으로써, 환노출을 제거하고 환위험을 회피하는 방법이다.

매칭은 국제기업의 모회사와 자회사 간 거래와 독립된 기업 간에 이루어지며, 기업의 채권에 따른 외화자산의 운용으로 환율변동에서 발생하는 환차익과 채무에 따른 외화자산의 차입에 대한 환율변동에서 발생하는 환차손을 상쇄시키는 방법으로 이루어진다.

매칭은 동일기업의 조직 간에 또는 채권·채무 발생을 지속적으로 발생시키는 기업 간에 주로 이용되지만, 독립적인 3자 기업 간 거래에도 이용되어 환노출을 관리하는 방법이다.

예로 국내기업이 미국기업과 제품 및 원자재, 중간재, 부품 등 밀접한 상호거래관계에 있다면, 두 기업은 일정기간별로 채권·채무를 일치시키도록 결제시기 및 결제통화, 결제금액을 조정하는 거래를 하게 된다.

매칭은 동일한 통화로 이루어지는 자연매칭(natural maching)의 방법이 대부분으로, 채권·채무를 일치시켜 환노출을 완전히 해소하는 방법이며, 이 밖에도 환율변동의 추세가 유사한 통화 간에 이루어지는 평형매칭(parallel maching)의 방법으로도 이루어진다.

기간별 통화별로 부분적 불일치되어 부분적 환노출이 발생되는 경우 단기차입이나 단기 예치금 운용의 방법으로 차액을 조정하는 방법이 이용되기도 한다.

(3) 리딩과 래깅

리딩(leading)은 외화표시 채권·채무를 가능한 앞당겨 결제함으로써 환노출을 줄이고 환위험을 회피하는 방법으로, 선불이행의 의미를 갖는다.

예컨대 국내기업이 미국기업으로부터 100만 달러의 수입계약을 체결하는 경우를 가정해 보자. 국내기업은 수입계약시점의 환율변동추이를 분석하고 외환시장에서의 선물환율 스왑률을 감안하여, 달러환율이 지속적인 상승국면에 있다는 확신이 드는 경우, 계약 시 기간이 단기적인 정기불방식의 기한부환어음 결제조건을 선택하게 된다. 국내기업의 예상대로 달러환율이 상승하면, 기간이 지남에 따라 100만 달러를 환전하기 위해 더 많은 원화를 필요로 하므로, 어음 제시 후 단기간에 결제를 이행할 수 있는 단기정기 불 방식으로 결제시기를 앞당겨 추가적인 자금소요의 부담을 덜게 된다.

레깅(lagging)은 리딩과는 반대로 외화표시 채권·채무의 이행을 가능한 지체하여, 환노출을 줄이고 환위험을 회피하는 방법이다. 앞의 예에서 달러환율변동의 추이가 지속적 하락국면에 있다고 생각되면, 계약 시 비교적 장기적인 정기불방식의 기한부환어음결제조건을 선택하여 결제시점을 최대한 지연함으로써, 환율하락에 따라 100만 달러 환전에 필요한 원화 량을 줄일 수 있게 된다.

(4) 결제통화 선택

결제통화선택은 어떤 통화로 기업 간 거래의 결제를 할 것인지를 결정하는 방법이다. 수출대금 결제시점에서는 가치가 지속적으로 상승하는 강세통화를 선택하고, 수입대금 결제시점에서는 가치가 지속적으로 하락하는 약세통화를 선택하여, 환율변동에 따른 환차손익을 얻고자 한다.

환율변동을 최소화하기 위한 방법으로, 주요국제통화에 가치가 연결되어 환율변동이 비교적 적은 SDR을 결제통화에 이용하기도 하고, 자국의 통화를 결제에 이용함으로써 환노출을 피하고자 하며, 거래당사국의 통화를 50:50으로 결제에 이용함으로써 환노출을 절반으로 감소시키기도 한다.

그러나 거래상대방의 입장은 상반되는 경우가 많아, 양자 간 타협이 필요하게 되며 타협을 거쳐 결제통화를 조정하게 되면, 특정단일통화로 결제하는 경우에 비해 환율변동에 따른 환위험을 상당부분 감소시키게 된다.

(5) 가격조정

가격조정(price adjusting)은 국제기업이 환율변동으로 수출·입상품의 가격이 변하여 손실이 발생하게 되는 경우, 가격을 조정하여 손실을 해소하는 방법이다. 예로 수출상품이 환율하락으로 수출시장에서 가격이 상승하여 가격경쟁력을 상실하는 경우, 환율하락에 의한 상승분을 감안하여 상품가격을 인하함으로써 가격경쟁력을 회복하고, 수출량 감소에 따른 손실을 보전하게 된다.

수출상품이 환율상승으로 수출시장에서 가격이 하락하는 경우, 수출시장에 경쟁재의 유무에 따라 탄력적 가격 조정이 가능하게 된다. 경쟁재가 존재하는 경우 가격경쟁력을 감안하여 소폭적 가격인상을 하게 되고, 경쟁재가 존재하지 않는 경우 가격을 인상하여, 환율상승에 따른 상품가격 하락을 보전하게 된다.

2. 외부적 관리기법

(1) 선물환시장 헤징

선물환시장(forward exchange market)을 이용한 환노출 관리는 외환시장의 선물환거래구조를 이용하여 이루어지는 방법으로, 선물환거래는 환위험을 회피하기 위한 기능 외에 환투기를 이용한 환차익거래에 이용된다.

국내수출업자가 미국의 수입업자와 100만 달러의 수출계약에 따라 3개월 기한부결제조건의 환어음을 발행하는 경우를 가정해 보자. 외환시장에서 3개월 선물환율이 달러당 1,200원으로 제시되고 있다면 수출업자는 선물환거래를 통해 3개월 후 12억 원을 수취하게 된다. 수출업자는 12억 원의 확정금액이 기업의 운영목표에 적합하다고 판단되면 선물환거래를 통하여 환노출을 제거하게 된다.

환율변동으로 3개월 후의 시장환율은 1,200원과 상당한 차이가 존재할 수도 있다, 예컨대, 3개월 후 시장환율이 달러당 1,220원이 되면 선물환거래의 결과 2천만 원의 환차손이 발생하게 되며, 반대로 달러당 1,190원이 되면 선물환거래의 결과로 1천만 원의 환차익을 얻게 된다.

(2) 통화옵션시장 헤징

통화옵션시장(currency option market)을 이용한 헤징은 환차익을 추구하면서 환차손을 회피하는 방식의 환노출 관리기법이다. 통화옵션은 통화의 매매와 관련된 권리를 거래하는 방법으로, 권리의 행사는 선택사항이 되므로 환율이 불리하게 변동하는 경우 발생하는 환차손을 피하기 위한 방법이다.

앞의 예에서 수출업자는 통화옵션시장의 조건을 파악하여 환노출 관리를 시행할 수도 있다. 통화옵션시장에서 3개월 만기의 달러화 풋 옵션 행사가격이 달러당 1,200원이고 옵션 premium이 달러당 10원이라면, 수출업자의 예상을 근거로 통화옵션계약을 결정하게 된다.

수출업자가 3개월 후의 환율을 달러당 1,210원 이상으로 예상한다면, 달러화 풋 옵션거래는 이행하지 않을 것이다. 왜냐하면 3개월 후 옵션거래의 이행으로 수취되는 금액은 달러당 1,210원에서, 옵션 premium 10원을 차감한 달러당 1,200원으로 12억 원이 되기 때문이다. 따라서 수출업자의 예상이 달러당 1,210원 이하가 되어야 통화옵션거래를 하게 된다.

수출업자가 3개월 후 시장환율을 1달러당 1,180원으로 예상하는 경우 통화옵션거래를 체결하게 되고, 예상이 적중하여 외환시장에서 달러당 1,180원의 환율이 형성되면, 수출업자는 통화옵션거래를 이행하여 수취한 100만 달러를 매도(put)하고, 달러당 10원의 옵션프리미엄을 차감한 11억 9천만 원을 수취하게 되어 환차손을 피하게 된다.

통화전환옵션은 대출계약 후 만기 1개월 전까지 대출통화를 원화 및 미 달러화, 엔화, 유로화 등으로 전환할 수 있는 선택권을 제공하는 방법이다.

환율상한옵션은 대출원금 상환 시 적용되는 환율상한선을 승인시점에 미리 설정하여, 환율이 급등하더라도 대출금을 미리정한 상한환율로 상환할 수 있도록, 선택권을 부여하는 방법이다.

(3) 통화스왑시장 헤징

통화스왑(currency swap)은 기업 간 서로 다른 통화를 일정기간 교환해서 운용하고 만기일에 원금을 재 교환하는 것으로, 국제기업 간 상호대출의 형식이 되며, 장기간 외화자금의 헤징에 유용한 환노출 관리법이다.

국내기업이 미국에 자회사를 설립하기 위해 미국 달러를 필요로 하는 경우, 투자재원 조달방식은 전통적 방식에 의하면 미국에서 달러 대출을 받는 것이다. 그러나 비거주자인 국내기업은 거주자인 미국 현지기업에 비해 높은 대출금리가 부과된다. 국내기업은 수출대금으로 비축한 유로를 투입할 수 있는 상황에서, 스왑 dealer를 통해 달러화와 교환운용을 시도하게 된다.

스왑 dealer를 통해 유럽에 투자하기 위해 유로를 필요로 하는 미국기업을 물색하여, 국내기업보다 유리한 대출조건으로 미국기업이 미국에서 달러를 대출받아 상호 간에 통화를 교환하여 투자하게 된다.

이러한 통화스왑 거래를 통해 국내기업과 미국기업은 필요한 통화를 보다 유리한 조건으로 조달할 수 있다. 스왑거래 시, 통화만을 교환운용하고 대출금리는 대출당사자가 지급하는 조건이면 통화스왑이 되고, 통화와 관련 대출금리 지급의무를 같이 묶어서 교환운용하면 통화-금리스왑이 된다.

(4) 단기금융시장 헤징

환노출 관리는 단기금융시장(money market)을 이용하여 이루어질 수 있다. 선물환시장 헤징의 예에서 수출업자는 결제조건으로 환어음을 발행함과 동시에 금융시장에서 100만 달러를 차입한 후, 이를 국내금융시장에 예금하거나 미국 단기금융상품에 투자하여 3개월간 운용한다.

3개월 후 수출대금을 수취하여 차입금을 상환하고, 차입이자는 투자운용수익으로 충당한다. 차입이자와 투자수익이 정확히 일치하지는 않겠지만 대부분 상쇄되므로 단기금융시장의 거래구조를 이용하여 환노출 관리가 가능하게 된다.

단기금융시장 헤징은 선물환시장 헤징과 유사한 거래형태를 갖는데, 차이점은 각각 단기금융시장에서의 이자율과 선물환시장에서의 선물환율을 이용하여 헤징한다는 점이다. 따라서 선물환율의 할인이나 할증이 양국 간 명목금리 차와 같게 된다는 금리평가이론이 성립하게 되면, 두 방법 간에는 차이가 없는 평가를 이루게 된다.

(5) 환율변동보험

환율변동보험은 수출입을 통해 외화를 획득하거나 지급하는 경우 환율변동에 의한 환차손·익을 제거하기 위한 방법으로, 사전에 외화금액을 자국화가치로 확정시킴으로써 환위험을 회피하는 것이다. 환율변동보험에 의한 환노출 관리는 주로 1년 이상의 중·장기 국제거래와 관련되며, 계약시점과 결제시점이 길어질수록 환율변동이 증대됨으로, 보험기능을 적용하여 환차익과 환차손의 가능성을 차단하는 환위험 회피수단이 된다.

우리나라의 경우 한국무역보험공사를 통하여 환율변동 보험서비스를 제공하고 있으며, 보험가입 시 환율보다 환율이 상승하는 경우 이익금을 납부하고, 환율하락의 경우에는 보험금을 지급하는 선물환방식과, 보험가입 시 환율보다 환율이 상승하는 경우 이익금납부를 면제하고, 환율하락의 경우 보험금을 지급하는 옵션형방식의 환율변동보험을 운영하고 있다.

(6) 환어음할인

환어음할인(bill of exchange discounting)은 기한부환어음 조건의 결제에서, 수출업자가 환어음을 발행하고 만기일이전에 은행이나 어음 할인업자에게 할인하여 매각함으로써, 단기금융과 만기일까지의 환율변동에 따른 환위험을 헤징하는 방법이다.

환어음할인과 유사한 환노출 관리법으로 포페이팅과 팩토링이 있다.

포페이팅(forfaiting)은 중장기 환어음조건의 결제에서, 수출업자가 포페이터(forfaitor)에게 일정한 대가를 지불하고, 무 소구조건으로 환어음을 매각하여, 장기금융과 장기 환율변동위험을 헤징하는 방법이다.

팩토링(factoring)은 수출업자가 외상매출조건의 결제에서 만기까지의 단기금융과 환율변동에 따른 환위험을 헤징할 목적으로, 팩터(factor)에게 외상매출채권을 할인하여 매각하고, 팩터는 만기일에 수입업자로부터 대금을 회수하는 방법이다.

우리나라는 수출입은행을 통해 환어음 할인, 포페이팅, 팩토링의 형식으로 수출업자에게 장·단기 금융과 환위험 헤징의 수단을 제공하여, 수출을 진흥하기 위한 정책적 수단으로 운용하고 있다.

Ⅲ. 경제적 노출관리

경제적 노출(economic exposure)은 환율변동으로 인하여 단기적으로는 기업의 대외거래가 영향을 받게 되고, 기업의 외화표시 자산·부채의 가치변동이 유발되며, 장기적으로는 미래의 현금흐름에 영향을 미쳐 기업의 가치변동이 변하게 되어 위험에 드러나 있는 것을 의미한다.

기업의 국제업무는 여러 분야와 연계되기 때문에 경제적 노출은 다양하게 나타날 수 있으므로 경제적 노출관리도 연관되는 업무와 관련하여 환차손을 피하고 환차익을 추구하는 중·장기적 관점에서 시행되어야 한다.

국제기업의 경제적 노출관리는 국제거래가 발생하는 시점에서 이루어지는 거래노출관리와, 회계연도 별 재무제표작성 시 발생하는 환산노출의 관리를 포함하는 전반적인 기업의 경영과 관련되므로, 가장 중요한 환노출관리가 된다. 따라서 고려되는 목적과 적용되는 방법 등이 다양하게 나타나는 등 실질적인 관리를 어렵게 만드는 여러 요인이 발생하게 된다.

첫째, 경제적 노출관리의 시행기간은 장기간으로 확장된다. 거래노출은 기업의 거래 시 발생하며 관리도 해당거래에 국한되고, 회계노출은 회계연도의 재무제표 작성 시 발생하여 연도별로 관리된다. 이에 비해 경제적 노출은 기업의 운용과 관련되어 장기에 걸쳐 관리되어야 하므로, 단기적인 관리방법은 경제적 노출관리에 적용하기 어렵게 된다.

둘째, 거래노출과 환산노출의 원인이 되는 환율변동은 관련시점의 명목환율에 의하여 발생하게 된다. 그러나 경제적 노출은 실질환율에 의하여 발생하므로, 관리도 관련 국가들의 물가상승률 등 경제변수를 감안하게 되는 복잡성이 발생한다.

셋째, 거래노출이나 환산노출은 거래명세서나 재무제표에 의하여 그 규모가 정확하게 파악되는데 비해, 경제적 노출은 기업의 운용과 관련되는 모든 여건이 포함되므로 규모나 범위가 명확하게 나타나지 않는다. 따라서 관리도 명확한 대상규모나 범위가 한정되지 않는 어려움이 존재한다.

이러한 상황에서 국제기업의 경제적 노출관리는 전반적 영업활동과 관련하여 시행되어야 하므로, 생산관리, 재무관리, 마케팅관리 등이 복합적으로 연계되어 이루어져야 한다.

1. 생산관리

(1) 생산입지

기업의 생산성을 향상시키기 위한 생산입지선정은 제품의 life cycle, 생산요소의 습득 용이성, 국가별 무역정책의 방향, 국가별 통화가치의 장기추세 등을 고려하여 결정하게 된다.

제품의 life cycle은 도입기, 성장기, 성숙기를 거쳐 쇠퇴기에 이르며, 국가별 시장마다 다른 단계로 전환되어 간다. 따라서 기업의 주력생산제품이 성장기에 있는 국가로 투자를 통해 생산거점을 이동시킴으로써, 생산성을 향상시킬 수 있게 된다.

토지, 자본, 노동 등 기본적 생산요소와 기술 등 부수적 생산요소의 이용성은 국가별 편차가 크게 나타난다. 토지의 경우, 국가의 국토넓이, 공장부지에 대한 정책 등에 따라 임대료 및 세율에 큰 차이가 존재한다. 국가별 무역정책은 자유무역과 보호무역의 관점에서 시행되며, 보호무역의 기조를 지속하고 있는 국가시장은 수출로 진입하기 어려워 투자를 통한 생산기지를 이전해야 제품의 국제경쟁력을 유지할 수 있다.

국가별 통화가치의 장기추세도 생산거점의 선정과 관련되는 내용으로, 장기적으로 통화가치가 하락하는 국가로 투자를 통한 생산거점을 이동함으로써 제품의 가격경쟁력을 증가시키게 된다.

(2) 원자재 공급

기업의 주력상품생산에 필요한 원자재, 부품 등은 상품의 경쟁력 결정에 중요한 요인이 되며 기업의 영업성과에 주로 반영되는 내용이 된다. 따라서 이들의 공급라인을 다변화하여 여건의 변화에 대응하면서 주요공급라인을 조정해 가는 것이 필요하다.

원유를 비롯한 주요원자재의 가격은 생산국들의 카르텔 형성에 따라 협정을 통하여 결정되므로 국가별 편차가 적어 원자재가격에 영향을 주는 생산국통화가치의 변동성을 고려하여 공급라인을 선택하게 되는 전략이 필요하게 된다.

원자재 및 부품의 공급지역을 다변화하고 지역별 통화가치의 변동을 감안하여 통화가치가 하락하는 지역 및 국가로 원자재 및 부품의 조달을 집중함으로써 비용을 절감하게 된다.

2. 재무관리

국제기업의 재무관리는 자본조달에서 외화표시 자산·부채의 포지션을 조정하여 환노출에 따른 환위험을 최소화하고 환차익을 증가시키기 위한 재무레버리지 관련되는 방향으로 시행된다. 국제기업의 자산·부채 포지션조정 관리는 환차손을 최소화하기 위한 소극적 관리와 환차익을 극대화하기 위한 적극적 관리가 있다.

소극적 관리는 자산·부채표시 외국통화의 통화별, 기간별 자산·부채나, 수입·지급 규모를 일치시켜 환차손을 피하는 방법이다. 적극적 관리는 강세예상통화의 자산이나 수입규모는 증가시키고, 부채나 지급의 규모는 조기상환 등 방법으로 감소시키거나, 약세예상통화의 자산과 수입규모는 감소시키고, 부채와 지급의 규모는 증가시켜 환차익을 추구하게 된다.

국제기업의 부채비율을 조정하는 재무관리는 보편적으로 이루어지는 적극적 환노출 관리방법으로, 대부분의 경우 총자산에서 부채비율을 증가시키는 방향으로 이루어지게 된다. 외화표시 부채비율을 증가시키는 경제적 노출관리는 다음과 같은 유용성이 있다.

첫째, 외화표시부채는 만기일 이전에 상황에 따라 상환이 가능하므로, 경제적 환노출이 커지는 경우 언제라도 상환하여 환위험을 회피할 수 있게 된다.

둘째, 외화표시 차입금의 통화당사국 금융자산수익률을 감안하여 만기 시까지 높은 수익률로 운용할 수 있어 운용의 폭이 넓다.

셋째, 차입금의 상환시점에 맞추어 반대방향 선물환계약을 체결하여 기간 동안의 환율변동에 의한 환위험을 헤징하고, 추가적 환투기이익을 추구할 수 있다.

외화의 장기차입도 적극적 환노출 관리방법으로 이용된다. 특히 가치가 안정된 통화를 장기차입 하여 운용함으로써 평가절하에 의한 환손실을 피하기 위한 기본적 환노출 전략으로 이용되고 있다.

외화의 장기차입에는 미 달러화 등 안정적 국제통화를 활용하는 경우가 대부분이며, 국제기업들의 경제적 환노출 관리에 이러한 통화의 장기차입으로 기본적인 헤징이 이루어진다는 점을 감안하고 있다. 이러한 외화의 장기차입에는 관련양국의 물가상승률 등 경제 관련 변수들이 종합적으로 분석되어야 한다.

국제기업의 경제적 노출을 관리하기 위한 재무관리에는 회계노출이 직접적으로 관련되므로 환산노출의 관리전략과 연계되어 시행되어야 한다.

3. 마케팅관리

환율의 변동은 국제기업의 마케팅관리에 다양한 영향을 미치게 된다. 특히 기업의 미래가치가 중요하므로 경제적 환노출도 현재의 관리에 치중하기보다는 미래의 가치를 증대시키는 것이 필요하다. 따라서 마케팅관리가 점점 더 중요하게 되며, 경제적 환노출 관리와 연관되는 마케팅관리 전략은 제품, 가격, 판촉, 홍보 등이 있다.

(1) 제품전략

경제적 노출관리와 관련된 제품전략(product strategy)은 기업의 주력 거래제품의 생산 및 시장배분과 관련되어 진다. 따라서 생산관리 및 재무관리와도 연계되어 추진되고 시행된다. 국제기업의 경제적 노출관리를 위한 제품전략은 시장별 적합한 제품의 선택이 이루어질 수 있도록, 제품표준화전략 및 제품차별화전략과 연관된다.

제품표준화(product standardization)전략은 기업의 모든 판매시장에 같은 제품을 공급하는 전략이며, 제품차별화(product diversification)전략은 판매시장별 제품을 다양한 형태로 차별화하여 공급하는 전략이다.

일반적으로, 환율의 변동이 심하게 나타나는 시기에는 신제품의 생산과 관련하여 불확실성이 증가하므로 신제품의 개발을 지연시키게 되며, 환율변동이 심하게 나타나는 국가시장에서는 불확실성의 증가로 신제품판매를 지연시키게 된다.

(2) 가격전략

경제적 노출관리와 연관되는 가격전략(price strategy)은 제품의 시장 별 규모, 시장점유율, 소득수준, 수요의 탄력성 등을 고려하게 된다.

시장의 규모가 크면 표준화된 제품의 공급으로 가격을 일원화하여 규모의 경제를 추구하게 되고, 시장의 규모가 작으면 차별화된 시장에 적응하는 가격설정으로 이윤을 극대화할 수 있다.

해당기업이 특정시장에서 독점적지위에 있다면 지속적으로 적정수준의 가격을 유지하는 전략을 선택하게 되고, 경쟁이 치열한 시장의 경우 가격을 탄력적으로 운용하여 시장점유율 및 이윤을 극대화하게 된다.

시장별 소득수준과 수요의 탄력성은 가격의 변동 폭을 증가시킨다. 소득수준이 높고 수요의 탄력성이 큰 시장에서는 제품의 지속적 업그레이드를 통한 가격인상이 가능하며, 소득수준이 낮고 수요의 탄력성이 적은 시장에서는 제품표준화에 따른 가격고정이 안정적 영업이익을 창출하게 된다.

(3) 경로전략

국제기업의 경제적 노출관리를 위한 경로전략(distribution strategy)은 기업의 제품공급, 제품의 유통경로, 그리고 유통기구의 선택과 관련된다. 유통경로와 유통기구는 제품의 종류 및 특성에 적합하게 선정되어야 하며, 운용비용 및 환율변동 등에 비용이 추가되지 않도록 선택되어야 한다.

기업의 해외생산거점이 지역별로 분산되어 있는 경우와 유통기구를 기업이 운용하는 경우에도, 유통비용을 최소화할 수 있는 방법으로 경로전략이 고려되어야 한다.

(4) 판촉전략

국제기업의 경제적 노출과 관련하여 판촉전략(promotion strategy)은 해당제품의 긍정적 이미지를 주지시키고 홍보매체의 이용비용이 환율변동에 따라 추가비용이 발생하지 않도록 환위험을 최소화하는 방법으로 시행된다.

특히 기업의 해외진출 시 단독투자로 해외지부나 자회사를 설립하는 경우와 해외기존기업을 인수·합병 하는 경우 기업의 판촉전략은 달라진다.

단독투자에 비해 해외기업의 인수·합병은 해외기업의 이미지나 영업조직 및 A/S부서를 흡수하여 운용할 수 있어, 추가적인 홍보비용을 절약할 수 있는 유용한 판촉전략을 가능하게 한다.

요 약

1. 환위험(exchange risk)은 환율변동으로 인한 기업 등 경제주체들이 보유한 자산과 부채의 가치변동으로 인한 손실발생가능성을 의미한다. 환노출(exchange exposure)은 경제주체들이 보유한 자산과 부채 등이 환율변동으로 가치가 변할 가능성을 의미한다.
   환위험은 환율변동에 따른 환차손익가능성을 고려하여 이를 최소화하기 위한 소극적인 관점인데 비해, 환노출은 환율변동에 따른 환차손익의 가능성을 동시에 고려하여, 환차손은 최소화하고 환차익은 극대화하기 위한 적극적인 관점이 된다.

2. 거래노출(transaction exposure)은 외화결제조건의 국제거래에서 계약시점과 결제시점의 환율변동에 의한 환노출을 의미한다. 따라서 거래 시마다 거래노출이 발생하게 되므로, 기업의 입장에서는 단기적 환노출이 된다.
   환산노출(traslation exposure)은 기업의 연결재무제표작성 시 외화표시 자산· 부채 등 재무제표의 국내통화로 환산하는 과정에서, 환율변동으로 인한 가치의 변동가능성을 의미한다.
   경제적 노출(economic exposure)은 환율변동으로 인한 기업의 순 가치가 변할 수 있는 가능성을 의미한다. 환율의 변동은 장기적으로 기업생산품의 가격변화에 따른 판매량변화 등 영업전반과 수익성에 영향을 미쳐, 궁극적으로는 기업의 가치를 변화시키게 된다.

3. 국제기업의 거래노출관리는 기업의 통제 가능한 내부적 관리기법과 기업이 통제 불능한 외부적 관리기법으로 나누어진다.
   내부적 관리기법으로는 네팅, 매칭, 리딩과 레깅, 결제통화 복합, 가격조정 등의 방법 등이 있으며, 외부적 관리기법으로는 선물환시장, 단기금융시장, 통화선물시장, 통화옵션시장, 통화스왑시장 등에서의 헤징, 환율변동보험 이용, 환어음 할인 등의 방법이 있다.

4. 환어음 할인(bill of exchange discounting)은 기한부 환어음조건의 결제에서 수출업자가 환어음을 발행하고 만기일이전에 은행이나 어음할인업자에게 할인하여 매각하는 것이다. 따라서 수출업자에 대한 단기금융과 만기일까지의 환율변동에 따른 환위험을 헤징하는 방법이다.
   포페이팅(forfaiting)은 중장기환어음 조건의 결제에서, 수출업자가 포페이터에게 일정한 대가를 지불하고, 무소구조건으로 환어음을 매각하여, 장기금융과 장기 환율변동위험을 헤징하는 방법이다.
   팩토링(factoring)은 수출업자가 외상매출조건의 결제에서 만기까지의 단기금융과 환율변동에 따른 환위험을 헤징할 목적으로, 팩터에게 외상매출대금을 할인하여 매각하고, 팩터는 만기일에 수입업자로부터 대금을 회수하는 방식의 환위험관리법이다.

PART

Ⅲ

국제수지

Chapter

1 국제수지의 의의

제1절 국제수지의 정의

국제수지(BP: balance of payments)는 일정기간 동안 국민경제의 거주자와 비거주자 간에 이루어진 모든 경제거래를 화폐가치로 파악한 통계이다. 일정기간은 월, 분기, 반기, 년 등으로 구분되며, 해당기간에 이루어진 자금의 유량(flow) 개념으로, 일정시점에서 파악되는 자금의 저량(stock)개념인 국제대차(balance of international indebtedness)와 구분된다.

거주자(residents)는 해당 국민경제에 경제활동의 근거지를 갖고 있는 자를 말하며, 비거주자(non-residents)는 거주자 외의 자를 칭한다. 우리나라는 외국환거래법에 거주자와 비거주자를 구분하여 정의하고 있다.

모든 경제거래는 국민경제의 외부경제와 이루어지는 재화 및 서비스거래, 자본 등 금융부문거래, 이전거래 등 모든 형태의 거래를 포함한다.

화폐가치는 IMF국제수지양식에 의거 미국 달러화로 파악된다.

제2절 국제수지의 활용

각 국가가 국제수지를 작성하는 목적은 크게 국민경제의 대외경제현황 파악, 각 산업별 대외경쟁력 분석, 불균형을 조정하기 위한 정책시행의 지표, 그리고 IMF를 통한 국제경제 협력 등이다.

Ⅰ. 국민경제의 현황 파악

국제수지는 해당 국민경제의 대외경제현황을 파악하기 위해 작성한다. 개별 국민경제는 개방화, 자유화흐름에 편승하여 발전과 성장을 거치면서 국제경제의 비중을 점차 늘려가게 된다. 각 정책당국은 대외경제가 안정적인 기조에서 유지되는지 여부를 국제수지를 통하여 판단하게 된다.

국민경제의 대외경제가 불균형을 지속하게 되는 경우, 국내경제에 부정적 영향을 미치게 된다. 국제수지가 흑자를 지속하게 되면, 외환의 추가적인 유입으로 국내통화량은 증발되어 물가가 상승하고, 인플레이션 국면에 따른 거품경제가 발생하여, 경제에 부정적 영향을 미치게 된다.

국제수지가 적자를 지속하게 되면 외환의 지속적 유출로 국내통화량이 감소하여, 물가하락에 의한 생산감소, 시설투자의 축소, 고용감소, 소득감소 등으로 이어져 경기침체를 불러일으킨다.

따라서 대외경제의 상황을 파악하고 불균형의 규모 및 성격을 분석하여 국내경제에 미치는 부정적 효과를 차단하기 위한 목적으로 국제수지를 작성하게 되는 것이다.

Ⅱ. 산업별 국제경쟁력분석

국제수지는 산업별 국제경쟁력을 분석하기 위하여 작성된다. 국제수지의 실물부문인 경상계정은 상품수지, 서비스수지, 본원소득수지, 이전소득수지 등으로 분류되고 있으며, 각 수지는 계층에 따라 세분화하여 파악되고 있다.

상품수지의 경우 국민경제의 주력상품별 수지로 세분화함으로 상품별 국제경쟁력을 파악할 수 있게 된다. 예로 일정기간 승용차의 수출은 30억 달러이고, 수입은 15억 달러로 파악되면, 승용차에서 15억 달러의 흑자가 발생하게 되어, 승용차산업은 국제경쟁력을 갖추었다고 평가된다.

특정 산업분야에서 흑자가 지속되면, 해당산업의 국제경쟁력은 강하고, 적자가 지속되면 해당산업의 국제경쟁력은 취약한 것으로 평가된다. 따라서 정책당국은 국제경쟁력이 취약한 산업이 국가의 기간산업분야로 중요하다고 인식되는 경우, 해당산업을 보호하고 육성하기 위한 정책지원을 하게 된다.

Ⅲ. 경제정책시행의 지표

국제수지는 대외경제의 불균형을 조정하기 위한 정책시행의 지표로 이용된다. 국제수지는 지속적으로 불균형 되는 경우, 국민경제에 부정적 영향을 주게 된다. 따라서 국민경제에 부정적 영향을 해소하기 위한 전제조건으로 불균형의 원인을 규명하고, 원인에 따른 조정노력이 이루어지게 된다.

국제수지불균형이 장기간 지속되는 주요원인은 국민경제의 구조적 문제점에서 유발된다. 경제구조가 소비재산업 위주로 편성되어 있고, 국민들의 소비성향이 높고, 외제선호사상이 만연되어 있으며, 만성적인 자본 부족 등으로, 제조업 육성이 어려운 상황에 처한 경우 지속적 적자를 유발하게 된다.

구조적 문제점으로 인한 불균형, 특히 적자가 지속되는 경우에는 이를 균형 시키기 위한 경제 관련 정책을 시행하여 적자를 해소할 수 있다. 경제 관련 정책은 시장경제체제에 관리요인을 도입하여 시장참여자들의 불편을 유발하게 되므로, 정책시행의 당위성을 인식시켜야 한다. 따라서 경제정책시행의 전제조건으로 국제수지를 작성하여 공포하게 된다.

Ⅳ. 국제경제협력의 자료

국제수지는 IMF를 통해 국제경제협력의 자료로 이용된다. 제2차 세계대전 이후의 국제통화제도인 IMF는 회원국들에게 통일된 국제수지 작성 매뉴얼을 제시하고, 회원국들은 이 매뉴얼양식에 의거하여 작성된 기간별 국제수지표를 IMF에 제시하고 있다.

이를 근거로 IMF는 회원국들의 국제수지균형을 위해 다양한 방법을 모색한다. 국제수지 적자국과 흑자국에 불균형을 해소하기 위한 정책적 방향 제시를 하며, 적자가 누적되고 있는 개발도상국과 저개발국의 적자 해소를 위해 경제발전 및 산업구조조정 등의 목적으로 기금을 융자하는 등 국제경제의 균형발전을 모색하고 있다. 따라서 국제협력의 근거자료로 활용하기 위해 각국의 국제수지 파악이 필요하게 된다.

제3절 국제수지표

국제수지표(balance of payments table)는 국제수지의 내용을 보고형식의 표(table)로 작성한 것이다. 국제수지는 일정기간 별로 파악되기 때문에 기간 별 국제수지표가 작성되어 진다.

국제수지는 복식부기원리를 이용하여 작성되며, 복식부기는 거래의 발생 시 급부와 반대급부를 차별(debit)과 대변(credit)으로 동일 액을 기록하게 되므로 기간별 수지는 총합이 영(zero)이 되어 균형을 이루게 된다.

표 3-1 국제수지 작성원리

항목	차변(–)	대변(+)
경상수지	• 상품 수입 • 서비스 지급 • 본원소득 지급 • 이전소득 지급	• 상품 수출 • 서비스 수입 • 본원소득 수입 • 이전소득 수입
자본수지	• 자본이전 지급 • 비생산, 비금융 • 자산 취득	• 자본이전 수입 • 비생산, 비금융 • 자산 처분
금융계정	• 금융자산 증가 • 금융부채 감소	• 금융자산 감소 • 금융부채 증가

국제수지작성의 예로, 국내기업이 상품 100만 달러어치를 수출하는 경우, 차변에 현금 100만 달러, 대변에 상품 100만 달러를 기록하게 되며, 비거주자가 국내기업의 주식 10만 달러를 매입하는 경우, 차변에 현금 10만 달러, 대변에 증권투자 10만 달러가 기록된다.

국내기업이 외국항공사를 통해 항공화물을 우송하고 대금 50만 달러를 현금으로 지급하는 경우, 차변에 항공서비스 50만 달러, 대변에 현금 50만 달러를 기록하게 된다.

국제수지거래의 일정기간 별 차변과 대변의 누적액은 차이가 발생하는데, 이는 수지의 불균형을 의미하는 것으로, 대변의 누적액이 차변의 누적액보다 크면 흑자(surplus), 적으면 적자(deficit)가 된다. 국제수지는 복식부기원리에 의하여 작성되어 기간별 국제수지는 차변과 대변이 균형을 이루어야 하므로 흑자나 적자는 대외지급수단의 활용으로 해소된다.

국제수지표는 국가 간 거래를 체계적으로 기록한 거래명세서의 성격을 갖게 되므로 모든 국가는 IMF의 국제수지 매뉴얼에 따라 같은 형식으로 기간별 국제수지를 작성한다. 2010년부터는 신편제인 BPM6으로 개정되었으며, 우리나라는 한국은행의 주도하에 2014년 3월부터 이 기준으로 국제수지를 작성하고 있다.

표 3-2 국제수지표 구성

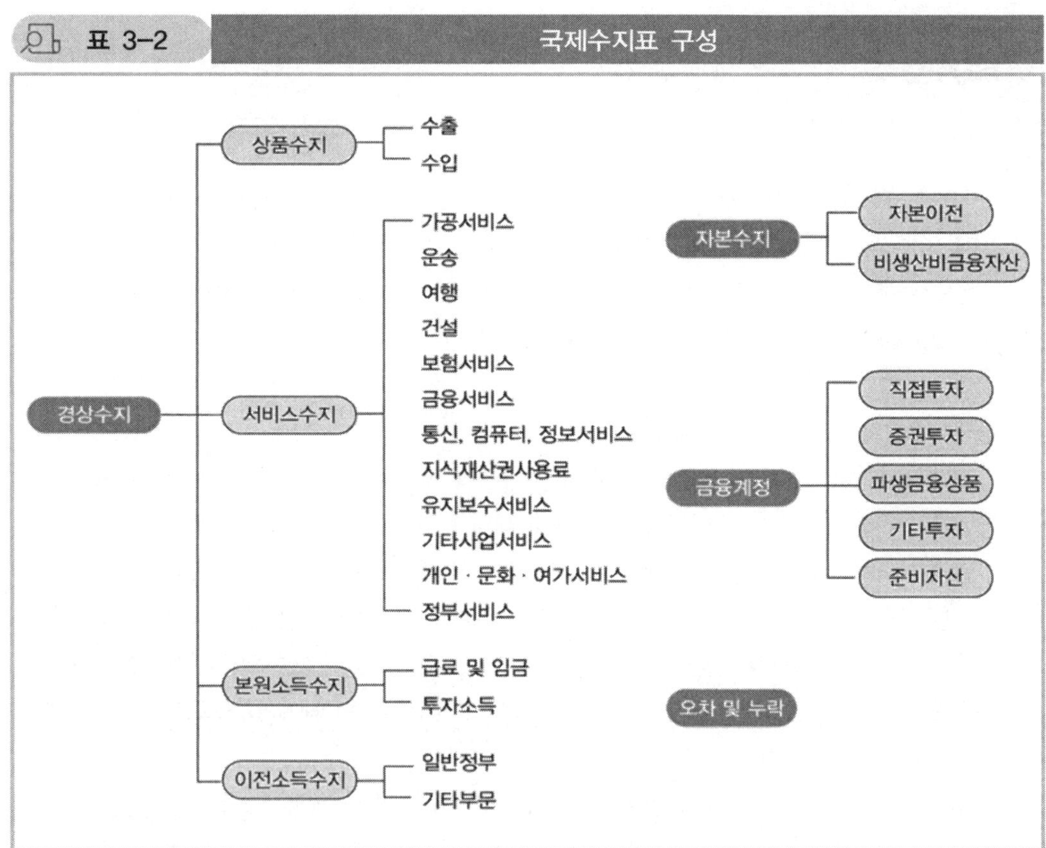

국제수지통계 작성방법[1]은 거주자와 비거주자 간에 발생한 모든 거래를 발생주의 원칙에 따라, 거래당사자 간에 합의된 실제시장가격으로 평가하게 된다. 상품수출·입은 모두 FOB가격으로 평가하며, 다만 중계무역 순 수출의 경우는 장부상 거래가격으로 평가한다.

국제수지 통계작성에 이용하는 기초자료가 국제수지 편제기준과 일치하지 않는 경우에는 이를 조정하게 되는데, 예로 관세청 수출·입 통계는 국제수지기준에 맞추기 위해 계상시점, 분류, 포괄범위 등을 조정하여 기록한다.[2]

국제수지는 IMF의 특별 통계공표기준(SDDS)에 따라 연간 공표일정을 사전에 발표하게 된다. 월별 잠정통계는 익월 초에 발표하며, 잠정통계편제 시 통관수출입 등 기초자료가 변경되는 경우, 기 공표된 잠정통계를 수정하여 확정통계를 공표하게 된다.

---

1) 국제수지(balance of payments)통계 외에, 외환수급이 동반된 대외거래만을 기록한 외환수급통계(foreign exchange receipts and payments)는 외환의 현금흐름을 나타내주는 통계이다. 따라서 물물교환이나 현물의 증여 등 외환거래가 발생하지 않는 거래 시, 국제수지에는 기록되지만, 외환수급에는 기록되지 않는다.

2) 우리나라의 관세청 통계에서는 수출의 경우 본선인도가격(FOB), 수입의 경우 운임·보험료포함가격(CIF)으로 평가되는 반면, 국제수지는 수출·입 모두를 본선인도가격(FOB)으로 평가하기 때문에 조정이 필요하게 된다.

요 약

1. 국제수지(BP: Balance of Payments)는 일정기간 동안 국민경제의 거주자와 비거주자 간에 이루어진 모든 경제거래를 화폐가치로 파악한 것이다. 일정기간은 월, 분기, 반기, 년 등으로 구분되며, 해당기간에 이루어진 유량(flow)의 개념으로, 일정시점에서 파악되는 저량(stock)의 개념인 국제대차와는 구분된다.

2. 국제수지의 작성목적은 다음과 같다.
첫째, 국제수지는 해당국민경제의 대외경제현황을 파악하기 위해 작성된다. 국제수지 파악을 통하여 국민경제의 대외경제상황을 분석할 수 있어 불균형의 규모 및 성격을 분석하여 대외경제의 불균형이 국내경제에 미치는 부정적 효과를 차단하기 위함이다.
둘째, 국제수지는 각 산업별 국제경쟁력을 분석하기 위해 작성된다. 각 산업별 수입과 수출을 비교하여 수입이 수출을 초과하는 경우 해당산업은 국제경쟁력이 취약한 상태이며, 수출이 수입을 초과하는 경우 해당산업은 국제경쟁력이 구비되어 있으므로, 산업육성의 기초자료로 활용한다.
셋째, 국제수지는 대외경제의 불균형을 조정하기 위한 정책시행의 지표로 이용하기 위해 작성된다. 국제수지가 지속적으로 불균형 되는 경우, 이러한 불균형을 해소하기 위한 경제관련 정책시행의 지표로 이용된다.

3. 국제수지표(balance of payments table)는 국제수지의 내용을 보고형식의 표로 작성한 것이다. 국제수지는 일정기간 별로 파악되기 때문에 기간 별 국제수지표로 구분되어 작성된다.
국제수지표는 복식부기원리를 이용하여 작성되며, 복식부기는 거래의 발생 시 급부와 반대급부를 차변(debit)과 대변(credit)으로 동일 액을 기록하게 되므로 기간별 국제수지는 총합이 영(zero)이 되어 균형을 이루게 된다.
국제수지표는 대별하여 실물부문을 기록하는 경상수지와 금융부문을 기록하는 자본·금융계정, 그리고 틀리거나 빠진 부분을 조정하여 기록하는 오차 및 누락 항으로 구분하여 작성된다.

Chapter

2 국제수지 계정

제1절 경상수지

경상수지(current account)는 상품수지, 서비스수지, 본원소득수지, 이전소득수지로 구분되며, 각 수지는 계층에 따라 세분화된다. 경상수지의 구성은 국민경제의 실물부문에 해당하는 기초산업분야로 이루어지며, 금융계정 구성항목에 비해 안정적 성격의 거래로 이루어져 있다.

경상수지는 경제발전 및 정책효과를 측정하거나 전망하는데 효과적이며, 해당 경제의 건전성을 파악하는 기준이 되기도 한다. 대부분의 국가들은 경상수지의 안정을 국제수지의 안정조건으로 인식하고, 적정수준의 경상수지흑자를 통해 외부로부터의 충격을 흡수하며, 국민소득과 고용의 안정을 도모하고 있다.

경상수지흑자는 경제정책수단의 활용도를 높여 건전한 거시경제의 운용을 가능하게 한다. 국내물가 상승의 경우에 축적된 외화보유를 이용해 수입을 증가시켜 물가안정을 기할 수 있고, 국내경기가 하락하는 시점에서 경기부양책을 시행하는 경우에도 대외경제가 크게 악화되지 않는다.

Ⅰ. 상품수지

상품수지는 상품(commodity)의 수출에서 발생하는 외환유입과 수입에서 발생하는 외환유출의 차액으로 결정된다.[1)] 상품수지는 농산, 수산, 임산품 등 1차 산업과 제조업 등 2차 산업분야의 모든 기초산업의 상품들이 포함되기 때문에 가장 중요한 수지로 인식되고 있다.

---

1) 상품수지는 국제수지기준의 상품수출과 상품수입차액을 의미하는 것으로, 관세청에서 발표하는 무역수지와는 수출입가격 평가기준에서 차이가 존재한다. 상품수지는 수출·입가격 모두를 FOB조건으로 평가하는데 반해, 무역수지는 통관기준에 따라 수출시 FOB조건으로 수입시 CIF조건으로 평가하여, 운임과 보험료에 해당하는 가격 차이를 나타낸다.

상품수지의 조건은 기초경제기반의 안정성 판단의 기본이 된다. 상품수지가 적자인 경우 기초산업의 취약성을 나타내는 지표가 되며, 흑자인 경우 기초산업의 국제경쟁력이 구비되었음을 나타내는 지표가 된다.

상품수지는 수출액과 수입액을 종합하여 파악하며, 일반상품수지, 중계무역 순 수출, 비화폐용금수지 등으로 구분하여 파악되거나 계층에 따라 세분화되어 파악되기도 한다. 또한 주요교역지역 및 국가 별,[2)] 대외거래비중이 큰 상품별 수지로 구분하여 파악하고 있다.[3)]

Ⅱ. 서비스수지

서비스수지는 거주자와 비거주가 간에 서비스(service)거래로 발생한 화폐의 수취와 지급을 기록하는 항목이다. 서비스는 3차 산업에 해당하는 용역으로, 국가경제에서 3차 산업의 비중이 지속적으로 증가해 감에 따라 거래건수 및 거래액수도 점차 증가하고 있다.

서비스수지는 가공, 운송, 여행, 건설, 보험, 금융, 통신, 컴퓨터, 정보, 지식재산권사용료, 유지보수, 기타사업, 연구개발, 전문경영컨설팅, 기술·무역·기타사업, 개인·문화·여가, 정부서비스수지 등으로 구분되어 계상되고 있다.

Ⅲ. 본원소득수지

본원소득수지는 급료 및 임금수지와 투자소득수지로 대별되며, 투자소득수지는 직접투자소득수지, 증권투자소득수지, 기타투자소득수지로 구분된다.

급료 및 임금수지는 거주자가 외국에서 1년 미만의 단기간 노동으로 수취한 화폐와 비거주자의 국내 단기간 노동으로 지급한 화폐의 차액이다.

투자소득수지는 거주가가 외국에 투자하고 수취한 배당금 및 이자수취액과 국내에 투자한 비거주자의 배당금 및 이자지급액의 차액이다.

Ⅳ. 이전소득수지

이전거래(transfer transaction)는 반대급부 없는 일방적 국제거래를 의미한다. 국제거래에서 이전거래는 가족 간 송금, 국제적십자사, 종교단체, 자선단체를 통한기부, 정부 간

---

2) 우리나라의 주요수출지역 및 국가는 미국, 일본, 중국 등 국가와 EU, 동남아, 중동, 중남미 등 지역으로 구분되어 파악하고 있다. 이중 가장 큰 비중을 차지하는 곳은 2019년 초 기준으로 동남아 지역이며, 뒤를 이어 중국, 미국, EU, 일본, 중남미, 중동 순으로 비중이 크게 나타나고 있다.

3) 우리나라는 수출비중을 기준으로 전기·전자제품, 화공품, 기계류·정밀기기, 철강제품, 승용차·부품, 선박, 석유제품 등으로 구분하여 파악하며, 수입비중을 기준으로 원유, 화공품, 가스, 철강제, 광물, 석유제품, 비철금속 등 원자재, 기계류·정밀기기, 전기·전자기기, 정보통신기기, 반도체, 수송장비 등 자본재, 곡물, 직접소비재, 내구소비재, 비 내구소비재 등 소비재 등으로 구분하여 파악한다.

무상원조 등 아무런 대가없이 이루어지는 거래를 의미한다.

이전소득수지는 거주자의 외부경제에 대한 이전지급과 비거주자의 국내경제에 대한 이전수입의 차액이 된다.

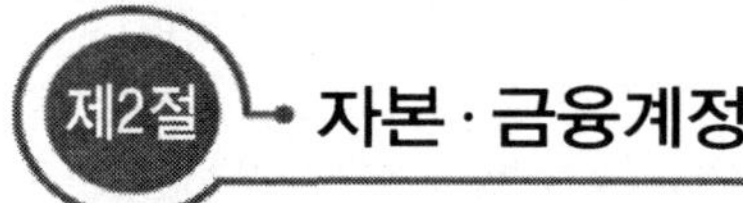

제2절 자본·금융계정

Ⅰ. 자본수지

자본수지는 자본이전 및 비생산·비금융 자산거래를 기록하는 항목이다. 자본이전은 자산소유권의 무상이전, 채권자에 의한 채무면제 등이 계상되며, 비생산·비금융 자산에는 브랜드네임, 상표 등 마케팅자산, 기타 양도가능 무형자산의 취득과 처분결과에 따른 화폐의 차액이 계상된다.

자본수지는 규모가 작고, 소수의 항목만 포함되지만 성격의 특성으로 독립된 계정으로 파악된다.

Ⅱ. 금융계정

금융계정은 국민경제의 거주자와 비거주자 간 금융자산의 거래를 기록한다. 금융계정에는 직접투자, 증권투자, 파생금융상품거래, 기타투자 및 준비자산이 포함되어, 자본의 순유출·입 규모를 파악한다.

1. 직접투자

직접투자(direct investment)는 경영권 참여를 목적으로 해외생산시설이나 기존기업의 인수, 기업의 신설 등에 투자하는 것이다. 경영권참여는 통상 주식의 10%를 기준으로 하여, 10% 이상의 투자를 직접투자로 분류하고 있다. 직접투자에는 투자자와 투자대상기업 간에 발생하는 초기투자는 물론이고, 추가로 발생하는 차입, 추가대출 등 후속거래도 포함된다.

직접투자는 거주자의 관점에서 주식, 수익재투자, 채무상품 등의 자산과 부채로 평가된다.

2. 증권투자

증권투자(portfolio investment)는 국민경제의 거주자와 비거주자 간에 이루어진 주식, 부채성 증권 등 채권에 대한 투자를 의미한다. 증권투자는 가치상승에 따른 이윤을 목적으로 하는 투자이므로, 10% 미만의 투자는 경영권과 무관한 증권투자의 범주로 분류한다.

증권투자도 중앙은행 등 금융기관, 비 금융기업, 일반정부 등의 주식과 채권 등을 거주자의 관점에서 자산과 부채로 평가된다.

3. 파생금융상품

파생금융상품은 기존의 금융거래에서 파생되어진 금융상품으로 선도형 상품과 옵션형 상품이 포함되며, 부문별로 중앙은행, 일반정부, 예금취급기관 등으로 분류하여 파악된다.

파생금융상품수지는 파생금융상품거래로 실현된 이익과 손실, 옵션프리미엄의 수취 및 지급 등을 합산하여 파악되며, 거주자의 관점에서 순 자산의 형태로 계상된다.

4. 기타투자

기타투자는 직접투자, 증권투자, 파생금융상품 및 준비자산에 포함되지 않는 모든 금융거래를 합산하여 기록하는 항이다. 따라서 거주자와 비거주자 간에 발생하는 대출, 차입, 외상매출금이나 외상매입금 등의 무역신용, 예금, 현금거래 등이 계상된다.

5. 준비자산

준비자산은 대외지급수단(international reserves)으로 외환보유액을 의미한다. 국제수지는 경제주체들의 자발적 거래를 기본으로 하며, 사후적 조정으로 수지가 균형을 이루어야 한다. 따라서 경상수지, 자본수지, 금융계정 등 자발적 거래의 결과는 불균형상태에 있으므로, 외환보유액을 이용하여 불균형을 조정하게 된다.

외환보유액은 외환자산의 운용수익에서 발생하는 손익이나 환율변동에서 발생하는 비거래적 요인에 의해서 증감하게 되며, 국제수지 항목 상 준비자산에는 거래적 요인에 의한 외환보유액 변동분만 계상하게 된다.

국제수지에서 발생한 적자를 조정하기 위해 외환보유액을 활용하는 경우 준비자산은 감소(−)하게 되고, 흑자부분을 차감하여 외환보유액으로 비축하는 경우 준비자산은 증가(+)하게 된다.

제3절 오차 및 누락

오차 및 누락(errors and omissions)[4]은 기초통계자료의 오류, 통계작성과정의 실수, 경제주체들의 자료 누락, 국제거래의 추후 조정 등으로 인하여 국제수지가 부정확하게 작성되는 경우, 이를 수정하기 위한 항목이다. 부정확한 국제수지는 사후적인 오차 및 누락 계정을 통하여 경상수지와 자본·금융계정의 오류를 조정하게 된다.

IMF는 국제수지 작성지침으로 오차 및 누락항의 규모를 수출·입금액의 5% 이내인 경우, 통계의 정확성을 인정하고 있다.

4) 오차 및 누락은 국제수지 작성 시 관세, 외국환은행 등 국제수지 통계작성기관의 통계자료 차이, 거래의 불이행 및 취소, 밀수 등 비공식거래의 적발, 기초통계자료의 오류 및 누락 등에서 발생하게 된다.

요 약

1. 경상수지(current account)는 국민경제의 실물부문에 해당하는 각 산업의 대외거래를 기록하는 항목으로, 기본계층은 제1차 산업과 제2차 산업에 해당하는 상품수지, 제3차 산업에 해당하는 서비스수지, 급료 및 임금, 투자소득수지를 기록하는 경상이전수지, 반대급부없이 일방적 거래를 기록하는 이전소득수지로 구성된다.

2. 자본·금융계정은 국민경제의 거주자와 비거주자 간에 이루어진 금융자산의 거래를 기록하는 항이다.
   자본수지는 자본이전 및 비생산·비금융 자산의 거래로 이루어진다.
   금융계정은 경영권 참여를 목적으로 하는 직접투자, 이익배당을 목적으로 하는 증권투자, 금융선물. 금융옵션. 금융스왑 등 파생금융상품, 그리고 기타투자와 준비자산 등으로 구성된다.

3. 준비자산은 대외지급수단(international reserves)으로 외환보유액을 의미한다. 국제수지는 경제주체들의 자발적 거래를 기본으로 하며, 사후적 조정으로 수지가 균형을 이루어야 한다.
   준비자산은 국제수지에서 발생한 적자를 보전하기 위해서 외환보유액을 투입하는 경우 준비자산은 감소(–)하게 되고, 흑자발생시 흑자 분을 차감하여 외환보유액으로 비축하는 경우 준비자산은 증가(+)하게 된다.

Chapter

3 국제수지 균형조건

제1절 환율변동과 경상수지

경상수지는 국민경제의 실물부문에 해당하는 상품 및 서비스와 본원소득, 이전소득으로 구성되어, 국민경제의 기초산업분야와 관련되는 항목이다. 경상수지균형은 장기적 관점에서 국민경제의 균형 여부를 판단하게 되는 기준으로 활용된다.

경상수지의 균형에는 교역재의 상대가격에 직접적인 영향을 주는 환율의 역할이 중요하다. 환율변동은 국내재의 수출시점과 외국재의 수입시점가격에 영향을 미쳐 교역량을 변화시키고 경상수지의 변화를 유발하게 된다.

전통적으로 환율이 경상수지에 미치는 영향을 분석하여 경상수지에 대한 환율의 역할을 강조하는 탄력성접근법은 환율에 중점을 두고, 환율이 상승하거나 하락함에 따라 변화하는 국제수지의 기본항목인 경상수지의 움직임을 분석하는 이론이다.

Ⅰ. 환율상승의 전가효과

환율은 통화 간 교환비율이므로, 환율이 변하면 통화 간 상대가격이 변하게 된다. 따라서 국가 간 거래되는 상품가격이 모두 변하게 되는 환율변동의 가격전가(exchange rate pass through)효과가 발생하게 된다.

환율이 변동하면 수출재의 수입시장에서 현지통화 표시가격이 변하게 되고, 수입재의 수입되는 국내표시가격이 변하게 된다.

1. 상품수출의 경우

우리나라의 수출업자가 미국시장에 반도체를 수출하고 있으며, 현재 환율은 달러당 1,000원이라고 가정한다. 반도체 1단위의 가격은 수출업자인 생산자통화표시로 1,000원이고, 수출물량은 100만 단위이며, 결제는 미국 달러로 이행된다. 운임, 보험료, 관세, 거래세 등은 배제하고 반도체의 거래가격만 고려하면, 미국시장에서 반도체 1단위의 가격은 현지통화로 1달러가 된다.

환율이 달러당 1,100원으로 상승하게 되는 경우 미국시장에서의 반도체 1단위 가격은 0.9090(1,000/1,100)달러가 된다. 결제통화가 미 달러화이므로 환율상승은 생산자통화인 원화표시에는 변화가 없고, 달러화표시 가격에서만 인하된다.

그림 3-1 환율상승의 효과

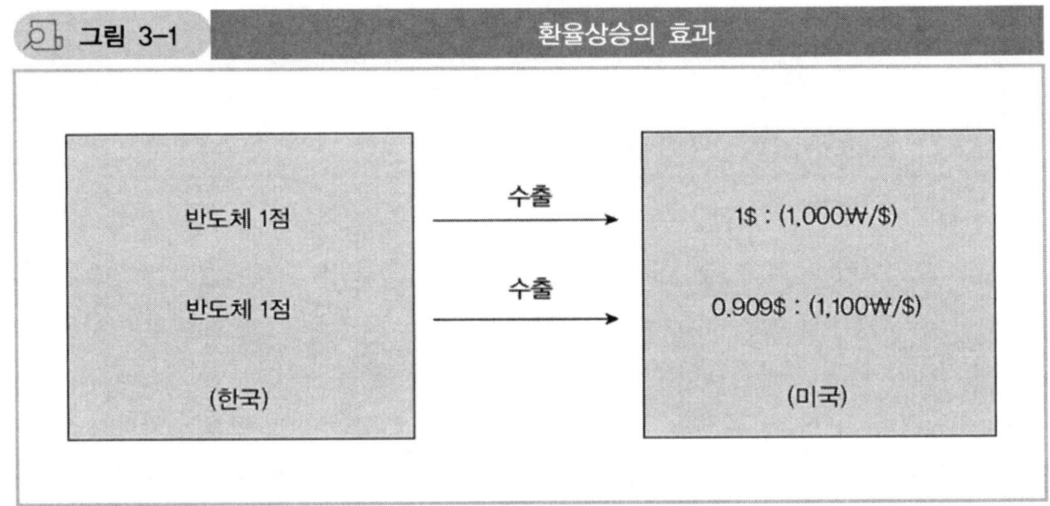

환율상승의 전가효과는 환율상승에 의한 수출재의 가격이 수출시장에서 인하되는 효과로 여타 경쟁재들에 비해 가격인하효과가 발생하여 수출시장에서의 수요를 증대시켜 수출물량을 늘일 수 있으며, 결과적으로 경상수지가 개선된다.

2. 상품수입의 경우

우리나라 수입상이 미국에서 기계부품을 수입하는 경우를 가정한다. 미국기계부품의 달러표시가격은 1달러이며, 1달러/1,000원의 환율조건에서는 기계부품의 국내수입가격은 1,000원이 된다.

달러환율이 1/1,100원으로 상승하는 경우 수입된 미국 기계부품의 가격은 우리나라에서 1,100원이 되어, 개당 100원이 인상되는 효과가 발생한다. 이러한 상황에서 미국 기계부품과 경쟁하는 국내제품의 가격경쟁력이 제고되어, 미국 기계부품의 수입을 대체하게 되므로 미국 기계부품의 수입량은 국내시장에서의 수요량 감소에 따라 감소하게 되어 우리나라의 국제수지 관점에서는 상품수지가 개선된다.

그림 3-2 환율상승의 전기효과

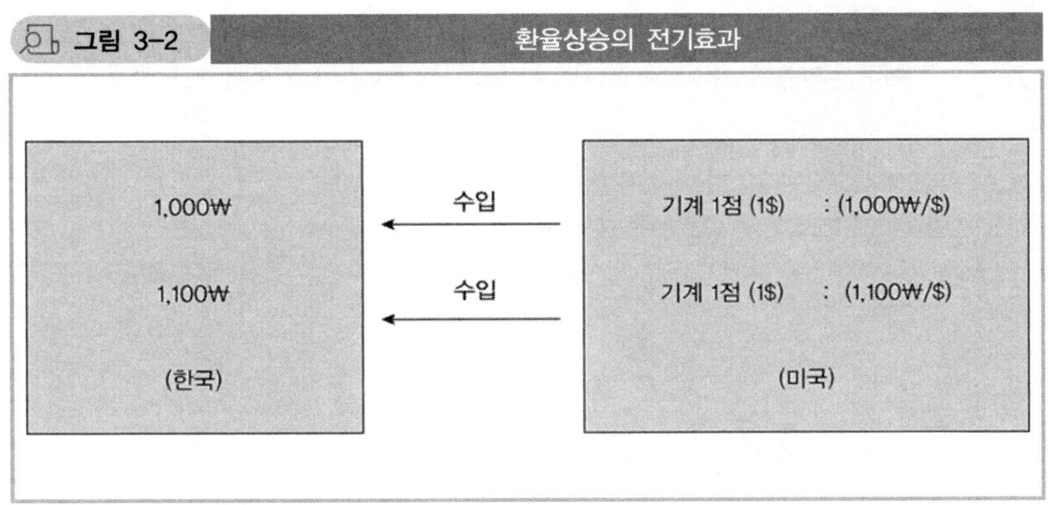

환율변동에 따른 가격전가는 거래상품의 가격표시 통화선택에 따라 달라진다. 국제무역 거래에서는 상품가격을 생산자통화표시 가격으로 표시하거나, 수입지 현지통화가격으로 표시하게 된다.

현지통화표시가격은 거래재의 가격을 수입시장국가의 통화로 표시하는 방법이다. 앞의 수출의 예에서 우리나라의 반도체 수출가격을 1단위당 1달러로 표시하는 경우이다. 환율이 1달러당 1,000원에서 1,100원으로 상승하더라도 반도체 1단위의 가격은 1달러가 되어 변하지 않는다. 미국 기계부품 수입의 경우도 부품당 1,000원으로 국내통화로 가격표시를 하게 되면, 환율의 상승에 관계없이 1,000원으로 변하지 않는다.

수입국통화표시 가격조건의 경우에도 환율이 상승하면 수출가격은 변하지 않지만, 수출업자가 자국통화로 받는 수출재의 가격은 상승하게 되므로, 이 시장에 수출을 집중하게 되고 전체적인 상품수지의 개선을 이루게 된다.

Ⅱ. 수요의 가격탄력성

환율상승의 전가효과에서 고려되어야 할 사항은 환율상승 시, 수입시장에서의 가격인하 효과로 수출량이 증가한다는 점이다. 이때 수출재의 가격인하효과는 가격하락에 따른 경상수지에 적자요인이 되며, 수출량의 증가효과는 수출증가에 따른 경상수지에 흑자요인으로 작용하게 된다.

수입의 경우에도 환율상승은 수입재의 국내가격을 인상시키게 됨으로, 가격인상에 따른 수입대금 증가로 경상수지를 악화시키며, 아울러 수입물량의 감소에 따른 수입대금 감소로 경상수지에 개선효과를 주게 된다.

따라서 환율상승이 경상수지를 개선시키려면 수출재의 가격인하효과보다 수출량증가효과가 크고, 또한 수입재의 가격상승효과보다 수입량감소효과가 커야만 가능하게 됨을 알 수 있다.

수요의 가격탄력성(price elasticity of demand)은 재화의 가격변화 분에 대한 수요변화 분을 파악하는 개념으로, 다음과 같이 파악된다.

$$e = \triangle D / \triangle P \qquad (3-1)$$

e : 탄력성
$\triangle D$: 수요량 변화분
$\triangle P$: 가격 변화분

수요의 가격탄력성은 가격변화에 대응하는 수요량변화를 측정하는 것으로, 1을 기준으로 탄력성 여부를 결정하게 된다. 예컨대 가격이 10% 인하되는 경우를 가정하여, 수요량이 10% 증가하면 탄력성은 1이 되고, 수요량이 10% 이상 증가하는 경우는 1보다 크게 되어 탄력적이 되며, 수요량이 10% 이하로 증가하면 1보다 적게 되어 비탄력적이 된다.

수요의 가격탄력성은 상품의 성격에 따라 다르게 나타나, 보편적으로 농산품, 축산품 등 1차 산업 관련 상품은 비탄력적이며, 제조업 관련 상품은 탄력적이 된다. 1차 산업 상품들은 가격변동에 따른 공급량을 탄력적으로 조정할 수 없기 때문이며, 제조업 관련 상품은 가격상승 시 신속한 시설투자로 생산량을 단기간에 대량 증가시킬 수 있어 가격변화에 민감히 대응할 수 있기 때문이다.

제조업종 상품도 성격에 따라 비탄력적인 경우가 있다. 예로 커피나 담배 등 기호품의 경우 소비계층이 한정되어 있어 가격변화에 수요량이 탄력적으로 조정되지 않게 된다.

환율의 변동은 특히 국제수지항목 중 경상수지에 직접적인 영향을 미치게 되므로 경상수지를 환율과 연관시켜 분석하는 접근법을 탄력성접근법(elasticity approach)이라 한다.

Ⅲ. 마샬-러너조건

외환시장에서 외환의수요곡선이 우하향하고, 공급곡선이 우상향하는 통상적인 형태로 나타나는 경우, 균형환율은 수요의 증가로 상승하고, 공급의 증가로 하락하게 된다. 균형환율이 어떠한 요인에 의하여 상승하면, 수요감소와 공급증가에 따라 하락하여 균형환율로 복귀하게 된다. 균형환율이 어떠한 요인에 의하여 하락하면 수요증가와 공급감소로 상승하면서 균형환율에 복귀하게 된다.

이와 같이 균형환율이 어떠한 요인에 의하여 교란되는 경우 후속거래에 의하여 원래의 수준으로 복귀하는 행태가 나타나면 외환시장은 안정적이 된다. 외환시장이 안정적이면 환율상승은 수요의 탄력성에 따라 경상수지를 개선할 수 있게 되는 마샬-러너조건(Marshall-Lerner condition)이 성립하게 된다.

마샬-러너조건은 환율이 상승하는 경우 자국에서 외국으로 수출하는 상품에 수출가격인하와 수출량 증가, 외국에서 자국으로 수입하는 상품의 수입가격 상승과 수입량 감소 등을 종합적으로 고려하여, 경상수지를 개선시키는 조건이다.

$$\eta + \eta^{*} > 1 \qquad (3\text{-}2)$$

수출수요탄력성η와 수입수요탄력성η*의 합이 1보다 크게 되면 환율상승은 경상수지를 개선시키고, 1보다 적으면 환율상승은 경상수지를 악화시키게 된다.

마샬-러너조건을 각국의 대외거래에 적용하여 검증하기 위한 실증분석은 20세기 들면서 전반적으로 이루어졌으며, 대부분의 결과에서 수출수요탄력성과 수입수요탄력성의 합이 1보다 크다고 보고되었다. 이러한 결과는 제조업분야가 각국의 산업구조에서 차지하는 점유비율이 확대되었고, 국제거래도 1차 산품에서 공산품 위주로 전환되는 현상을 반영하였기 때문이다.

수출수요탄력성과 수입수요탄력성 합이 1보다 크다고 인식하는 탄력성낙관론(elasticity optimism)이 일반화되면서, 환율상승이 경상수지를 개선시킨다는 인식에 따라, 국제수지 적자국들은 인위적인 환율상승을 유도하여 국제수지를 개선하려는 시도가 이루어졌다.

그러나 적자국의 의도적인 환율상승에도 경상수지는 개선되지 않았으며, 마샬-러너조건은 성립하지 않는다는 탄력성비관론(elasticity pessimism)이 팽배하게 되었다.[1)] 탄력성비관론은 고정환율제도하에서 부분적인 환율조정이 이루어지더라도 국가 간 거래의 흐름이 정형화하여, 수출량의 증가, 수입량의 감소를 상대가격조정으로 상쇄하기 어렵다고 인식한다. 따라서 환율을 조정하기보다는 직접적인 통제방식인 관세 등 무역정책이나 태환성제한 등 외환정책으로 경상수지를 개선해야 한다고 주장하였다.

1950년대 들어 향상된 실증분석기법의 활용으로 장기적 관점에서 마샬-러너조건이 성립하고 있음이 다양한 연구에서 제시되었고, 단기적인 관점에서 발생하는 마샬-러너조건의 괴리는 J-curve효과, 교두보효과 등 이론을 이용하여 보완되었다.

---

1) 탄력성비관론은 1930년대 세계대공황의 후유증으로 변동환율제도를 채택한 유럽의 적자국들 중심으로, 환율이 대폭으로 상승하였으나 적자폭이 점점 더 커짐에 따라 제기된 탄력성에 대한 부정적 견해에서 제기되었다.

Ⅳ. J 곡선효과

수출수요탄력성과 수입수요탄력성은 고정된 것이 아니고, 환율상승 후 시간이 지나면서 확대된다. 단기보다 장기에 탄력성이 확대되는 이유는 여러 가지 복합적 요인에 의하여 발생한다.

먼저 환율이 상승한 시점 이전에 성립된 계약조건에 의하여 상당기간 계약이 이행됨으로, 이전에 이루어진 거래의 만료 시까지는 환율상승의 효과가 지연되며, 환율상승 이후에도 생산과 공급 및 수요 등의 조정에는 시간이 지연되기 때문에 환율상승의 효과가 지연된다. 또한 환율상승에 따른 생산전략의 변경으로 생산이 지연되는 등 전체적 환율상승의 효과는 단기적이기보다는 장기적 관점에서 발생하게 된다.

J-curve효과는 시차에 따른 환율상승의 효과로 단기적으로는 교역재의 가격에 적용되지만, 교역량은 일정기간 후에 반영되어는 점을 감안하여 마샬-러너 조건의 단기적 불성립이유를 설명하고 있다.

그림 3-3 J-curve 효과

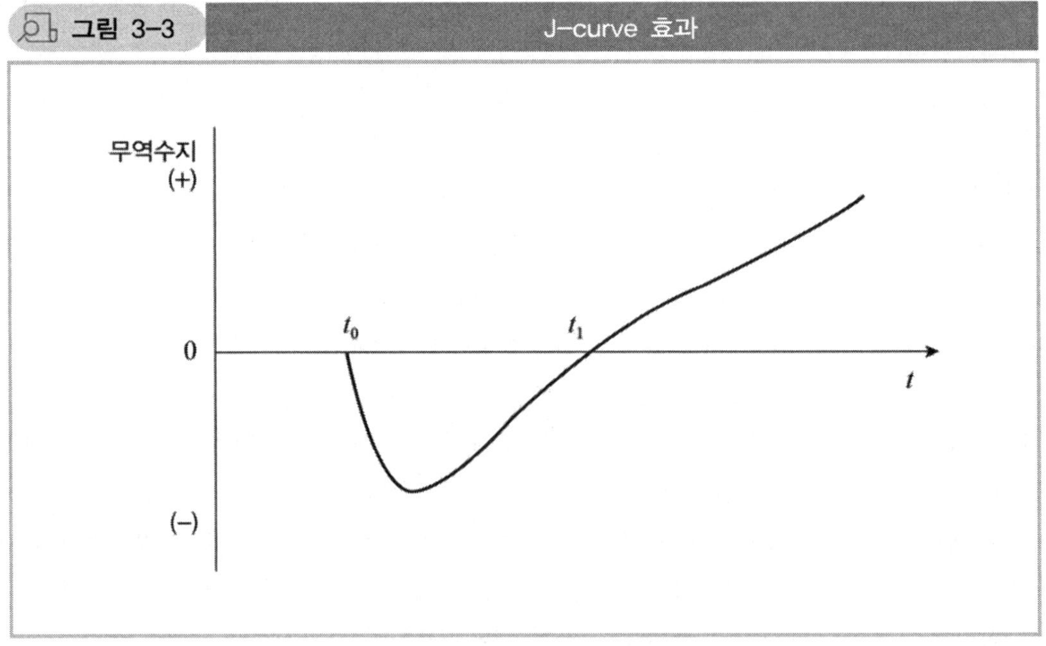

(그림 3-3)에서 t_0시점은 경상수지가 균형상태에 있으며, 이 시점에서 경상수지를 개선하기 위해 평가절하를 시행한다. 그러나 경상수지는 상당기간 적자를 기록하게 되며, 점차 시간이지나면서 개선되어 t_1시점부터 흑자로 전환된다. 경상수지의 흐름이 J자 형태로 나타나기 때문에 이를 J-curve효과라고 한다.

Ⅴ. 교두보 효과

1973년 킹스턴체제 전환으로 주요선진국들은 변동환율제도로 이행하였고, 환율변동은 외환의 수급에 따라 결정되는 시장기능이 강화되었다. 주요선진국의 인위적인 환율조정 등 외환정책은 약화되었고, 경상수지는 환율의 움직임과 결부되어 불균형의 폭을 줄여나가게 되는 자동조정메커니즘이 작동하였다.

1980년대 시작된 미국 달러화의 급격한 등락은 변동환율제에서 이례적인 현상이었으며, 1985년 플라자합의로 달러화의 평가절하는 장기적으로 진행되었으며, 미국의 경상수지 적자규모도 큰 폭으로 확대되었다. 이러한 현상은 장기적 환율상승의 효과에 적용되는 J-curve이론 등으로는 설명할 수 없어 교두보효과가 제시되었다.

변동환율제도하에서는 환율변동에 따라 경상수지가 조정되어지나 미국의 예와 같이 환율의 장기적 하락 시에는 상황이 다르게 된다. 미국 내 기업들은 장기적 환율하락에 따른 가격경쟁력 회복을 위해 해외투자를 통해 생산거점을 위한 해외교두보를 확보하게 되었고, 미국의 경상수지 적자 해소가 지속되는 효과를 주게 되었다.

해외진출기업들은 투자를 통한 해외생산거점 확보로 환율상승에 따른 경쟁력이 회복된다 하더라도 미국으로 다시 이전하기가 어려우며, 외국기업들이 미국 투자를 확대해가면서 미국에 생산거점을 확보한다.

교두보효과(beachhead effect)는 기업들의 생산거점의 교두보 확보 여부에 따라 환율변동이 경상수지에 미치는 효과를 장기적 관점에서 설명한다.

제2절 국민소득과 경상수지

한 국민경제의 국제수지는 해당경제의 총지출규모와 밀접한 관계에 있으며, 총지출규모는 국민소득과 연계된다. 그러므로 국민경제의 국민소득은 총지출규모를 결정하고, 총지출규모는 경상수지를 통하여 국제수지를 결정하게 된다.

국민경제의 경상수지는 국민소득과 국내총지출간의 차이로 결정되므로 조정이 보다 용이한 국내총지출에 초점을 두고 국제수지의 균형을 분석하는 이론이 총지출접근법(absorption approach)이다. 총지출접근법은 케인즈의 소득결정모형을 기초로 전개된다.

Ⅰ. 국민소득 결정

1. 폐쇄경제의 국민소득

외부경제와 거래가 없는 폐쇄경제(closed economy)에서는 국민소득은 다음과 같이 결정된다.

$$Y = C + I + G + (X - M) \qquad (3\text{-}3)$$

Y는 국민소득으로써 국민총생산(GNP)을 의미하고, C(Consumption)는 민간부문의 소비, G(Government expenditure)는 정부지출이다. (3-3)식은 해당경제 내에서 국민소득을 결정하는 국민총생산은 민간부문의 소비, 기업의 미래에 대한 투자, 정부의 지출로 구성되는 총지출과 같게 된다는 의미의 항등관계를 나타내 준다.

2. 개방경제의 국민소득

외부경제와 교역을 하게 되는 개방경제(open economy)에서는 폐쇄경제의 소득방정식에 수입과 수출을 도입하게 된다. (3-3)식에서 민간부문의 소비와 기업의 투자 정부지출에, 외국에서 수입된 상품과 서비스가 포함되어, 국민소득이 차감되며, 국내에서 수출되는 상품과 서비스의 부분은 국민소득에 가산된다. 개방경제의 소득방정식은 다음과 같다.

$$Y = C + I + G + (X - M) \qquad (3\text{-}4)$$

개방경제에서의 Y, 즉 국민총생산은 폐쇄경제에서의 Y와 구분된다.[2)]

X(export)는 수출, M(import)은 수입, (X-M)은 수출액에서 수입액을 차감한 순수출로 적자나 흑자에 의하여 총지출을 조정하게 된다. 따라서 흑자인 경우 (X-M)이 양(+)이 되어, (3-4)식은 국민소득보다 총지출이 크게 되며, 적자인 경우 국민소득보다 총지출이 적게 된다.

(3-4)식에서 C, I, G는 각 경제주체들의 수요로, 이를 총지출 A(absorption)로 대체하여 다음의 식으로 변환한다.

$$Y = A + (X - M) \qquad (3\text{-}5)$$

$$Y - A = (X - M) \qquad (3\text{-}6)$$

2) 개방경제하의 국민총생산(GNP: Gross National Product)은 국내생산에 투입된 외국생산요소에 대한 지급은 배제하고, 외국생산에 투입된 국내생산요소에 대한 수익은 포함하여 산출하게 된다. 따라서 국내총생산(GDP: Gross Domestic Product)과는 구분되는 개념이다.

(3-6)식에서 국민소득이 총지출보다 크면 수출액도 수입액보다 커짐을 보여주고 있다. 이는 국민소득이 총지출을 초과하는 경우 수출이 수입보다 많아짐을 나타내며, 총지출이 국민소득을 초과하는 경우 수입이 수출보다 많아짐을 나타내 준다.

국민소득이 총지출보다 큰 경우 수출이 수입보다 많아 흑자가 유지되며, 국민경제의 흑자 기조를 유지하기 위해서는 총지출규모가 국민소득에 미달되도록 하는 조정이 필요하게 된다.

이러한 조정은 가처분소득의 구성내용을 변경함으로써 이루어질 수 있다. 가처분소득은 국민소득에서 조세수입(T)을 차감하고, 해외 순 이전수입(Tr)을 가산하여 결정된다. 개방경제의 소득방정식인 (3-6)식에 이를 대입하면 다음식이 된다.

$$Y - T + Tr = C + I + G \qquad (3\text{-}7)$$

가처분소득인 $(Y - T + Tr)$에서 소비를 차감하면 저축이 되므로, 이를 이용하여 다음의 식으로 변형시키게 된다.

$$Y - T + Tr - C = (S - I) + (G - T) + (X + Tr - M) \qquad (3\text{-}8)$$

$$(X + Tr - M) = (S - I) + (T - G)$$

$(X + Tr - M)$은 수출에 해외 순 이전을 더하고 수입을 차감한 것으로 경상수지 흑자를 의미하며, $(S - I)$는 민간부문의 저축에서 투자를 차감한 것이고, $(T - G)$는 조세액에서 정부지출을 차감한 것이다.

(3-8)식의 의미는 경상수지흑자의 유지를 위한 조건으로, 민간부문의 총저축이 총투자를 초과해야 하고, 정부부문의 조세가 정부지출을 초과해야 함을 나타내고 있다. 따라서 경상수지흑자를 위해서는 민간부문의 저축을 증가시켜 수요를 감소시키고, 정부부문의 조세를 강화하고, 정부지출 감소로 실질소득을 감소시켜 수요를 감소시켜야 함을 의미한다.

Ⅱ. 총지출과 경상수지

총지출과 경상수지의 관련성은 국민소득과 총지출의 관계에서 유발된다. 기본적으로 총지출이 국민소득보다 큰 경우, 국내총지출이 국내총생산을 초과하게 되고, 외국에서의 수입으로 초과분을 충당하게 되어 수입증가에 따른 경상수지 적자가 발생하게 된다. 총지출이 국민소득보다 적은 경우, 국내총생산이 국내총지출을 초과하여 초과분의 수출증가로 경상수지흑자가 발생하게 된다.

이러한 관점에서 경상수지흑자를 이루기 위해서는 국민소득이 총지출을 초과하여야 하므로 국민소득을 총지출보다 크게 하거나 총지출을 국민소득보다 적게 하는 정책이 필요하게 된다.

경상수지 개선을 위해 국민소득과 총지출 중 어떤 변수의 조정에 주안점을 둘 것인가는 조정의 용이성에 따라 결정된다. 일반적으로 소득조정보다는 지출조정이 용이한 것으로 인식되며, 경상수지를 조정하기 위한 정책도 지출에 초점을 두고 시행된다.[3)]

제3절 화폐부문과 국제수지

국제수지를 결정하는 요인분석에서 환율의 역할을 중심으로 설명하는 탄력성접근법과 국민소득과 총지출의 관점에서 설명하는 총지출접근법은 경상수지와의 연관성에 중점을 두고 있다. 따라서 국제수지 중 자본수지와의 관계를 설명하기에는 효율적이지 못하다고 평가되고 있다.

화폐부문은 국제수지에 대한 보다 포괄적 설명력을 제공한다. 화폐량의 변화는 통화 간 교환비율인 환율에 직접적인 연관성을 갖게 되며, 화폐소득으로 측정되는 소득 및 총지출과 연관되어, 경상수지에 영향을 미친다. 또한 자본·금융계정에 직접적으로 연관되어 화폐는 국제수지에 포괄적인 영향을 미치게 된다.

화폐부문을 중심으로 국제수지의 결정과정을 설명하고 있는 통화론적접근법(monetary approach)은 이러한 화폐부문의 포괄적 영향을 반영하여 경상수지 및 자본수지의 균형여부는 기본적으로 화폐의 수요와 공급에 의하여 결정된다고 이해한다.

국제수지에 영향을 미치는 화폐부문의 요인은 화폐량의 수급과 이자율의 구조에서 발생하는 국가 간 이자율차로 대별하여 설명된다.

Ⅰ. 화폐의 수급

1. 화폐의 수요

피셔의 화폐수량설에 따르면 통화론적접근법(monetary approach)에서의 화폐수요는 명목국민소득의 증가율에 따라 움직이게 된다.[4)]

---

3) 국제수지조정정책의 분류는 지출조정정책과 지출전환정책으로 구분되어 시행된다. 국민경제의 지출규모를 조정하기 위한 지출조정정책으로는 재정정책과 통화정책이 있고, 국민경제의 지출내용을 변화시키기 위한 지출전환정책으로는 무역정책과 외환정책이 있다.

4) I. Fisher, "The Purchasing Power of Money, Its Determination and Relation to Credit, Interest and Crisis," 1926.

$$Md = k.P.y \tag{3-9}$$

Md는 화폐수요, k는 명목국민소득과 명목화폐수요의 변화를 반영하는 일정 상수, P는 물가수준, y는 명목국민소득을 의미한다.[5] 화폐의 수요는 명목국민소득에 대한 명목화폐수요의 비율이 증가하는 경우, 물가수준이 높아지는 경우, 그리고 명목국민소득이 증가하는 경우 등에서 커지게 된다.

2. 화폐의 공급

화폐의 공급은 중앙은행의 국내여신과 순 외화자산의 합으로 이루어진다.

$$Ms = Dc + Ri \tag{3-10}$$

Ms는 화폐공급, Dc는 중앙은행의 민간부문에 대한 국내여신, Ri는 외환보유액이다.

화폐공급은 화폐수요를 반영하여 시행된다. 화폐의 공급이 수요와 균형을 이루게 되면, 국내에서는 기간별 화폐수급이 안정되어 구매력평가를 이루게 된다.

$$Dc + Ri = k.P.y \tag{3-11}$$

(3-11)식은 화폐의 수요와 공급이 일치하여 화폐시장이 균형되는 조건을 나타내 주고 있다.

3. 화폐량과 국제수지

(1) 고정환율제도

고정환율제도하에서 통화당국이 확장통화정책을 시행하게 되면, 평가절하에 따른 환율상승이 발생하게 된다. (3-10)식에서 확장통화정책으로 국내여신(Dc)이 증가하게 되며, 고정환율제도이기 때문에 정책당국은 외환보유액(Ri)을 감소시켜 국내통화량에 균형을 이루게 된다.

정책당국이 경제주체들의 적정화폐수요(Md)를 초과하는 화폐공급(Ms)을 하는 경우 경제주체들은 화폐수요에 충당하고 남은 부분을 국내·외 실물 및 금융자산에 투자하게 된다.

국내실물자산에 대한 투자는 물가상승을 유발하여 구매력평가의 과정에서 환율이 상승하므로 고정환율제도하에서는 외환보유액을 감소시키는 조정이 이루어진다. 외환보유액의 감소로 화폐공급의 과잉이 조정되면서 화폐시장의 균형이 회복되고 국제수지도 균형을 이루게 된다.

---

5) k는 명목국민소득과 화폐수요의 변화에서 기간별로 고정된 이자율의 함수로 정의되고 있으며, 또한 마샬의 k로도 정의된다.

국내금융자산에 대한 투자는 국내금융자산의 가격을 상승시키고, 수익률을 하락시켜, 외국의 금융자산에 대한 투자를 증가시키게 되고, 해외투자 증가에 따른 자본유출로 자본수지가 악화된다. 따라서 화폐공급과잉이 해외자본유출로 해소되면서 화폐시장의 균형이 회복되고, 국제수지도 균형을 이루게 진다.

고정환율제도하에서는 이러한 과정을 거쳐 국제수지의 불균형은 장기에 결쳐 균형을 회복하는 '가격–정화–조정기구'가 작동하게 된다.

(2) 변동환율제도

변동환율제도에서는 화폐량과 국제수지의 관련성이 정책개입 없이 시장기능에 의하여 이루어진다.

정책당국이 경제주체들의 적정화폐수요를 초과하는 화폐공급을 하는 경우 초과공급분의 화폐는 국내·외 실물자산과 금융자산에 투자하게 된다.

국내자산에 대한 투자는 실물 및 금융자산의 가격을 상승시키고, 물가상승과 구매력평가의 이행으로 국내통화가치는 하락하여, 환율상승이 발생하게 된다. 환율상승은 상품교역에 반영되어, 경상수지에 흑자요인을 유발한다.

외국자산에 대한 투자는 자본수지적자를 유발하게 되고, 금융자산 부문에서부터 신속한 구매력평가의 조정이 발생하여, 경상수지에서의 흑자로 자본수지의 적자를 보완하게 되어 국제수지는 균형을 달성한다.

따라서 변동환율제도하에서는 정책당국의 조정없이 시장기능의 작동으로 화폐량과 국제수지관계가 균형을 이루게 된다. 다만 고정환율제도하에서는 조정기간이 변동환율제에 비하여 지연되므로, 국내경제의 침체를 극복하기 위한 불태화정책이 시행될 수 있다.

(3) 불태화정책

개방경제에서 통화공급은 (3–10)식에 의하여, 중앙은행의 국내여신(Dc)과 순 외화자산(Ri)으로 이루어진다. 이는 국제수지의 결과인 흑자나 적자에 의한 외화의 수지가 통화량 공급요인에 반영되므로, 통화 공급결정에 국제수지불균형을 감안해야 함을 의미한다.

불태화정책(sterilization policy)은 국제수지가 불균형 되어 순 외화자산(Ri)이 증가하거나 감소되는 경우, 국내여신(Dc)을 감소시키거나 증가시켜 통화량을 일정하게 유지하는 정책을 의미한다.

예로 국제수지가 흑자로 전환되어 외화자산이 증가하게 되면, 국내여신에 흑자초과분이 더해져 통화량이 추가 공급되어, 인플레이션이 발생하게 된다. 통화당국은 추가 공급된 통화량을 흡수하기 위해 공개시장조작, 지급준비율인상 등 정책시행으로 적정통화수준을 유지하여 인플레이션을 극복하게 된다.

이러한 불태화정책은 국내여신을 조정하는 방법으로, 지속적으로 시행하기는 어렵다. 국제수지가 지속적으로 흑자를 보이는 경우, 국내여신의 감소로만 불태화정책을 시행하면, 환율의 지속적 하락이 유발되는 등 국내·외 경제에 불균형이 발생하게 된다. 따라서 불태화정책은 일시적인 국제수지불균형의 경우에 한시적으로 유용한 정책수단으로 활용된다.

Ⅱ. 이자율 변동

1. 이자율의 구조

이자율은 자금의 사용대가로 정의되며, 자금은 수익을 얻을 수 있도록 운용되어, 일정기간 운용수익을 감안한 미래가치는 커지게 됨으로, 이자율은 자금의 현재가치에 일정의 수익률을 더하여 정(+)의 값을 갖게 된다.

그러나 자금의 미래가치가 실물부문의 가치에 비해 하락하는, 즉 구매력 하락이 발생하게 되는 경우에는, 자금의 운용수익을 더한 미래가치가 물가상승을 감안한 현재가치에 비해 낮아지는 경우도 발생한다.[6)]

명목이자율(nominal interest rate)과 실질이자율(real interest rate)이 다르게 나타나는 것은 자금의 구매력이 시간이 지남에 따라 달라지는 것으로, 기간별 명목이자율에서 물가상승률을 차감하여 실질이자율이 결정되기 때문이다. 이자율은 물가상승률과의 상호작용으로, 경제구조에서 실물부문과 금융부문을 긴밀하게 연결시켜주는 중요한 요인이 된다.

명목이자율은 정책당국이 결정하는 기준금리로 국가별 정책적으로 운용되고 있다. 이자율은 모든 자산에 대한 사용료라는 점에서 금융자산에 대한 사용료의 의미인 금리보다 광의적 개념이 되지만, 구분되지 않고 혼용되어 사용되고 있다.

이자율은 같은 통화부문인 통화량의 변동에 밀접하게 연관되어 변동된다. 통화량이 증가하는 경우 이자율은 하락하게 되고, 통화량이 감소하는 경우 이자율은 상승하게 되는 부(−)의 관계에 있다.

2. 이자율 차(interest rate differential)

이자율은 관련금융자산의 주체별, 형태별, 기간별, 다양하게 결정되어 차별화된 형태로 제시되고 있다. 즉 금융자산을 공급하는 금융기관과 수요 하는 주체, 대상이 되는 금융자산의 내용, 사용기간 등에 따라 다르게 제시된다.

이자율은 기본적으로 예금과 대출의 형식으로 구분되며, 예금이자율보다 대출이자율이

6) 2019년 4월 기준으로 스위스는 4년 이상 지속된 마이너스기준금리(−0.75%)를 유지하고 있고, 스웨덴도 2021년까지 마이너스 기준금리를 동결하기로 하였으며, 일본의 기준금리도 -0.1%로 유지하는 등 실질금리하락을 통해 소비와 투자를 증대시키기 위한 양적완화정책의 수단으로 이용하고 있다.

크게 되고, 두 이자율 간의 스프레드(spread)는 제공금융기관의 수익을 창출시키는 구조가 된다.

금융자산을 공여하는 금융기관의 재무구조가 건실하여 파산의 위험이 적은 경우 이자율은 낮아지며, 재무구조가 취약할수록 제공하는 이자율이 높아지게 된다. 금융자산을 이용하는 수요자의 관점에서 보면 금융자산의 수익률과 위험은 같은 방향으로 움직이는 정(+)의 관계임을 알 수 있다.

금융자산을 사용하는 수요자의 신용수준도 대출시 이자율에 차이를 보이게 된다. 수요자의 신용도가 높을수록 이자율은 하락하며, 신용도가 낮을수록 이자율은 상승하게 된다.

금융자산의 이용기간도 이자율차를 유발하는 요인으로 작용하여, 이용기간이 길수록 이자율은 상승하게 되고, 이용기간이 짧을수록 이자율은 낮아지게 된다.

그러나 국제수지에 영향을 주는 가장 중요한 이자율 차는 국가 간 이자율차로, 국가 간 자금이동을 유발하게 되어, 국제수지에 영향을 주는 실질금리차를 의미한다. 피셔효과에 따르면 국가 간 이자율 차는 다음의 식으로 도출된다.

$$i = r + \pi \qquad (3\text{–}12)$$

i는 자국의 명목이자율, r은 자국의 실질이자율, π는 자국의 물가상승률이다. 해당 금융자산의 사용료인 명목이자율은 사용기간 동안 물가상승률이 발생하여, 결제시점에서는 구매력이 변하기 때문에, 물가상승률을 차감해 줌으로써 실질적인 사용료가 결정되는 것이다.

$$i^* = r^* + \pi^* \qquad (3\text{–}13)$$

마찬가지로 i^*은 외국의 명목이자율, r^*은 외국의 실질이자율, π^*은 외국의 물가상승률로 외국의 실질금융자산의 사용료도 결정된다.

$$(i - i^*) = (r - r^*) + (\pi - \pi^*) \qquad (3\text{–}14)$$

(3–14)식은 양국 간 명목이자율 차를 산출하기 위하여, 세항으로 구분하였으며, 실질이자율은 국가 간 균형을 이루고 있다는 가정에 따라 차이가 없게 되므로 $(r - r^*)$은 영(zero)이 된다.

$$(i - i^*) = (\pi - \pi^*) \qquad (3\text{–}15)$$

결국 양국 간 명목이자율 차는 두 나라의 물가상승률 차와 같게 되는 것으로, 명목이자율에서의 차이나, 물가상승률에서의 차이가 발생하면 금융부문의 변화와 실물경제의 변화가 발생하였음을 의미하여, 국제수지에 변화를 주게 된다.

이자율변동은 실물부문에 영향을 주어 경상수지를 변화시키고, 금융부문에 영향을 주어 자본수지를 변화시키게 된다.

3. 이자율과 국제수지

이자율은 통화량과 밀접한 관계로 통화공급이 증가하면 이자율은 하락하게 되고, 통화공급이 감소하면 이자율은 상승하게 되는 부(−)의 관계를 보이게 된다.

국내통화 공급은 (3−10)식에 의하여 국내여신과 국제수지결과로 결정되어진다. 균형상태에서 정책당국이 확장통화정책으로 경제주체들의 화폐수요를 초과하는 화폐공급이 이루어지는 경우, 초과공급분의 화폐는 국내·외 실물자산과 금융자산에 투자하게 된다.

국내자산에 대한 투자는 자산가격을 상승시키고 수익률을 하락시켜, 물가상승과 구매력평가의 조정이 이루어져, 국내통화가치는 하락하여 환율상승이 발생하게 된다. 환율상승은 가격전가효과를 거쳐 경상수지에 흑자요인을 유발한다.

통화의 증가로 국내이자율은 하락하게 되고 단기자금의 유출이 이루어지게 되며, 국내금융자산의 수익률 하락에 따라 외국자산에 대한 투자가 증가하게 되어, 자금의 해외유출로 자본수지의 적자를 유발하게 된다.

기준금리를 조정하여 국제금리와 실질금리차가 발생하는 경우, 금리차익을 추구하기 위한 금리재정거래가 발생하여, 단기자금의 유출·입이 발생하고 자본수지가 변동하게 된다. 정책당국은 급격한 외화자금유출로 외환위기 가능성이 제기되는 경우 실질이자율 차를 이용한 단기자본수지의 흑자를 유발하는 방향으로 기준금리를 조정하는 등 이자율 중심의 통화정책을 시행하게 된다.

통화량과 이자율의 경상수지에 대한 효과는 같은 과정을 거쳐 나타나게 되며, 금융부문에 대한 효과는 시차에 따른 조정과정의 차이가 있지만, 장기적 관점에서는 같게 된다.

비교역재와 대외경제

Ⅰ. 비교역재의 의의

비교역재(non−trade goods)는 그 특성상 국내에서는 거래되어지나 국가 간에는 거래되지 않는 재화를 의미한다. 외국과 국내 간 대체가 용이한 이발, 미용 등 서비스, 국가 정책적으로 외국인을 배제하는 국방, 경찰, 공무원 등 서비스, 가격에 비해 이동비용이 과다하여 국제거래로 이윤을 창출하기가 어려운 암석, 시멘트 등 상품, 그리고 전 세계적 분포도와 질이 비슷한 흙이나 공기 등 상품이 비교역재에 해당한다.

그림 3-4 교역재와 비교역재의 생산

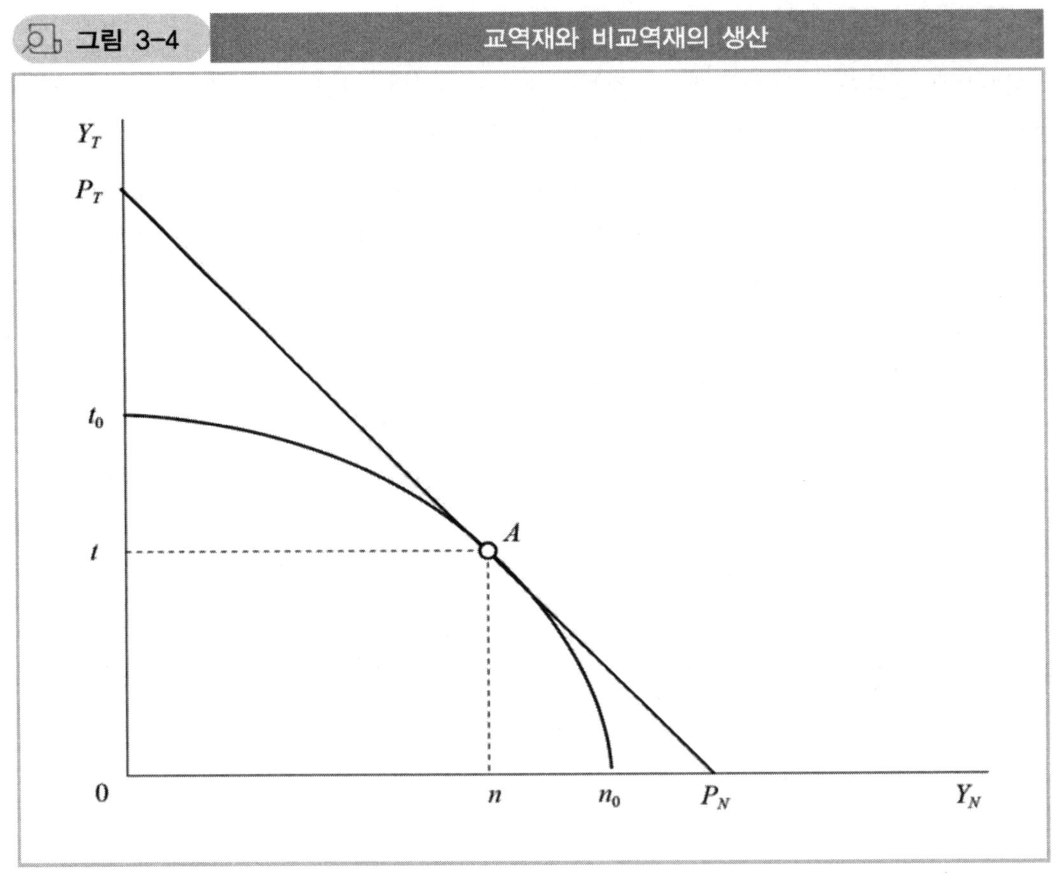

그러나, 절대적인 비교역재는 존재하지 않는다. 특히 세계적자유화와 통합화의 분위기로 비교역재 분야는 점점 축소되고, 점차 거래재로 전환되고 있다.[7)]

비교역재는 교역되지 않아 국제수지에 직접적인 효과를 미치지는 않으나, 교역재와 생산요소를 분할하기 때문에, 가격구조를 통해 교역재와 생산이 대체되어 교역재의 생산증감을 유발하므로, 국제수지에 간접적인 효과를 미치게 된다.

(그림 3-4)는 생산요소를 교역재와 비교역재가 분할하여, 생산에 투입하고 있음을 나타낸다. 국내 모든 생산요소를 교역재에 투입하는 경우 교역재의 생산은 $0-t_0$가 되며, 비교

7) 예로 국내 시멘트생산에 필요한 모래와 자갈이 고갈됨에 따라 중국 등에서 수입되고 있고, 대리석 등 암석도 관상, 조경용으로 수입되고 있으며, 알프스의 물과 공기도 수입되는 등 비교역재의 영역이 점차 축소되어 가고 있다. 또한 국방서비스 등 비교역재 영역도 해외용병인력 수입 등 교역화하고 있다.

역재에 투입하는 경우 비교역재의 생산은 $0-n_0$가 된다.

생산요소를 교역재와 비교역재에 투입하는 비율은 생산가능곡선(PP)과 재화의 평균가격비선(CC)을 반영하여 결정된다. 생산가능곡선과 평균가격비선은 A점에서 교차함으로, 해당경제는 교역재를 $0-t$, 비교역재를 $0-n$ 생산한다.

교역재와 비교역재의 생산비율은 두 재화집단 간의 상대가격에 의존한다. 이 상대가격은 수입재와 수출재의 가격을 바꾸어주는 상대가격인 환율과는 다른 개념으로, 교역재의 가격이 상승하면 비교역재의 가격은 하락하는 같은 통화표시의 상대가격을 의미한다.

Ⅱ. 비교역재와 국제수지

교역재와 비교역재의 상대가격 변화는 생산량의 구조변화를 유발하여 국제수지에 영향을 주게 된다. 교역재의 가격상승은 비교역재에 분배되던 생산요소를 교역재생산에 추가적으로 이동시킴으로써, 교역재생산은 증가되고 생산요소의 한정으로 비교역재의 생산은 감소하게 된다.

교역재는 국내시장에서의 과부족이 해외시장과의 연계성으로 쉽게 해결되는 구조를 갖는다. 따라서 교역재 생산증가는 내수를 충당하고 나머지는 수출을 통하여 해소되어 수출량 증가로 경상수지를 개선하고, 수입경쟁재의 생산 증가도 수입재 수입물량을 대체하게 되므로 수입을 감소시켜 경상수지를 개선하게 된다.

비교역재의 생산증가는 교역재의 상대가격이 국내시장과 해외시장에서 하락하는 경우 상대적으로 비교역재의 가격이 상승하게 되므로 국내생산요소를 비교역재에 더 많이 투여하게 됨을 의미한다. 이러한 상황은 교역재산업이 침체되고 교역재가격이 하락하면, 생산요소인 노동이 교역재업종에서 공무원, 군인 등 비교역재업종으로 이동하게 되는 현상에서 나타난다.

비교역재는 외부경제와 연계되지 않으므로 생산이 증가하면, 자체적으로 소비되어야하기 때문에 과잉생산에 따른 물가하락이 이루어져, 시설투자의 감소와 실업이 발생하게 된다. 아울러 교역재의 생산을 감소시킴으로써, 수출이 감소하고 수입이 증가하여 국제수지를 악화시키게 되어, 비교역재는 교역재와 상대적 관계에 따라 국제수지에 간접적인 효과를 미치게 되는 것이다.

요 약

1. 수요의 가격탄력성(price elasticity of demand)은 가격변화에 대응하는 수요량변화의 측정으로, 1을 기준으로 탄력성 여부가 결정된다. 예컨대 가격이 10% 인하되는 경우 수요량이 10% 증가하면 탄력성은 1이 되며, 수요량이 10% 이상 증가하는 경우 탄력적이며, 수요량이 10% 이하인 경우 비탄력적이 된다.
   일반적으로 1차산품은 가격변동에 따른 공급량을 탄력적으로 조정할 수 없어 수요의 가격탄력성이 비탄력적이고, 제조업 관련 산품은 가격변동에 따른 공급을 조정하기가 용이하여 탄력적으로 분류된다.

2. 마샬-러너조건(Marshall-Lerner Condition)은 환율이 상승하는 경우 자국에서 외국으로 수출하는 상품의 수출가격 인하와 수출량 증가, 그리고 외국에서 자국으로 수입되는 상품의 수입가격 인상과 수입량 감소 등으로 인하여 경상수지를 개선하기 위한 조건이 된다. 일반적으로 외환시장이 안정적이면 수요의 가격탄력성을 감안하여 환율이 상승하는 경우 경상수지를 개선할 수 있다고 인식되어지며, 이를 체계적으로 정리한 조건이 마샬-러너 조건이다.

3. J-curve효과는 환율상승 후 일정기간 동안 경상수지가 악화되다가 이후 개선되는 과정을 설명하는 이론이다. 국제교역에서 환율상승 이전에 성립된 계약은 조건에 의하여 상당기간 계약이 지속적으로 이행되므로, 환율상승 이전에 성립된 거래의 만료 시까지는 환율상승의 효과가 지연된다.
   아울러 환율상승에 따른 생산전략의 변경으로 생산이 상당기간 지연되는 교두보효과 등으로, 환율상승의 효과는 단기적이라기보다는 장기적 관점에서 국제수지 개선효과를 유발하게 된다.

4. 불태화정책(sterilization policy)은 국제수지가 불균형 되어 순 외화자산이 증가하거나 감소되는 경우, 국내여신부문을 감소시키거나 증가시켜 국내통화량을 일정하게 유지하는 정책이다.
   불태화정책은 지속적으로 시행하기에 적합하지 않다. 예로 국제수지의 지속적인 흑자를 국내여신의 감소로 조정하는 경우, 환율하락이 장기간 지속되어 수출감소와 수입증가에 의한 경상수지 악화로 인한 국내경제 침체를 유발하게 된다.

Chapter

4 국제수지조정

제1절 국제수지조정 이론

Ⅰ. 국제수지불균형 원인

국제수지는 복식부기원리에 의하여 작성되므로 기간별 국제수지는 사후적으로는 균형을 이루게 된다. 그러나 조정이 이루어지기 전의 거래결과는 적자나 흑자의 상태로 불균형 되어 있다. 국제수지 불균형을 유발하는, 특히 국제수지적자가 발생하게 되는 원인은 다양하다.

첫째, 해당경제에 예측치 못한 경제교란 요인이 발생하는 경우로, 지진, 해일 등 자연재해가 발생하여 산업기반 및 사회간접시설을 파괴하게 되면, 생산과 물류의 기능이 마비되어 국제수지는 악화된다. 또한 시위, 파업, 직장폐쇄 등 인위적인 요인에 의해서도 국제수지는 악화된다.

둘째, 경제구조가 농업, 수산업, 임산업 등 채취산업분야의 비중이 과다한 경우이다. 이러한 산업은 수요의 탄력성이 적고, 환경에 의존도가 커서 공급을 조정하기가 어려워지므로, 가격폭락 시 국제수지를 크게 악화시키게 되고, 가격폭등 시에도 낮은 수요의 가격탄력성으로, 국제수지를 개선시키지 못하게 된다.

셋째, 거주자들의 소비성향이 높거나 외제선호사상이 만연되어 있는 경우, 국제수지는 지속적으로 악화된다. 개방경제에서 국민소득은 민간부문의 소비, 기업부문의 투자, 정부부문의 지출로 이루어지며, 수출과 수입의 차인 경상수지로 결정된다. 거주자들의 소비성향이 높고 외국재에 대한 선호도가 높으면, 국내생산재의 내수전환과 외국생산재의 수입증가로 경상수지는 지속적으로 악화된다.

넷째, 만성적인 자본 부족을 겪는 국가의 국제수지는 지속적인 적자를 유발하게 된다. 경제 내 자본이 부족하면 생산시설의 확충을 위한 투자가 불가능하여, 수출 및 수입경쟁산업의 기반조성이 이루어지지 못한다. 이러한 자본부족국가의 경제여건은 외국의 투자도 유치하기 어려워, 만성적 적자를 나타내게 된다.

국제수지불균형이 자연적 요인과 인위적 요인에 의하여 발생한 첫째의 경우, 이들 요인이 해결되면 국제수지불균형도 해결된다. 따라서 불균형의 기간에 해외로부터 차관을 도입하거나 금융기관에서 융통 등의 방법으로 균형에 도달할 수 있게 된다.

국제수지불균형이 해당경제의 구조적 문제점에서 발생하는 기타의 경우 차관 도입이나 해외금융 등의 일시적 방법으로 불균형을 조정하기 어렵고, 전반적인 국민경제의 구조를 조정하기 위한 정책을 필요로 하게 된다.

Ⅱ. 자율적거래와 조정적거래

각국의 대외경제는 국제수지로 파악되며, 대외경제균형은 국제수지균형을 의미한다. 국제수지균형은 물가 및 고용 등 대내경제균형에 중요한 요인이 된다. 따라서 국제수지가 불균형을 지속하는 경우, 대내경제에도 부정적 요인이 발생하게 된다.

국제수지가 적자를 지속하게 되면 외화자금의 해외유출이 발생하고 환율이 상승하며, 국내통화량을 감소시켜 물가가 하락하여, 생산 감축에 따른 시설투자의 감소와 고용감소 및 소득감소로 이어져 전반적인 경제의 침체국면으로 진입하게 된다.

국제수지가 흑자를 지속하는 경우에는 외화자금의 해외투자 등 적자 시보다는 해결방법이 용이하지만, 흑자가 지속적으로 누적되면 해외부문에서의 통화가 팽창되어, 물가가 상승하는 인플레이션 국면으로 진입하여, 국내경제에 거품현상을 불러일으키게 된다.

국제수지의 균형 여부는 국제수지표 작성으로 나타나게 되고, 국제수지표는 복식부기원리에 의하여 작성되므로, 기간별 외화자금의 수취와 지급은 균형을 이루어야 한다. 그러나 이러한 균형은 사후적 조정과정을 거쳐 이루어지므로, 사전적으로는 불균형 되어 있다.

국제수지에서 국민경제의 모든 경제주체들이 추구하는 목적을 가지고 행하는 거래는 자율적 거래(autonomous transaction)로 분류되며, 국가 간 상품 및 금융자산의 가격차를 반영하여 이루어지는 거래가 이에 속한다. 자율적 거래의 결과 국가 간 국제수지불균형이 발생하게 되고, 이러한 불균형을 조정하기 위한 조정적 거래(accommodate transaction)가 유발된다.

국제수지의 균형은 자율적 거래의 합으로 판단되며, 조정적 거래는 자율적거래의 합으로 나타난 국제수지불균형을 보전하기 위한 조정의 의미가 되기 때문에, 균형조건의 판정에는 포함되지 않는다.

현실적으로, 국제수지표상의 어떤 항목이 자율적거래이고, 어떤 항목이 조정적 거래인지는 구분하기 어렵다. 따라서 국제수지의 균형을 경상수지로 보는 견해, 경상수지와 자본·

금융계정의 합으로 보는 견해, 대외지급수단인 준비자산의 변화로 보는 견해 등이 있다.

준비자산 증감은 국제수지의 결과를 사후적으로 반영하는 요인으로, 준비자산이 감소하면 국제수지적자를 보전하기 위한 외환보유액의 감소로, 준비자산이 증가하면 국제수지 흑자분을 차감하여 외환보유액을 증액하는 의미가 된다.

Ⅲ. 국제수지조정 접근법

국제수지조정 이론은 시대적 배경에 따라 다양한 방법으로 전개되었다. 이러한 견해들은 가격–정화조정 메커니즘, 탄력성접근법, 총지출접근법, 통화론적접근법 등이 있다.

1. 가격–정화조정 메커니즘

가격–정화조정 메커니즘(price–specie flow mechanism)은 영국의 경제학자 흄(D. Hume)에 의하여 주장된 이론으로, 국제금본위제도하에서 국제수지 가격조정이론이다. 이 이론은 금을 국부와 동일시하고 금의 축적을 위해, 수출을 진흥하고 수입을 억제하여, 차액을 금으로 받아 축적해가야 한다는 중상주의이론의 모순을 지적하고 있다.

한 국가의 국제수지가 흑자를 지속하여 초과분의 금이 국내로 유입하게 되면, 화폐의 공급이 증가하여 물가상승을 유발하게 된다. 국내물가의 상승은 국제거래에서 가격상승에 따른 가격경쟁력을 약화시켜, 수출이 감소하고 수입이 증가하게 된다. 결과적으로 중상주의나 무역차액주의에 의한 금의 축적은 국제수지의 가격조정기구를 통하여 목적을 달성할 수 없고, 국제수지도 자동으로 균형을 달성하게 된다.

국제금본위제도에서 국제통화로 유통된 금은 성격상 오늘날 각국 정부가 발행하는 화폐와는 구분되는 상품화폐의 특성을 갖는다. 상품화폐는 집중도에 따라 가격변동이 발생하게 되며, 또한 자동조정메커니즘이 작동하여 국가 간 적절히 분배된다. 따라서 한 국가에 집중되어 화폐량을 과도하게 증가시키는 인플레이션이 방지된다.

그러나 고정환율제도하에서의 상품화폐는 특성상 흑자와 적자를 적절히 조정하지 못하여 경제성장과 화폐의 공급이 괴리되므로, 현대적 관점의 화폐와는 구조적 차이가 있다. 가격–정화 조정메커니즘은 국제수지 조정의 화폐론적접근법의 시발로 인식되고 있다.

2. 탄력성접근법

탄력성접근법에 의한 국제수지조정은 환율의 움직임에 초점을 두는 방법으로, 국제수지 불균형은 환율변동에 따른 교역재의 상대가격이 변하여 조정되는 과정을 강조하는, 전통적인 국제수지조정이론이다.

국제수지가 적자인 국가는 자국통화의 평가절하를 통하여 환율상승을 유도하게 되며, 수출의 경우, 수출국 통화가치로 평가된 수출재의 상대가격은 수입되는 시장에서 할인되어 수출량을 증가시키며, 수입의 경우에도 환율상승에 의한 수입재의 가격상승과 수입대체재의 국제경쟁력이 강화되어, 수입량이 감소하고 마찬가지로 경상수지를 개선하게 된다.

환율상승에 의한 경상수지 개선효과는 이같이 수출측면과 수입측면을 모두 감안해야 하기 때문에 마샬-러너조건이 제시되었고, 국가 별 실측이 시행되어 환율상승이 경상수지를 개선시키는지 여부를 검증하게 되었다.

검증결과 탄력성이 1보다 적다는 탄력성비관론 대두되었고, 따라서 경상수지적자를 해소하기 위해서는 직접적 외환통제의 수단에 의존해야 한다는 주장이 제기되었다. 그러나 점차 공산품 위주의 국제거래가 증가하고, 계측방법의 개선 등으로 탄력성이 1보다 크다는 탄력성낙관론이 일반화되었고, 이를 근거로 자국화의 평가절하를 통한 환율상승을 유도하여 경상수지를 개선하게 되었다.

환율상승이 이루어지면 경상수지 개선은 오히려 악화되다가, 일정기간이 지난 후 개선된다. 이는 단기적으로 수출량과 수입량이 조정되지 않고, 수요 및 공급 측면에서의 조정과정을 거치게 되는 J-curve효과 및 생산거점의 이전을 통한 조정이 필요한 교두보효과로 설명되었다.

탄력성 접근법은 국제수지조정에 대한 환율변동의 역할을 강조한 이론으로, 가격조정기구를 이용하여 조정과정을 설명하고 있어, 환율변동이 국민경제의 기초여건에 미치는 영향을 간과한 근대적 이론으로 평가되고 있다.

3. 총지출접근법

국제수지조정과정에 대한 총지출접근법은 국민소득과 총지출을 이용하여 국제수지불균형과 조정과정을 설명하고 있다.

총지출접근법에 따르면 경상수지의 불균형원인은 국민소득과 총지출의 불일치에서 유발된다. 즉 경상수지적자는 국민소득이 총지출에 미달되는 경우에 발생하며, 경상수지흑자는 국민소득이 총지출을 초과하는 경우 발생한다.

국민소득(GNP)이 민간부문의 소비, 기업부문의 투자, 정부부문의 지출, 경상수지결과 $(X-M)$보다 크기 위해서는 생산을 늘리든지, 지출부문을 줄여야 하므로 경상수지는 개선된다.

이러한 조정은 국민소득을 증가시키거나 총지출규모를 감소시켜 이루어지게 되며, 비교적 단기간에 국민소득을 조정하기가 어려운 반면에 총지출규모의 조정은 용이하므로, 조정의 내용을 총지출규모에 중점을 두게 된다.

지출조정정책과 지출전환정책은 총지출에 중점을 두고 시행되며, 지출조정정책은 국민경제의 총지출규모를 경상수지적자 시 적게, 경상수지흑자 시 크게 함으로써, 경상수지불균형을 조정한다. 지출전환정책은 국민경제의 지출내용을 조정하는 것으로, 경상수지적자 시, 지출을 외국재에서 국내재로 전환시키게 되며, 경상수지흑자 시, 지출을 자국재에서 외국재로 전환시켜 경상수지불균형을 조정하게 된다.

4. 통화론적접근법

국제수지조정에 대한 통화론적접근법은 기본적으로 국제수지불균형은 통화적불균형으로 이해한다. 탄력성접근법과 총지출접근법이 경상수지에 초점을 두고 있는데 비해, 통화론적 접근법은 경상수지 및 금융부문의 역할을 같이 고려하는 국제수지조정을 설명하고 있다.

통화론적접근법은 국제수지불균형을 기본적으로 통화공급과 통화수요의 불균형으로 이해하고 있으며, 국제수지불균형은 통화의 수요와 공급측면의 분석을 기초로, 조정이용이한 측면을 중심으로 조정하게 된다.

통화수요는 명목국민소득과 명목화폐수요의 변화를 반영하는 일정상수와 물가수준, 명목국민소득에 따라 결정된다. 통화수요는 물가수준 및 명목국민소득에 비례하여 결정되므로, 물가수준이 상승하면 통화수요도 증가하고, 명목국민소득이 증가하면 통화수요도 증가한다.

통화공급은 정책당국의 국내여신과 대외지급수단의 합으로 결정된다. 따라서 통화공급은 정책당국의 국내여신과 외화자금의 두 가지 경로를 통하여 이루어지게 되므로, 공개시장조작 등 확장통화정책이나 축소통화정책을 시행하여 통화공급을 조정할 수 있고, 외환보유액을 이용한 외환시장에서도 조정이 가능하게 된다.

통화론적접근법은 국제수지를 통화적 관점에서 분석하는 이론으로, 외환정책에 따른 환율조정과 통화정책에 따른 통화량조정으로 국제수지불균형을 조정하게 됨으로, 경상수지와 자본수지를 같이 고려하는 보다 포괄적인 접근법으로 인식되고 있다.

제2절 국제수지균형 모형

개방경제체제에서의 거시경제균형을 분석하기 위한 기본적인 모형으로, 케인지안의 *IS*-*LM* 모형에 대외경제균형을 나타내는 *BP*곡선을 도입한 먼델-플레밍 모형(Mundell-Fleming model)이 이용되고 있다.

먼델-플레밍 모형에 의하면 개방경제의 균형조건은 국내 상품시장의 균형을 나타내주는 *IS*곡선과 화폐시장의 균형을 나타내주는 *LM*곡선, 그리고 국제수지의 균형을 나타내주는

*BP*곡선 등을 종합하여 이루어진다.

Ⅰ. 상품시장균형

상품시장균형은 이자율(i)과 국민소득(Y)의 적절한 조합으로, 국민경제의 재화와 서비스에 대한 총수요와 총공급이 일치하여 이루어진다. 국민경제의 상품시장균형은 균형이자율과 균형국민소득의 조합 점을 연결하여 그려지는 *IS*곡선에 의하여 제시된다.

국민경제의 총수요는 (3-7)식의 민간의 소비, 기업의 투자, 정부의 지출에 해외부문수출과 수입을 감안하여 결정된다. 민간의 소비(C)는 소득의 증가함수로, 소득이 증가하면 소비도 일정부분 증가하게 되는 정(+)의 관계에 있다.[1)]

기업의 투자는 이자율과 부(-)의 관계로 이자율이 높아지면 저축이 증가하고 투자는 감소하게 되며, 정부지출은 소득 및 이자율과 무관한 외생변수로 인식한다. 이러한 전제하에 상품시장의 균형을 나타내는 *IS*곡선은 종축에 국민소득을, 횡축에 이자율을 나타내주는 그래프 상에 도출된다.

*A*점은 상품시장의 균형을 나타내주는 *IS*곡선 상에 위치하고 있다고 가정한다. 균형상태에서 (3-7)식을 이용하여 국민소득이 증가하는 경우를 생각해보기로 한다. 국민소득의 증가는 항등식의 좌변과 우변을 모두 증가시키게 된다.

항등식의 우변은 민간부문의 소비, 기업의 투자, 정부지출, 그리고 경상수지로 구성되어 있다. 좌변 국민소득이 증가하는 경우, 우변 합은 증가되지만 좌변의 증가비율에 비해 증가폭이 작게 된다. 우변의 합이 좌변보다 적어지는 이유는 한계소비성향이 소득증가분에서 한계저축성향을 차감하게 되어 소득증가보다 적게 되고, 경상수지도 소득증가에 따라 수입이 증가하여 악화되기 때문이다.[2)]

따라서 소득증가가 이루어진 후, 상품시장균형을 위해서는 (3-7)식의 우변항인 수출과 정부지출이 불변상태에서, 기업투자를 증가시켜 좌변과 균형을 이루어야 한다. 기업투자는 이자율과 부(-)의 관계로 이자율이 하락하는 경우에 증가하게 된다. 따라서 국민소득이 증가하면 상품시장의 균형을 위해, 투자가 소득증가분 만큼 증가하게 되는 수준인 *C*점으로 이자율이 하락하게 된다.

기존의 상품시장균형을 나타내는 *A*점과 새로운 상품시장균형을 나타내는 *C*점을 연결하여 우하향하는 *IS*선을 도출할 수 있으며, 이 선상에서는 상품시장의 균형이 이루어지고 있다.

---

1) 소득 한 단위가 증가하면 증가된 소득은 소비와 저축으로 분배되고, 소비로 분배된 부분은 한계소비성향, 저축으로 환원되는 부분을 한계저축성향이라고 하며, 소득 1단위가 증가하여 이중 70%가 소비로 30%가 저축이 되면, 한계소비성향은 0.7, 한계저축성향은 0.3이 된다.

2) 소득이 증가하여 소비가 증가하게 되면 소비의 내용 중 국내재에 대한 소비와 외국재에 대한 소비로 구분된다. 소비가 1단위 증가하는 경우 국내재의 소비가 70%, 외국재의 소비가 30%라고 가정하면 한계수입성향은 0.3이 되어, 소득증가에 따른 소비증가와 수입증가로 경상수지는 악화된다.

그림 3-5 *IS* 곡선의 도출

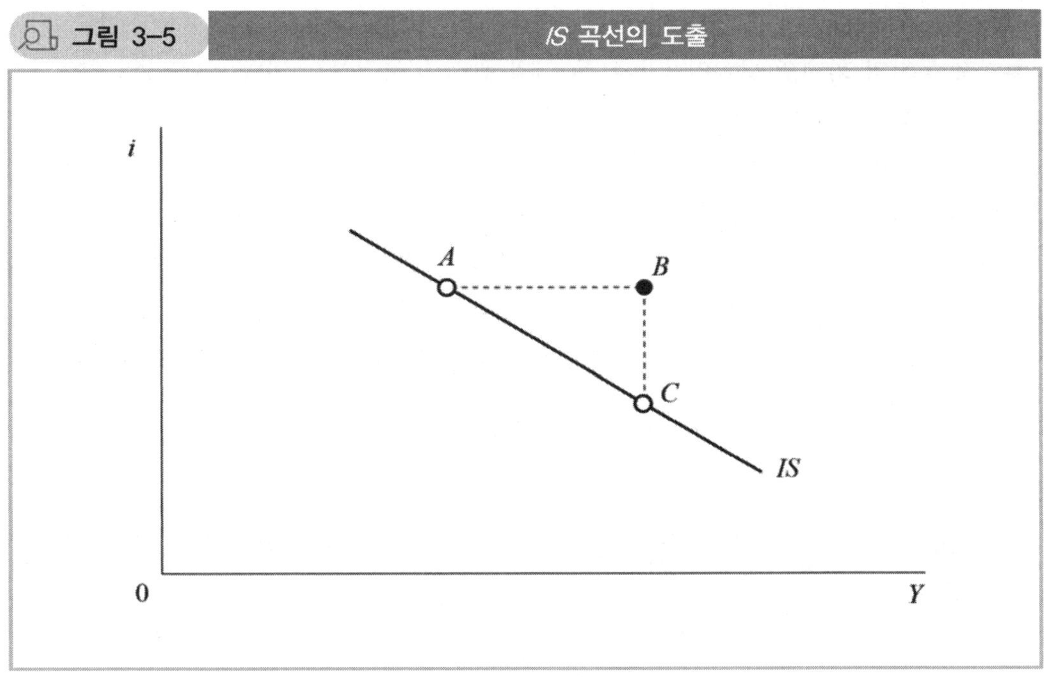

이자율과 국민소득의 조합으로 결정되는 상품시장의 균형을 나타내주는 *IS*곡선은, 상품시장에서 재화의 소비증가가 발생하면 원점에서 멀어져 우상향 방향으로 확대되며, 상품시장에서 재화의 소비가 감소하게 되면 원점방향으로 축소된다.

Ⅱ. 화폐시장균형

화폐시장균형은 이자율(i)과 국민소득(Y)의 적절한 조합으로 국민경제의 화폐수요와 화폐공급이 균형상태에 있음을 의미한다. *LM*곡선은 화폐시장의 균형을 이루게 되는 이자율과 국민소득의 조합을 나타내주는 곡선이다.

화폐수요는 (3-9)식에 의하여 물가수준 및 명목국민소득의 함수가 된다. 물가수준이 상승하면 화폐수요도 증가하므로, 물가수준과 화폐수요는 정(+)의 관계이며, 명목국민소득이 증가하면 화폐수요도 증가하므로, 명목국민소득과 화폐수요도 정(+)의 관계가 된다.

화폐수요는 재화거래에 이용하기 위한 거래적동기(transaction motive)와 미래의 수요에 대비하기 위한 예비적 동기(precautionary motive) 그리고 거래적 동기와 예비적 동기에 투입된 화폐수요를 충당하고 남는 경우, 금융자산의 투기적목적에 동원되는 투기적 동기(speculative motive)에 의하여 이루어진다.

거래적 동기와 예비적 동기의 화폐수요는 국민소득과 정(+)의 관계로 움직이게 된다. 이는 국민소득이 증가하게 되면 한계소비성향에 의하여 증가된 소득이 상당부분이 소비되고,

미래소비에 대한 대비도 크게 되기 때문이다.

투기적 동기의 화폐수요는 이자율과 부(−)의 관계로 움직이게 된다. 이자율이 상승하면 금융자산을 통화형태로 보유하기보다는 유가증권행태로 전환시킴으로, 투기의 대상이 되는 증권가격은 하락하게 된다. 반대로 이자율이 하락하면 통화형태의 금융자산 보유를 늘려 투기에 동원하게 됨으로, 투기적 동기의 화폐수요는 증가하게 된다.

화폐공급은 (3−10)식과 같이 중앙은행의 국내여신(Dc)과 국제수지의 결과(Ri)로 결정된다. 중앙은행의 여신은 화폐수요를 감안하여 결정되므로 화폐공급의 외생변수로 인식되어지며, 국제수지의 결과 흑자인 경우 통화공급을 증가시키게 되고, 적자인 경우 통화공급을 감소시키게 된다.

그림 3-6 LM 곡선의 도출

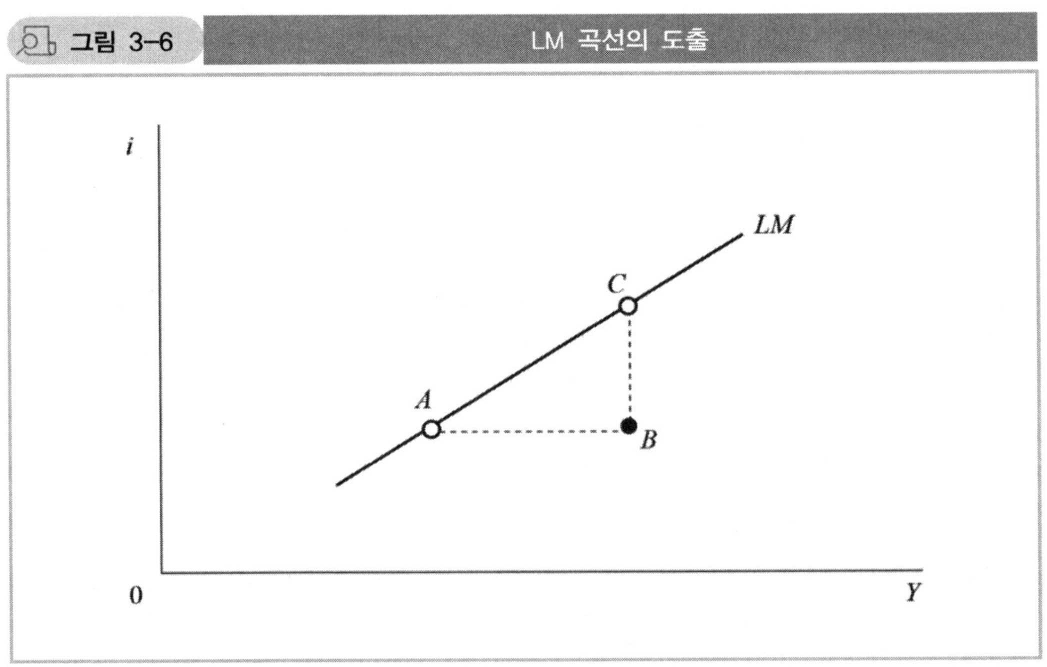

A점은 이자율과 국민소득의 균형으로 인한 화폐시장의 균형점으로 가정한다. 균형상태에서 국민경제의 국민소득이 증가하게 되면, 화폐시장의 균형을 위해 증가된 국민소득에 대응하는 새로운 이자율이 결정되어야 한다.

국민소득의 증가는 거래적 동기와 예비적 동기의 화폐수요를 증가시키게 된다. 추가적 통화공급이 이루어지지 않는 한 투기적 동기의 화폐수요는 감소하게 된다. 결과적으로 투기적 동기의 화폐수요를 감소시키게 위해서는, 부(−)의 관계에 있는 이자율을 C점까지 상승시켜야 균형에 이르게 된다.

화폐시장의 균형을 나타내주는 LM곡선은 우상향하는 형태로 그려지게 된다.

LM곡선은 화폐시장에서 화폐공급이 증가하면 우하향하며 확대된다. 중앙은행의 여신(Dc)을 증가하는 확장통화정책이나 국제수지에서의 흑자요인 발생으로 통화공급이 증가하게 되면, LM곡선은 원점에서 멀어져 우하향하며 확대된다. 중앙은행의 여신을 감소시키는 긴축적 통화정책이나 국제수지의 적자요인으로 통화공급이 축소되면, LM곡선은 원점 방향으로 축소된다.

Ⅲ. 국제수지균형

국제수지균형은 국민경제의 대외경제거래 결과 흑자나 적자가 없는 상태로, 국민경제 내 이자율과 국민소득이 적정수준에서 균형을 이루게 되는 경우 달성된다. BP곡선은 국제수지균형을 위한 이자율과 국민소득의 조합을 나타내 준다. 국제수지는 경상수지와 자본·금융계정의 합으로 규정되며, 자본·금융계정은 분류상 자본수지로 규정한다.

국제수지균형은 경상수지와 자본수지의 합이 영(zero)이 되어 대외준비자산에 변화가 없음을 의미한다. 국제수지항등식은 다음과 같다.

$$BP = C(Y, E) + K(i - i^*) \qquad (3\text{–}16)$$

BP는 국제수지, $C(Y, E)$는 경상수지, $K(i - i^*)$는 자본수지이다.

경상수지는 국민소득과 환율의 함수로 국민소득이 증가하면 소비의 증가로 경상수지는 악화되고, 소득이 감소하면 소비의 감소로 경상수지는 개선되는 부(−)의 관계이다, 또한 환율이 상승하면 수출량의 증가와 수입량의 감소로 경상수지는 개선되고, 환율이 하락하면 수출량의 감소와 수입량의 증가로 경상수지는 악화되는 정(+)의 관계이다.

자본수지는 국내·외 이자율차로 결정되므로, 국내이자율이 상승하여 해외이자율보다 크게 되면, 자본의 국내유입으로 자본수지는 개선되고, 국내이자율이 하락하여 해외이자율보다 적게 되면 자본의 해외유출로 자본수지는 악화되는, 국내이자율과 부(−)의 관계이다. 이러한 관계를 고려하여 국제수지균형조합인 BP곡선은 이자율과 국민소득의 좌표에 도출된다.

(그림 3–7)에서 A점은 이자율과 국민소득의 균형조합에 의하여 경상수지 및 자본수지의 합인 국제수지가 균형을 이루고 있다고 가정하면, BP곡선 상에 위치하게 된다.

이제 국민소득이 증가하여 B점의 수준에 이르게 되는 경우를 가정해 본다. 이 수준의 국민소득 증가는 소비의 증가에 따른 수출 감소와 수입 증가로 경상수지 악화를 유발하여 국제수지는 악화하게 된다.

그림 3-7 BP 곡선의 도출

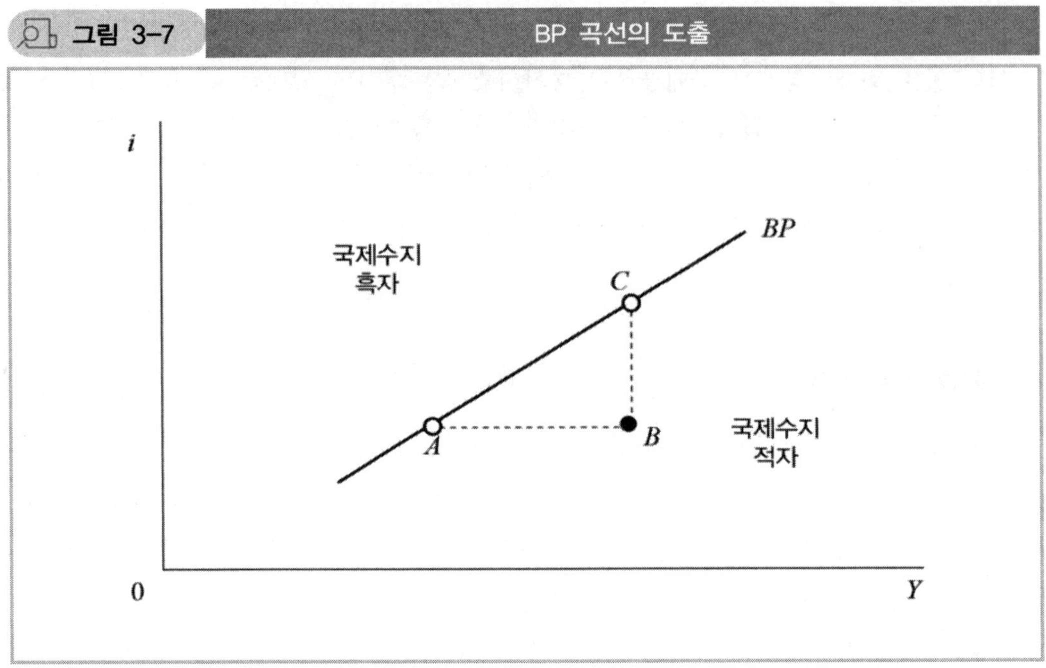

국제수지가 균형을 이루려면 자본수지가 개선되어 경상수지의 적자를 상쇄해야 하며, 자본수지의 개선을 위해서는 이자율의 상승에 따른 해외자본의 유입이 필요하게 된다. 따라서 국민소득 증가에 의한 경상수지적자를 해소하기 위한 자본수지의 개선을 위해서는 $B-C$수준의 이자율상승이 필요하게 된다.

C점은 이자율과 국민소득의 조합에 따른 국제수지균형점이므로, 원래의 균형점인A와 새로운 균형점인 C를 연결하면, 국제수지균형을 나타내는 우상향하는 BP곡선이 도출된다. BP곡선을 기준으로 우측방면은 국제수지적자가 발생하는 상황, 좌측방면은 국제수지흑자가 발생하는 상황이다.

국민경제의 종합수지균형을 의미하는 BP곡선은 종합수지의 요인인 경상수지에서 환율상승에 의한 흑자나, 자본수지에서 이자율 상승에 의한 흑자가 발생하는 경우 우하향하여 원점에서 확대되고, 적자 시 원점방향으로 축소되는 변동성을 갖게 된다.

LM곡선과 BP곡선은 이자율과 국민소득의 균형으로 나타내는 화폐시장과 국제수지균형을 나타내 주는 조합으로 모두 우상향하는 형태를 갖는다. 두 곡선의 기울기는 국가 간 자본이동의 정도에 따라 다르게 나타나는데, 보편적으로 BP곡선의 기울기가 완만하게 나타난다.

BP곡선의 기울기가 LM곡선의 기울기보다 완만하게 나타나는 이유는 이자율의 변동에 따른 BP곡선에서의 자본이동성과 LM곡선에서의 화폐수요변동성의 정도에 의한다. 예를 들어 국내이자율이 상승하면 국제수지에서 자본유입이 발생하며, 화폐시장에서 화폐수요는

감소한다. 보편적으로 자본유입의 비율이 화폐수요 감소의 비율보다 큰 것으로 인식되며, 따라서 *BP*곡선이 *LM*곡선보다 완만하게 상승하는 형태를 갖는다.

*BP*곡선은 자본의 이동성에 따라 형태가 달라지는데, 자본의 이동성이 커질수록 *BP*곡선은 수평에 가까운 형태를 갖게 된다. 일반적으로 국민소득이 증가하면 소비증가로 경상수지가 악화되며, 이러한 경상수지 악화를 보완하기 위한 자본수지의 개선이 필요하여 이자율이 상승하게 된다.

그림 3-8 LM 곡선과 BP 곡선

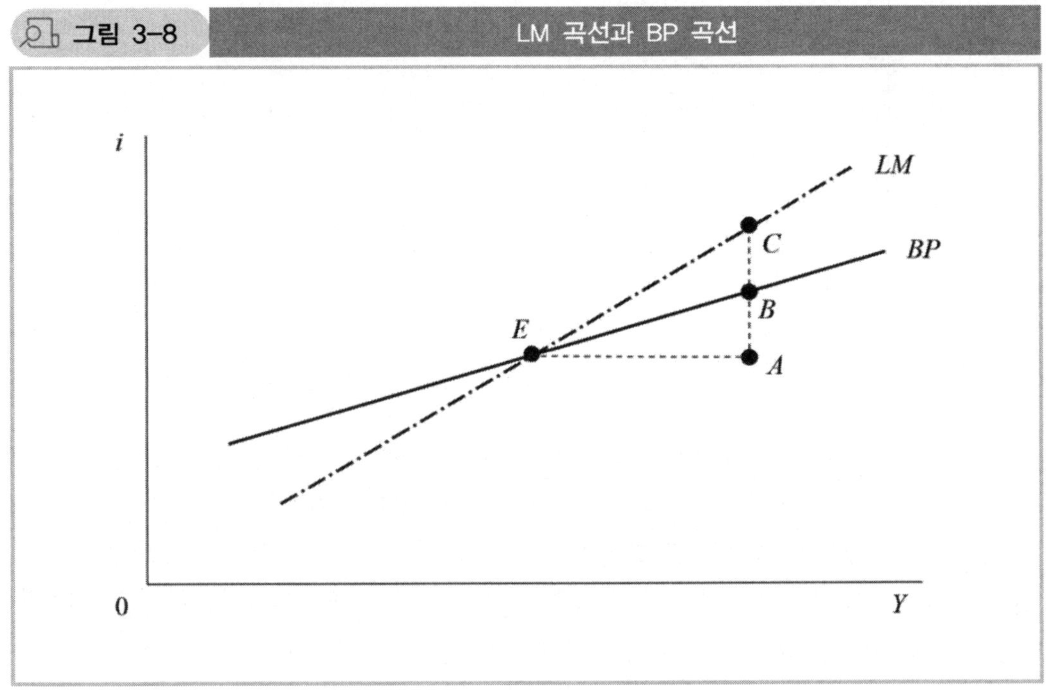

이동성이 크면 이자율의 상승폭이 적어도 경상수지적자를 보완하기 위한 충분한 자본이 유입되므로, (그림 3-8)에서 $A-B$만큼의 국민소득증대에 따른 소비증가로 발생한 경상수지적자를 해소하기 위한 이자율은 $B-C$보다 적게 된다.

*BP*곡선의 기울기는 자본의 이동성이 클수록 수평에 가까워지고, 자본의 이동성이 완전하면 *BP*곡선은 수평선으로 나타나며, 자본의 이동성이 없어서 국가 간 자본이동이 없는 경우는 수직선으로 나타난다.

Ⅳ. 개방경제의 균형

개방경제의 균형은 *IS*곡선으로 제시되는 상품시장균형, *LM*곡선으로 제시되는 화폐시장균형, *BP*곡선으로 제시되는 국제수지균형이 모두 이루어지는 것을 의미한다.

그림 3-9 개방경제의 균형

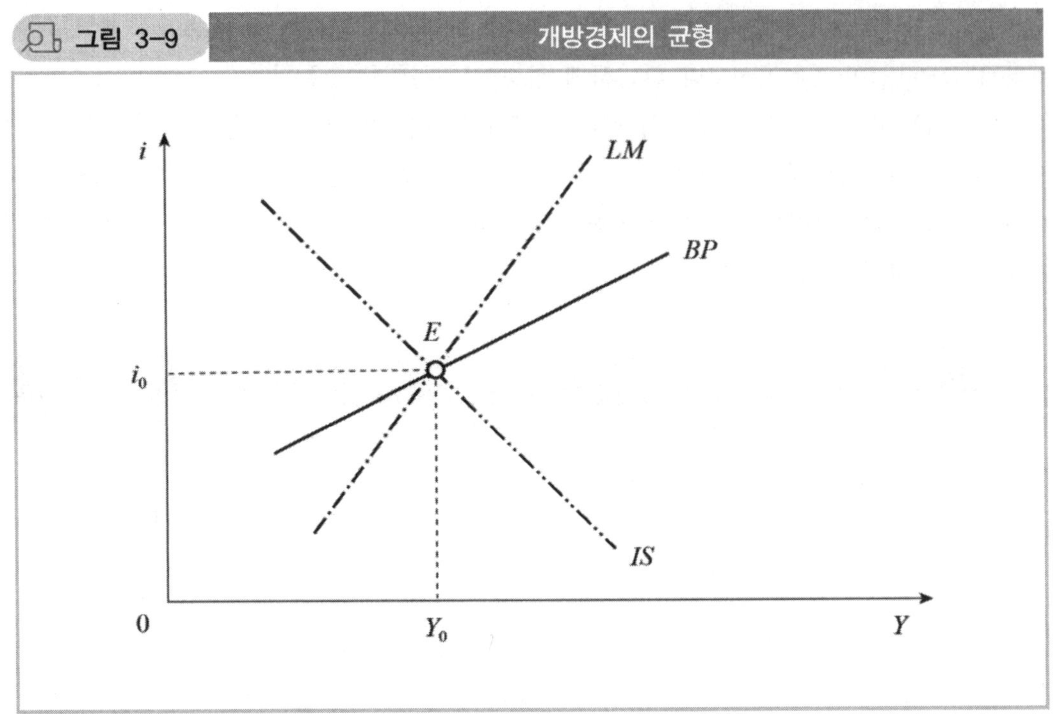

(그림 3-9)는 개방경제의 균형이 $IS-LM-BP$ 등 세 곡선이 교차하는 E점에서 이루어지고 있음을 나타내주고 있다. E점은 상품시장, 화폐시장, 국제수지가 모두 균형을 이루고 있는 개방경제의 유일한 균형점이 된다.

국민경제가 E점을 벗어나게 되면 불균형에 따른 경제의 왜곡으로 바람직하지 못한 경제현상이 발생하게 되므로, 경제정책을 시행하여 균형점 E에 복귀하도록 경제변수를 조정하게 된다.

제3절 국제수지조정정책

Ⅰ. 국제수지조정정책의 유형

국제수지조정정책은 국제수지조정이론을 배경으로 환율, 총지출, 통화량, 이자율 등 국제수지 요인들을 대상으로 한 탄력성접근법, 총지출접근법, 통화론적접근법에 근거하여 시행된다.

국제수지조정정책은 국민경제의 대외부문의 균형과 관련되어 시행되어지므로 대내균형을 저해하지 않아야 한다. 따라서 정책의 시행은 대내경제균형과 대외경제균형을 같이 고려해야 하는 점이 중요하다.

현대는 개별국민경제가 해외경제와 무역 및 투자를 통하여 긴밀히 연결되어있는 개방경제의 시대이다. 따라서 국제수지조정정책의 효과도 개방경제적 관점에서 파악되어야 한다.

개방경제의 균형은 상품시장과 화폐시장 그리고 국제수지의 동시적 균형인 종합균형을 의미한다. 종합균형의 관점은 국민경제의 총국민소득과 총지출의 균형이며, 불균형 시 이들을 조정하는 정책이 시행되어 균형을 지향하게 된다. 국민소득이 총지출규모를 초과하는 경우, 해당경제는 불균형 되며 균형을 이루기 위해서는 국민소득을 감소시키거나, 총지출규모를 증가시켜야 한다.

국민소득은 창출되는 과정과 구조가 총지출에 비하여 체계적이므로, 단기간에 규모를 조정하기가 어렵게 된다. 따라서 국민소득과 총지출규모가 불균형 되어 경제에 불균형을 유발하게 되는 경우, 조정이 상대적으로 용이한 총지출에 중점을 둔 정책으로 조정이 이루어지게 된다.

지출에 중점을 둔 정책은 지출조정정책과 지출전환정책으로 구분된다.

1. 지출조정정책

지출조정정책(expenditure adjusting policy)은 국민경제의 총지출규모를 조정하기 위한 정책이다. 국민경제의 총지출이 국민소득을 초과하면 적자가 발생하게 되고, 적자를 해소하기 위해 총지출의 규모를 축소하게 된다. 총지출규모가 국민소득에 미달하여 흑자가 발생하면, 총지출규모를 확대하여 적자를 해소하게 된다. 국민경제의 총지출규모는 재정정책과 통화정책으로 조정된다.

2. 지출전환정책

지출전환정책(expenditure switching policy)은 국민경제의 지출구조를 변화시키는 정책이다. 개방경제의 소득함수인 (3-7)식에서 총지출에는 국내부문 외에도 해외부문인 $(X-M)$이 포함된다. 국민경제의 총지출이 국민소득을 초과하여 적자가 발생하면, 수출을 증가시켜 국내재에 대한 국내지출 일부를 해외지출로 전환시키거나, 외국재에 대한 지출을 감소시키기 위해 수입을 제한하게 된다. 국민경제의 총지출구조는 무역정책과 외환정책으로 조정된다.

Ⅱ. 경제정책의 효과

경제정책은 고정, 변동환율제도의 시행에 따라, 자본이동의 완전성여부에 따라 정책효과가 다르게 나타나므로, 이를 구분하여 개방경제의 균형을 위한 조정정책의 효과를 분석하게 된다.

개방경제의 균형을 위한 경제정책은 지출조정정책에 중점을 두고 시행된다. 지출전환정책인 무역정책과 외환정책을 국제수지 개선 목적으로 시행하는 경우, 상대국의 교역조건을 악화시키게 됨으로 상대국의 대응을 유발하게 된다.

따라서 무역과 관련된 국제기구인 WTO를 중심으로 관세·비관세를 축소하고, 철폐하기 위한 무역자유화가 추진되고, 병행하여 국가 간 자유무역협정(FTA: Free Trade Association)이 활발히 이루어지고 있다.

아울러 IMF 및 OECD 등 국제기구를 중심으로 외환 및 자본자유화가 추진되고 있는 등, 국가 간 경제 이해관계를 완화시키기 위한 분위기가 조성되고 있어 무역정책과 외환정책은 시행이 제한적이다.

이러한 국제경제의 환경을 감안하여 개방경제의 균형에 재정정책과 금융정책, 그리고 부분적으로 환율정책이 이용되며, 개방경제의 $IS-LM-BP$모형도 이자율과 국민소득을 기본으로 하여, 이자율을 조정하는 통화정책과 국민소득을 조정하는 재정정책의 효과를 중심으로 분석되고 있다.

개방경제의 경제정책효과는 환율제도에 따라, 자본이동성 정도에 따라 다르게 나타난다. 따라서 경제정책의 효과를 체계적으로 분석하기 위해 고정환율제도와 변동환율제도로 구분하며, 각 제도에서 자본이동성이 제한되는 경우와 자본이동이 완전한 경우로 구분하여 경제효과를 분석한다.

1. 고정환율제도하에서의 효과

(1) 자본이동의 완전성

고정환율제도하에서 자본이동에 어떠한 제한도 없게 되면 국내이자율(i)과 해외이자율(i^*)은 같게 된다. 국내·외이자율이 균형을 이루고 있음으로, 국제수지는 이자율에 무한탄력적이 되어, 국제수지균형을 나타내주는 BP곡선은 수평이 된다.

(그림 3-10)은 개방경제의 균형을 나타내 주는 각 부문의 조건으로 상품시장 균형을 의미하는 IS곡선, 화폐시장 균형을 의미하는 LM곡선, 그리고 국제수지 균형을 의미하는 BP곡선을 나타내주고 있으며, 자본의 이동성이 완전하므로 BP곡선은 수평으로 나타난다.

그림 3-10 개방경제의 균형 : 자본이동이 완전한 경우

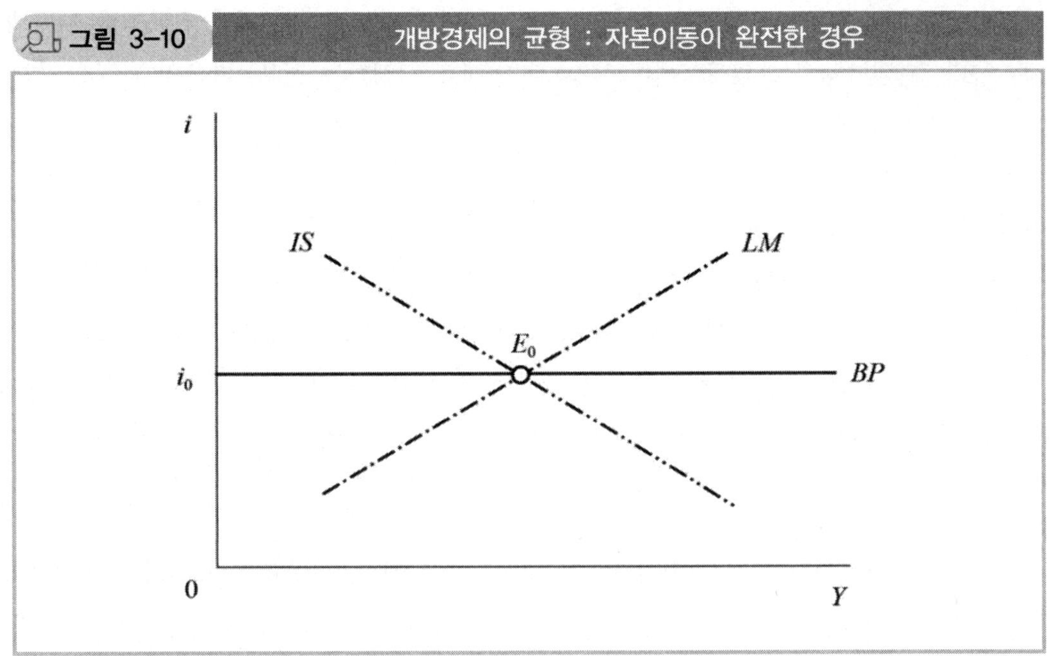

이제 해당국민경제의 균형이 E_0에서 이루어지고 있다고 가정한다. 이러한 균형 상태에서 경제정책이 시행되면, 모든 곡선이 이동하여 새로운 균형점으로 이동하게 된다.

① 재정정책의 효과

그림 3-11 재정정책의 효과

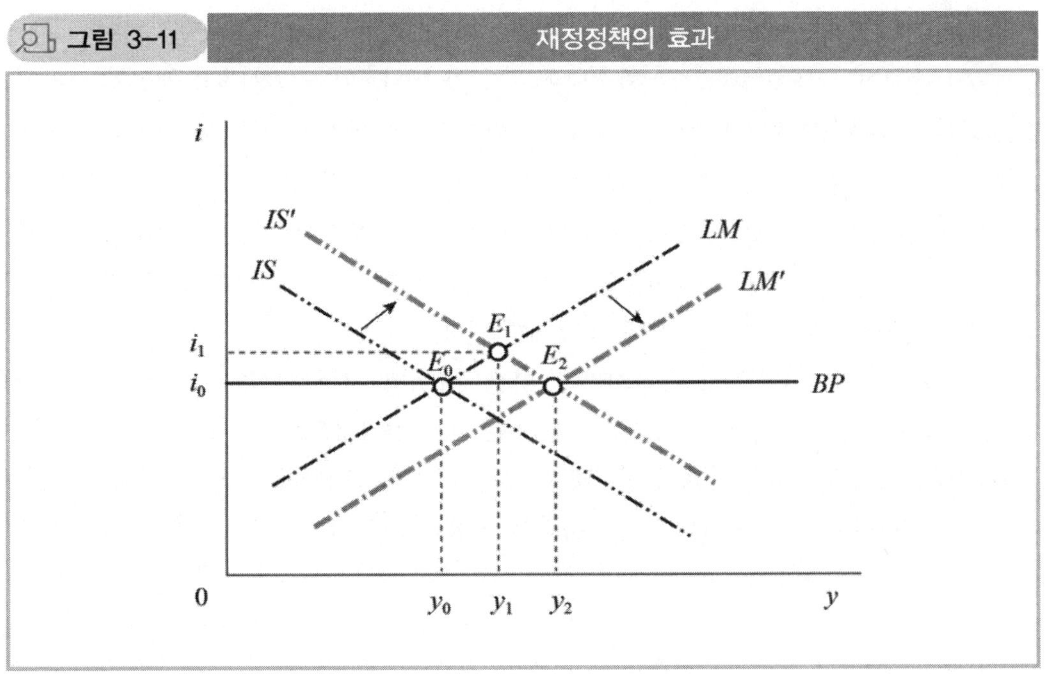

(그림 3-11)은 재정정책의 효과를 설명하고 있으며, E_0점은 개방경제의 균형을 나타내 주고 있다. 국민경제의 균형상황에서 확장재정정책을 시행하는 경우, 다음의 과정을 거쳐 효과가 발생하게 된다.

확장재정정책으로 IS곡선은 우상향 방향으로 이동하여 IS'곡선이 되며, E_1점에서 LM곡선과 교차하여 새로운 균형을 이루게 된다. 국민소득은 y_0에서 y_1으로 증가하고 이자율은 i_0에서 i_1으로 상승한다. 새로운 균형점 E_1의 이자율은 국내·외 균형이자율인 E_0에 비하여 높으므로, 자본이동이 완전한 상황에서 급속한 단기자본 유입을 불러일으킨다.

단기자본의 급속한 유입은 자본수지의 흑자로 환율하락 요인이 발생하게 된다. 그러나 고정환율제도의 경직성으로 환율을 고정된 상태로 유지하기 위해서, 정책당국은 유입된 외화자금을 매입하게 되며, 초과유동성이 해소되고 국내이자율이 원래의 국내·외 이자율 수준으로 복귀하게 된다.

이러한 과정을 통하여 국내통화량은 증가하고, 결과적으로 LM곡선이 우하향 방향으로 확장되어 LM'가 된다. 새로운 균형은 IS', LM', BP' 곡선이 교차하는 E_2점에서 이루어지게 되고, 국민소득은 y_0-y_2만큼 증가하게 된다. 고정환율제도하에서 자본이동이 완전하다면, 확장재정정책은 국민소득을 증가시키는 효과를 주게 된다.

② 금융정책의 효과

(그림 3-12)는 고정환율제도하에서 자본이동성이 완전한 경우 금융정책의 효과를 나타내 주고 있다.

E_0의 균형점에서 정책당국이 확장금융정책을 시행하는 경우를 가정하면, 통화량 증가로 먼저 LM곡선이 우하향 방향으로 확장되어 LM'가 된다. IS곡선과 LM'곡선이 교차하는 E_1점에서 새로운 균형이 이루어지게 되고, 국민소득은 y_0에서 y_1으로 증가하며, 이자율은 i_0에서 i_1으로 하락하게 된다. i_1의 이자율은 국내·외 균형이자율에 비해 낮은 수준에 있어, 자본이동이 완전한 경우 급격한 단기자본의 유출을 유발하게 된다. 자본수지는 적자로 전환되고 외자유출에 따른 환율상승 압박이 발생하며, 고정환율제도하에서의 환율고정을 위해 정책당국은 보유외환을 시장에 매각하게 된다.

통화당국의 통화흡수정책으로 통화량은 확장금융정책 시행 이전의 수준으로 복귀하게 되어, LM'곡선은 다시 LM곡선으로 회귀하게 된다. 결과적으로 국민소득과 이자율은 변화되지 않으므로 균형점은 원래의 상태로 복귀하게 되어, 고정환율제도하에서의 자본의 이동성이 완전하다면, 금융정책은 국민소득과 이자율에 효과가 없음을 제시해 주고 있다.

그림 3-12 금융정책의 효과

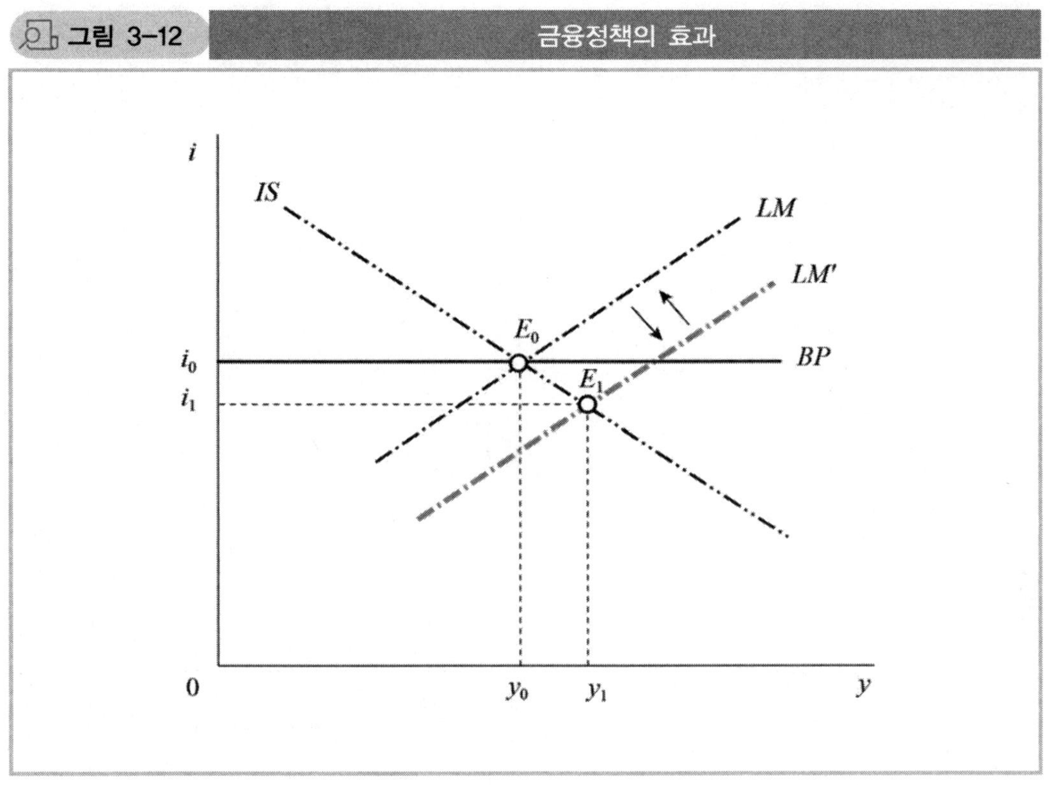

(2) 자본이동의 불완전성

고정환율제도하에서 자본이동성이 불완전한 경우, 그 정도에 따라 국제수지 균형을 나타내는 BP곡선의 기울기는 다르게 된다.

개방경제의 먼델-플레밍모형에서는 이자율변동이 발생하는 경우, BP곡선에서 발생하는 자본이동이 LM곡선에서 발생하는 화폐수요변화보다 크다고 보아, 이자율에 보다 탄력적임을 이용하여 경제정책의 효과를 분석한다.

① 재정정책의 효과

(그림 3-13)은 고정환율제도하에서 자본이동성이 제한되는 경우의 재정정책효과를 보여주고 있다. 균형상태에서 확장재정정책이 시행되면, IS곡선은 우상향 방향으로 이동하여 IS'가 된다. IS'곡선은 LM곡선과 교차하는 E_1점에서 새로운 균형을 이루게 되며, 국민소득은 $y_0 - y_1$ 증가하고, 이자율은 i_0에서 i_1으로 상승하게 된다. E_1점은 국제수지균형에서 벗어나 흑자가 발생하는 상황이므로, 외화자금의 유입에 따라 환율하락의 압력이 발생하게 된다.

그림 3-13 재정정책의 효과

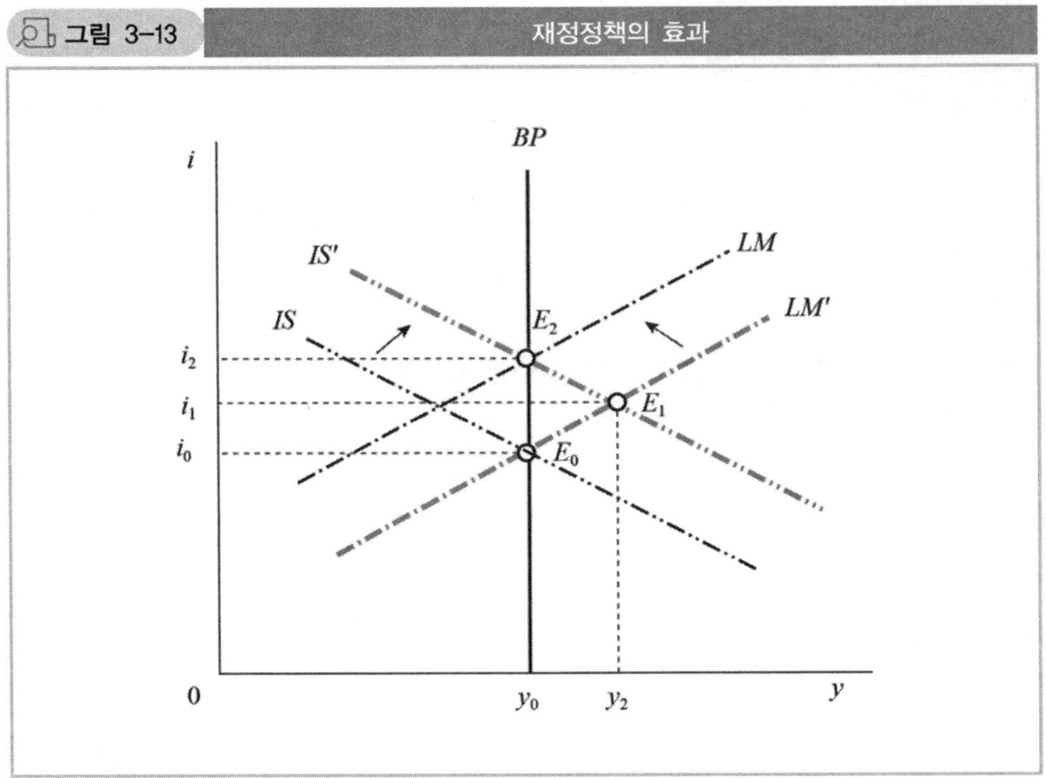

그러나 고정환율제도를 채택하고 있으므로, 정책당국은 외환을 매입하여 환율하락을 저지하게 되어 통화량이 증가하게 된다. LM곡선은 우하향 방향으로 확장되어 BP곡선과 교차하는 LM'곡선이 되고, IS', LM', BP곡선이 교차하는 E_2점에서 새로운 균형이 이루어지게 된다.

국민소득은 원래의 수준으로 복귀하게 되고, 이자율은 $i_0 - i_2$만큼 상승하게 된다. 결과적으로 고정환율제도하에서 자본이동이 불완전한 경우, 재정정책은 소득을 변화시키지 못하며 이자율만 상승시키는 효과를 주게 된다.

② 금융정책의 효과

(그림 3-14)상의 $IS-LM-BP$곡선이 교차하는 E_0에서 국민경제의 균형이 이루어지고 있다. 정책당국이 확장금융정책을 시행하는 경우, LM곡선은 우하향 방향으로 확장되어 LM'가 된다. LM'곡선은 IS곡선과 E_1점에서 교차하여 새로운 균형을 이루게 되며, 새로운 균형에서의 국민소득은 y_1으로 증가하고, 이자율은 i_1수준으로 하락하게 된다.

그림 3-14 금융정책의 효과

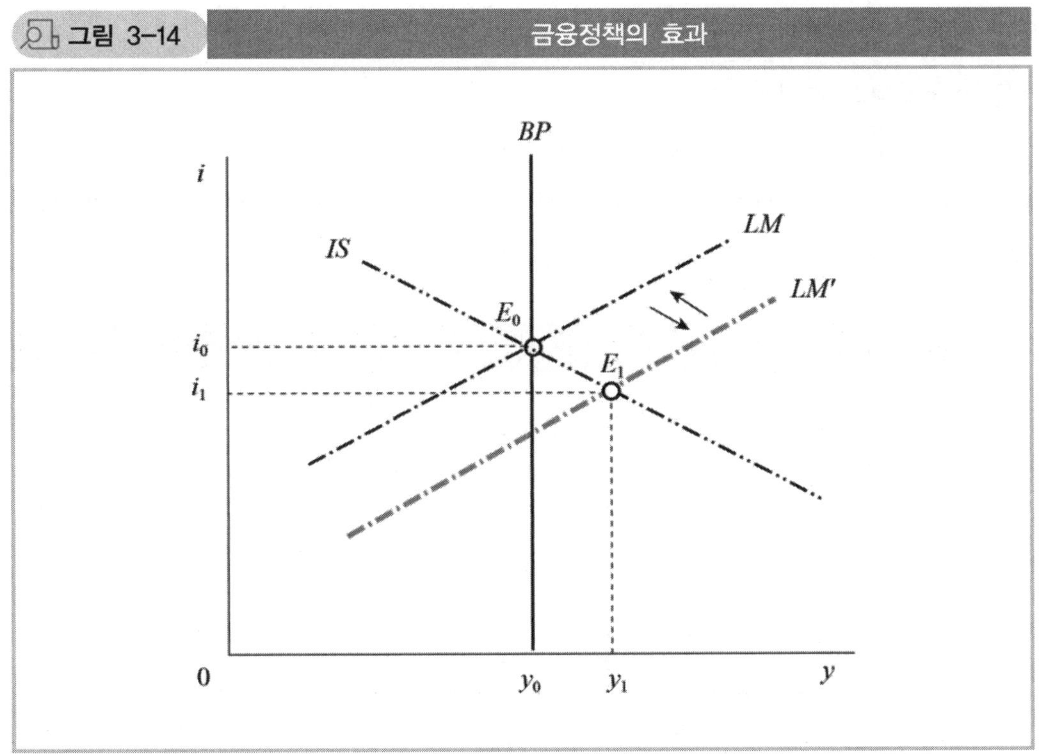

새로운 균형점인 E_1점은 BP곡선의 오른쪽에 위치하므로, 국제수지는 적자가 발생하는 국면이다. 국제수지적자는 외화자금의 유출로 환율 상승압박이 발생하게 되고, 해당 국민경제는 고정환율제도를 채택하고 있어 환율의 상승압박을 해소하기 위하여, 정책당국은 보유한 외환보유액을 시장에 매도하게 된다.

확장금융정책에 의하여 추가 공급된 통화량은 흡수되어 원래의 균형점인 E_0점으로 복귀하게 되며, 결과적으로 고정환율제도하에서 자본이동이 불완전성을 보이는 경우, 금융정책의 효과는 국민소득과 이자율에 효과를 미치지 못하게 된다.

2. 변동환율제도하에서의 효과

(1) 자본이동의 완전성

변동환율제도하에서는, 종합수지가 항상 균형을 이루도록 환율이 변동하게 된다. 국내·외 경제는 항상 BP곡선 상에서 균형을 이루게 되며, 국제수지가 흑자를 나타내는 경우, 외화자금의 초과유입에 따라 환율은 하락하고, 국제수지가 적자를 나타내는 경우, 외화자금의 초과유출에 따라 환율은 상승하게 된다.

이러한 균형상태에서 자본이동에 제한이 없게 되면, 국내이자율(i)와 해외이자율(i^*)은 같은 수준이 되며, *BP*곡선은 수평이 되어 이자율에 무한 탄력적이 된다.

① 재정정책의 효과

(그림 3-15)에서, E_0점은 상품시장과 화폐시장 그리고 국제수지가 균형을 이루는 국내·외 균형점이다. 이 상황에서 확장재정정책이 시행되면 *IS*곡선은 우상향 방향으로 확대되어 *IS'*가 되고, 새로운 균형점이 E_1으로 이동하게 된다.

그림 3-15 재정정책의 효과

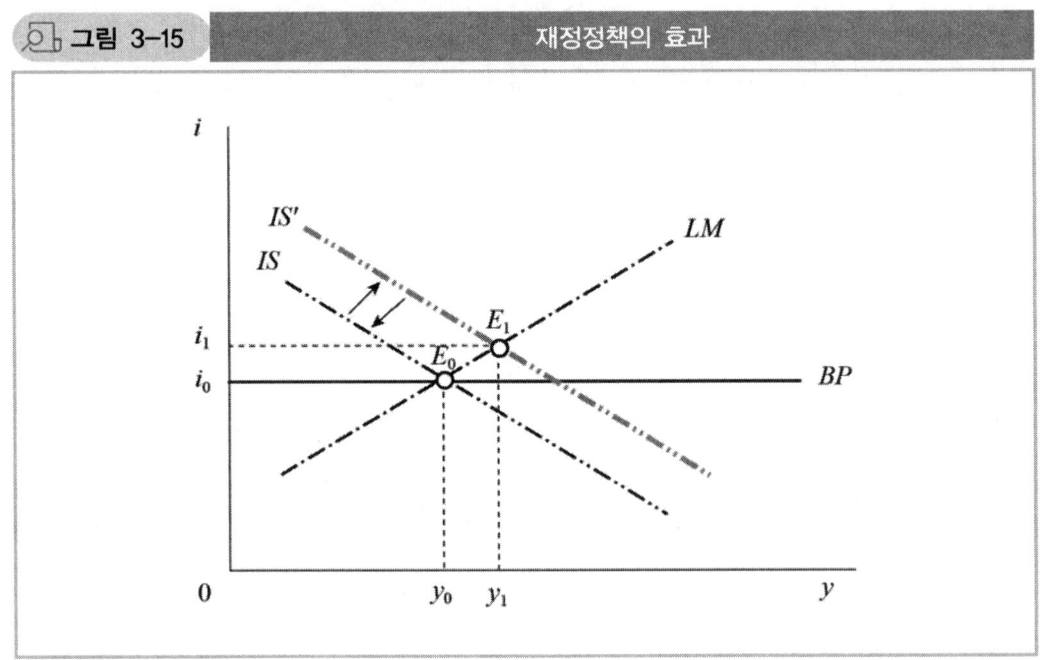

이 균형점은 이자율이 상승한 상태로, 자본이동이 완전한 조건에서는 해외로부터 단기자본이 유입된다. 해당경제는 변동환율제도를 시행하고 있어, 해외에서 외화자금의 급격한 유입으로, 환율이 급격히 하락하여 수출이 감소하게 되므로, *IS'*곡선이 다시 원래의 *IS*곡선으로 회귀하게 된다.

균형점은 다시 E_1점에서 E_0점으로 복귀하게 된다. 그러나 확장재정정책으로 국민소득은 증가하여 총지출의 증가를 유발하게 되고, 경상수지부문은 악화되지만 자본 유입에 따른 자본수지는 개선되어, 경상수지의 악화를 자본수지의 개선으로 상쇄하게 된다.

결과적으로 변동환율제도하에서 자본이동이 완전하다면 재정정책의 효과는 실물부문과 금융부문에서 상반되게 나타나지만, 종합적으로 보면 국민소득이나 이자율에 효과가 없게 된다.

② 금융정책의 효과

그림 3-16 금융정책의 효과

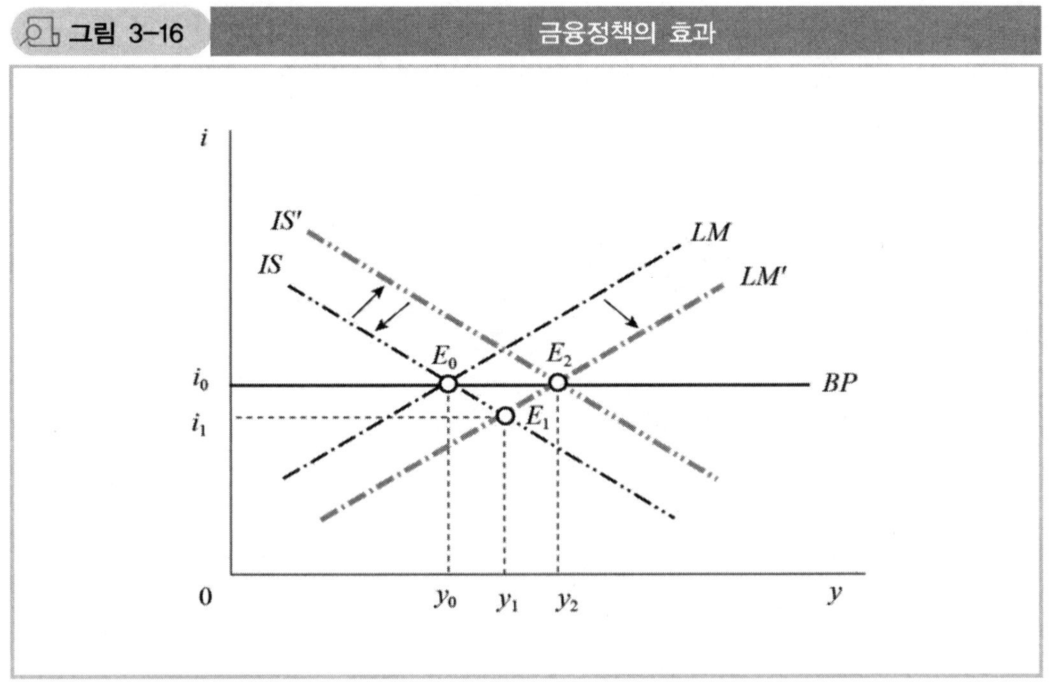

(그림 3-16)에서, E_0점은 개방경제의 균형점을 나타내며, 확대금융정책이 시행되면 LM곡선은 LM'로 우하향 방향으로 확대된다. 새로운 균형점은 E_1이 되어 이자율은 하락하게 되며, 자본이동성이 완전하기 때문에 급속한 자본유출이 발생하게 된다. 외자의 유입에 따라 환율이 급격히 상승하게 되고, 환율상승에 따른 수출 증가와 수입 감소로 경상수지가 개선되어, IS곡선이 외부로 확대되고 IS'가 되어, 새로운 균형은 E_2로 이동한다.

E_2에서의 국민소득은 경상수지개선에 따라 크게 증가한 상태이고 이자율은 불변의 상태이다. 결론적으로 변동환율제도하에서 자본이동이 완전하다면, 금융정책은 국민소득에 큰 효과를 주게 되는 유용한 정책이 된다.

(2) 자본이동의 불완전성

변동환율제도하에서 국제수지는 균형을 이루게 되므로 국민경제의 균형점도 BP곡선 상에 존재하게 된다. 자본이동이 제한적이므로 BP곡선은 우상향의 형태로 자본이동의 정도에 따라 기울기가 다르게 나타나며, 자본의 이동성이 클수록 수평에 가깝게, 적을수록 수직에 가까운 형태가 된다. 자본이동성이 불완전하여 국내이자율(i)와 해외이자율(i^*)은 일치되지 않는다.

① 재정정책의 효과

그림 3-17 재정정책의 효과

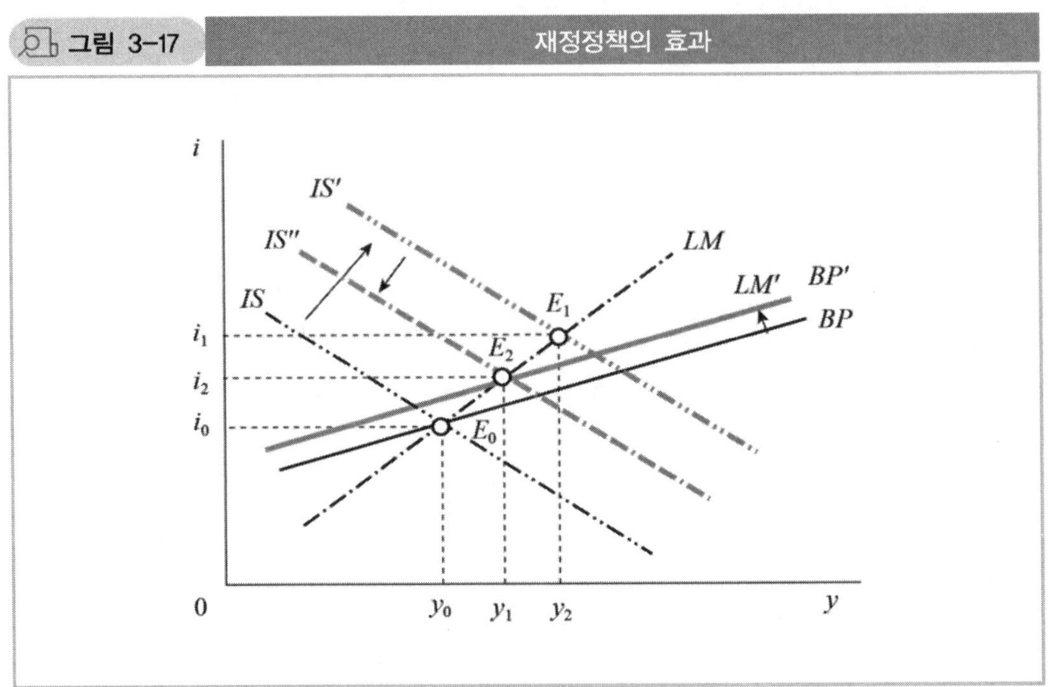

(그림 3-17)에서, 최초의 균형은 E_0에서 이루어지고 있다. 정책당국이 확대재정정책을 시행하게 되면, IS곡선이 우상향으로 확대되어 IS'로 이동하게 되고, 새로운 균형은 E_1에서 이루어진다. 국민소득은 $y_{0-}y_1$으로 증가하며, 균형이자율은 i_1으로 상승한다.

E_1점은 국제수지균형을 나타내는 BP곡선의 흑자영역에 있으므로, 국제수지의 흑자에 따른 외자의 유입에 따라 환율은 하락하게 된다. 환율하락은 경상수지를 악화시키고, 상품시장의 균형을 나타내는 IS곡선은 원점방향으로 축소되며, 국제수지의 균형을 나타내는 BP곡선도 적자 발생에 따라 흑자방면으로 이동하여, 세 곡선이 E_2점에서 교차하여 새로운 균형을 이루게 된다.

새로운 균형점인 E_2 점에서의 국민소득은 y_2로, 정책시행 전의 국민소득보다는 증가하였으나, 정책시행시점에서의 국민소득인 y_1에 비해서는 감소한 상태이다. E_2점에서의 이자율은 정책시행 전의 이자율인 i_0에 비해서는 상승하였으나, 정책 시행 초기의 이자율인 i_1에 비해서는 하락하고 있다.

결과적으로 변동환율제도하에서 자본이동이 불완전한 경우, 재정정책은 상당부분 국민소득과 이자율에 효과적인 수단이 되며, 자본이동이 불완전하게 될수록 그 효과는 크게 나타난다.

② 금융정책의 효과

그림 3-18 금융정책의 효과

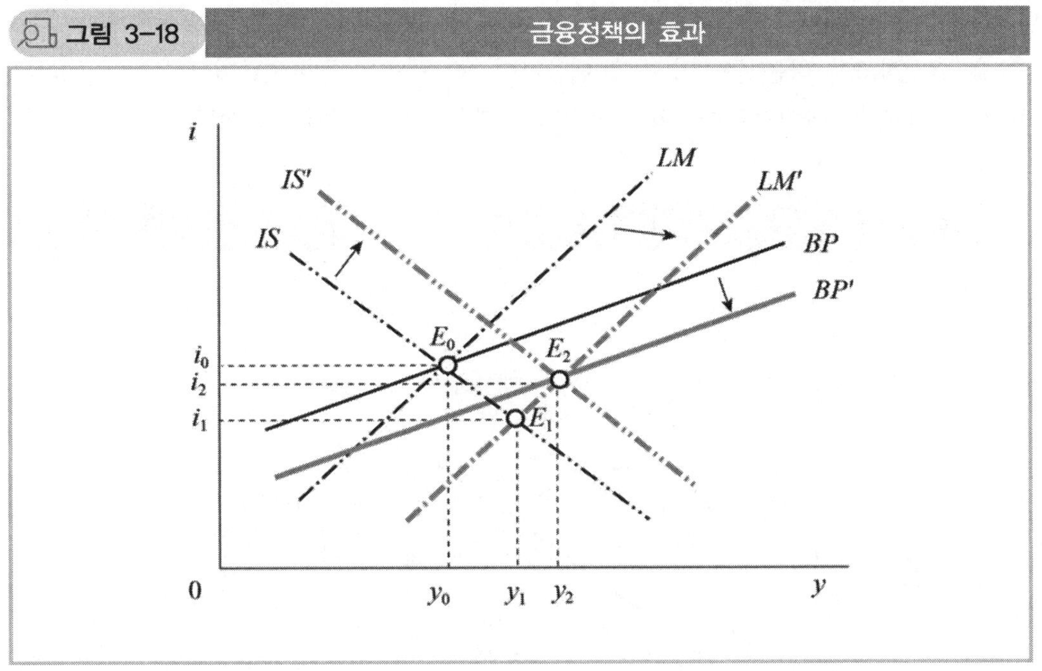

(그림 3-18)에서, 해당경제는 E_0점에서 균형을 이루고 있다. 정책당국이 확대금융정책을 시행하게 되면, LM곡선이 우하향으로 확대되어, IS곡선과 교차하는 E_1점에서 새로운 균형이 이루어지게 된다.

새로운 균형국민소득은 y_1으로 증가하며, 이 국민소득에 균형이자율은 i_1으로 하락하게 된다. 새로운 균형점 E_1은 국제수지균형을 나타내주는 BP곡선의 적자영역에 존재하여, 국제수지는 적자이고 외화자금의 유출에 따른 환율상승이 발생하여 경상수지는 흑자를 기록하게 된다.

경상수지의 흑자에 따라, 상품시장의 균형선인 IS곡선은 우상향으로 확대되고, 환율상승에 따른 경상수지흑자로 BP곡선은 적자영역으로 이동하여, 세 곡선이 교차하는 새로운 균형점 E_2로 이행하게 된다. 새로운 균형점인 E_2에서의 국민소득은 y_2로 증가하게 되고, 이자율은 i_2로 상승하게 된다.

결과적으로 변동환율제도하에서 자본이동이 제한적이면, 금융정책은 국민소득과 이자율을 조정할 수 있는 유효한 정책이 된다.

Ⅲ. 개방경제의 정책조합

개방경제의 경제정책은 상품시장과 화폐시장, 그리고 국제수지균형을 이루기 위해 시행된다. 따라서 대외균형과 대내균형을 같이 고려하여 시행하여야 한다. 개방경제의 대내·외 균형은 달성하고자 하는 목표의 수에 대응하여, 같은 수의 정책수단이 필요하게 되므로, 다수의 목표에 부합하도록 다수의 정책수단이 복합되어 시행되어야 한다.[3)]

그림 3-19 Swan diagram

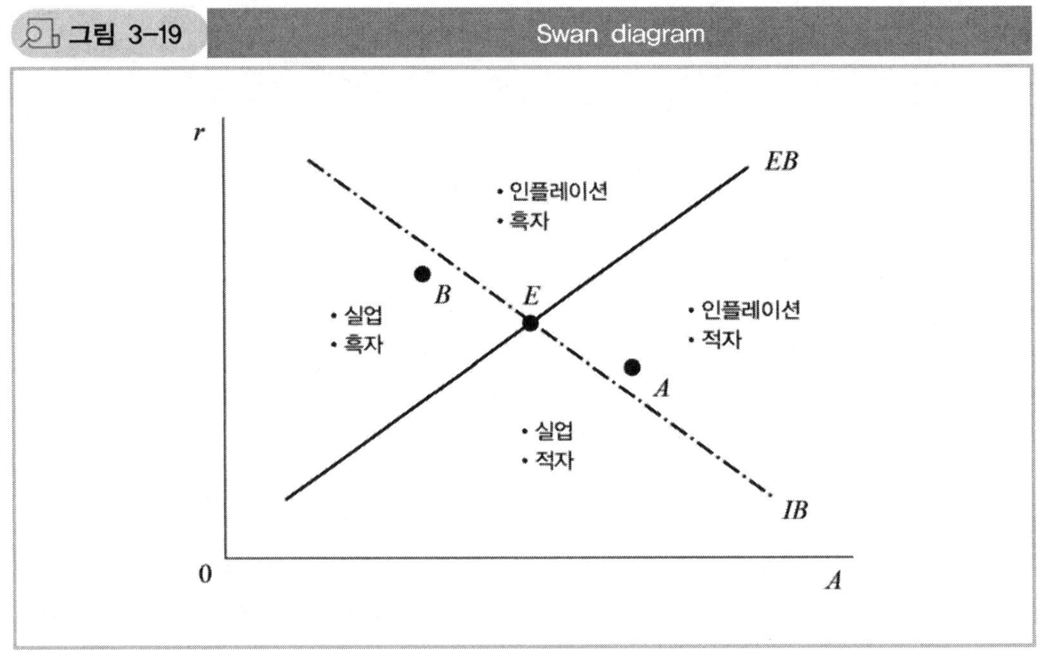

개방경제의 대내·외 경제균형을 위한 정책조합과 관련하여, 스완(T. Swan)에 의하여 제시된 "스완도표(Swan diagram)"는 대내균형선과 대외균형선에 의한 개방경제의 유용한 경제정책조합의 방향을 다음과 같이 제시하고 있다.[4)]

(그림 3-19)에서 종축은 개방거시경제모형인 $IS-LM-BP$모형에서의 국민소득을 총지출로, 횡축에는 이자율을 환율로 표시하고 있다.

IB(internal balance)선은 상품시장과 화폐시장의 균형으로 이루어지는 대내경제균형을 나타내주는 조합을 의미한다. 구체적으로 경기과열에 의한 인플레이션이 없어 물가가 안정된 상황과 경기침체에 의한 실업이 없어 고용이 안정된 상황을 의미한다.

3) "틴버겐의 법칙"에 따르면, 경제목표를 달성하기 위해서는 시행되는 경제정책의 수와 경제목표의 수가 같아야 하므로, 국내·외 경제균형을 위해서는 여러 경제정책이 복합되어 시행되는 policy mix를 필요로 하게 된다.

4) T. W. Swan, "Longer-Run Problems of Balance of Payments," *Readings in International Economics*, Richard D. Irwin, 1968.

IB선을 중심으로 왼쪽 국면에는 경기침체에 따른 실업이 존재하고, 오른쪽 국면에는 경기과열에 따른 인플레이션이 존재하여, 오직 IB선상에서만 상품시장과 화폐시장의 균형으로 대내균형이 이루어지고 있다.

EB(external balance)선은 국제수지균형으로 흑자나 적자가 없는 대외경제균형을 나타내고 있다. EB선의 왼쪽 국면에는 국제수지흑자가 존재하고, 오른쪽 국면에는 국제수지적자가 존재하여, 오직 EB선상에서만 대외균형이 이루어진다.

대내경제균형과 대외경제균형은 두 곡선이 교차하는 E점에서 이루어지고, E점을 기준으로 4개의 영역으로 구분되며, 각각의 영역은 대내·외 불균형이 존재하게 된다.

스완의 도표를 이용하여, 국민경제상황분석에 따른 경제현황을 파악하여 균형 여부를 판단하게 되며, 이를 근거로, 불균형을 조정하기 위한 경제정책의 조합을 시행하여, 대내·외 경제균형을 달성할 수 있게 된다.

국민경제의상황이 A점에 위치한다고 파악되는 경우의 균형 경제정책조합은 다음과 같이 이루어질 수 있다. A점은 대내균형선인 IB선의 오른쪽영역에 있어 인플레이션 국면이며, 대외균형선인 EB선의 오른쪽영역에 있어 국제수지가 적자인 국면에 있다. A점의 상황은 균형점인 E점에 비해 총지출규모가 크므로, 이를 감소시키기 위한 재정정책으로 세율을 인상하거나 정부지출을 감축하는 등, 축소재정정책으로 총지출규모를 감소시켜야 한다. 또한 환율수준이 균형점인 E에 비해 낮으므로 환율을 인상하는 정책으로 경상수지를 개선해야 한다. A점에서 시행된 축소재정정책과 환율정책으로 총지출규모는 감소하고 환율은 인상되어 인플레이션이 축소되고, 경상수지가 개선되어 균형점인 E점에 복귀한다.

국민경제의 상황이 B점에 위치하는 경우, IB선의 좌측영역에 위치하여 경기침체에 따른 실업이 존재하며, EB선의 우측영역에 위치하여 국제수지가 흑자를 나타내는 상황이다. B점의 상황은 균형점인 E점에 비해 총지출의 규모가 적으므로, 지출규모를 증가시키기 위한 세율인하나 정부지출확대 등 확대재정정책을 시행하게 된다. 환율은 E점에 비해 높은 수준이므로 보유외환의 시장매각을 통해 환율하락을 유도하여, 균형점인 E점으로 복귀하게 된다.

스완의 모형은 국제자본이동의 역할이 배제되는 등 이론적 취약점에도 불구하고, 대내·외 경제균형을 위한 유용한 정책조합(policy mix)의 방향을 적절히 제시하고 있다고 평가된다.

요 약

1. 국제수지의 균형 여부는 자율적거래를 기준으로 판단하게 된다.
   자율적 거래(autonomous transaction)는 경제주체들이 경제적 목적을 가지고 행하는 거래의 기간 별 합계로, 국가 간 상품 및 금융자산의 가격차를 반영하여 이루어지는 거래를 의미하여, 이들 거래의 합으로 국제수지균형 여부를 판단하게 된다.
   조정적 거래(accommodate transaction)는 자율적 거래의 결과 국제수지가 불균형 되는 경우, 불균형을 조정하기 위하여 시행되는 거래를 의미한다. 국제수지는 복식부기원리에 의하여 작성되므로, 기간별 국제수지불균형은 균형을 위한 조정이 필요하며, 이러한 조정을 위해 시행되는 거래가 조정적 거래이다.

2. 가격–정화조정 메커니즘(price–specie flow mechanism)은 영국의 경제학자 흄에 의하여 주장된 이론으로, 국제금본위제도하에서 국제수지조정이론이다. 이 이론은 당시 중상주의자들에 의한, 금을 국부와 동일시하고 금의 축적을 위해 수출을 증가하고 수입을 억제하여, 차액을 금으로 받아 국부로 축적해야 한다는 견해에 대한 이론적 모순을 지적하고 있다.
   이 이론은 금의 지속적 유입은 화폐공급을 증가시켜 물가상승을 유발하고, 국내물가상승은 수출 감소와 수입 증가를 유발하여, 결과적으로 국제수지가 악화됨을 체계적으로 설명하고 있다.

3. 대내·외 경제균형을 위한 정책조합(policy mix)은 대내균형을 위한 상품시장균형, 화폐시장균형, 그리고 대외균형을 위한 국제수지균형이 복합적으로 달성된 상태를 의미한다. 대내·외 경제의 균형달성을 위해서는 재정정책, 통화정책, 무역정책, 외환정책 등 가용 가능한 모든 정책이 복합되어 시행되어야 한다.
   각국은 국제금융협력기구의 규제 및 교역상대국의 대응으로, 모든 경제관련 정책을 시행하기는 어려운 상황에 있다. 따라서 각국이 이용가능 한 정책수단을 복합적으로 시행함으로써, 효율적으로 대내·외 균형점에 이행하게 된다.

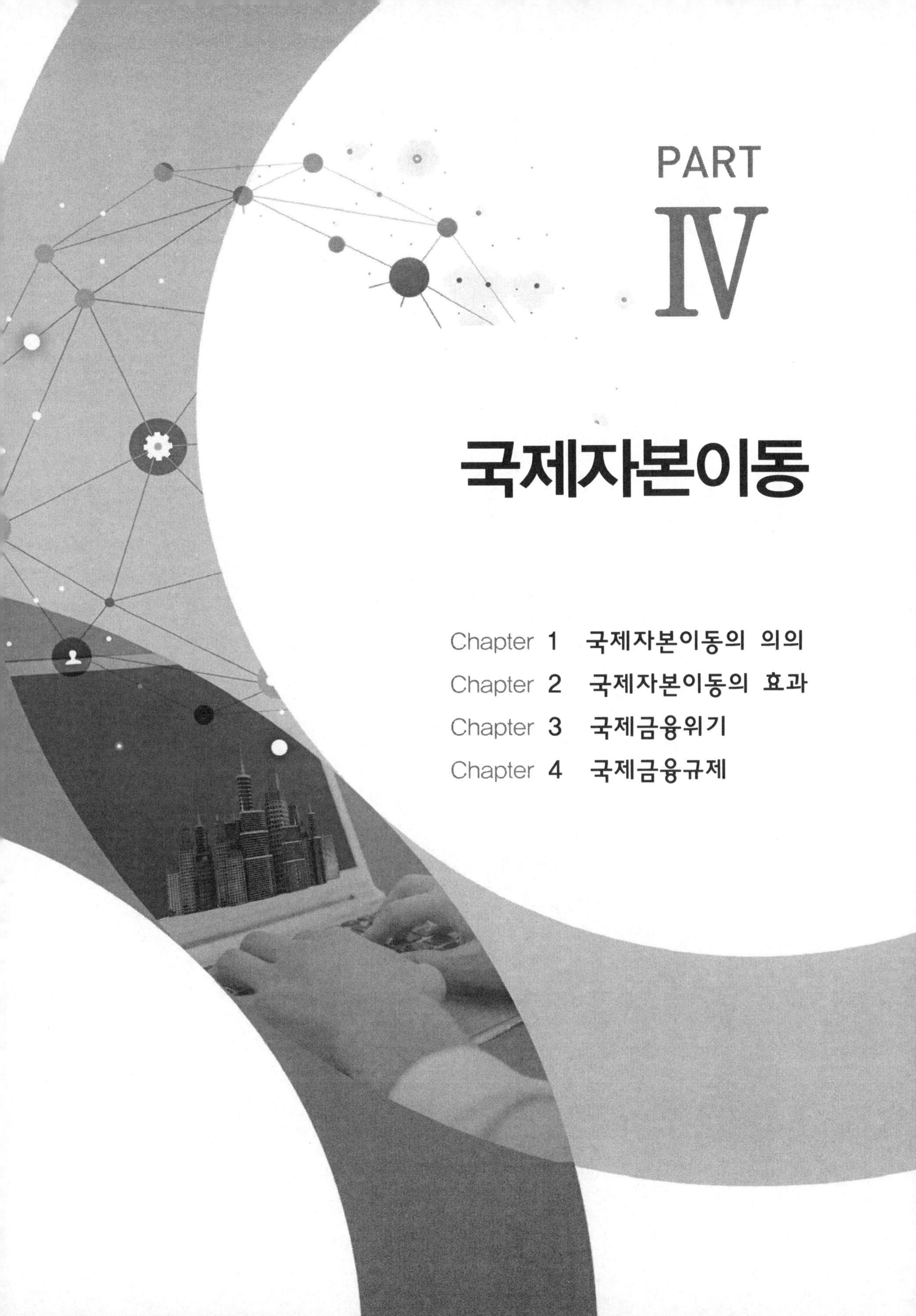

PART

IV

국제자본이동

Chapter

1 국제자본이동의 의의

제1절 국제자본이동의 개요

Ⅰ. 국제자본이동의 유형

국제자본이동(international capital movement)은 19세기 후반 성립된 국제금본위제도를 계기로, 각국 통화가치의 안정성과 태환성 등이 보장되면서 지속적으로 증가해왔다. 그러나 1914년 제1차 세계대전의 발발을 계기로 국제금본위제도는 붕괴되었고, 제2차 세계대전 종료 시점까지 국제통화협력체의 부재에 따라, 무역과 자본이동도 크게 위축되었다.

제2차 세계대전 종료 직전인 1944년, IMF의 브레튼우즈체제에서 각국 통화의 고정환율제도 채택을 계기로 국제자본이동은 다시 증가하였으며, 각국의 자본시장 개방과 자본자유화의 분위기에서, 국가 간 자본의 편재에 따른 자본의 한계생산성 차이를 추구하기 위해 급속히 증가하는 추세를 나타내고 있다.

초기의 국제자본이동은 국가 간 교역의 결제로 이행되는 유발적동기로 이루어졌다. 그러나 교역의 증가로 국가 간 국제수지불균형이 심화되면서, 적자국에서 흑자국으로 자본이동이 지속되어 자본의 한계생산력 차이가 발생함에 따라, 자본의 한계생산력이 낮은 자본풍부국에서 자본의 한계생산력이 높은 자본부족국으로 수익을 추구하기 위한 자발적동기의 자본이동이 이루어졌다.

국제자본이동이 실물이동과 구분되는 점은, 시차를 두고 반대방향의 상환이 이루어진다는 점이다. 즉 실물이동은 결제로 거래가 종료되지만, 자본이동은 일정한 계약기간이 종료되면, 원금과 이자에 대한 반대방향으로 상환이 발생하게 되는 것이다.

최근에는 실물의 국가 간 이동에서 발생하는 경상거래의 규모에 비해 자본거래의 규모가 훨씬 큰 수준으로 급증하고 있고, 자발적동기의 자본이동이 압도적 규모로 증가하고 있다.

따라서 자본이동의 주 분석대상은 국제결제 목적의 유발적 자본이동이 아닌 자본의 국가 간 한계생산력을 비교하여 이동하는 자발적 목적의 국제자본이동에 초점을 두게 된다.

국제자본이동의 유형은 자본이동의 방향, 자본의 상환기간, 자본이동의 주체, 자본이동의 목적 등에 따라서, 다음과 같이 분류될 수 있다.

첫째, 국제자본이동은 한 국가의 관점에서, 타국으로 자본이 유출되는 경우 투자가 되고, 타국에서 자본이 유입되는 경우 도입이 된다.

둘째, 국가 간 자본의 한계생산력차를 추구하기 위한 자본이동은 시차를 두고 반대방향으로 상환된다. 이러한 상환기간을 기준으로, 1년 미만인 경우 국제단기자본이동, 1년 이상이 되는 경우 국제장기자본이동이 된다.

셋째, 국제자본이동을 주관하는 주체가 단수인 경우에는 단독자본이동이 되며, 주체가 복수인 경우 합작자본이동이 된다.

넷째, 국제자본이동의 목적에 따라 경제주체가 경제적 이익을 추구하는 경우 사적자본이동이 되며, 국가 간 경제협력이나 기타 공공목적을 추구하는 경우 공적 자본이동이 된다.

Ⅱ. 무역과 자본이동

국가 간 이동되는 자본은 토지, 노동 등과 더불어 기본적 생산요소의 하나로, 국가 간 상대가격을 비교하여 거래가 이루어지는 하나의 금융상품이라고 할 수 있다. 같은 생산요소인 토지는 국가 간 이동성이 제한적이고, 노동도 고른 분포로 비교적 이동성이 제한적임에 비해, 자본은 통신수단에 의하여 이동이 용이한 특성을 갖는다.

이러한 점에 비추어 생산재인 재화이동과 생산요소인 자본이동은 상호대체성과 상호보완성이 상존하는 관계로 파악할 수 있다. 실물이동인 무역과 자본이동인 투자의 차이점은 다음과 같다.

첫째, 실물이동인 무역은 자국본위의 경제행위로, 자국은 생산거점이 되고, 외국은 자국의 시장이 된다. 이에 반해 자본이동은 외국본위의 경제행위로, 투자를 통해 생산거점이 자국에서 외국으로 이전된다.

둘째, 무역은 시장개방에 따른 자유주의 분위기에서 활성화되며, 보호주의 분위기에서는 관세, 비관세 등의 수단으로 제한된다. 이에 반해 자본이동은 시장보호에 따른 보호주의 분위기에서 활성화되며, 자유주의 분위기에서는 무역의 활성화로 규모가 축소된다.

셋째, 무역의 유통경로가 길어질수록 가격누증(price escalation)이 발생하여 채산성이 악화함으로 무역은 제한되고, 자본이동에 의한 생산시설의 확보를 위한 자본이동이 증가하게 된다.

이러한 관점에서, 생산재의 이동인 무역과 생산요소의 이동인 자본이동은 상호 대체적이며, 상호보완적인 관계에 있다.

제2절 국제단기자본이동

Ⅰ. 국제단기자본이동의 형태

1. 투기성자금

국제단기자본이동은 상환기간이 1년 미만인 조건의 자본이동이다. 따라서 상환기간이 다음 영업일인 익일물부터 몇 개월이 되는 형식의 자본이동이 해당된다. 국제단기자본이동은 상환기간이 단기임을 감안하여 산업설비에 투입되지 못하고, 단기금융시장에서 수익성을 추구하면서 부동자금(hot money)의 형태로 운용되고 있다.

국제단기자본이동의 가장 보편적 형태는 투기성 자금(hedge fund)으로, 국가 시장별 금융자산의 수익성 차이를 추구하기 위한 단기자금이동이다. 현재 국제금융시장에서 운용되고 있는 투기성자금으로는 퀀텀펀드,[1)] 재규어펀드, 라이언펀드 등이 있다.

이러한 투기성자금은 산업구조에 투입되지 못하고 국제금융시장에서 부유하는 hot money로, 투기성요인의 발생에 따라 급격히 특정시장에 유입되거나 특정시장에서 유출되어 시장기능을 마비시키게 되므로, 각국 금융위기의 주범으로 규제대상이 되기도 한다.

많은 국가들은 이러한 헤지펀드의 유출·입을 규제하여, 국내시장을 보호하기 위한 법적·제도적 장치를 마련하고 있다. 1978년 미국의 경제학자 토빈(James Tobin)이 주장하여 시행된 토빈세(tobin tax)는 투기자본의 급격한 유출·입으로 각국의 금융위기가 촉발되는 것을 방지하기 위한 대표적인 헤지펀드 규제제도이다.

투기적 자본이동의 규제는 오늘날의 자본자유화 분위기에서, 모든 국가들이 규제에 동참하는 공조체제가 이루어지지 않으면 효과가 없으므로, 투기성자금인 헤지펀드가 증가한 1990년대부터, G7정상회의를 중심으로 유사한 규제방안을 동시에 부과하는 국제공조체제가 검토되고 있다.

우리나라의 경우, 외환거래법상에 안전장치(safe guard)조항을 두고, 투기성 자금의 유출·입을 규제하기 위한 법적규제조치의 근거를 마련하고 있다.

1) 퀀텀펀드(Quantum Fund)는 조지 소르스가 운용하는 헤지펀드로, 1992년 영국의 파운드화에 대한 투기공격으로 유럽통화제도금융위기와 1997년 태국 바트화에 대한 투기공격으로 동아시아외환위기를 유발시킨 원인으로 지목되고 있다.

2. 무역신용

무역신용(trade credit)은 국가 간 재화의 거래에서 물품인수 후 대금지급을 하게 되는 일종의 외상거래로, 수출업자가 수입업자에게 제공하는 단기자금공여형식의 금융이다. 무역신용은 통상 90일을 기준으로 공여되며, 수출업자의 신용공여 외에도 기한부어음(usance bill)형태로 은행이 채권자에 제공하는 경우와 정부기관의 수출용원자재 수입업체들에 제공하는 경우가 있다.

이러한 무역신용은 국가 간 실질적 자본이동이 발생하지는 않으나, 해당기간 동안 자본이동이 유예됨으로, 실질적으로는 자본이동이 이루어진 것과 같은 효과를 주게 된다.

3. 단기대차

단기대차(call loan)는 콜머니(call money)형식으로 단기에 회수되는 조건의 금융이다. 채권자 관점에서는 콜론이 되고 채무자 관점에서는 콜머니가 되어, 대차관계가 형성되는 단기시장(call market)에서 거래되는 단기금융상품이다.

단기대차는 금융기관의 지급준비, 외환결제 등 신용위기를 대비하거나 외환매입액과 외환매도액의 균형상태(square position)에 이르기 위한 조정을 위해 신속하게 이동되어야 한다. 단기대차의 형태로는 결제기간이 다음날이 되는 익일물, 일주일 거치 후 결제되는 보통물, 일개월 거치 후 결제되는 익월물 등이 있다.

이 외에도 각 국가, 기업, 그리고 개인 등 경제주체들을 대상으로 예금과 대출을 이행하고 있는 유로통화(Eurocurrency) 등은 대부분 단기자본이동의 형식으로 국가 간에 이동되고 있다.

Ⅱ. 국제단기자본이동의 동기

1. 금리재정

금리재정(interest rate arbitrage)은 국제금융시장 간 실질금리차가 발생하는 경우, 자본의 실질금리가 낮은 시장에서 높은 시장으로 이동시켜 금리차익을 취득하기 위한 목적으로 이행된다.

일반적으로 국가 간 명목금리는 차이가 있으나 명목금리에서 물가상승률을 감안하면 실질금리는 균형을 이루고 있다. 그러나 국가별 기준금리의 조정이 이루어지는 경우, 실질금리는 차이를 보이게 되고 실질금리가 높은 시장으로 단기자본이동이 급속히 이동하게 된다.

금리재정 목적의 단기자본이동이 진행되면 자본이 유출되는 시장의 실질금리는 상승하고, 실질금리가 상승한 시장에서는 자본유입으로 실질금리가 하락하여, 시장 간 실질금리는 신속하게 균형을 회복하게 된다.

금리재정 목적의 단기자금이동의 예는 일본의 양적완화정책으로 엔화의 금리가 낮은 수준에 있던 기간에, 일본의 엔화가 금리가 높은 국가로 대량 이동하며 발생한 엔carry 현상 등을 들 수 있다.

2. 환재정

환재정(exchange rate arbitrage)은 다른 외환시장에서 통화 간 환율이 수급불균형에 따라 차이를 나타내는 경우, 특정통화가 저평가된 시장에서 상대적으로 고평가된 시장으로 이동하여, 환율 차에 따른 이차취득거래가 이루어지는 것을 의미한다.

뉴욕외환시장과 런던외환시장에서 유로화와 달러화의 환율이 다음과 같이 거래되고 있는 경우를 가정해 보자.

London market	New York market
1€ : 1.0136$	1€ : 1.0133$

유로화는 상대적 관점에서 런던외환시장에서 고평가되고 있고, 뉴욕외환시장에서는 저평가되고 있으며, 달러화는 뉴욕외환시장에서 고평가되고, 런던외환시장에서는 저평가되고 있다. 이러한 상황에서, 유로화를 저평가되고 있는 뉴욕외환시장에서 구매하여 고평가되고 있는 런던외환시장에서 판매하고, 달러화는 저평가된 런던외환시장에서 구매하여 고평가된 뉴욕시장에서 판매하게 됨으로써 환차익을 얻게 된다.

환재정거래의 지속으로 외환시장 간 환율의 차이는 해소되어, 환율이 균형을 이루면 환재정거래는 종료된다. 외환시장 간 환율에 미미한 차이가 발생하는 경우, 환재정거래를 위한 제반비용이 환재정거래에서 발생하는 수익으로 커버할 수 없는 수준이면, 환재정거래는 발생하지 않는다.

3. 투기거래

투기(speculation) 목적의 국제단기자본이동은 금융시장 간 금융상품의 예상수익률을 비교하여, 수익률이 높은 시장으로 자본을 이동시켜 높은 수익률을 취득하기 위한 목적으로 시행된다.

투기의 대상이 되는 금융상품은, 주식, 채권 등 수익률상품, 주가지수, 선물지수 등 지수변동 상품, 그리고 통화, 원유, 금 등 상품선물로 대상이 다양하며, 기타 합성상품 및 혼성상품 등 금융기법의 확대로 다양하게 세분화된다.

투기목적의 자본이동은 금융상품의 높은 수익률을 취득하기 위한 거래로, 금융상품거래에 단기간결제구조가 적용되는 경우가 대부분이므로, 단기자본이동을 유발한다. 각국은 장내시장인 금융상품거래소를 개설하여, 국내·외 투자자를 대상으로 투기거래를 위한 금융 system을 제공하고 있다.

4. 자본도피

자본도피(capital flight) 목적의 단기자본이동은 음성자금의 탈세, 은닉, 세탁을 목적으로 이루어지거나, 자본이 운용되고 있는 시장에서 신용위험이 증대되거나, 외환관리강화 가능성이 높아지는 경우, 해당 국가에서 외부지역으로 자본을 유출시키기 위한 것이다.

자본도피의 주요경로는 기업의 내부거래를 이용하거나 국제거래의 이전가격을 조작하는 방식을 이용하게 된다. 자본도피는 단시간 내 다수의 거래를 반복시켜 자본의 추적을 회피하는 방법으로 이루어지므로, 국제단기자본이동의 주요 목적으로 이용된다.

국제금융시장에는 이러한 자본도피 등 음성자금의 금융거래를 지원하기 위해 인위적으로 조성된 금융시장이 존재한다. 소규모 섬나라들인 이들 금융시장은 금융거래비용을 최소화한 조세천국(tax heaven)으로 인식되고 있으며, 금융산업을 육성하기 위한 목적에서 국가 정책적으로 국제금융시장을 조성하고 있다.

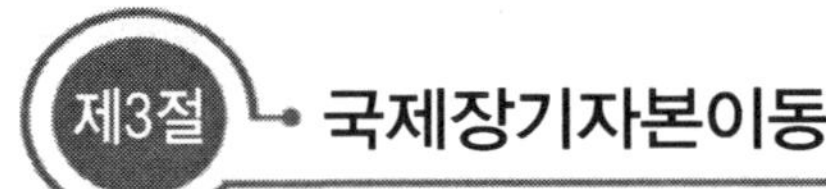

제3절 국제장기자본이동

Ⅰ. 국제장기자본이동의 유형

국제장기자본이동은 상환기간이 1년 이상이 되는 자본이동으로 비교적 장기에 걸쳐 투자가 지속됨으로, 금융시장에서 머무르다 이동하는 단기자본에 비해 실물부문에 투입되는 비중이 높아 피 투자국의 기초산업 육성 등 경제여건에 보다 큰 영향을 미치게 된다.

국가 간 경제협력을 목적으로 하는 경우, 30년 이상의 장기자본 이동도 이루어져, 피 투자국의 경제개발, 산업구조의 개편, 그리고 사회간접자본 확충 등을 위해 투입된다. 우리나라와 같이 부존자원이 부족한 국가의 경우, 기업들의 생산재에 필요한 기본원자재를 개발하고 장기간 안정된 공급을 위해, 원산지에 투자하는 장기자본이동이 많이 이루어지고 있다.

장기자본이동은 목적에 따라, 경영참여 목적으로 자본을 이동시키는 직접투자, 이윤배당을 목적으로 자본을 이동시키는 증권투자, 그리고 파생금융상품의 수익률을 목적으로 자본을 이동시키는 파생금융상품투자로 구분된다.

1. 직접투자

직접투자(direct investment)는 외국의 기업이나 자본재 등에 투자하여 투자기업의 경영권을 획득함으로써 기업경영에 참여하기 위한 투자를 의미한다. 직접투자는 해외에 자회사나 지부를 설립하거나 현지기업의 지분을 확보하는 방법으로 이루어진다.

직접투자는 50% 이상의 지분투자를 통해 경영권을 장악하게 되지만, 경영권 참여는 그 이하의 투자로도 가능하며, 투자의 목적도 명확하게 구분되지 않고 경영권 참여와 이윤배당이 복합되어지는 경우가 많아, 현실적으로 직접투자와 증권투자의 구분이 불명확하게 된다.

따라서 IMF는 국제수지표상의 금융계정에 직접투자와 증권투자의 구분을 상장주식의 10%를 기준으로 하여, 10% 이상 투자하는 경우 직접투자로, 10% 이하 투자하는 경우 증권투자로 구분하고 있다.

경영권 참여나 지배를 위한 직접투자의 목적을 반영하여 한 경제주체가 투자를 이행하는 경우는 단독투자가 되고, 다수의 경제주체들이 다양한 목적으로 결합하여 투자를 이행하는 경우는 합작투자가 된다.

(1) 단독투자

해외 현지법인이나 자회사 설립을 목적으로 하는 단독투자는 한 기업이 이행하는 형식의 직접투자로 신설기업을 설립하기 위한 투자이며, 이 외에도 해외의 기존기업을 인수·합병(M&A: merger and acquisition)하는 방법으로 투자가 이루어진다.

해외 기존기업의 인수는 해외기업의 지분을 인수하는 형식으로, 투자기업과 피 투자기업이 독립된 경영을 하게 되며, 해외 기존기업을 합병하게 되는 경우, 투자기업이 피 투자기업의 자산과 부채를 인수하는 기업통합의 형식이 된다.

기존기업을 인수·합병하는 해외투자는 기업신설의 경우에 비해, 피 투자기업의 조직과 이미지 등을 승계하게 되므로, 기업의 해외시장 개척이 용이하게 된다. 보편적으로 기업신설 시 시장 개척에 3~5년 소요되는 것을 감안해 볼 때, 인수·합병은 기업의 이미지, 조직, A/S 등 마케팅전략에서 효율적 투자방법이 된다.

(2) 합작투자

직접투자조건의 합작투자는 국내기업과 해외기업이 연계하여 합작기업을 신설하거나, 다수의 기업이 공동으로 투자하여 합작하게 되는 전략적 제휴 방식으로 이루어지고 있다.

합작기업(joint venture company)은 투자국기업과 피 투자국기업이 합작으로 투자하여 기업을 신설하는 것으로, 주로 개발도상국에서 기간산업을 육성하고, 외국기업의 독점방지를 목적으로 외자를 유입하는 경우 이용되는 방법이다. 따라서 국가 정책적으로 피 투자국의 기업이 경영권을 장악할 수 있도록 다수의 투자기업이 되며, 투자국의 기업은 자본과 기술, 경영 등을 주로 제공하고 경영권보다는 이윤획득에 목적을 두게 된다.

전략적 제휴(strategic alliance)는 다수의 기업이 대등한 권리와 의무를 가지고 공동투자를 통해 기업을 신설하는 경우로, 기술수준이 유사한 국가들의 기업 간에 발생하는 직접투자의 형식이 된다.[2)]

이 외에도 국가 간 직접투자는 다양한 형식으로 이루어진다.

사회주의 국가들의 시장경제체제 도입초기에 주로 이용하는 공기업의 민영화(privatization) 투자는 선진국기업의 자본과 우수한 기술을 활용하기 위한 투자형태가 된다. 이러한 투자는 일정기간 투자기업에게 시장의 독점권을 부여하고, 조세를 감면하는 등 혜택이 제공된다.

개발도상국들은 일반적으로 사회간접시설을 확충하기 위한 자본이 부족하고, 기업경영이나 기술이 부족한 상황에 있다. 따라서 다양한 혜택을 제공하며 선진국기업들의 투자를 유치한다. 이러한 경우 이용되는 투자유형으로 BOT와 BLT방식의 투자가 있다.

BOT(build, operate and transfer)방식의 투자는 시설투자자금이 부족한 개발도상국이 외국자본을 유치하는 경우 이용되며, 투자기업은 시설투자 후 일정기간 시설운용으로 투자자금을 회수하고, 계약기간 종료 시 정부지정기업에 시설을 이전시키는 형식의 투자이다.

BLT(build, lease and transfer)방식의 투자는 BOT와 같은 방식의 투자가 이루어지며, 다만 시설투자를 투자기업이 운용하지 않고 정부가 지정한 타 기업에 임대하여 운용하는 점에서 차이가 있다.

2. 증권투자

증권투자(portfolio investment)는 이윤을 목적으로 자본을 이동시키는 것을 의미하며 경영권참여를 목적으로 하는 직접투자와 상대적 의미에서 간접투자로 명칭되기도 한다.

증권투자는 자산을 보유하기 위해 이루어지는 장기자본이동으로, 주식, 채권, 상업어음 등 해외금융자산을 취득하거나 해외에서 자금을 조달하기 위해 금융자산을 발행하여 매각하는 방식으로 이루어진다. 증권투자의 대상이 되는 금융상품은 주식과 채권이 주종을 이루고 있다.

증권투자는 직접투자와 다양한 방법으로 비교된다.

첫째, 직접투자는 상품의 life cycle에 따른 구조, 경제발전 단계, 자본의 부존성 등을 고려하여, 주로 선진국에서 개발도상국으로 이동하는데 비해, 증권투자는 금융시스템이 발달한 선진국시장으로 이동하는 차이점이 있다.

---

2) 우리나라에서 이루어진 대표적인 전략적제휴의 예로, 대우와 GM, 삼성과 르노 등 자동차업계의 합작투자를 들 수 있다.

둘째, 직접투자는 기업경영구조, 사회간접자본 확충, 자원 및 연계산업개발 등 실물경제와 연계되는 경우가 많고, 증권투자는 금융자산의 수익률을 비교하여 금융시장에서 운용되므로, 금융경제와 연계되는 경우가 대부분인 특성을 갖는다.

셋째, 직접투자는 비교적 규모가 크고 투자의 수익이나 위험이 크게 나타나는 특징이 있고, 증권투자는 상대적으로 투자규모가 적고 위험을 분산할 수 있도록 분산투자가 가능하며, 투자수익이 제한적인 특징이 있다.

직접투자와 증권투자는 이러한 차이점에도 불구하고, 경제적 이익을 목적으로 자본을 외부경제로 이동시킨다는 본질적인 공통점을 가지고 있어 기본적으로는 같은 투자시스템에서 이루어진다고 할 수 있다.

3. 파생금융상품투자

파생금융상품(financial derivatives)은 특정금융상품, 특정금융지표, 그리고 실물상품 등 기초자산(underlying assets)으로부터 파생되는 금융계약형식의 상품을 의미한다.

파생금융상품은 기초자산과 거래형태에 따라 형태도 다양하게 된다. 파생금융상품의 기초자산은 주식, 채권 등 수익률상품, 주가지수, 선물지수 등 지수변동 상품, 그리고 통화, 원유, 금 등 선물상품 등으로 구분되고 있으며, 금융의 확대로 세분화된다.

파생금융상품거래는 선물(futures)거래, 옵션(option)거래, 스왑(swap)거래 등 형태에 따라 구분되며, 단독적으로 거래가 이루어지거나 여러 파생상품이 합성되거나 혼성되는 복합거래가 이루어지기도 한다.

파생금융상품거래는 거래소에서 이루어지는 거래소 파생금융상품이 대부분으로, 거래관련 조건이 거래소별 표준화되어 있으며, 거래소 외부의 금융기관에서 이루어지는 경우, 거래당사자간 협의로 거래내용이 맞춤형으로 조정된다.

파생금융상품을 대상으로 하는 국제거래는 19세기부터 이루어졌으며, 1899년 시카고상업거래소(CME: Chcago Mercantile Exchange)의 설립을 계기로 거래가 정형화되었다. 파생금융거래가 본격적으로 확대된 것은, 1972년 시카고상업거래소에 IMM(International Money Market)을 설립하게 되면서부터이다. IMM에서 미 달러화를 기준통화로 영국 파운드화, 독일 마르크화 등 7개 주요통화를 대상으로 하는 통화선물거래를 시작하면서 이후, 각국으로 거래소가 확대되기 시작하였다.

파생금융상품을 대상으로 하는 국제투자가 급속히 증가하게 된 배경은 주요국의 변동환율제이행으로 금융상품의 가격변동성 확대, 국가 간 금융시장의 단계적 개방에 따른 금융자산의 이동성 증가, 금융자산의 수익률과 위험을 고려한 분산투자, 그리고 정보통신기술의 발달에 따른 유동성 증가 등이 된다.

우리나라도 선물거래소와 증권거래소를 통합하여 2005년 한국거래소를 설립하면서 파생상품거래가 도입되었다. 한국거래소에서는 주식시장, 채권시장, 파생상품시장, 해외연계상품시장 등을 운용하고 있으며, 파생상품시장에서는 주가지수상품, 변동성지수상품, 개별주식상품, ETF(Exchange Traded Fund)상품, 채권·금리상품, 통화상품, commodity상품 등을 거래하고 있다.

Ⅱ. 국제장기자본이동의 동기

국제장기자본이동은 경제주체들의 경제행위를 한 국민경제에서 전 세계로 확대하는 수단을 제공하게 됨으로, 국제경제의 모든 조건이 적용된다고 할 수 있다. 국제장기자본이동은 생산재의 이동인 무역이 제약되는 경우, 대체적 이동수단이 되며, 자본자유화추세를 반영하여 점차 확대되고 있다.

국제자본이동의 동기는 다음과 같이 대별할 수 있다.

1. 시장점유율유지 및 확대

국제기업이 특정시장에서 차지하는 시장점유율(market share)은 기업의 경쟁력을 의미하고, 기업의 영업에 중요한 지표가 됨으로, 기업은 이를 유지하고 확대하기 위한 다각적 방법을 모색한다.

신 시장을 개척하는 경우, 시장을 선점하고 시장에서의 독점을 위해 신 시장에 투자를 통한 생산거점을 확보하는 전략이 필요하게 된다. 일반적으로 저개발국이나 개발도상국은 여러 경제단계를 거치면서 경제발전을 이루게 된다. 경제발전으로 시장이 확대되고 수요가 증가하면서, 시장점유율을 높이기 위한 기업 간 경쟁이 심화된다. 이러한 상황에서는, 수출을 대체하는 직접투자로 신 시장에 생산거점을 확보하는 것이 시장점유율을 높이는데 유용한 방법이 된다.

기존시장에 대한 수출방식의 제품공급은 수출시장의 관세나 비관세 등 무역정책으로 수출품의 가격경쟁력이 저하되어, 시장점유율을 높이기 어렵게 되므로, 무역정책을 우회하는 직접투자로 현지국에서 생산하여 공급하게 됨으로 시장점유율을 확대할 수 있게 된다.

현 시점에서는 지역경제bloc이 활성화되고 있다. 현재 유럽지역 21개 회원국의 유럽연합(EU: european Union), 미국과 캐나다 그리고 멕시코를 연계한 북미지역의 북미자유무역협정(NAFTA: North American Free Trade), 멕시코와 콜롬비아, 페루, 칠레 등이 가입한 중남미의 태평양동맹(PA: Pacific Alliance), 동남아시아지역 10개국의 경제관련 협의체인 동남아시아국가연합(ASEAN: Association of South-East Asean Nations)등이 있다. 이 외에도 아프리카국가연합(AU: African Union)이 주도적으로 추진하고 있는 아프리카 자유무역협정(AFCFTA: African Continental Free Trade Area)이 창설 준비 중

에 있다.[3)]

지역경제bloc은 역내 관세철폐 및 역외 공통관세 부과로 역외국의 수출에 의한 시장진입을 어렵게 한다. 따라서 이들 지역에 시장점유율을 높이기 위해서는 투자를 통한 생산거점 확보가 필수적 요소가 된다.

제품의 해외시장수출의 경우, 수출시장이 멀어질수록 제품가격에 운송비, 보험료, 보관료 등 부가비용이 첨가되는 가격누증(price escalation)이 발생하여 가격경쟁력의 약화를 유발하게 된다. 따라서 수출방식의 가격누증에 따른 가격경쟁력 하락을 방지하게 위해 직접투자로 생산거점을 확보하게 된다.

2. 생산요소의 추구

기업의 제품생산에는 토지, 노동, 자본 등 기본적 생산요소와 기술 등 부가적 생산요소가 필요하게 된다. 대부분의 생산요소는 부존성과 성분에 따른 차이로 국가 간 가격차를 보이게 된다.

기업의 공장부지에 필요한 토지는 국토의 넓이를 반영하여, 임대료에 차이를 보이게 된다. 특히 토지는 국가 간 이동성이 제한되기 때문에 가격이 균등화하지 못하는 대표적인 비교역재가 된다. 따라서 우리나라와 같이 국토가 협소하고 토지의 사용료가 높은 경우, 해외의 저렴한 공장부지 확보를 위한 해외투자가 이루어지게 된다. 대부분의 국가는 외국자본을 유입하여 국내에 산업시설을 확충함으로써 경제성장을 모색하는 정책을 추구하고 있어, 자유무역지역이나 보세지역 등의 부지를 외국기업에게 저렴하게 공급하고 있다. 더하여 세제혜택을 제공하는 등 외국기업의 투자를 유치하기 위한 유인정책을 시행하고 있다.

기업의 생산 활동에 투입되는 노동은 국가의 인구수와 숙련도 등을 반영하여, 그 사용료인 임금이 결정된다. 일반적으로 인구밀도가 높아서 노동이 풍부한 국가는 임금이 저렴하여 제품의 국제경쟁력이 강화된다. 노동은 국가 간 이동성이 다소 제한되는 생산요소로 파악되고 있어, 노동집약적 제품생산의 경우 노동력이 풍부하고 임금이 저렴한 국가로, 투자를 통한 생산시설의 이전이 제품의 국제경쟁력을 강화시키는 요인이 된다.

자본은 기능적으로는 국가 간 이동성이 완전하지만 국가정책상 이동성이 제한되는 생산요소이다. 국가 별 자본의 이동성규제가 완화되면 이동성이 증가하며, 이동성에 제한을 철폐하게 되는 자본자유화의 상황에서는 자본의 한계생산력을 감안하여, 전 세계를 대상으로 이동하게 된다. 자본도 국가 간 부존상태에 따라 자본풍부국과 자본부족국으로 구분되며,

---

3) AFCFTA는 이전에 존재하고 있는 동아프리카경제공동체(EAC): 케냐, 탄자니아, 우간다, 브룬디, 르완다 등 5개국, 동남아프리카경제공동체(COMESA): 이집트, 리비아, 콩고 등 19개국, 서아프리카경제공동체(ECOWAS): 나이지리아, 세네갈, 가나 등 15개국, 남아프리카경제공동체(SADC): 남아공, 보츠와나, 레소토, 나미비아, 스와질랜드 등 5개국을 통합하여 인구 12억 명, GDP 2조 5천억 달러 규모가 된다.

자본조달이 용이하고, 대출이자율이 저렴한 국가로 투자를 통해 기업을 이전하게 된다.

이 외에도 신제품의 개발이 기업경영에 필수적인 경우, 해외첨단기술을 모방하고 신제품 개발이 용이한 국가나 지역을 대상으로, 투자를 통한 생산거점을 확보하기 위한 자본이동이 이루어진다. 예로 미국이 반도체산업의 선도국 역할을 한 1980년대, 관련 기업들이 반도체산업의 중심지였던 실리콘 벨리 등에 투자하여 기술모방과 제품개발을 모색하였다.

3. 원자재 조달

제조업 위주의 경영활동을 하는 기업들은 주요생산품에 필수적인 주력 원자재와 공장가동에 필요한 기본 에너지원을 장기적·안정적으로 확보해야 한다. 최근에는 주요 원자재에 대한 생산국가 간 협정으로 가격과 공급량에 변동성이 증가되고 있어, 자원이 빈약한 우리나라의 경우, 기업경영에 주력 원자재의 안정적 공급처 확보가 필수적 요인이 되고 있다.

국제적으로 원유, 철강, 동, 니켈, 알루미늄 등 주요 원자재에 대한 생산국 간 협정이 체결되고 있으며, 자원을 무기화하는 자원 내셔널리즘이 팽배하여 가격이 상승하면서, 제조업종의 원가상승 요인이 되고 있다. 각국은 주요 원자재에 대한 적정비축량을 유지하기 위한 정책을 운영하고 있으며, 원자재 부존국에서 직접 수입하거나 국제선물시장에서 구입하는 등 원자재 확보에 주력하고 있다.

주요 원자재의 안정적 확보는 기업경영의 기본조건이 되므로, 원자재에 대한 해외투자가 이루어지게 된다. 기업은 주력 원자재가 부존되어있는 장소를 탐사하여 개발하고, 이동에 필요한 도로와 항만시설 등 사회간접자본에 투자하는 수직적 통합(vertical integration)[4] 형태의 투자로 기본 원자재를 확보하기 위한 전 과정에 투자하게 된다. 수직적 통합방식의 투자는 현지국 정부와의 협의를 거쳐 원자재의 기간별 수입량, 수입기간, 수입가격 등을 조정하여 장기간 안정적 조건으로 원자재를 확보하게 된다.[5]

우리나라는 무역보험공사의 보험과 금융지원 등으로 기업의 해외 자원개발을 적극적으로 지원하고 있다.

4. 제품생산주기의 적용

대부분의 제품은 신제품기, 표준화기, 쇠퇴기의 생산주기(life cycle)을 갖고 있으며, 각기 별 생산거점에 따라 생산비용이 다르게 나타난다. 신제품은 자본이풍부하고 기술이 우월한 선진개발국에서 출시되며, 성숙기에 이르면 임금수준이 낮은 개발도상국에서 생산이

4) 수직적통합과 비교되는 수평적통합(horizontal integration)형태의 해외투자는 기업의 홈 국에서 생산·유통되는 제품을 다수투자국에 생산·유통시키기 위한 전략으로 같은 제품으로 시장을 수평적으로 확대해 가는 전략이다

5) 이러한 투자의 예로, 포항제철의 북미 로키산맥 철광개발, LG정유의 인도네시아 마두라해역 유전개발, 한국에너지개발부의 남미 동, 희토류 등 지하자원개발 등이 있다.

유리하게 되고, 쇠퇴기에는 신시장이 개발되는 저개발국에서의 생산이 유리하게 된다.

이러한 여건을 반영하여, 성장기에 이르면 선진개발국에서 개발도상국으로 투자에 의한 생산거점이 이동하고, 쇠퇴기에는 다시 개발도상국에서 저개발국으로 투자에 의한 생산거점이 이동하게 되는, 제품의 주기에 따른 해외투자가 발생하게 된다.

우리나라의 각 시대별 주력산업은 1980년대부터 목재·합판, 화학, 기계, 조선, 전자, 반도체 등으로 순차적 이동하였고, 각 산업별 쇠퇴기에 이르러 경제발전단계가 낮은 중국과 동남아시아 등으로, 투자를 통해 이동하는 현상이 일반적으로 발생하였다.

5. 무형자산 특화

무형자산(intangible assets)은 형태가 없는 자산으로 기술, 지식, 상표, 특허권, 저작권, 실용신안권, 의장권 등 지적재산권 등을 의미한다. 이러한 자산은 이동성이 크고 추가 비용 없이 수평적으로 시장 확장이 가능하여, 수익성 창출이 용이하고 부가가치를 증대시키는 수단이 된다.

무형자산을 보유한 기업은 라이센싱계약(licensing contraction)이나 프랜차이싱계약(franchasing contraction)등의 방식으로 해외에 무형자산을 이동시키는 투자로 royalty 형식의 대가를 취득하게 된다. 이러한 형태의 투자는 피자나 햄버거 등 푸드산업에서 부터, 무형자산의 활용이 가능한 오락, 문화산업 등 다양한 분야에 걸쳐 발생하고 있다.

6. 기업성장에 대응

일반적으로 기업은 여러 단계를 거치면서 성장·발전해 간다. 기업의 발생초기에는 영업지역을 국내시장으로 한정하는 국내기업의 범주에 속하게 되며, 생산설비의 확장으로 시장을 해외로 확대하여 내수와 수출을 겸하게 되는 수출기업이 된다. 수출기업은 수출시장을 다변화하고 수출시장의 보호무역조건에 따라 제품의 국제경쟁력을 제고시키기 위해 해외투자로 생산거점을 이동시키는 국제기업으로 성장하며, 다수의 국가에 생산거점을 갖는 다국적기업으로 확대된다.

따라서 기업은 성장하면서 규모가 확대되어 국내시장의 내수를 초과하는 생산단계에 이르게 되면, 규모의 경제효과를 위해 필연적으로 해외투자가 발생하게 되므로 기업성장은 해외투자에 유력한 동기가 된다.

Ⅲ. 우리나라의 해외투자

우리나라의 해외투자에 대한 정책은 시대적 여건을 반영하여, 투자를 규제하거나 투자를 지원하는 방향으로 운용되어 왔다. 해방 이후 우리나라의 해외투자는 만성적 국제수지적자로 인한 정부의 자본유출규제에 따라 제한적으로 이루어졌으며, 1970년대에 이르러 수출용 원자재를 개발하기 위한 해외투자가 허용되었다.

1980년대 후반에 이르러 국제수지가 만성적인 적자에서 흑자로 전환되었으며, 국내에서 성숙된 노동집약산업의 생산비 감소를 위한 해외투자를 허용하여 많은 국내기업이 임금과 토지임대료가 저렴한 중국과 동남아시아지역으로 해외투자를 통해 생산거점을 이전하였다.

1990년 전반기에는 국제수지흑자기조 정착에 따른 해외투자여건이 구비되었고, 국내기업의 성장으로 신 시장개척을 위한 해외투자가 활성화된 시기였으며, 정부도 정책적으로 해외투자를 지원하였다. 그러나 후반기 들어 경기가 침체되고 기업들의 도산이 이어져, 외환위기가 발생하면서 해외투자도 침체되었다.

2천년에 들어 국내경제는 급속히 안정되었고, 외환관리법을 외환거래법으로 개정하여 자본의 유출·입을 자유화하였다. 기업의 해외투자 시 인·허가 제도를 신고로 전환하고 다만, 해외투자에서 발생하는 위험이나 책임은 기업이 전담하며, 정부는 자본이동의 관리를 지양하고, 지원하는 형식으로 전환되었다.

정부의 해외투자지원제도는 다음과 같은 유형으로 시행된다.

첫째, 대한무역진흥공사와 수출입은행을 통한 해외투자기업에 대한 정보지원으로, 국가별, 분야별 전문가로 구성된 해외투자진출상담 팀을 운영하여, 온라인과 오프라인을 통한 정보지원을 하고 있다.

둘째, 무역보험공사를 통한 보험지원으로, 국내기업이 해외자원개발이나 해외M&A 등에 필요한 소요자금을 대출하는 경우, 해외위험으로 인한 금융기관의 대출금 미회수위험을 담보하는 제도와 해외에서의 위험으로 인한 주식, 배당금, 원리금 등 회수불능 시 손실을 보상하는 다양한 보험을 운용하고 있다.

셋째, 수출입은행이 제공하는 해외자원 개발, 해외M&A, 현지법인 사업자금 및 해외사업 등 해외투자에 대한 금융지원, 대외협력기금을 통해 개도국의 인프라 사업을 위한 민간투자를 촉진하기 위해 국내금융기관에 대한 보증제공, 광업진흥공사를 통한 해외 주요 광물개발 사업에 대한 금융지원, 석유개발공사를 통한 해외 석유개발기금에 대한 금융지원 등이 시행된다.

자본자유화의 추세에서 국내기업의 과다한 해외투자는 국내투자의 상대적 위축으로 고용감소와 소득감소에 따른 국내경기침체의 요인이 되는 등 부작용도 발생하게 된다.

한국은행 통계에 따르면, 최근 10년간 해외투자는 연평균 17%가 증가한데 비해, 같은 기간 국내투자는 4%의 증가에 불과하여 국내경제의 침체요인이 되고 있다. 따라서 국내투자의 증가를 통한 경제 활성화를 모색하기 위해, 해외투자기업의 국내유턴을 지원하기 위한 조세제도 개선 등 대책이 강구되고 있다.

제4절 자본도입과 외채정책

Ⅰ. 자본도입의 의의

1. 자본도입의 효과

자본은 기본적 생산요소임으로, 자본이 부족한 국가는 전반적인 국민총생산을 증가시키지 못하게 되며 경제성장이 제한된다. 따라서 자본부족국은 해외자본을 도입하여 생산능력을 제고하고, 경제성장을 이루기 위해 다양한 외자유치 노력을 기울이게 된다.

외부자본의 유입은 국민경제에 다음과 같은 일반적인 영향을 미치게 된다.

첫째, 유동성이 증가하게 되어 국내물가 상승을 유발하게 된다. 외자의 유입이 금융자산이나 실물자산 등 어느 분야에 투입되든지, 외화자산의 유입에 따른 전체적인 국내유동성을 증가시키게 됨으로, 국내화폐 증가에 따른 물가상승이 발생하며, 일시적인 대량의 자본유입이 발생하는 경우 심각한 인플레이션이 나타나기도 한다.

둘째, 외환유입에 따른 실질환율이 하락하게 된다. 외자도입은 경제적 목적을 추구하기 위해 이루어짐으로, 자본풍부국에서 자본부족국으로 이동한다. 외자도입 대상통화는 대외준비자산의 의미를 갖는 국제통화로, 대부분의 경우 미국 달러가 된다. 따라서 대부분 국가의 대외 교역조건과 관련되는 실질환율에 직접적으로 연계되어 대량 유입되는 경우 환율이 하락하므로, 외자도입 초기에 환율하락에 의한 국제수지적자가 발생한다.

셋째, 외자의 유입은 어느 부문에 투입되건 간에 국내 경제주체의 소득을 증가시키게 되고, 소득증가에 따른 소비증가를 거쳐, 국내생산성 상승에 기여하게 된다. 그러나 소비의 증가폭이 국내생산성 상승보다 크게 나타나는 경우, 경상수지를 악화시키게 된다.

넷째, 헤지펀드가 대량으로 유입되어 국내금융상품을 집중적으로 매입하는 경우, 국내금융자산의 가격상승에 따른 자산가격의 거품(buble)현상이 발생하게 되고, 실물부문과 금융부문의 괴리가 발생하는 부작용이 나타나게 된다.

2. 자본도입의 동기

자본유입을 발생시키는 동기는 자본이 유입되는 피 투자국(host country)의 관점에서 보아, 국내여건과 해외여건에서의 변화를 반영하는 과정에서 나타나게 된다. 피 투자국이 해외자본을 유입하게 되는 국내여건의 변화는 대부분 거시경제 관련 변수에서 유발된다.

첫째, 금융자산의 높은 수익률이 자본유입의 동기가 된다. 자본을 유입하게 되는 피 투자국은 일반적으로 자본이 부족한 국가로, 자본의 한계생산력이 해외에 비해 높은 수준에 있다. 자본의 한계생산력의 차이는 국가 간 기준금리를 비교하여 결정된다. 피 투자국은 기준금리가 해외에 비해 높으므로, 금융자산의 수익률도 해외에 비해 높은 수준이다. 따라서 높은 수익률은 해외자본을 유입시키는 기본적 요인이 된다.

둘째, 피 투자국의 금융개방정책은 자본유입의 주요한 동기가 된다. 보편적으로 자본부족국은 제조업 생산시설이 확충되지 못하여 국제경쟁력이 약한 상태에 있어, 유치산업 보호차원에서 외국자본의 유입을 제한하고 있다. 제조업 등 실물부문에서의 외국자본유입에 대한 규제가 지속되는 상황에서, 금융시장을 개방하는 경우 국제금융시장에서 부유하는 hot money의 유입을 유발하게 된다.

셋째, 피 투자국의 외자유인정책이 자본유입을 촉진하게 된다. 이러한 유인책으로는 유입자본에 대한 다양한 지원으로, 공장부지의 무상제공, 투자국정부와 협의로 이중과세 방지나 일정기간 동안 세금면제 등 세제상의 혜택, 사회간접자본 확충을 위한 투자 시 시장독점 혜택의 제공 등이 있다.

투자국(home country)의 해외투자는 투자국정부와 피 투자국정부 및 기업의 다양한 관점에서 이루어지게 된다.

투자국 정부의 관점에서 해외투자는 국제수지흑자의 누적 등에서 발생하는 통화의 증발을 해소하기 위한 목적으로, 경제주체들의 해외투자를 다각적으로 지원하는 방법으로 이루어진다. 또한 제조업분야의 기본원자재를 확보하기 위해 금융, 외환, 보험 등 다각적 차원에서 지원하는 방법으로 이루어진다.

투자를 이행하는 기업의 관점에서는 경제적 이윤을 추구하는 해외투자를 시행하게 된다. 여기에는 기업의 영업전반에 영향을 미치는 경영·관리적 차원에서 다양한 목적이 결부되어진다.

나아가 국제적 자본자유화의 진전으로 자본이동에 대한 규제가 완화되고 있어, 전 세계시장을 대상을 자원을 효율적으로 배분하고, 부를 증대시키기 위한 목적에서 해외투자가 발생하게 된다.

3. 자본 도입 규제

자본 도입은 피 투자국의 다양한 분야에 걸쳐 긍정적인 효과를 발생시키지만, 단기간 내 급격한 대규모 자본이 유입되는 경우 국내경제에 여러 가지 부작용을 일으키게 된다.

1980년대부터 범세계적인 자본자유화의 흐름에 편승하여 신흥시장국을 대상으로 나타난 자본유입의 부작용은, 동남아시아 국가들과 중남미 국가들 그리고 시장경제로 편입된 동구권 국가들에게서 나타났다. 이들 국가의 대부분은 급격한 자본유입에 의한 유동성 팽창과 인플레이션을 경험하게 되었으며, 자본유입에 따른 외채의 증가로 국가경제의 전망이 비관적인 경우, 유입자본이 급격히 유출되어 금융위기를 겪게 되었다.

이러한 예는 1994년의 멕시코 페소화, 1997년 태국의 바트화와 한국의 원화, 1998년 러시아 루불화, 2001년 터키 리라화, 2002년 아르헨티나 페소화 등의 가치폭락에 의한 외환위기 발생에서 찾아볼 수 있다. 외자도입의 부정적 효과는 시장이 확대되어가는 신흥개발도상국에서 보편적으로 나타나는 현상으로, 자본이 주식이나 채권 등 직접투자의 형식으로 유입되어, 은행여신의 형식으로 유입된 선진국의 자본유입과 차이가 있다.

따라서 자본유입이 신흥개발도상국의 경제성장을 지원하는 수단으로 활용되지 못하고, 물가상승과 인플레이션에 따른 국내경제에 거품이 발생하는 스페니시병(Spanish disease)[6]과 페소문제(Peso problem)[7] 등을 야기하였다.

대부분의 국가들은 자본유입의 부정적 효과를 감안하여, 자본유입을 규제하거나 조정하기 위해 적극적으로 개입하며, 긍정적 효과를 극대화하고 부정적 효과를 최소화하기 위한 관리를 시행하게 된다. 자본이동에 대한 관리는 유입된 자본의 운용과 관련되는 간접적 관리와, 유입자본에 대한 직접적 관리로 구분되어 시행된다.

(1) 간접적 관리

세계경제발전과 회원국의 경제성장 및 금융안정을 목적으로 설립된 경제협력기구(OECD: Organization for Economic Cooperation and Development)는 3대 규범으로, 자본이동 자유화규약, 경상무역외 거래 자유화규약, 국제투자 및 다국적기업에 관한 선언 등을 명시하고 있다. 따라서 OECD를 중심으로 자본자유화가 추진되고 있어, 자본유입에 대한 각국의 규제조치는 점차 완화되고 있다.

이러한 상황에서 자본유입에 대한 관리는 관련 변수를 조정해 가면서, 자본유입 규모를 변화시키는 간접적 규제로 전환되고 있다. 간접적 규제는 주로 유입되는 자본의 수익성을 축소시키는 방향으로 시행된다.

① 재정정책

자본유입의 규모를 축소하기 위한 긴축재정정책은 자본에 대한 국내수요를 감소시킴으로써, 자본유입을 감소시키는 방법이다. 예로 국책사업을 축소시켜 정부지출을 삭감하게

---

6) 신흥시장국은 국내산업 육성 등 목적으로 투자환경을 조성하여 외자를 유입한다. 그러나 외자유입이 신흥시장국의 경제성장에 기여하기보다는 대규모 자금유입에 따른 인플레이션, 경제거품형성, 경상수지적자 등 자본유입의 후유증이 신흥국경제를 취약하게 만드는 현상을 스페니시병으로 지칭한다.

7) 페소화문제(Peso problem)는 정부의 경제정책에 대한 국민들의 예상으로 외환시장에서의 환율이 불안정하게 변동하는 현상을 의미한다. 페소화문제가 제기된 것은, 1976년 멕시코의 페소화를 미국 달러에 고정시켰던 상황에서 페소화를 대폭적으로 평가절하하면서 제기되었으며, 이후에도 정부의 정책에 따라 페소화의 달러환율이 대폭적인 등락(jump)이 반복되어, 이러한 고정환율제도하에서의 대폭적인 평가변경과 관련하여 환율이 불안정하게 되는 것을 페소화문제라 한다.

되면, 소득감소와 소비감소로 이어져 물가상승을 억제하고, 이자율과 금융자산의 수익률을 하락시켜, 외국자본의 유입을 감소시키게 된다.

재정정책에 의한 자본유입의 감소효과는 외자유입을 구조적으로 조정할 수 있는 방법이지만, 시행에는 다소 제한적 요인을 포함하고 있다. 이는 재정정책이 법적 근거에서 시행되어야 하므로, 정책시행의 필요시에 적절히 대응하기 어렵고, 국민소득과 총지출 등 거시변수와 연계되어 국민경제 전반에 영향을 주게 되므로, 긴축재정정책에 의한 경기침체를 유발할 수 있기 때문이다.

② **통화정책**

자본유입의 규모를 축소하기 위한 통화정책은 외화자금의 유입에 따른 통화량 증가를 방지하기 위해, 국내여신부분을 조정하여 통화공급을 일정하게 유지하는 불태화정책으로 시행된다. 불태화정책을 이용하여 외화자금유입에 의한 과잉 통화공급 분을 국채매각으로 흡수하여, 총통화공급을 일정하게 유지할 수 있게 된다.

불태화정책은 재정정책에 비해 필요시 탄력적으로 시행될 수 있는 보다 효율적 정책으로 인정되고 있다. 그러나 지속적으로 시행되는 경우, 외화자금 유입에도 불구하고 총 통화량이 일정하게 유지됨으로, 이자율이 하락하지 못하여, 해외자본의 유입이 지속되는 문제점을 발생시키게 된다.

대부분의 국가들은 외자유입에 규제를 완화시켜가는 추세에 있지만, 급격한 자본 유입에 따른 국내금융시장 불안과 금융위기의 가능성이 존재하는 경우, 적극적 관리로 다음의 수단을 활용하게 된다.

첫째, 거주자의 해외차입이나 외화증권 발행에 일정비율을 중앙은행에 무이자로 예치하게 되는 가변예치의무제도.

둘째, 일정한도를 초과하는 비거주자의 국내은행예금에 대해 중앙은행이 지급준비의무를 부과하거나 예금금리를 인하하는 한계지준제도.

셋째, 거주자가 해외로부터 자금을 차입하는 경우와 비거주자가 국내증권에 투자하거나 투자원리금을 회수하는 경우, 일정비율의 세금을 부과하는 금융거래세제도.

(2) 직접적 관리

자본유입에 대한 직접적 관리는 이동상의 규제를 의미한다. 자본유입을 직접적으로 관리하는 방법은 자본자유화의 단계에 따라, 국가 별 차이가 존재한다. 외자도입에 따른 국내유치산업을 보호하기 위해, 외자의 국내유입을 사안별로 허가하는 positive system을 운용하게 된다.

외화자금의 유입에 대한 직접규제형식은 거주자들의 해외자금차입 제한, 비거주자들의 국내증권투자에 대한 사전승인, 국내기업의 해외주식이나 채권발행 제한, 일정액 이상의 단기자금 유입 시 일정부분에 무이자예치 부과 등이 있다.

자본시장 개방의 초기단계에서 이러한 방법의 시행은 국가의 신인도를 떨어트려, 제조업 분야에 대한 외국자본의 도입도 어려워지므로, 직접적 규제는 금융위기가 존재하는 등 유사시에 한하여 시행되며, 그 근거도 관련법으로 정비되어야 한다.

4. 우리나라의 외자 도입

우리나라의 외자 도입을 허용하기 위한 자본시장 개방은 비슷한 경제수준에 있는 국가들과 비교해 볼 때 다소 지연되었다. 다만 정부 간 차관형식으로 공적 부문의 외자 도입은 이루어졌으나, 기업의 생산시설을 확충하기 위한 민간 부문의 외자 도입은 외국자본에 의한 국내산업의 지배를 고려하여 허용되지 않았다.

정부가 금융을 장악하여 지배하는 관치금융이 장기간 이루어져, 금융기관들은 정부의 정책에 따라 예·대업무 위주의 영업으로 국제경쟁력이 낙후되어 실물부문의 성장에 대응하지 못하는 불합리성이 표출되었다. 국내금융시장은 상품 및 거래량 등에서 취약성이 두드러졌고, 이를 감안하여 주식시장과 채권시장 등 개방이 지연되었으며, 비교적 늦은 1980년대에 이르러 단계적 개방이 이루어지기 시작하였다.

1980년대 들어 자유경제지역을 조성하고 조세혜택을 제공하는 등 외국자본을 유인하는 정책을 시행하여 외국자본이 도입되기 시작하였으며, 1996년 OECD 가입을 계기로 외자도입의 여건을 구비하였으나, 외환위기 등으로 자본유입은 확대되지 못하였다. 2000년 들어, 외환 및 금융자유화가 마무리되고, 외환보유고가 누적되는 등 국가의 대외신인도가 상승하면서, 외자유치를 위한 제반여건이 조성되었다.

정부는 금융시장을 육성하기 위해, 2000년부터 3단계에 걸친 추진전략으로 동북아 금융허브전략을 시행 중에 있으며, 계획이 마무리 되는 2020년에는 동북아최대의 금융시장조성을 목적으로 하고 있다.[8] 최근에 들어, 핀-테크 산업육성 등 전략의 부분적수정이 이루어지고 있으나, 금융시장 육성은 국가의 장래를 고려한 성장전략이므로, 미흡한 부분을 보완해가면서, 차질 없이 이행해 나가야 할 것이다.

우리나라에서 추진되어진 최초의 기업부문에 대한 외자도입은 외국인간접투자방식으로 이루어졌다. 1984년 한국주식에 대한 미국투자전용회사인 Korea Fund를 설립하고, 미국시장에서 공모주식 500만 주를 발행하는 간접투자방식의 자본유입이 시작되었다.

---

8) 1단계(2000~2007), 7대과제 이행; 금융자산업 육성, 주식시장과 채권시장 그리고 외환시장정비, 동아시아 구조조정 주도, 금융 global network 정비, 한국투자공사 설립, 금융규제 감독 system 구축, 금융전문인 양성. 2단계(2008~2013), 유망 금융기관의 동아시아지역본부를 국내 유치. 3단계(2014~2020년), 동북아최대의 금융허브화.

당시 한국경제의 호황으로 주식의 수익률은 크게 상승하였으며, 미국시장에서의 성공으로, 1987년에는 Korea Europe Fund가, 1991년에는 Korea Asia Fund가 설립되어, 이들 지역에서 간접투자방식의 자본유입이 이루어졌다.

1985년 해외에서 전환사채(CB: Convertible Bond)의 발행이 허용되어 외국인 직접투자방식의 자본유입에 대비한 국내금융시장여건의 조성이 이루어졌다.

외국인 직접투자방식의 자본유입은 비교적 늦게 이루어져 1992년부터 국내주식시장이 외국인에게 개방되었다. 외국인 당 지분의 3% 이내, 외국인합계 10% 이내 주식취득이 허용되었으며, 1998년 외국인 주식취득한도가 철폐되어 주요기업의 외국지분비율이 크게 증가하고 있다.

채권시장개방은 국내·외 금리차를 고려하여 더 늦게 이루어져, 1997년 외국인의 국내기업전환사채 매입이 처음으로 허용되었으며, 1999년에 상장채권의 외국인투자한도를 철폐하였다.

이 외에 파생시장개방에 따른 외국자본의 유입도 1999년부터 시작되어 선물시장에서는 주가지수 및 통화 등의 거래, 옵션시장에서는 주식과 통화 그리고 금 및 돈육 등 상품거래가 이루어지고 있어, 비거주자들의 자금이 대량으로 유출·입 되고 있다.

Ⅱ. 개도국 외채정책

1. 대외채무의 의의

외채(foreign debt)는 일국의 대외채무를 의미하며, 외국으로부터 은행금융, 정부차관, 민간차입 등의 형태로 이루어진다. 외채는 자본 도입과 같은 형태이나 그 내용은 차이가 있다.

첫째, 외채는 약정조건에 따라 기간별 원금과 이자를 상환하게 된다. 자본유입은 기간별 원리금상환조건이 아니고, 대상금융자산 거래조건의 투자이다.

둘째, 외채는 상환조건이 계약에 의하여 확정되는데 반해, 자본유입은 피 투자국에서의 자본운용에 따라 상환이 유동적인 불확정조건이라는 점에 차이가 있다.

외채가 발생하는 가장 보편적인 동기는 국제수지의 지속적 적자이다. 변동환율제도하에서 국제수지적자는 환율의 변동으로 점차 적자폭을 줄이면서 개선되며, 국제수지흑자로 전환되는 자동조정메커니즘이 작동하게 된다.

그러나 개발도상국 위주의 만성적인 적자국은 1차 산업위주의 경제구조, 국민들의 외제선호사상과 소비성향 과다, 만성적 자본 부족으로 빈곤의 악순환이 이어지면서 적자가 누적된다. 적자누적국은 자본의 한계생산력이 높은 자본부족국이지만, 기초산업의 미성숙으로 외국의 자본을 유입하기도 어려운 조건에 있다. 따라서 이들 국가들은 외채를 발생시켜, 경제개발의 수단으로 이용하는 외채정책을 시행하게 된다.

개발도상국은 선진개발국에 비해 산업구조, 실물부문과 금융부문이 취약한 상태에 있어, 채무상환능력이 부족하게 된다. 같은 조건인 경우 GDP 대비 외채비율이 20% 수준이면 선진국의 경우 외채상환에 문제가 없으나, 비산유·개도국은 외채상환에 문제점이 발생하게 된다.

일반적으로 외채에 의한 경제성장 전략은 대부분의 개도국에서 추진되고 있으나 적절한 운용으로 성공적인 결과를 얻은 경우는 많지 않다. 외채전략의 성공사례로는 한국과 대만이 거론되어진다.

한국의 경우, 1980년대 브라질, 아르헨티나, 멕시코와 더불어 외채가 가장 많은 국가였으나, 외채를 종합상사 위주의 수출산업에 집중 투자하여 국제경쟁력을 제고시켜, 수출증대에 따른 국내경제 성장을 달성하여 선진국의 대열에 합류하였으며, 2019년 4월 기준, 세계 8위권에 해당하는 4천억 달러 수준의 외환을 보유하고 있다.

대만의 경우, 외채를 수입대체산업 육성을 목표로 중소기업에 집중투자 하여, 수입경쟁력 제고에 따른 수입감소로 국제수지를 개선하여, 기업의 성장과 국민경제의 발전을 달성하였다. 2019년 4월 기준, 세계 7위권에 해당하는 4천억 달러를 상회하는 외환을 보유하고 있다.

2. 국제외채 현황

현시점에서 외채문제에 직면한 국가들은 대부분 개발도상국과 저개발국으로, 외채전략에 의한 국내산업의 구조조정이나 경제발전을 모색하고 있으며, 비산유국으로 기본에너지인 원유를 전적으로 수입에 의존하고 있는 국가들이다.

외채문제가 유발된 사례는 첫째, 전통적인 농업, 임업, 수산업 등 채취산업 위주의 경제구조로 편성된 동남아시아 국가들, 둘째, 만성적 국제수지적자로 어려움을 겪는 남미지역 국가들, 셋째, 과거 사회주의체제에서 최근 시장경제체제로 전환된 동구권 국가들에서 찾을 수 있다.

비산유·개발도상국들의 외채규모는 1980년대 7,500억 달러, 1900년대 1조 3,500억 달러, 2000년대 2조 5천억 달러, 2010년대 4조 5천억 달러에 이르러, 10년마다 두 배의 증가율로 누적되고 있다.

지역별 외채의 현황은 동아시아지역은 2천년 7천억 달러에서 2010년 1조 달러로 증가하였고, 남미지역은 2천년 7,500억 달러에서 2010년 1조 달러로 증가하였으며, 동구권지역은 2천년 4천억 달러에서 2010년 1조 달러로 증가하였다.

외채상환능력의 지표[9)]가 되는 GDP 대비 외채비중은 2000년과 2010년 사이, 동아시아지역은 25%대에서 16%대로, 남미지역은 40%대에서 22%대로, 동구권지역은 48%대에서

51%대로 변동하였다. 동아시아지역과 남미지역은 외채가 안정적으로 상환되고 있으나, 동구권지역에서는 외채의 총액과 외채의 의존도가 증가하고 있어, 외채문제를 유발할 가능성이 점차 증가하고 있다.

3. 외채누증 원인

비산유·개도국을 중심으로 한 외채의 누증은, 자본의 한계생산력을 반영하여 이루어지는 국제자본이동의 효율성을 저하시키고, 국제경제에 자원의 효율적 배분을 저해하며, 국가 간 이해관계를 악화시키는 주요인이 되고 있다. 국제외채가 누증되는 원인은 다음과 같다.

첫째, 국제원유가격의 지속적 상승이 외채누증의 주요 원인으로, 국제유가는 석유수출국기구(OPEC: Organization of the Petroleum Exporting Countries)의 감산정책에 따른 1973년과 1978년의 두 차례 오일쇼크로 크게 상승하였으며, 비산유·저개발국의 원유수입비용의 가중에 따라 이들 국가의 외채는 급속히 증가하였다.

둘째, 경제선진국의 경기침체가 인근지역 국가들의 동반적 경기침체를 유발하여 외채를 누증시킨 원인으로 작용하였다. 1929년 대공황을 기점으로 국제경제는 정기적인 불황을 겪게 되어, 1970년대 동아시아외환위기, 1990년대 버블닷컴, 2008년 서브프라임모기지 사태, 그리고 2010년대 유럽의 금융위기 등은 국제경제의 침체를 유발하였다. 결과적으로 미국, 독일, 일본 등 선진국의 경기침체가 주변국들에게 전파되어 세계적 경기침체로 이어졌고, 비산유·저개발국의 경기도 침체되어 외채가 누적되었다.

셋째, 국제금리가 상승하여 고금리인 외채의 누적을 부추기는 요인으로 작용하였다. 1980년대 들어 개발도상국들의 외자 도입에 의한 경제발전전략의 추진, 글로벌 금융위기의 해결을 위한 금융지원 등으로 자본의 수요가 증가하면서 국제금리는 꾸준히 상승하였다. 결과적으로 외채금리도 상승하면서 원리금상환에 어려움이 가중되었다.

4. 외채문제 해법

외채가 과다하면 국가경제가 위축되고, 대외경제가 제한되는 부작용이 가중되어, 결국에는 외채상환능력의 문제점이 발생하게 된다. 외채문제는 외채국의 채무상환불이행과 채무상환연기 및 유예 등 채무불이행 선언으로 발전하게 된다.

채무상환 불이행(default)은 민간부문이 아닌 정부나 정부가 보증한 채무에 대해 불이행을 선언하는 것으로 국가부도의 의미가 된다. 채무상환의 연기나 유예(moratorium)는 채

---

9) 일국의 외채상환능력을 나타내는 지표로 외채상환부담률(DSR: Debt Service Ratio)은 외채원리금을 년중 수출, 서비스 및 소득수입의 합인 경상수입으로 나눈 비율로, 장기적 외채상환능력을 측정하는 것이다. 이 비율이 크면 외채상환능력이 악화되는 것이고, 적으면 외채상환능력이 개선되는 것을 나타내주는 지표로 활용된다.

무상환을 일정기간 보류하는 의미로, 채무상환 불이행과 같이 국가부도의 상황을 유발한다.

국가채무불이행 선언은 민간채무와 달리 채권을 행사할 수 있는 법적 대응방안이 존재하지 않는다. 따라서 자금을 조달한 채권국과 자금을 유입한 채무국 모두에게 복잡한 이해관계를 일으키게 된다. 국제경제가 활성화되어진 1800년 이후, 채무불이행은 브라질, 베네수엘라, 아르헨티나 등에서 발생하였다. 특히 이 나라들은 수차례 국가부도 선언을 하여, 국가채무불이행이 반복되는 경향을 나타내고 있다.

최근의 국가채무 불이행사태는 1998년 러시아의 대외채무에 대한 채무불이행 및 외자동결사태로, 1997년 태국에서 시작되어 말레이시아, 인도네시아, 필리핀과 한국을 거쳐 러시아로 전파된 동아시아외환위기의 결과로 발생하였다. 또한 2001년 아르헨티나의 대외채무에 대한 채무 불이행선언이 발생하여, 국제금융에 큰 혼란을 야기시켰다.

채무불이행이 발생하면 채권국은 자금조달 금융기관의 신용위험에 따른 국내금융시장의 위축과 실물시장으로 위기가 전이되어, 전반적 경기침체를 경험하게 된다. 채무국은 국가부도선언에 따른 국가이미지 실추와 신인도 하락으로 자본유입이 어려워지고, 채권국 및 이해관련국들의 무역 및 투자에 대한 제재가 이루어져 경제가 위축되는 현상이 발생한다.

채무불이행은 그 영향이나 후유증이 심각하여, 대부분은 불이행선언 전 단계에서 당사국 및 국제적 공조로 조정되는 것이 일반적이다. 외채문제를 해결하기 위한 국제적 공조체제로, 1956년에 설립된 파리클럽(Paris club)과 1976년 설립된 런던클럽(London club)이 있어, 정부 간 공적채무의 채무상환에 문제가 발생하는 경우 이를 조정하기 위한 협상창구로 활용되고 있다.

외채문제는 대략적으로 다음과 같은 방식으로 협의되고 있다.

첫째, 채무재조정으로 채무조건을 변경하는 방식이다. 여기에는 채무만기를 연장하여 기간별 채무상환조건을 완화시키는 방법과, 이자지급기간을 연장하는 방법이 있고, 채무원금을 삭감하거나 이자율을 인하하는 방법이 있다.

둘째, 국제기구를 통한 추가자금지원으로 채무상환을 위한 자금 지원과 채무국의 구조적 적자요인을 제거하기 위한 산업구조조정에 대한 금융지원 등이 복합되어 이루어지게 된다. 이러한 업무는 IMF, IBRD, ADB, EDB 등 국제금융기구가 주관하여 이행되고 있다.

셋째, 외채판매(loan transfer)로 채권자가 최초 확보한 금액을 할인하여 채무당사국에게 매각하거나, 제3자에게 매각하여 외채를 이전시키는 방법이다. 외채판매는 채무국에게는 일정기간 채무지불유예가 되며, 원자재 등이 필요한 제3자가 채무를 인수하고, 채무의 대가로 채무국의 원자재를 획득하는 형식으로 상환이 이루어진다.

1. 투기성 자금(hedge fund)은 각국의 금융시장을 대상으로, 금융자산의 수익성이 낮은 시장에서 높은 시장으로 이동하는 단기자본이다. 국제금융시장에서 운용되고 있는 투기성자금의 예는 퀀텀펀드, 재규어펀드, 라이언펀드 등이 있다.
   이러한 투기성단기자본은 산업구조에 투입되지 못하고 금융시장에서 유동하는 핫머니(hot money)의 형태를 갖게 되므로, 시장여건의 변화를 고려하여 급격하게 유출되거나 유입됨으로써 금융위기를 유발하는 주범으로 인식되어, 각국의 규제대상이 되고 있다.

2. 조세천국(tax heaven)은 금융거래의 세금과 거래비용 등을 최소화하여 금융경쟁력을 확보하기 위한 인위적으로 조성된 금융시장을 의미한다. 이들 시장은 자본도피, 음성자금의 세탁, 탈세 및 은닉 등 지하경제의 기능을 수행하고 있다. 이러한 시장의 예는 바하마, 버뮤다, 케이만, 안틸리스, 라부안, 버진 아일랜드 등 역외기장센터로써, 장부상거래를 주로 이행하면서, 저렴한 금융거래비용을 경쟁력으로 활용하여, 국가 정책적으로 금융산업을 육성하는 소규모 국가들을 들 수 있다.

3. 무형자산(intangible assets)은 형태가 없는 자산으로 기술, 지식, 상표, 특허권, 저작권, 실용신안권, 의장권 등 지적재산을 의미한다. 이들 자산은 이동성이 원활하고 추가비용 없이 수평적 확장이 가능하여, 부가가치 등 수익성창출이 용이하다.
   무형자산 보유기업은 라이센싱(licensing), 프랜차이싱(franchaising) 등의 계약방식으로 해외에 투자하여 royalty를 취득하게 된다. 이러한 형태의 해외투자는 피자나 햄버거 등 푸드 산업에서부터 오락, 문화 등 다양한 산업분야로 확대되고 있다.

4. 엔 캐리(Yen carry)현상은 일본의 통화인 엔의 명목금리가 낮아 일본의 자금을 명목금리가 높은 국가지역으로 이동시켜 금리차를 취득하기 위한 단기자본이동을 의미한다.
   프라자합의 이후, 지속된 일본의 장기경기침체를 해소하기 위한 양적완화조치의 일환으로 저금리기조정책이 유지되면서, 대규모 자금이 명목금리가 높은 신흥국으로 유출되어 엔 캐리 현상이 발생하게 되었다.

Chapter

2 국제자본이동의 효과

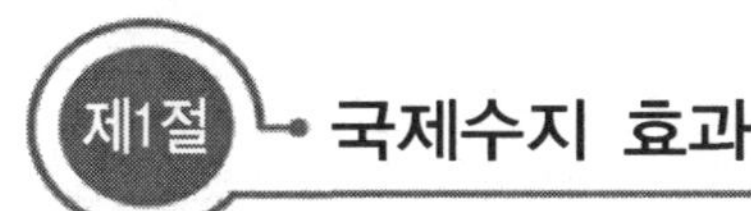

제1절 국제수지 효과

자본이동이 관련 양국에 미치는 국제수지효과는 무역효과와 재무효과로 구분된다. 일반적 관점에서 자본이동은 자본을 투자하는 투자국과 자본을 유입하는 피 투자국의 국제수지에 긍정적 영향을 미치게 된다.

Ⅰ. 무역 효과

국가 간 생산재의 이동인 무역과 기본적 생산요소인 자본이동은 이동과정 및 관련양국의 정책적 관점에서 보다 효율적 수단을 선택하게 되므로, 상호 대체적이면서, 보완적 성격을 갖게 된다. 자본이동은 전반적인 관점에서 양국의 교역을 증진시키게 된다.

자본을 이동시켜 피 투자국에 제품의 생산거점을 확보하는 투자의 경우, 제품생산에 필요한 원자재, 부품, 중간재 등 연계상품의 수출이 발생하게 되어 무역증진효과를 부가하게 된다. 피 투자국은 자본을 유입하여 국내에 생산거점을 구축함으로 외국제품의 수입을 감소시키게 되고, 내수를 초과하는 생산재를 수출에 투입하여, 무역구조의 개선이 이루어지게 된다.

Ⅱ. 재무 효과

자본의 한계생산력을 감안한 자본이동으로, 투자국은 국내투자에 비해 추가적인 자본의 임대수익이 발생하며, 기업의 전체적인 자본생산성이 증대되어 재무구조를 개선시킬 수 있게 된다. 피 투자국은 자본의 유입에 따른 국제수지 개선효과가 발생하며, 생산성 증대에 따른 수입감소와 수출증가로 국제수지를 개선하게 된다.

자본이동에 따른 재무효과는 투자기업 별 미시적 관점에서 보는 재무개선효과와 투자국과 피 투자국전반의 거시적 관점에서 보는 재무개선효과로 구분해볼 수 있으며, 전반적으로 재무구조에 긍정적 효과를 주는 것으로 파악되고 있다.

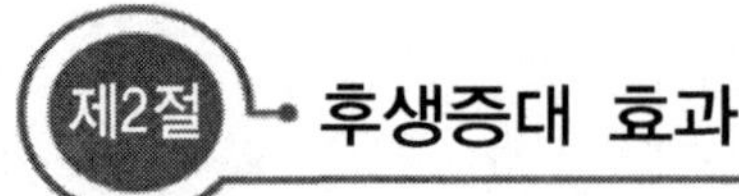

제2절 후생증대 효과

Ⅰ. 생산증가 효과

자본이동이 주는 생산증가효과를 분석하기 위해 MacDougall-Kemp모형을 이용한다. 이모형은 투자국과 피 투자국의 2국 모형으로, 자본의 완전이동성을 가정하고 있다.

투자국(home country)은 자본이 풍부하여 자본의 한계생산력이 낮으며, 피 투자국(host country)은 자본이 부족하여 자본의 한계생산력이 높아, 자본이동에 제약요건이 없으면 자본은 투자국에서 피 투자국으로 이동하게 된다.

그림 4-1 자본의 한계생산력 곡선

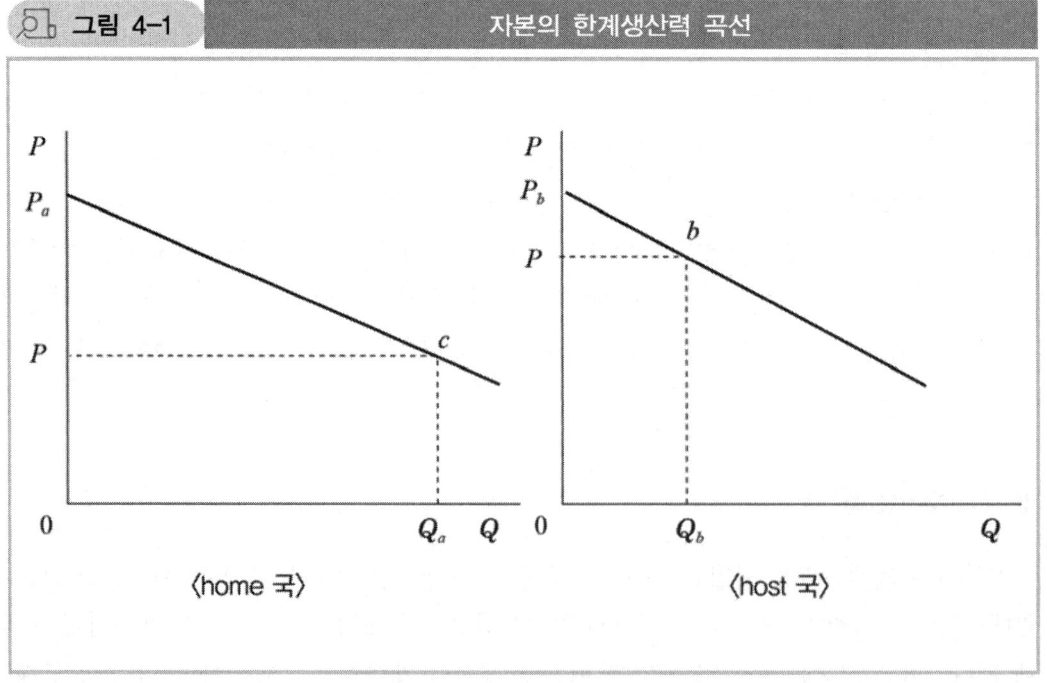

(그림 4-1)은 투자국과 피 투자국의 자본의 한계생산력곡선을 나타내고 있다. 자본의 한계생산력은 단위가 추가될수록 낮아짐으로 우하향하는 형태를 갖게 된다. home국은 $0-Qa$의 자본량을 보유하고 있어, 마지막 단위 자본의 한계생산력은 $Qa-c$로 낮은 수준에 있으며, 자본을 이용한 생산량은 0-*Pa*-*c*-*Qa*가 된다. host국의 자본량은 home국에 비해 적은 $0-Qb$가 되며, 마지막단위 자본의 한계생산력은 $Qb-b$로 home국에 비해 높은 수준에 있고, 자본을 이용하여 $0-Pb-b-Qb$를 생산하고 있다.

이러한 상황에서, 자본이동에 대한 규제가 없는 자본의 완전이동성을 가정하면, 자본의 한계생산력이 낮은 home국에서 자본의 한계생산력이 높은 host국으로 자본이 이동하게 된다.

그림 4-2 국제자본이동의 효과

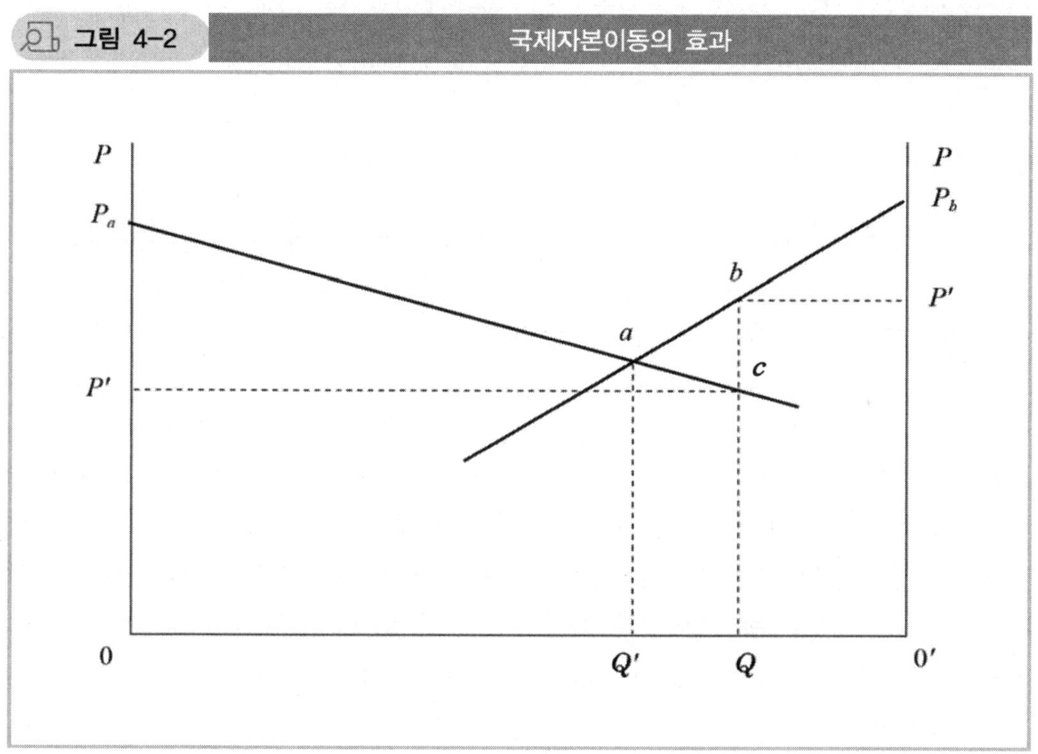

(그림 4-2)는 (그림 4-1)에서 양국 자본량을 기준으로 home국과의 연계를 위해 host국의 한계생산력 곡선을 180^0 전환시켜 연결한 것이다. 자본이동에 제한이 없으므로, 자본의 한계생산력이 낮은 home국에서 자본의 한계생산력이 높은 host국으로 자본이 이동한다. 양국의 한계생산력이 균등하게 되는 α점에서 자본이동은 종료되고, 결과적으로 $Q-Q'$의 자본이 home국에서 host국으로 이동하게 된다.

자본이동으로 home국의 자본량은 $0-Q'$로 축소되어 생산량은 0-*Pa*-*a*-*Q'*가 되며,

host국의 자본량은 $0'-Q'$로 확대되어 생산량은 $0'$-Pb-a-Q'가 된다. 두 나라의 자본량 합은 자본이동이 발생하기 전과 같은 $0-0'$이지만, 생산량은 0-Pa-a-Pb-$0'$로 확대되어, 자본이동 전과 비교하면 abc만큼 생산이 증가하게 된다. 결과적으로 국제자본이동은 국가 간 자본의 한계생산력차를 균등화시키면서, 일정한 자본량으로 생산량을 증가시키는 효과를 준다.

Ⅱ. 소득증대 효과

자본이동의 결과 자본재생산의 증가는 수요를 거쳐 이해관계자의 소득을 증가시키게 된다. abc부분의 생산증가는 수요를 거쳐 양국 관련자들의 소득을 증가시키게 된다. 증가된 소득의 일부는 자본을 투자한 home국의 투자자들에 분배되는 임대소득이 되며, 나머지부분은 자본이 유입된 host국의 생산에 고용된 노동자의 임금소득이 된다.

Ⅲ. 기술이전 효과

자본을 투자하는 투자국들은 일반적으로 자본이 풍부한 상태이므로, 연구·개발(R&D: Research and Development)투자에 따른 지속적인 신기술을 개발하게 되어 기술수준이 높은 국가들이다. 자본을 유입하는 피 투자국은 보편적으로 자본이 부족하여, 기술수준이 투자국에 비해 낙후된 수준에 있다.

자본이동이 이루어지는 경우, 투자자는 자본의 성공적 투자를 위해 투자자본의 운용과 관련된 기술을 연계시켜 이동하는 package형식의 자본이동을 추진하게 된다. 특히 선진개발국에서 저개발국이나 개발도상국으로 자본이 이동하는 경우, 기술 외에도 경영기법 등 다양한 요인이 복합되어 투자의 효율성을 높이게 된다. 따라서 자본이동에는 선진개발국의 우수한 기술이 자본과 병행하여 이동함으로써, 국가 간 기술이전효과를 발생시키게 된다. 기술이전효과는 전 세계적 관점에서 생산의 효율성을 증가시키고, 부와 효용을 증대시키는 효과를 준다.

우리나라의 1980년대 중동지역에 대한 투자는 package방식의 투자가 일반적 형태로, 자본과 같이 기술과 경영 등 무형자산, 원료, 부품 등 중간재 등이 복합되어 이동하는 형식이 대부분이었다. 아울러 공장수출방식의 투자를 병행하여 설계부터 시공에 이르는 모든 생산과정을 통합하여 투자하는, 일괄수주계약(turn−key base contract)형식의 투자도 병행되었다.

제3절 부정적 효과

자본이동은 많은 긍정적 효과를 발생시키지만, 동시에 부정적 효과도 발생시킨다. 자본이동의 부정적 효과는 선진개발국 기업의 투자를 유치하는 개발도상국에서 빈번하게 발생하여, 다양한 분야에서 문제를 유발시켰다.

첫째, 피 투자국의 유치산업을 고사시키고 토착기업을 도태시키며, 나아가 민족자본의 위축을 불러일으키게 된다. 자본이 부족한 피 투자국은 대부분 개발도상국으로, 국내산업도 성숙되지 못한 단계에 있다. 따라서 선진국기업의 투자에 따른 생산거점 확보로 피 투자국의 토착기업은 경쟁력이 약화되어 점차 도태되며, 민족기업과 민족자본의 형성이 어렵게 된다.

둘째, 선진 다국적기업의 횡포가 발생하게 된다. 피 투자국의 민족자본이 위축되면 산업의 외국의존도가 심화되고, 토착기업이 도태되면 국내진출 다국적기업의 독·과점에 발생하게 되어, 시장에서의 횡포가 만연된다. 이러한 다국적기업의 횡포는 경제부문에 그치지 않고, 피 투자국의 정치에도 관여하는 내정간섭의 단계에 이르게 되어 신제국주의 행태를 나타내게 된다. 이러한 다국적기업에 의한 신제국주의 행태는 제2차 세계대전 이후 남미국가들에서 서구 다국적기업들에 의하여 나타난 현상이다.

셋째, 선진 다국적기업은 피 투자국시장을 장악한 후, 자체구조를 이용한 이전가격조작으로 자본을 유출시켜 피 투자국의 경제를 침체시키게 된다. 또한 다국적기업은 우월한 국제경쟁력을 이용하여 시장을 장악하고 독·과점 행태에 따른 여론에 부정적 기류가 발생하면, 투자자금을 해외시장으로 도피시키게 된다. 자금의 해외도피에는 다국적기업의 본사와 자회사간 거래가격을 왜곡시키는 이전자격조작의 방식으로 이루어져, 피 투자국은 자본유출에 따른 금융시장의 혼란과 금융위기를 겪게 된다.

자본이동의 부정적 효과는 투자국에서도 발생하게 된다. 경제발전 단계의 차이에서 발생하는 생산거점은 제품생산에 필요한 토지와 노동 등 생산요소의 가격차를 이용한 생산원가의 비교로, 선진개발국에서 개발도상국을 거쳐 저개발국으로 이동하게 된다. 제조업부문의 과도한 해외투자는 투자국의 국내제조업에 대한 투자의 위축으로 국가의 기초산업부문인 제조업의 동공화현상이 발생하게 되어 경기침체를 불러일으키게 된다.

요 약

1. 자본의 한계생산력(marginal productivity of capital)은 기본적 생산요소인 자본의 마지막단위 생산능력으로, 자본량이 증가함에 따라 자본의 한계생산력은 감소하게 되어, 자본의 한계생산력곡선은 우하향하는 형태를 갖는다. 이는 자본의 단위가 추가되는 경우, 생산해 낼 수 있는 생산능력이 점차 낮아지는 것을 의미한다. 따라서 자본량이 많은 자본풍부 국은 자본의 한계생산력이 낮으므로, 자본의 한계생산력이 높은 자본부족 국으로 자본이 이동하게 된다.

2. 자본의 완전이동성은 국가 간 자본이동에 어떠한 제한도 없어, 국내시장에서의 자금이동과 같은 구조를 갖게 된다. 자본이동성이 완전하면 자본의 효율적 배분으로 생산과 소득을 증가시켜, 전체적인 부와 효용이 증가하게 된다.
대부분의 국가들은 외국자본을 유입시켜 경제성장을 도모하고 있으나, 자본의 급격한 유출·입에 의한 금융시장의 혼란을 방지하기 위해, 유사시 자본이동을 제한하는 정책을 시행하고 있다.

3. 일괄수주계약(turn-key base contract)은 플랜트수출이나 해외 대규모 건설공사 등에서 이루어지는 계약방식으로 시공자가 설계, 설비, 건설, 시운전 등 모든 과정을 복합하여 투자하는 형식이다.
이러한 방식의 투자는 자본의 투자에서 투자효율성을 높이기 위해, 자본과 병행하여 시설, 부품, 기술, 경영 등을 복합하여 투자하는 package방식의 투자로 우리나라의 중동지역에 대한 대규모 plant수출 등에 이용되었다.

4. 자본이동의 부정적 효과는 다음과 같다.
첫째, 선진개발국의 개발도상국에 대한 투자는 개도국의 유치산업을 고사시키고 토착기업을 도태시키며, 민족자본의 위축을 불러일으켜, 개도국의 외국기업 의존도를 높이게 된다.
둘째, 개도국에 대한 투자로 시장을 장악하고 하나의 기업이 시장을 독점하거나, 소수 기업에 의한 과점형태의 구조를 형성하여, 시장에서 외국기업에 의한 독·과점의 피해가 발생하게 된다.
셋째, 다국적기업의 횡포는 경제 분야를 벗어나, 개도국의 정치적 내정간섭에 이르게 되어, 정권교체 등 정치에도 관여하는 신제국주의 행태를 나타내게 된다. 이러한 신제국주의 행태는 제2차 세계대전 이후 남미 등 지역에서 서구 다국적기업들에 의하여 나타난 현상이다.

Chapter

3 국제금융 위기

제1절 국제금융위기 모형

현대의 국제금융은 자본자유화의 흐름에 편승하여, 각국의 개별금융시장을 통합해가면서 확대되고 있다. 자본자유화는 개별경제에 자본의 적절한 배분을 통한 경제발전과 산업화를 촉진하고, 전 세계의 생산성을 증대시켜 후생수준을 높이게 된다. 그렇지만 자본이 보다 높은 생산성을 추구하면서 전 세계시장을 대상으로 유동하기 때문에, 부분적 편재현상이 발생하여 일부지역에서는 유동성 부족에 따른 금융위기가 유발된다.

특히 자본자유화와 변동환율제의 시행은 경제여건이 성숙되지 못한 개발도상국을 중심으로, 단기성 투기자금의 급격한 이동을 유발할 우려가 있어, 은행위기와 외환위기 등 금융위기를 발생시키게 된다.

금융위기(financial crisis)는 국민경제의 금융시스템이 효율적으로 작동하지 못하여 금융기능이 위축되고, 실물경제도 침체되어 정책당국이 개입하게 되는 상황을 의미한다. 금융위기는 외환위기 및 은행위기를 포함하는 포괄적 의미가 된다.

외환위기(currency crisis)는 일국의 통화가치가 단기간에 급격히 하락하여 태환성문제가 발생하며, 외화의 급격한 유출에 따라 외환보유액이 급감하여, 외환시장의 기능으로 환율상승을 방어하지 못하는 상황에 처하게 되는 것이다.

은행위기(banking crisis)는 은행이 인출사태발생에 따른 유동성부족에 직면하여, 예금, 채권 등에 대한 부채상환이 어려워지며, 추가적 인출사태의 발생으로 금융기관 자체적 능력으로 채무이행이 어려워지는 상황에 처하게 되는 것이다.

외환위기와 은행위기는 밀접한 상호연관성을 가지고 있어, 동시에 발생하거나 시차를 두고 차례로 발생하게 되는 쌍둥이위기(twin crisis)를 유발하게 된다. 예로 외환위기가 발생하면 외환시장에서 외화를 추가매입하기 위해, 은행의 예금인출을 증가시켜 은행위기가 유발된다. 은행위기가 발생하면 정책당국은 인출사태를 해결하기 위해 공적자금 투여 등 통화의 과잉공급이 유발되고, 환율상승이 가중되어 외환위기로 이어지게 된다.

국제금융위기는 개별국가의 금융위기가 인근 국가들로 전이되어 전 세계적 규모로 확대되고, 관련 국가들의 금융부문과 실물부문에 심각한 영향을 미쳐, 개별국가들의 자체적 금융위기 해결이 어려워지는 상황을 의미한다.

1980년대 남미국가들의 금융위기를 기점으로, 글로벌 금융위기가 본격적으로 시작되었으며, 지속적으로 발생하고 있다. 글로벌 금융위기는 발생국에서 인근국가로 전이되는 특징을 가지고 있으며, 광범위한 지역으로 확산되어 국제경제에 심각한 부정적 영향을 미치게 된다.

글로벌 금융위기의 원인을 규명하고 그 대책을 마련하기 위한 다양한 연구가 이루어지고 있으며, 지금까지의 연구를 기초로, 1990년 이전의 금융위기를 설명하기 위해, 크루그만의 제1세대 금융위기 모형, 옵스펠트(M. Obstfeld)의 제2세대 금융위기 모형이 제시되었다.

그러나 1990년대 이후 발생한 동아시아지역의 금융위기 등은 기존의 금융위기와 다른 양상을 보이고 있어 기존의 이론으로는 설명할 수 없음에 따라 국제금융위기를 분석하기 위한 기타의 다양한 이론이 제시되었다.

Ⅰ. 제1세대 금융위기 모형

크루그만(P. Krugman)은 1980년대 남미국가들에서 발생한 금융위기를 설명하는 모형을 제시하였으며, 이후 경제학자들에 의하여 정립된 내용이 제1세대 금융위기 모형이다. 이 이론은 남미국가들에 의하여 추진되어진 확대통화정책에 의한 재정적자의 누적과, 고정환율제도를 유지하는 기본적인 경제구조의 모순을 금융위기의 원인으로 파악한다.

고정환율제도를 운용하고 있는 국가에서 재정적자가 발생하고, 재정적자를 국내통화증발로 보전하게 된다고 가정한다. 국내통화증발은 이자율을 하락시키게 됨으로 자본의 해외유출을 유발하게 되고, 국내통화의 평가절하압력이 가중된다. 고정환율제의 운용으로 정책당국은 자국통화의 가치유지를 위해, 외환보유액을 이용한 외환시장개입이 불가피하게 된다.

지속적 외환시장 개입에 따라 외환보유액이 적정수준 이하로 감소하게 되면, 고정환율제의 유지를 위해 해당국통화의 평가절하가 예상된다. 투자자들은 해당국통화에 대한 평가절하가 예상되면, 집중매각 하는 투기적 공격을 시행하게 되며, 결과적으로 통화의 가치폭락에 의한 외환위기와 금융위기가 발생하게 되는 것이다.

제1세대 금융위기 모형은 1980년대 남미국가들의 외환위기 및 금융위기에 부합하는 이론으로, 국가의 경제정책과 환율제도의 모순에 중점을 두고 전개된다. 따라서 금융위기의 해결방식도 경제정책이나 환율제도 중 하나를 조정하여 구조적 모순을 제거하는 방식으로 이루어진다.

해당국가가 투자자들의 투기적 공격을 차단할 정도의 외환보유액을 충분히 확보하고 있는 경우, 금융위기극복이 가능함으로 충분한 외환보유액 확보가 금융위기 해소의 기본조건이 된다. 외환보유액의 확보가 충분하지 못한 경우, 자국화를 평가절하거나 고정환율제도를 포기하고 변동환율제도로 이행하여야 한다.

이러한 제1세대 금융위기의 발생원인은 해당국 경제기초(fundamentals)의 취약성에 있다. 투자자들의 공격적 통화매각은 외환보유액이 부족하고 환율결정이 경직되는 환율제도를 반영한 투기행위이므로 정상적인 경제행위로 인식하여, 금융위기의 원인을 해당경제의 취약성으로 판단한다.

제1세대 금융위기 모형은 1980년대 남미국가들의 금융위기에는 적합한 설명력을 제공하고 있으나, 그 이후에 발생한 유럽금융위기나 동남아시아금융위기 등을 설명하기에는 결함이 있다. 1990년대 초반에 발행한 유럽금융위기는 통화증발에 의한 재정적자 보전현상 등과 무관하였으며, 1990년대 후반의 동아시아 금융위기도 관련국들의 재정상태가 건실하였음에도 불구하고 발생하였다.

Ⅱ. 제2세대 금융위기 모형

제2세대 금융위기 모형은 1992년부터 1993년에 걸쳐 발생한 유럽환율조정 메커니즘(ERM: European Exchange Rate Mechanism) 외환위기를 설명하기 위하여, 옵스펠트(M. Obstfeld)가 제시한 이론이다. 이 이론은 국제금융위기의 원인을 시장참여자들의 미래에 대한 예상에서 발생하는 환투기에서 찾고 있다.

시장참여자들은 정책당국의 금융시장에 대한 전망과 대응에 민감하게 반응하며, 정부의 정책대응방향에 반응하여 환율상승이 예상되면 자국화를 집중매각하고, 외화를 매입하는 투기현상이 발생하여 금융위기를 유발하게 된다. 이러한 투기현상은 참여자들의 금융시장정보에 의존한 예상에 근거하므로, 해당경제의 외환보유액상황이나 환율제도의 경직성 등 경제기초와는 관련되지 않는다.

EMS금융위기 시 해당국가 들은 적정수준의 외환보유액을 유지하고 있었으며, 재정상태, 국제수지, 물가수준 등 경제기초가 양호한 상태였다. 그러나 영국과 이탈리아의 EMS 탈퇴 및 기타회원국들의 유럽통화단위와 자국통화의 변동허용 폭을 대폭 확대하는 상황에서, 특정국가 통화에 대한 투기가 발생하여 금융위기가 유발되었다.[1)]

환율의 변동허용 폭을 제한하는 고정환율제하의 기조에서, 경기침체에 따른 자국통화의

1) 유럽통화단위(ECU: European Currency Unit)는 회원국들의 통화를 유로화로 전환시키기 위한 회원국통화와 유로화의 환율안정을 위해 회원국통화를 basket방식으로 조합한 것으로, 회원국들은 ECU와 자국통화 간 환율변동 폭을 ±2.25%로 하였으며, 금융위기발생 전 ±15%로 확대하였다.

평가절하가 지속되면, 정책당국은 통화 간 환율안정과 여타경제변수를 감안하여, 고정환율제도의 지속 여부를 고려하게 된다.

이러한 상황에서 다수의 시장참가자들이 정부의 고정환율제도 포기 가능성을 예상하게 되면, 자국통화의 가치하락을 감안하여 대규모 자국통화 매각과 외화매입사태가 발생하게 되고, 정책당국은 외환보유액을 통한 시장개입이 불가능하게 되어, 고정환율제도가 붕괴되면서 외환위기가 발생하게 된다.

제2세대 금융위기 모형은 금융위기의 발생과정을 분석함으로써, 금융위기의 방지를 위한 방향도 아울러 제시해 주고 있다. 먼저 국민경제의 구조가 취약하고 외생변수에 의한 충격이 발생하면 금융위기가 발생한다. 국민경제의 구조가 취약하지만 외생변수에 의한 충격이 발생하지 않으면, 금융위기는 발생하지 않게 된다. 그러므로 국민경제의 구조가 취약하더라도, 외생변수에 의한 충격을 초기에 적절한 대응으로 진화할 수 있으면, 금융위기는 예방할 수 있다.

Ⅲ. Boom-Bust순환 모형

붐-버스트순환 모형은 1997년 동아시아국가들의 외환위기를 설명하기 위해 삭스(J.D. sachs)에 의하여 주장된 이론이다. 중남미국가들의 금융위기 및 EMS 국가들의 외환위기와 달리, 동아시아 외환위기는 국민경제의 대내적 요인과 대외적 요인이 결합되어 나타났다. 동아시아국가들의 외환·금융위기는 경제순환과정에 외채가 누적되어 발생하였으므로, 환율의 변동과 외채누적의 상관관계를 분석하여 금융위기를 설명하고 있다.

동아시아지역 국가들은 1990년대부터 자본자유화를 진행하여, 위기시점에서는 마무리단계에 있었으며, 대규모 자본유입이 이루어져 대량의 외채가 누적되었다. 자본자유화 초기에는 이들 국가의 국내이자율이 해외이자율에 비해 높은 수준에 있어, 대량의 자본이 유입되어 통화가 팽창하는 인플레이션 국면에 진입한 상태였다.

대규모 자본유입에 따른 통화량증가는 부동산가격과 금융상품의 가격을 상승시켜 국내경제에 호황(boom)이 발생하고, 경제에 거품이 발생하게 된다. 시간이 지나면서 자본유입에 따른 통화량증가는 환율을 하락시켜 경상수지를 악화시키게 되며, 경제거품에 따른 소비증가도 경상수지 악화를 가속시켜 경제거품은 해소되고 국민경제는 냉각(bust)된다.

자본유입은 경제호황을 유발하지만 과도한 자본유입으로 부작용이 발생하면서, 일정기간이 경과하면 오히려 경상수지적자에 따른 경제침체가 발생하여 외국투자자들은 자본을 회수하게 된다. 이들 국가의 높은 이자율수준도 더 이상 외자유입수단이 되지 못하고, 자본의 유출이 가속되어 경기침체가 지속된다.

동아시아국가들의 자본자유화와 높은 이자율은 단기자금의 대량유입으로 이어졌고, 이들 자금의 대부분은 장기로 국내·외에서 운용되어 만기불일치의 구조적 문제점이 발생하게 되었다. 국민경제의 침체에 따라 외국투자자들의 단기자본에 대한 만기연장이 거절되면서 외환위기가 발생하게 되었다.

경기순환 모형은 1970년대 이후 외자유치에 의한 경제성장 전략을 추구한 개발도상국들의 경기호황과 경기거품현상 및 경기침체로 이어지는 경기순환과정에 따른 금융위기 발생 등에 적합한 설명력을 갖는 이론으로 인식되고 있다.

경기순환 모형에 의한 금융위기 방지를 위해서는 개발도상국들의 자본자유화에 따른 시장개방이 단계적으로 이루어져야 함이 강조된다. 또한 유입된 자본의 운용이 효율적으로 이루어지도록 정부의 감독체계를 확립할 필요성이 있다. 아울러 국내실물시장과 외환시장을 정비하여 무역자유화와 외환자유화를 단계화하여 시행하고, 마지막 단계로 자본자유화의 시행이 이루어져야 한다.

Ⅳ. 금융공황 모형

금융공황(financial panic)은 일시적인 예금인출사태가 발생하여 금융기관을 파산에 이르게 하는 금융충격을 의미한다. 이러한 현상은 1997년 동아시아 금융위기에서 발생하였으므로, 삭스(J.D. sachs)에 의하여 금융위기이론으로 정립되었다.

자본시장 개방의 초기에 해당국가의 금융기관들은 유입되는 대량의 자금을 수익성을 고려해 비유동적 장기투자로 운용하며, 일부만 지급에 대비해 유동자산으로 운용하게 된다. 따라서 급격한 자금인출에 따른 금융공황의 위험에 노출되어 있다.

동아시아국가들의 외환위기는 이 지역에 단기·고금리 목적의 집중적 투자를 이행한 해외투자자들이 투자자금의 만기연장(roll-over)을 중지하고 일시적으로 자금을 회수하는 상황에서 시작되었다. 따라서 미래전망을 고려하여 일시적인 자금회수를 단행한 투자자들의 도덕적 해이(moral hazard)도 금융위기의 원인으로 작용하였다.

Ⅴ. 전염효과 모형

전염효과(contagion effect)는 특정국가에서 발생한 금융위기가 주요교역국이나 경제적 이해관계가 형성된 인근 국가 등으로 전파되는 것을 의미한다. 따라서 금융위기의 원인이라기보다는 금융위기의 진행과정에 중점을 두는 이론이 된다.

주요교역국이나 경제적 이해관계국은 상호 경쟁적 관계에 있다. 따라서 한 국가에서 외환·금융위기가 발생하여 통화가치가 급락하게 되면 환율은 상승하게 되며, 주요교역국의 관점에서는 환율이 하락하여 교역조건은 악화된다. 투자자들은 교역조건이 악화되는 국가

통화의 평가절하를 예상하게 되어, 투기적 공격으로 통화를 매각하여 주요교역국이나 경제적 이해관계국에서 금융위기가 시작되는 것이다.

1994년 멕시코에서 발생한 외환위기는 인근 남미국가들로 전파되어 테킬라효과(Tequila effect)[2)]로 불리며, 1997년 동아시아 외환위기는 경제적 유대관계가 밀접한 이웃국가로 연쇄적으로 전파되었고, 2008년 서브프라임모기지 사태는 미국에서 유럽국가로, 유럽에서 전 세계국가로 전파되는 전염효과를 나타냈다.

최근의 금융위기는 경제적 유대관계가 있는 인근 교역상대국으로 전이되어 확산되는 추세에 있어, 전염효과에 의한 금융위기의 전파는 강한 설득력이 있지만, 최초의 금융위기 발생에 관해서는 설명하지 못하는 단점이 있다.

제2절 금융위기의 사례

20세기 후반 들어 무역과 투자 등 국제경제가 크게 증가함에 따라 국제금융도 급격히 증가하였다. 1990년대 들어 WTO, IMF, OECD, G20정상회의 등 국제협의기구에 의하여 무역자유화, 외환자유화, 자본자유화가 추진되면서 개별국가시장이 국제금융시장에 편입되는 현상이 두드러져 자본이동성이 급격히 증가하였다.

자본이동의 완전성은 국제경제의 촉진에 따른 자원의 효율적 배분과 전 세계적 부와 효용을 증대시키지만 자본의 편재에 따른 금융위기를 발생시키게 된다. 특히 자본의 이동성이 증대되면서 금융위기도 투기자금의 이동에 따라 인근 국가로 전이되어, 전 세계로 확산되는 추세를 보이고 있다.

이러한 현상은 1990년대 이후에 발생한 금융위기에서 찾아볼 수 있어, 대표적인 금융위기로 유럽연합지역, 중남미지역, 동아시아지역, 신흥시장국, 미국의 서브프라임모기기, 유로지역 등의 사례를 들 수 있다.

Ⅰ. EMS 금융위기

1992년 발생한 유럽통화시스템(EMS: European Monetary System) 금융위기는 유럽

---

2) 1994년 멕시코에서 발생한 외환위기가 이웃 브라질, 아르헨티나 등 남미국가로 전이되면서 이들 국가의 외환·금융위기를 유발하는 효과를 의미하는 용어이다. 테킬라 원래의 뜻은 멕시코의 전통 독주를 지칭하는 것으로, 데킬라에 취한 것과 같이 인근 국가들이 금융위기에 처한 상황을 비유하는 것이다.

연합의 통화통합을 위한 마스트리히트조약[3] 비준과정에서, 각국의 반대분위기 확산 및 독일과 여타 회원국들의 갈등으로 발생하게 되었다.

당시 유럽경제통화동맹(EMU: European Economic and Monetary Union)은 단일통화를 추진하고, EU국가들의 통합된 통화정책의 효율적 추진을 위해, EU회원국 중 재정, 물가, 환율, 금리구조와 관련된 조건을 충족하는 국가에 한해 EMU 가입을 허가하였다.

1990년 동·서독 통합에 따라 동독에 대한 재정지원으로 독일의 재정지출이 급증하였고, 물가상승을 방지하기 위한 금리인상 등 강한 재정정책으로 독일의 마르크화는 강세로 전환하였다. 이에 따라 마르크화와 고정되어있는 회원국들의 통화도 강세통화가 되었으며, 회원국들은 EMU가입조건을 유지하기 위해, 긴축정책을 시행하게 되어 경기가 침체되었다.

이러한 상황에서 많은 회원국들이 EMU 탈퇴를 고려하게 되었고, 투기자들은 탈퇴예상국통화의 절하를 예상하여 집중적으로 매각함에 따라, 가치가 폭락하는 금융위기가 유발되었다. 최초의 금융위기는 스웨덴과 핀란드에서 발생하였으며, 이어 영국 파운드화와 이탈리아 리라화에 대한 헤지펀드의 투기적 공격으로, 영국, 이탈리아, 스페인은 ERM을 탈퇴하게 되었다.

1993년에는 덴마크 크로네화, 벨기에 프랑화, 스페인 페세타화, 포르투칼 에스쿠도화, 아일랜드 펀트화, 그리고 프랑스 프랑화에 대한 헤지펀드의 투기적 공격이 계속되면서 이들 국가의 금융위기를 유발하였고, 대부분의 통화들이 큰 폭의 평가절하를 시행하였으며, 이를 감안하여 EMS의 환율변동폭도 기준환율을 중심으로 ±2.25%에서 ±15%로 대폭 완화되었다.

ERM금융위기는 경제 및 금융구조가 선진화된 국가들에서 발생하였다. 이들 국가들은 신용도 양호하여 국제금융시장에서 자본조달이 용이하였으며, 외환보유액도 충분한 상태에 있었다. 그러나 ERM구조의 조건을 충족하기 위한 과정에서, 예상치 못한 투기적 헤지펀드에 의하여 금융위기가 발생하여, 기존의 금융위기와는 차이점을 보였다.

Ⅱ. 중남미 금융위기

중남미지역은 1970년대부터 가장 빈번한 금융위기 발생을 경험한 지역으로, 최근에 발생한 아르헨티나의 금융위기에 이르기까지, 국가 별 지속적인 금융위기가 발생하고 있다. 특히 브라질, 아르헨티나, 멕시코는 수차례에 걸친 채무불이행으로, 이들 국가들의 자본시장기능에 취약점을 드러내고 있다.

---

3) 마스트리히트조약의 의미는 EU지역의 단일통화 채택 및 단일통화정책 시행을 위해, 회원국의 경제구조 및 여건을 비슷한 수준으로 만들기 위한 경제통합의 전제조건이행에 있었다.

1. 멕시코

1994년 멕시코는 NAFTA 가입을 반대하는 시위와 정치적 불안정으로 경제침체를 겪게 되어, 외환보유액의 급감 등에 따라 페소화의 대규모 평가절하가 이루어졌고, 외자조달이 어려워지면서 심각한 외환수급의 불균형으로 외환위기를 겪게 되었다.

멕시코는 자본시장을 인근국가들에 비해 조기에 개방하여, 1989년에는 자본자유화를 마무리하였으며, 이후 외자가 대량으로 유입되어 총지출이 확대되면서 경상수지가 악화되는 등, 경제에 부작용이 발생하였다.

멕시코의 페소화는 고정환율제도하에서 과도하게 고평가된 상태였으며, 정부의 페소화에 대한 대폭적 평가절하 시행과 변동환율제 이행에도 불구하고, 투자자들의 페소화 투매와 외국인 투자자금의 대량이탈로 정부의 페소화 방어능력이 상실되었다. 특히 멕시코는 정부의 금융정책에 대한 국민들의 불신으로 미래의 경제정책에 대한 예상이 환율을 불안정하게 하여 균형환율이 심하게 이탈하는 외환위기가 빈번하여 페소화문제를 야기하게 되었다.

멕시코의 외환위기는 IMF의 178억 달러와 지역금융 협의체를 비롯한 총 5백억 달러 규모의 외부자금 지원이 이루어진 후에, 외국인 투자자금의 유출이 진정되었으며, 경상수지 적자규모의 축소, 물가상승률 억제, 재정지출 삭감, 금융부문의 강화, 중앙은행의 외환시장개입 자제, 국영기업의 민영화 등 구조조정 조건을 이행하게 되었다.

2. 아르헨티나

아르헨티나는 최근 가장 빈번한 금융·외환위기를 경험한 국가로써, 1983년, 1995년, 2001년에 심각한 금융위기가 발생하여, 누적된 외채에 대한 수차례의 채무불이행도 발생하였고, 2018년 새로운 금융위기가 시작되어 진행되고 있어, 금융위기의 다발국가로 인식되고 있다.

1983년에는 막대한 고금리외채에 따른 외환보유액 감소로 채무불이행을 선언하였고, 이후에도 페소화의 급락에 따른 금융위기에 수시로 노출되었으며, 1985년 채권단과 IMF 등의 구제금융 협상으로 금융위기를 극복하였다.

1995년에는 주요교역국인 멕시코에서 발생한 금융위기의 전염효과로, 대내·외 경제여건이 악화되면서 대외채무의 증가, 페소화의 고평가로 인한 경상수지 악화 등으로 은행의 예금인출사태 및 자본의 급속한 유출이 발생하여 금융위기가 재현되었다. 정부는 다시 IMF 등으로부터 긴급자금지원을 받고 강력한 구조조정 및 경제안정화 정책을 추진하게 되었다.

2001년 금융위기는 아르헨티나의 경제구조 취약점에서 발생하였다. 그동안 정부의 경제안정화정책에도 불구하고, 외채는 감소하지 않았고 경상수지의 적자는 지속되었으며, 정부의 방만한 재정운영으로 적자가 확대되었다. 더하여 IMF의 긴축정책조건에 따라 실업이 증가하고 경기는 지속적으로 침체하였다.

아르헨티나는 환율안정을 위해 고정환율제도를 지속하여 페소화가 장기간 고평가되면서, 수출경쟁력 하락과 통화가치 유지가 어렵게 되었다. 아르헨티나의 국가신용등급은 하락하였으며, 높은 금리로 인한 국채 발행이 중단되면서 금융위기가 발생하게 되었다. 4백억 달러의 IMF 구제금융과 정부의 긴축정책이행 약속으로 일시적 안정을 회복하였으나 예금인출사태의 발생과 자본유출이 지속되고 외채 지불유예(moratorium)선언과 금융위기가 재현되어 추가적인 IMF 및 IBRD의 차관지원을 받게 되었다.

2018년 재현된 아르헨티나의 금융위기는 기존의 금융위기와 연장선상에서 그 원인을 찾을 수 있다. 지속적인 정책 시행에도 불구하고 아르헨티나의 경제구조는 개선되지 않았으며, 해외투자자들의 불안감에 따라 외자유입도 증가하지 못하였다. 페소화의 급락에 따라, 물가 상승, 실업률 증가, 그리고 외채에 대한 채무불이행 우려 등으로 외화자금의 유출이 급증하면서 페소화가치는 폭락하였다.

2019년 들어 기준금리를 45%에서 60%로 인상하였으나, 페소화 가치폭락은 지속되어 금융위기가 재현되었고, 563억 달러의 IMF구제금융으로 진정되는 추세에 있으나, 경제구조의 취약성으로 금융위기의 가능성이 상존하고 있다.

3. 브라질

브라질은 1980년대부터 2천억 달러 수준의 외채를 보유하고 있었으며, 여러 차례의 채무지불유예사태가 발생되었다. 1997년 동아시아국가의 외환위기와 1998년 러시아 금융위기의 영향으로, 브라질의 외환보유액이 급감하면서 외환위기가 발생하였고, IMF와 415억 달러의 금융지원에 합의하여 진정되는 추세를 보였다.

그러나 1999년에 들어 재정개혁의 지연과 정치적 불안으로 외자가 급격히 유출되어 헤알(Real)화의 가치가 폭락하였으며, 정부는 고정환율제 시행에 따른 환율방어를 위해 헤알화의 평가절하를 단행하였다. 그러나 지불능력을 초과하는 외채의 누적과 재정적자의 증가로, 자본 유출과 통화가치 폭락이 지속되어 1월 말 금융위기가 발생하였다. 2월 들어, 브라질의 금융위기가 인근 국가로 전이되는 것을 우려한 미국 등 G7국가와 IMF, IDB 등의 긴급자금 지원으로 금융위기가 진정되었다.

브라질은 과도한 외채와 만성적인 재정적자로 인한 경제의 구조적 문제점으로 인하여, 신흥국의 금융위기 시 수시로 영향을 받게 되는 금융위기가 상존하는 취약점을 보이고 있다.

Ⅲ. 동아시아 금융위기

1997년 발생한 동아시아국가들의 금융위기는 1980년대부터 이 지역 국가들의 자본자유화추세에 따른 해외자본의 유입으로, 금융기관들의 과도한 투자유치 전략과 비효율적인 운용이 누적되면서 발생하게 되었다. 금융위기를 겪은 태국, 인도네시아, 필리핀, 말레이시아 등은 자본시장의 조기개방으로 외국인 투자자금을 활용한 급속한 경제성장을 이룩하였다.

이 지역 국가들은 경제규모가 크지 않은 상태였으며, 중국의 약진으로 수출시장에서 경쟁력이 약화되어, 경상수지적자가 누적되는 상황에 처하게 되었다. 특히 중국은 1994년 복수통화basket제도로 이행하면서 위안화의 40% 절하를 통해 수출경쟁력을 제고시켜, 이들 국가의 수출이 급감하게 되는 등 이 지역의 경기침체를 유발시켰다.

복수통화basket제도로 고정환율제도의 기조에 있던 태국의 바트화에 대한 단기성 투기자금의 공격으로 바트화는 지속적으로 평가절하 되었고, 정부는 환율안정을 위해 변동환율제로 이행을 추진하게 되었다. 변동환율제 이행 직후 바트화는 일평균 16% 폭락하면서 금융위기가 발생하게 되었고, IMF 등으로부터 170억 달러의 금융지원을 받게 되었다.

태국의 금융위기는 같은 유형의 경기침체를 겪고 있던 인도네시아, 필리핀, 말레이시아 등 인근 국가들 통화의 평가절하압력을 유발하여, 이들 국가로 전이되면서 순차적으로 금융위기를 발생시키게 되었다. 이들 국가는 IMF의 구제금융으로 금융위기를 해소하였으며, 구제금융 조건인 자본시장개방과 금융자유화 이행, 구조조정과 경기부양 등의 시행에 따라, 자본유출과 금융위기가 진정되었다.

동아시아지역의 금융위기는 남미지역에서 발생한 금융위기와 다르게 진행되었다. 국가들의 경제기초는 건실하였으며, 외환보유액도 적정수준에 있었지만, 해외투자자들의 통화가치 하락을 예상한 투매가 금융위기를 유발하였으므로, 도덕적 해이가 금융위기의 주요원인으로 작용하였다.

또한 다른 지역의 금융위기와 달리, 동아시아지역의 금융위기는 역외지역으로 확산되어, 경제구조와 규모가 다른 한국과 러시아 및 남미국가 등 전 세계로 확산되는 현상을 보여, 글로벌 금융위기를 유발하는 계기로 작용하였다.

Ⅳ. 신흥시장국 금융위기

신흥시장국(emerging market country)은 경제성장률이 높고, 산업화가 급속히 진행되어 자본시장의 성장과 개방이 일반화된 국가로써, 자본의 수익성을 추구하는 투자가 집중되는 국가를 의미한다.[4] 이들 국가의 자본시장이 개방되면 투자에 따른 고수익이 가능하게

4) 현 시점에서 신흥시장국의 범주는 브라질, 러시아, 인도, 중국 등 BRICs와 멕시코, 터키, 인도네시아, 남아프리카 공화국, 칠레, 아르헨티나, 베트남 등이 된다.

되어, 해외투자자금이 대거 유입된다. 유입자금이 적절히 투자되는 경우 경제성장을 이루게 되지만, 투자자금이 단기시장에서 운용되는 경우, 급격한 유출이 발생할 수 있어 금융위기를 발생시키게 된다. 신흥시장국의 금융위기는 러시아, 아이슬란드, 터키, 헝가리 등에서 발생하였다.

1. 러시아

러시아는 구소련의 붕괴 이후 동구권국가들의 경우와 마찬가지로 재정적자가 지속되었으며 경제기초가 개선되지 않았다. 이러한 대내 경제침체와 병행하여, 1997년 동아시아국가들의 금융위기에 따른 신흥시장국에 대한 우려가 증가되는 등 대외여건도 악화되면서, 러시아에 대한 투자가 감소하였다.

1998년 원유 등 국제 원자재가격이 하락하면서 원자재 공급국인 러시아의 경기침체를 가속시켰으며, 금융시장의 불안정이 증폭되어 주식 및 채권에 대한 외국투자자본의 유출로 금융위기가 시작되었다.

금융위기를 해소하기 위한 정부의 위기극복프로그램이 의회에서 거부되면서 국내·외 투자자들의 투매에 의한 루불화의 폭락이 발생하였으며, 러시아의 외채에 대한 모라토리엄이 선언되었다. 모라토리엄 선언 이후 변동환율제를 도입하고 긴축재정정책을 시행하였으며, 외부자금 유입을 위한 세제개혁과 투자환경 조성 등 대내·외적 구조조정으로 금융위기를 해소하였다.

러시아의 금융위기는 우크라이나, 체코, 헝가리 등 동구권국가들에도 영향을 미쳤으며, 중남미국가 등 여타 신흥국에도 금융위기가 확산되어, 국제금융위기를 불러일으키게 되었다.

2. 유럽신흥국

1994년부터 이어진 멕시코, 브라질, 아르헨티나 등의 중남미신흥국들의 금융위기와 1997년 동아시아국가들의 외환위기, 그리고 1999년 러시아와 동구권국가들의 금융위기의 여파로 대규모 헤지펀드들은 이들 지역에서 유출되어 다른 투자처로 이동하였다. 특히 일본의 금리인하로 대규모 자본이 대거 신흥국들로 유입되는 엔 캐리(yen carry)현상이 발생하면서, 터키와 아이슬랜드, 헝가리 등 국가들로 이동하였다.

2006년부터 미국과 일본 등 선진국의 통화흡수정책에 따라 이자율이 상승하게 되었고, 이들 신흥국에서 자금이 급속히 유출되면서 경제침체를 우려하여 터키의 리라화, 아이슬란드의 크로나화, 헝가리의 포린트화에 대한 투매로 금융위기가 발생하였으나, 정부의 대폭적인 금리인상으로 자본유출을 방어하고 적극적 외환시장 개입으로 환율을 안정시켜 금융위기를 해소하게 되였다.

이들 국가 중 아이슬란드는 2008년 선진국의 금리인상 시 다시 금융위기가 재발하여 IMF의 구제금융을 받았으며, 터키는 2018년 금융위기가 재현되는 등 경제구조 및 금융시장의 성숙도가 아직도 미흡하여 항상 금융위기에 노출되어 있는 상황이다.

Ⅴ. 글로벌 금융위기

2007년 발생한 미국의 서브프라임모기지(sub-prime mortgage)[5]사태는 지속기간이나 투자은행의 손실액에서 가장규모가 크고, 그 영향이 전 세계에 미친 글로벌 금융위기로 기록되고 있다.

미국 IT산업의 버블이 사라면서 경기침체를 방지하기 위하여 연방재무성은행은 기준금리를 1%로 인하하는 경기부양책을 시행하였다. 그러나 시중통화량이 증가하여 은행의 주택에 대한 담보대출이 증가하게 되었으며, 부동산가격이 급등하게 되었다.

모기지대출은 신용도가 높은 차입자를 대상으로 부동산가액의 일정한도를 대출하는 관행으로 이행되었으나, 이 시점에서는 은행의 유동성과잉에 따라 신용도가 낮은 대출자를 대상으로 하는 서브프라임 모기지로 확대되었다. 따라서 위험성을 무시한 과도한 대출이행으로 은행의 부실채권이 급속히 증가하였고, 잠재적 신용위험이 누적되었다.

미국의 저금리정책의 지속은 통화증발에 의한 인플레이션의 우려를 증가시켜, 2004년부터 연준의 기준금리는 상승하기 시작하였으나, 신흥국과 유럽의 투자자금이 지속적으로 미국 부동산시장에 유입되어, 장기금리는 낮은 수준에서 유지되었고, 주택모기지는 계속 증가하였다.

2006년에 미국의 기준금리는 5.25%까지 상승하였고, 변동금리조건의 부동산 대출금리도 인상됨에 따라 서브프라임 모기지의 연체율이 증가하였고, 대출자의 부동산 포기에 따라 모기지대출회사의 부실채권이 급속히 증가하게 되면서 채권보유 금융기관들의 대규모손실이 발생하게 되었다.

시티은행과 골드만삭스 등 투자은행의 대규모 손실이 발표되면서 서브프라임모기기 사태가 시작되어, 미국의 부동산모기지 대출을 담보로 한 파생상품에 대규모 투자를 이행한 유럽의 투자은행에도 금융위기가 전파되었다. 미국과 유럽투자은행들의 신용경색이 가중되면서 예금인출사태가 발생하는 등 금융위기가 가중되었다.

2008년 3월 미국의 투자은행인 베어스턴즈가 부도위기에서 290억 달러의 구제금융을

---

5) 미국의 주택자금융자는 차입자의 신용을 바탕으로 prime, alt-a, sub-prime 등으로 구분되어지며, 주택자금융자의 대상은 신용도가 우량한 prime mortgage를 대상으로 이루어지는 것이 관행이었다. 그러나 당시 확장통화정책으로 시중통화량이 증발하여 신용이 낮은 차입자에 대한 sub-prime mortgage가 이루어져 부실채권이 증가하게 되었다. 글로벌 금융위기는 이러한 부실채권의 증가로 발생하게 되어, 2008년 글로벌 금융위기는 「서브프라임 모기지 사태」로 호칭된다.

받는 등, 부실금융기관에 대한 미국정부의 유동성 지원에도 불구하고 금융위기는 점점 고조되었다. 9월 들어, 미국 4대 투자은행 중 리먼브라더스와 메릴린치가 파산하였으며, 세계최대 보험회사인 AIG에 850억 달러의 구제금융이 이루어지는 등 금융위기가 증폭되었다.

미국의 금융위기는 미국의 부동산시장에 투자한 유럽으로 확산되었고, 미국과 유럽의 은행들이 신흥국에서 투자자금을 급속히 회수하면서, 신흥국으로 전파되어 전 세계로 확산되었다.

미국의 서브프라임모기지 사태는 실물경제로 전이되면서 GM등 제조업의 경영악화도 발생하였다. 2008년과 2009년 미국의 분기별 경제성장은 모두 마이너스였고, 같은 기간 일본과 EU도 마이너스성장을 기록하였으며, 신흥국의 경제성장률도 크게 둔화되었다.

Ⅵ. 유로지역의 금융위기

유로지역의 금융위기는 유럽연합(EU: European Union)국가 중 유로화를 도입한 국가들의 통화통합에서 발생한 금융위기이다.6)

유럽연합은 마스트리트조약을 통하여, 유럽연합 국가들의 경제를 통합하기 위한 전제조건으로 통화통합을 추진하였다. 1999년 EU경제통화동맹(EMU: European Economic and Monetary Union)이 출범하여 단일통화정책이 효율적으로 운용될 수 있도록, 유로화 참여국의 물가, 재정, 금리, 환율 등 거시경제변수에 대한 경제수렴 기준을 제시하였다.

EMU의 기준에 도달한 11개국이 1999년부터 창출된 유로화에 참여하였으며, 점차적으로 조건을 완화해가면서, 2015년에는 19개국으로 증가하였다. 그 시점에서 유로국가들 간의 경제수렴조건은 많은 차이가 있었으며, 회원국가 간 차이를 해소할 수 있는 통합기구가 존재하지 않아, 점차 국가 간 경제수렴조건이 확대되어 졌다.

통화통합으로 역내무역은 증가하였으나 독일 등 흑자국과 변방적자국의 무역불균형이 심화되어 자본의 편재가 발생하였다. 이러한 자본편재를 해결하기 위해 회원국 간 금융대출이 심화되면서, 금융위기의 발생가능성이 점차 증가하게 되었다.

2008년 미국의 서브프라임모기지 사태는 미국부동산시장에 투자한 이 지역 국가들의 금융기관 부실채권 증가, 정부의 금융기관 지원 및 경기활성화를 위한 재정지출 확대로 재정상태를 악화시켰다. 2010년 그리스를 기점으로 스페인, 포르투갈, 이탈리아 등 재정취약국인 남부유럽 국가들의 재정위기가 시작되어 유로지역으로 확대되기 시작하였다.

그리스는 EMU의 경제수렴기준에 미달하여 유로화도입이 지연된 국가로, 경제지표가 취

6) 2019.1.1. 기준으로 유로화를 통화로 사용하는 국가는 핀란드, 아일랜드, 벨기에, 네덜란드, 룩셈브르크, 독일, 프랑스, 오스트리아, 포르투칼, 스페인, 이탈리아, 그리스, 슬로베니아, 몰타, 키프로스, 슬로바키아, 에스토니아, 라트비아, 리투아니아 등 19개국이다.

약한 상황이었다. 그러나 정부가 EMU참여를 목적으로 재정적자규모를 축소한 사실이 드러나면서 국채금리가 급등하였고, 국제신용기관인 S&P는 그리스의 신용등급을 하향조정하면서 금융위기가 고조되어, 2010년 5월 IMF와 EU로부터 1,100억 유로의 금융지원을 받고, 재정긴축프로그램을 이행하게 되었다.

그러나 긴축재정정책에 대한 국민적 거부감으로 위기는 지속되었으며 2011년에는 신용이 최하등급으로 하락하면서 금융위기상황이 지속되었다. 2011년 7월 독일과 프랑스 등 유로국가들이 800억 유로를 지원하고, IMF가 300억 유로를 대기성차관형태로 제공하는 추가자금지원이 이루어졌다.

두 차례의 자금지원에도 불구하고, 긴축재정에 대한 반대여론으로 구조개혁이 지연되면서, 금융시장에서의 불안감은 해소되지 않고 금융위기가 진정되지 않아, 2015년 7월 유럽안정기구(ESM: European Stability Mechanism)와 IMF로부터 1천억 유로를 상회하는 자금지원을 받았다.

그리스 금융위기는 유로지역 국가 중 재정이 취약한 포르투갈, 스페인, 이탈리아 등 남부유럽국가와 아일랜드로 확산되었다.

아일랜드는 자본자유화를 조기에 시행하여 외자유입에 따라 높은 경제성장을 이루었으나, 외자의 대부분이 부동산으로 유입되어 산업화가 미흡한 상태였다. 그리스에 대한 금융지원을 위해 아일랜드 부동산시장에 투자한 독일과 프랑스의 투자자금이 대규모로 유출되면서, 아일랜드의 부동산가격이 급락하게 되어, 유동성부족에 따라 금융위기가 발생하게 되었다. 2011년 아일랜드는 그리스에 이어 두 번째로, EU와 IMF로부터 850억 유로를 지원받아 금융위기를 해소하게 되었다.

포르투갈과 스페인은 유로국가 중 경제기초가 취약하여 경상수지적자, 국가채무 증가, 고용감소에 따른 실업사태 등 복합적 요인에 의하여 경제침체가 지속되었다. 그리스와 아일랜드의 금융위기는 이들 국가에 대한 투자자들의 불안 심리를 증폭시켜 자본유출이 급증하였고, 정부의 긴축정책에 대한 불신확산으로 국채발행이 제한되는 등 금융위기가 발생하였다.

2011년 5월, 포르투갈은 EU와 IMF로부터 780억 유로의 구제금융을 받았으며, 스페인은 2012년 7월 유럽안정기구로부터 410억 유로의 구제금융을 받아 금융위기를 해소하게 되었다.

이탈리아는 EMU가입 시 경제수렴조건을 충족한 상태였으나, 계속된 경기부양정책으로 재정지출이 확대되어, 2009년에는 국가채무가 GDP규모를 초과하는 상태에 이르렀다. 이후 만성적인 경기침체로 채무는 증가하였고, 재정위기가능성이 지속적으로 제기되면서 국가신용등급이 지속적으로 하락하면서 금융위기가 발생하였다.

통화통합에 따른 유로지역 국가들의 금융위기는 회원국의 재무재조정 주관기구가 없어, 회원국의 재정여건에 큰 편차가 나타나게 되고, 자본의 지역편중현상에 따라 금융위기가 발생하게 되는 특성을 갖는다. 금융위기의 해결에 독일과 프랑스 등 EU 중심국의 금융지원이 주도적 역할을 하고 있다.

Ⅶ. 우리나라의 금융위기

우리나라는 1970년대부터 추진해온 경제성장 전략에 따라 꾸준한 경제성장을 이루었고, 국내산업화에 따른 제조업의 국제경쟁력 상승으로 1980년대 후반부터 경상수지도 흑자로 전환되면서 경제기초가 건전한 신흥공업국으로 인정되었다. 이에 따라 1980년대부터 금융시장의 점진적 개방이 이루어졌으나, 남미와 동남아시아국가들의 시장개방에 따른 부작용을 고려해 개방의 속도를 조정하였다.

1990년대 들어 국제수지흑자의 누적에 따라 자본시장도 안정적 성장을 이루었고, 년 평균 7%대의 실질 경제성장률과 5%대의 소비자 물가상승률, 그리고 안정적 외환보유액 확보로 선진개발국의 단계에 이르게 되어, 본격적인 외환 및 자본자유화를 진행하게 되었다.

그러나 1996년까지의 국제금리, 국제유가, 통화가치 등이 하락한 3저 현상이 사라지면서, 우리나라의 경제성장을 주도한 자동차, 조선, 철강, 반도체산업 등의 불황에 따라 경기가 침체되기 시작하였다. 그동안의 수출을 주도해온 종합상사들이 연이어 도산하면서, 국내경제에 대한 신뢰감이 하락함에 따라 원화가치의 하락이 지속되었다.

침체기에 접어들은 우리나라 경제에 1997년 태국에서 발생하여 동남아시아국가로 전파된 금융위기는 결정적인 악영향을 미쳐 외환위기를 유발하였으며, 12월 16일 IMF의 구제금융과 변동환율제로 이행 등 구조조정프로그램의 이행이 이루어졌다.

1. 금융위기의 원인

우리나라의 외환·금융위기는 오랫동안 누적되어온 국내경제구조에서의 불합리적여건의 지속, 국제금융시장 및 신흥국들을 중심으로 나타난 불안정성, 동아시아지역에서 발생한 금융위기 등 대내·외적 다양한 요인이 결부되어 발생하였다. 더하여 1996년부터 금융위기의 징후가 시작되었지만, 정부의 적절한 대응이 이루어지지 못한 결과로 동남아지역 국가들에 비해 더욱 심각한 금융위기를 경험하게 되었다.

(1) 대내적 요인

우리나라의 1997년 외환위기를 발생시킨 대내적 주요요인으로는 금융부문에 대한 관치금융의 오랜 관행에 따른 금융구조의 취약성이 지적되고 있다. 오랜 기간 동안의 관치금융으로 소수 대기업 위주의 경제성장 전략에 따른 중복투자가 발생하였다. 관치금융의 관행으로 재벌기업의 차입액 누적에 따라 재무구조가 악화되었으며, 1996년부터 시작된 대기업의 도산과 부실채권 누적이 금융부문에 직접적 영향을 주게 되는 구조적 불안정성에 노출된 상태였다.

우리나라의 금융시장은 다른 신흥국에 비해 개방이 지연되었으나, 1988년부터 경상수지 흑자전환으로 미국 등 교역상대국들의 실물 및 자본시장 개방의 압력이 거세졌다. 1996년 OECD 가입을 계기로, 외환시장 및 자본시장이 자유화하면서 국가신용도가 상승하였고, 외자의 유입이 증가하였다. 그러나 자본이동에 대한 조절장치가 사라진 상태에서 민간부문의 무분별한 해외자본 유입에 적절한 규제와 제한을 시행하지 못하게 된 것도 외환·금융위기를 발생시킨 원인으로 작용하였다.

1990년 들어 높은 경제성장률에 따른 소득 및 소비의 증가로 물가가 상승하면서 경상수지는 단기간에 적자로 전환되었다. 따라서 기업의 시설투자재원 확보를 위한 민간의 해외차입을 지원하기 위하여, 1992년부터 단계 별 금융시장 개방이 진행되었다. 경상수지 적자규모는 크지 않았으며, 수출과 투자의 안정적 증가로 8%대의 높은 경제성장률이 지속되었고, 해외자본의 유입초과에 따라, 종합적 국제수지는 흑자를 나타냈으며, 국내경제여건은 건전한 상태에 있었다.

외환위기 전 국내금융기관들의 외자차입은 1년 이내인 단기상환조건이 70%에 이르는 수준이었으며, 이들 자금의 85%는 국내기업에 장기로 운용하는 만기불일치(maturity mismatch)의 문제점도 발생하였다. 또한 기업의 해외자회사들에 의한 단기차입을 무역금융으로 분류하는 등, 채무규모나 운용에 대한 정부의 인식이 미흡하여 총 외채규모는 정부통계를 크게 상회하는 수준이었다. 외환위기 직전, 우리나라의 단기외채비율은 동아시아국가 중 가장 높은 수준이었다.

세계경제의 불황으로 1996년부터 우리나라 경제도 악화되기 시작하여, 당시 우리나라의 성장주도산업인 반도체와 철강산업에서 경기침체가 시작되어 타 산업으로 확산되면서 대기업의 부도가 이어졌다. 1997년 초 한보, 삼미, 우성, 진로, 건영, 대우 등 그 동안의 경제성장을 주도한 기업들이 부도 처리되면서 금융기관의 자금압박을 가중시키게 되었고, 국가신용도가 하락하고 금융위기의 요인으로 작용하였다.

(2) 대외적 요인

우리나라의 외환·금융위기는 그 당시 국제금융환경의 변화에서 유발된 점도 나타나고 있다.

1985년 이후 세계경제는 3저 현상에 따른 안정과 성장을 계속하는 호황 국면이 지속되었다. 국제유가는 생산국 간 갈등과 대체에너지 개발에 힘입어 지속적으로 낮은 수준에 머무르고 있었다. 미국의 연준금리와 일본의 기준금리가 낮은 수준에서 유지되었으며, 대량의 자본이 신흥국으로 이동하는 현상이 가속되었다. 또한 미 달러화와 일본 엔화의 강세에 따라, 여타국의 통화가치는 하락하는 환율인상이 이루어져, 신흥국을 중심으로 높은 경제성장이 이루어지는 경제호황의 시기가 이어졌다.

우리나라도 이 시기에 평균 8%를 상회하는 경제성장을 이루었고, 수출의 증가에 힘입어 자본수지도 대규모 흑자를 이루어, 외환보유액은 1990년 말 150억 달러에서 1995년 말 330억 달러로 증가하는 등, 최대의 경제호항을 누리게 되었다. 이러한 경제호황국면은 1995년을 기점으로 3저 현상이 해소되면서 종료되고, 대외의존도가 큰 우리나라의 경제침체를 유발한 요인으로 작용하였다.

1997년 3월 태국의 바트화가 폭락하면서 동아시아 금융위기가 시작되었으며, 인도네시아, 말레이시아, 필리핀으로 전이되었다. 이 지역에 대규모 자본대출을 이행한 일본의 상업은행들은 자본을 회수하여, 경제여건이 비교적 양호한 상태에 있던 우리나라에 단기대출을 집중하여 단기자본 유입에 따른 금융시장의 불안감이 가중되었다. 11월 Standard & Poor's 등 신용평가기관의 우리나라에 대한 신용하향이 계속되고, 외국투자자들의 단기외채에 대한 만기연장이 거부되면서 원화에 대한 투매가 발생하였다.

우리나라의 경쟁상대국인 타이완의 평가절하도 우리나라의 금융위기에 대외적 요인으로 작용하였다. 그 당시 타이완은 장기간 경상수지흑자에 따라 8백억 달러에 이르는 외환을 보유하여, 고정환율제도기조하에서 환율이 안정된 상태였다. 그러나 태국의 금융위기가 발생한 시점에서, 두 차례에 걸쳐 타이완달러(TWD)에 대한 15%대의 평가절하를 시행하여, 투기자금의 유입을 방어하였다. 타이완의 평가절하는 경상수지나 외환보유액 등에서 취약한 우리나라의 원화에 대한 대규모 평가절하 예상을 유발하여, 원화에 대한 투기자금의 공격이 발생하게 되었다.

2. 금융위기의 극복

우리나라의 외환위기는 투자자금의 급속한 유출, 원화가치의 폭락, 외환보유액의 급감, 국가신인도 하락 등 대내·외적인 요인들이 복합되면서 급속히 진행되었다. 1997년 12월 3일 정부는 IMF와 구제금융 양해각서를 체결하고 IMF로부터 210억 달러, World Bank으로부터 100억 달러, ADB로부터 40억 달러, 미국과 일본에서 230억 달러 등 총 580억 달러의 자금지원을 받게 되었다.

IMF는 자금지원조건으로 프로그램을 권고하였으며, 정부가 이를 양해하여 IMF의 프로그램을 이행하게 되었고, 이행과정을 IMF가 감독하는 'IMF시대'에 진입하게 되었다. IMF 프로그램은 긴축정책 시행과 경제전반의 구조조정으로 거시경제지표를 개선하여, 금융위기를 근본적으로 해소하기 위한 내용으로 구성되었다.

(1) 긴축정책시행

긴축재정정책 및 긴축통화정책의 시행은 환율과 금리구조를 변경하여 외채, 경상수지, 외환보유액 등 거시경제지표를 개선하기 위한 방향으로 추진되었다. 1997년 12월 16일 기존의 시장평균환율제도를 폐지하고 자유변동환율제도로 이행하였으며, 환율이 외환시장의 수급에 의하여 결정되는 실질환율의 의미를 갖게 되었다. 년 초부터 시작된 달러환율의 상승은 1,700원대로 급상승하였으나 구제금융 이후 안정세를 보여, 이듬해 1,100원대로 금융위기 전의 수준으로 복귀하게 되었다.

IMF의 권고에 따라, 콜 금리를 30% 수준까지 인상하는 고금리정책의 시행으로 해외자금유입을 촉진하여 외채상환능력을 제고하였다. 1996년 말 703억 달러에 이르렀던 단기채무는 1998년 360억 달러로 감소하여 안정적 수준에서 유지되었고, 해외채권단과 협상을 통해 단기외채는 금리조정을 통해 중·장기로 전환하였다. 채무불이행의 위험이 해소되면서 S&P 등 신용평가기관은 우리나라의 신용등급을 상향조정해, 외환시장 및 금융시장의 안정이 이루어졌다.

긴축정책 시행으로 경상수지도 점차 개선되어 외환위기 전 1996년 238억 달러, 1997년 103억 달러 수준이던 적자규모는, 1999년 216억 달러의 흑자로 전환되었다. 자본수지도 1996년 235억 달러 적자, 1997년 178억 달러 적자에서, 1999년 183억 달러 흑자로 전환되어 국제수지가 대폭적으로 개선되었다.

경상수지흑자의 누적으로 외환보유액도 지속적으로 증가하여, 1997년 말 기준, 2백4억 달러에서 1998년 520억 달러, 1999년 740억 달러, 2천년 962억 달러로 급증하게 되어 국가신용도를 상승시키게 되었고, 외자의 유입도 순조롭게 이루어져, 점차 금융위기에서 벗어나게 되었다.

(2) 경제구조조정

IMF의 경제구조프로그램은 금융부문의 취약점을 개선하기 위한 금융구조조정과 자본시장개방 및 노동시장의 유연성을 제고하기 위한 산업부문의 개혁을 주요내용으로 하고 있다.

① 금융부문개혁

우리나라의 외환·금융위기를 유발시킨 직접적인 원인으로 금융시스템의 취약성이 거론되어지고 있으며, 금융부문의 취약성을 해소하기 위한 다양한 정책이 시행되었다.

첫째, 금융기관의 재무구조를 개선시키기 위한 구조조정이 시행되었다. 1996년부터 이어진 국내재벌기업의 부도로 은행의 부실채권이 증가함에 따라, 금융기관의 재무구조가 악화된 상태에 있었다. 금융산업의 개선을 위한 금융권 인수·합병을 통해 부실업체를 퇴출시켜, 당시 25개의 은행이 2003년 14개로 감소하였으며, 종금사, 증권사, 생보사, 투신사 등

비 금융권의 부실업체도 대폭 감소하였다. 은행의 자기자본비율(BIS)을 7%에서 10% 이상으로 상향조정해, 2002년 말 모든 은행이 기준을 충족하였고, 순 이익률(ROE)도 1997년 -14%에서 2002년에는 10%대로 상승하여 재무구조를 개선시켰다.

둘째, 금융기관의 부실을 방지하기 위한 금융 감독기관의 감독기능을 제고시키기 위해 금융감독체계를 정비하였다. 1997년 말 금융감독기구의 설치에 관한 법률이 제정되고, 기존의 은행감독원, 증권감독원, 보험감독원, 신용관리기금 등 4대 감독기관을 통합하여 금융감독원이 설립되었다. 금융감독원은 금융기관의 공정한 금융거래관행을 확립하고, 예금자와 투자자를 보호하기 위해 건전한 신용질서의 확립을 설립목적으로 하여, 관치금융의 요인을 제거하였다.

셋째, 금융위기의 재발을 방지하기 위한 금융안전망을 구축하게 되었다. 외환·금융위기의 초기단계에 대응하기 위해, 충분한 외환보유액을 확충하기 위한 노력으로 외환보유액은 점차 증가하여, 2019년 초 4천억 달러를 초과하여 세계 8위의 수준에 이르렀다. 외화자금고갈의 긴급 상황에 대비하여, 미국 등 주요관련국과 통화스왑협정을 체결하였다. 아울러 동아시아국가 간 금융협정 및 IMF 등 국제기구와의 연계로 금융안전망을 강화하였다.

② 산업부문개혁

기업에 대한 구조개혁은 부실기업의 정리에 초점을 맞추었다. 채무비율이 높아 회생이 불가능한 기업은 퇴출(work-out)시키고, 회생가능기업은 동종기업 간 사업교환(big deal)을 유도하였다. 기업의 채무비율을 200% 이내로 제한하고, 부실징후 기업평가, 기업구조조정촉진법 등의 시행으로 기업의 부실화를 방지하였다. 외국인주식투자 한도를 55%까지 확대하고, 채권에 대한 투자한도를 철폐하여, 지배구조를 개선하고 재벌개혁을 추진하게 되었다.

노동시장의 구조개혁은 노동시장유연성을 제고하는 방향으로 시행되었다. 금융부문과 기업의 구조조정에 따른 정리해고와 실업의 증가 등에서 유발되는 문제를 해결하기 위해, 노사정위원회를 구성하여 노동시장 구조개혁을 이행하였다. 아울러 노사정위원회를 통한 고용파견제의 활성화, 실업보험의 확대, 공공근로사업의 확대 등이 추진되었다. 또한 빈곤층의 생계비 확대를 위한 국민기초생활보장제도 도입과 고용보험적용범위 확대, 실업급여제도 등을 시행하여 빈곤문제의 해결을 모색하였다.

공공부문의 구조개혁은 그동안 방만하게 운영되어온 공기업의 경영효율성 제고를 중심으로 추진되었다. 정부조직의 개편, 공기업의 민영화, 공기업의 구조조정 등이 추진되어, 포항제철 등 5개 공기업이 민영화 하였고, 단계적 민영화 대상 중 한국중공업 등이 민영화하여, 시장 친화적 효율성 증대를 추구하였다.

제3절 금융위기의 대책

각국의 자본시장 개방과 국제금융시장 통합화 추세에 따라 국가 간 자본의 이동이 급속히 증가하고 있다. 모든 경제현상에서와 같이 국가 간 자본이동도 긍정적 효과와 부정적 효과를 발생시키지만, 대부분 국가들은 경제적 측면에서 얻어지는 긍정적 효과를 고려하여 정책적으로 자본이동을 지원하고 있다. 국가 간 자본의 유출·입이 자유롭게 이루어지는 상황에서는 모든 국가들은 경제발전단계 및 금융시장구조에 관계없이 금융위기가 발생할 수 있는 가능성에 노출된다. 1980년대의 금융위기는 주로 경제발전단계가 성숙되지 않은 개발도상국이나, 고정환율제기조를 유지하는 신흥국에서 발생하였으나, 2000년에 들면서 EU회원국과 미국 등 선진국에서도 발생하게 되어, 어떠한 국가도 금융위기에서 자유롭지 못한 상황이 되었다.

금융위기가 발생되면 해당국의 실물경제 및 금융경제가 장기간 침체되므로 전반적 경기침체에 따른 경제 및 사회적 손실이 과도하게 발생한다. 따라서 각국은 금융위기를 방지하기 위한 전략을 체계적으로 정비해야 한다.

금융위기 방지전략은 금융위기를 사전적으로 예방하기 위한 경제 및 금융구조 강화, 금융위기의 가능성이 발생하는 경우 조기에 해소, 금융위기가 현실화하여 발생하는 경우 효율적해결 등으로 진행된다.

금융위기에 대한 전략은 국가별 자체전략과 국제적 공조전략으로 구분하여 추진되어진다.

Ⅰ. 국가별 전략

금융위기는 발생의 동기도 다양하고 전이되는 과정도 불규칙하여 일관된 행태를 분석하기가 어려우므로, 금융위기에 대응하는 전략도 개별국가의 여건을 고려한 맞춤형 전략이 필요하게 된다. 금융위기 전략수립에 고려되는 요인은 개발도상국과 선진개발국에 따라 구분된다.

1. 개발도상국

2019년 현재 개발도상국(developing country)으로 분류될 수 있는 국가는, 선진개발국과 신흥공업국을 제외한 전 세계 대부분의 국가들이 해당된다. 선진개발국과 신흥공업국은 북미지역의 미국, 캐나다, 멕시코, 아시아지역의 일본, 중국, 한국, 대만, 인도, 터키, 동구권을 제외한 유럽국가들, 호주, 뉴질랜드가 포함되므로, 이들 국가를 제외한 모든 국가들이 개발도상국에 포함된다. 1980년대부터 개발도상국에서 발생한 금융위기의 진행 및 해결과정에서 제시된 전략은 다음과 같다.

첫째, 개발도상국은 통화가치의 안정을 위해 고정환율제도의 기조를 유지하고 있다. 대부분의 경우 금융위기는 발생국 통화가치의 평가절하를 예상한 투매에서 시작되어, 환율조정장치가 붕괴되는 외환위기로 출발하게 된다. 따라서 단계별조정을 거쳐 변동환율제도로 이행하는 것이 금융위기 방지의 기본전략이 된다. 외환시장에서 환율변동시스템이 작동하게 되면 경상수지도 자동조정메커니즘이 작동하여 균형을 이루게 되므로, 투기적 공격은 제한되고 금융위기의 가능성이 축소된다.

둘째, 자본시장 개방이 단계적으로 이루어져야 하며, 완전개방에 이르기까지 경상수지의 균형을 달성해야 한다. 대부분 개발도상국은 경제성장을 달성하기 위한 시설투자의 목적으로 외국자본을 유입하고 있다. 이 시점의 경상수지가 적자상황이면, 도입자본은 차입의 형태로 단기금융시장에서 운용되어 생산설비에 투입되지 않으므로, 단기에 대량의 자본유출이 발생하게 되는 경우 금융위기가 발생하게 된다. 따라서 경상수지가 안정되는 시점에 맞추어 금융시장을 개방함으로써 금융위기의 가능성을 줄일 수 있다.

셋째, 정부의 민간부문 외자유입 상황과 운용상태를 파악하고 관리하는 과정이 확립되어야한다. 기업들은 해외지점과 자회사를 통해 현지의 자본을 무역신용의 형태로 차입하여 정부의 대외채무 현황 파악을 왜곡시키고, 무분별한 운용으로 만기구조를 불일치시켜 금융위기발생 시 사태를 급격히 악화시키게 된다. 따라서 자본자유화의 전제조건으로 정부의 자본이동에 대한 관리체계를 구축해야 한다.

2. 선진개발국

2008년의 글로벌 금융위기는 미국의 부동산시장에서 발생하였으며, 이 시장에 투자한 유럽 국가들로 전이되고 전 세계로 확대되어, 외환·금융위기는 금융시스템이 낙후되고 실물경제도 미성숙한 개발도상국에서 발생한다는 기존의 인식을 변화시키는 계기가 되었다. 선진개발국의 경제지표는 개발도상국에 비해 건실하여 금융위기 발생가능성은 적으나, 금융위기에 노출된 상태이므로 이를 방지하고 해결하기 위한 전략을 강화하고 있다.

선진개발국의 금융위기 대응전략은 경제지표의 관리방식으로 이행된다. 즉 선진개발국들은 자본시장 개방이 마무리되었고, 변동환율제도를 시행하고 있으므로, 자본이동에 대한 관리요인이 존재하지 않는다. 따라서 경제지표를 건전하게 유지하는 것이 금융위기를 예방하는 기본조건이 된다.

충분한 외환보유액 확보는 금융위기 예방과 해결의 기본조건이 된다. 대부분의 금융위기가 대외지급준비자산의 부족으로 자국통화의 가치하락을 방어하지 못하여 발생하는 외환위기에서 발생한다. 따라서 충분한 외환보유액을 확보하는 것이 금융위기의 기본적 전략이 된다.

선진개발국들은 금융위기 발생 시 이를 해결하기 위한 수단으로, 금융안전망을 복합적으로 구축하고 있다. 경제 관련성이 긴밀한 국가와 금융스왑협정을 체결하여 유사 시 유동성 공급에 대비하며, 지역별금융협력기구를 통한 금융협정 및 G20, IMF, 세계은행 등 국제기구에 적극적 참여로 금융위기에 대응하는 국제적 협조체제를 구축하고 있다.

Ⅱ. 국제적 공조전략

동아시아 외환·금융위기는 인근 국가로 전파되는 전염효과를 나타내었으며, 시간이 지남에 따라 위기의 범위와 정도가 확대되는 양상을 보였다. 미국의 서브프라임모기지사태는 투자경로를 따라 전 세계로 확산되었다. 따라서 최근의 금융위기는 확산 방지와 해결을 위해 국제적 공조가 필요하게 되었다. 금융위기의 국제적 공조체제는 지역별 금융협력체제와 국제적 금융협력체제로 이루어지고 있다.

1. 지역 금융협력

외환·금융위기는 전염효과를 유발하여 인근 국가로 확산된다. 더구나 최근의 경제영역은 bloc화에 따라 지역별로 통합되는 현상이 두드러지고 있다. 따라서 지역별 경제의 연관성이 증대하고, 금융위기가 발생하면 인근 국가들로 전이되는 현상이 발생하게 된다.

현 시점에서 국제경제는 몇 개의 지역경제로 대별하여 구분된다. 북미지역의 NAFTA, 유럽지역의 EU, 동아시아지역의 ASEAN, 중남미지역의 PA, 아프리카의 AEC 등이 지역 금융협력체를 구성하고 있으며, 이들 기구를 중심으로 지역 금융협력을 강화해 가고 있다.

국제금융위기가 본격화된 1980년대 이후, 각 지역 경제협력체는 금융위기해결에 중요한 역할을 수행하였다. 특히 1992년 유럽의 ERM위기와 2010년 남유럽국가의 금융위기 시에는 역내 국가들의 금융지원이 IMF의 금융지원규모를 초과하여, 지역 금융위기 해소에 중요한 역할을 담당하였다.

동아시아지역의 ASEAN+Big3간 경제협력체인 치앙마이이니셔티브는 회원국에 분담금을 배정하여 2,400억 달러의 기금을 조성하고, 회원국의 금융위기에 공동 대응하는 등 공조체제를 강화하고 있다.

이 밖의 지역에서도 자체금융협력기구를 통해 경제 및 금융협력을 강화해 가면서 금융위기의 발생과 전이에 대비하고 있으며, 지역 개발은행을 설립하여 금융위기 시 자금지원을 위한 기금 조성에 주력하고 있다.

2. 국제 금융협력

IMF는 국제적 관점에서 회원국들의 금융위기를 사전에 예방하고, 금융위기 발생 시 신속한 해결을 위해 다양한 전략을 개발하고 있다. 국제통화기금(IMF)은 국제적monitoring system을 구축하여 회원국들의 경제지표를 분석하여, 금융위기 가능성을 모니터링하고 있다. 금융위기 발생 시에는 기금을 이용한 다양한 금융지원을 제공하게 된다. IMF의 구제금융은 최근의 금융위기 해소에 주도적 역할을 수행하였다.

자본자유화가 본격적으로 진행되면서 다양한 지역의 금융위기가 발생하였으며, 대부분의 금융위기 해결에 IMF의 구제금융이 시행되면서 도덕적 해이가 발생하게 되었다. 채권자의 채권회수를 IMF가 보증하게 되어 무분별한 투자가 발생할 가능성이 있으며, 멕시코와 브라질 그리고 아르헨티나 등 반복적인 채무불이행선언 등이 그 예로 거론되어 지는 등, IMF의 구제금융제도에 보완이 요구되고 있다.

금융위기는 근본적으로 국가의 대외채무 과다에 따른 상환불능에서 발생하게 되므로, 해결에 대외채무조정과정이 따르게 된다. 채무조정과정으로 채권국과 채무국이 직접 협상으로 조정을 하는 경우도 있으나[7]), 대부분의 경우 채무조정기구를 통하여 이루어지고 있다. 대표적인 국제적 채무조정기구로 1956년 출범한 파리클럽(Paris club)과 1976년 출범한 런던클럽(London club)이 있어 중재방식에 의한 채무조정을 이행하고 있다.

요 약

1. 1980년대부터 본격적으로 진행되어 오고 있는 국제금융위기의 원인을 규명하기 위한 이론은 다음과 같다.

   첫째, 제1세대 금융위기 모형은 1980년대 남미국가들의 금융위기를 설명하기 위한 이론으로, 금융위기원인을 국가에 의하여 추진되어진 확대통화정책에 의한 재정적자의 누적과, 고정환율제도를 유지하는 기본적인 경제구조의 모순으로 파악하고 있다. 이들 국가의 국민경제는 고정환율제도를 운용하고 있어, 재정적자를 국내통화 증발로 보전하게 되어, 이자율이 하락하고 자본유출을 유발하게 되므로, 국내통화에 대한 평가절하압력이 가중된

---

7) 대표적인 채권자와 채무자의 직접조정의 예는 2017년 중국의 아프리카국가들에 대한 채무전액탕감 등이 있다.

다. 정책당국은 통화가치유지를 위해 외환보유액을 이용한 외환시장 개입을 지속하게 되고, 외환의 고갈에 따른 외환위기가 발생하게 된다.

둘째, 제2세대 금융위기 모형은 1992년 발생한 유럽환율조정메커니즘 외환위기를 설명하기 위해 제시된 이론으로, 금융위기의 원인을 외환시장 참여자들의 미래에 대한 예상에서 발생하는 환투기로 규정하고 있다. 이 이론에 따르면, 시장참여자들은 정책당국의 금융시장에 대한 전망과 대응에 민감하여, 환율상승이 예상되면 자국화를 매각하고 외화를 매입하는 투기적 현상이 나타나면서 금융위기가 발생하게 된다.

셋째, 붐-버스트순환 모형은 경제순환과정에서 경제호황국면과 경제불황국면의 순환과정에 따른 경제여건의 변화를 금융위기의 주요요인으로 규정하고 있다. 자본자유화의 진행으로 대규모 자본이 유입되는 경우, 통화량 팽창에 따른 인플레이션이 발생하게 되어, 부동산가격과 금융상품가격을 상승시켜 국내경제의 호황국면에 진입하여 경제의 거품이 발생하게 된다. 시간이 지나면서 경제거품은 해소되고 냉각국면에 진입하게 되면서, 경상수지가 악화되어 금융위기가 발생하게 된다.

셋째, 금융공황 모형은 1997년 동아시아 외환위기 시 예금인출사태에 의한 은행위기에 외환위기가 병행되어 발생한, 국제금융위기를 설명하기 위해 제시된 이론이다. 당시 이 지역에는 단기고금리 투자자금이 집중되어 있었으며, 수익성을 고려해 비 유동적 장기투자로 운용되는 상황이었다. 외환위기의 가능성으로 투자자금의 만기연장이 중지되었고, 통화가치의 추가적 하락을 예상한 투매 등 투자자들의 도덕적 해이 등이 복합되어, 외환위기가 발생하게 되었다.

넷째, 전염효과(contagion effect)는 특정국가에서 발생한 금융위기가 주요 교역국이나 경제적 이해관계가 형성된 이웃국가로 전이되는 형식으로 금융위기의 진행과정에 중점을 두는 이론이다. 주요교역국이나 경제이해국은 상호 긴밀히 연계되어 있어, 한 국가에서 외환·금융위기가 발생하여 통화가치가 급락하게 되면 환율상승이 유발되며, 교역상대국에서는 상대적 환율하락이 발생하여 교역조건이 악화되므로, 투자자들은 교역상대국통화에 대한 투매로 금융위기가 발생하게 된다.

2. 2007년 미국의 서브프라임모기지(sub-prime mortgage)사태는 규모와 지속지간, 피해기업의 수 및 전이지역 국가 등 그 영향이 전 세계로 확장된 최대의 글로벌 금융위기로 기록되고 있다.

   미국의 주택담보대출에서 시작된 과잉유동성을 흡수하는 과정에서 부실주택채권으로 인한 투자은행의 손실과 은행위기로 시작된 글로벌 금융위기는 유럽 및 신흥국으로 확산되었고, 금융산업 및 실물경제에 부정적 영향을 미쳐 세계경제의 침체를 불러일으키게 되었다.

Chapter

4 국제금융규제

제1절 국제금융규제의 의의

자본이동은 국가 간 자본의 생산성을 고려하여 자본의 생산성이 낮은 국가에서 높은 국가로 이동하게 되는 현상이다. 그러나 자본이 부족한 개발도상국은 제조업의 생산시설을 확충하여 경제성장을 이룩하기 위하여, 과도한 외자유입을 추구하는 경향이 일반적이다.

자본이동은 재화의 이동이 제한되는 경우, 재화의 이동인 무역을 대체하는 국제경제의 수단으로 활용되지만, 당사국에 미치는 효과는 다르게 나타난다. 즉 재화의 유입은 외화자금의 결제를 유발하여 자본감소를 유발하지만, 자본의 유입은 도입국가의 전체적 자본량을 증가시켜 생산시설 확충 등에 투입된다.

이러한 상황에서 대부분의 개발도상국은 외화자본 유출을 유발하는 재화의 수입을 정책적으로 제한하는 반면, 국내시설투자를 확충하고 생산을 증대시키는 자본유입은 우대하게 된다. 대다수의 개발도상국들은 외자를 유치하기 위해 자본시장을 조기에 개방하고, 공장부지의 무상제공, 세금인하 및 자금지원 등 다양한 혜택을 제공한다.

자본의 국가 간 이동이 급속히 증가하면서 외자유치를 통한 경제성장 전략에 대한 부정적 효과가 표출되기 시작하였다. 금융시장에서 발생하는 부정적 효과는 외부효과와 전염효과를 거쳐 시장참가자들의 도덕적 해이와 결부되면서 과잉반응(overshooting)이 유발되고 금융위기로 전환된다.

그러나 대외경제거래로 자본을 축적하기 어려운 개발도상국들은 외국자본의 도입이 경제성장에 필요한 조건이 된다. 개발도상국들은 고정환율제도의 기조에서 환율 및 금리 등 가격구조가 경직되어 있어 시장기능으로 충격을 흡수하지 못하는 취약한 상태에 있다. 따라서 자본의 급격한 유출·입으로 인한 금융위기의 가능성이 상존하는 상태에 있다.

선진개발국도 자본이동에서 부정적 효과를 경험하게 된다. 일반적으로 교역재는 성숙기에 이르면 생산원가를 비교하여 경제발전단계가 낮은 개도국에서의 생산이 유리하게 된다.

따라서 선진개발국에서 자본이 유출되어 개발도상국으로 유입되는 투자가 일반화된다. 저개발국에 대한 투자의 이행으로 선진개발국은 제조업분야 등 산업 동공화현상이 발생하게 되며, 국내경제의 침체를 불러일으키게 된다.

따라서 자본이동에 대해 대부분의 국가에서 규제가 강화되는 추세에 있으며, 자본이동에서 발생하는 부정적 효과를 최소화하고 긍정적 효과를 극대화하기 위한 방향으로 관리가 시행되고 있다.

제2절 금융규제의 유형

금융위기는 금융시장의 기능이 효율적으로 작동하지 못하는 상황에서 시작된다. 대부분의 개발도상국은 관치금융의 오랜 관행이 지속되어, 금융의 시장기능이 효율적으로 작동하지 못하는 결함을 나타내고 있다.

금융시장은 지속적 혁신으로 기능의 분화가 빠르게 진행되며, 시장참여자들의 합리적 기대를 바탕으로 시장변동성이 증폭되며, 점차 외국시장과 통합되어지는 추세에 있어, 개별국가의 금융시장관리를 위한 금융규제가 실효성을 거두기 어렵게 된다.

이러한 상황을 감안하여, 각국은 자체적 금융규제전략을 수립하고 있으며, 경제이해관련국 및 인근국과의 협조체제를 구축하고, 국제금융기구를 통한 공동대응을 통해 금융시장의 안정성을 도모하고, 금융위기의 예방 및 해결방안을 모색하고 있다.

금융규제는 금융시스템의 불합리성에서 발생하는 비효율성을 해소하여 시장안정성을 도모하고 금융위기의 예방 및 방지를 위해, 금융기관의 건전성을 제고하는 방향에서 이루어진다. 금융규제의 과정은 금융위기를 예방하기 위한 사전적 규제와, 금융위기의 발생과 진행으로 금융기관이 파산하는 경우, 회생 및 투자자보호를 위한 사후적 규제로 구분된다.

Ⅰ. 사전적 규제

사전적 규제는 금융위기를 방지하기 위한 금융시스템의 정비로, 금융기관의 체질을 강화시키기 위한 목적으로 이루어진다.

우리나라의 금융규제는 금융위원회의 정책을 중심으로, 금융시장의 안정과 시장질서 확립의 기반위에서 금융혁신을 추진하는 방향으로 이루어지고 있다. 금융규제의 시행은 1997년 설립된 금융감독원의 금융기관에 대한 검사와 감독기능을 이용하여, 다음과 같은 방식으로 진행된다.

부실금융기관의 시장진입을 규제하기 위해 금융기관의 신설 및 인수합병 등에 인가 제도를 운용하고 있다. 은행 업무영역을 명시하고, 기업과의 상호출자를 제한하여 은행의 독립성을 제고하며, 여신 및 지급준비제도의 규제 등으로 예금인출사태에 따른 은행위기에 대비하고 있다.

금융기관의 건전성을 제고시키기 위하여 재무제표 공표를 의무화하고, 자기자본비율의 일정수준유지 및 부동산 등 고정자산에 대한 투자를 제한하여, 유동성자산의 비율을 높이는 등의 규제가 이행되고 있다.

아울러 금융감독원의 기능을 강화시켜 금융기관의 감사 및 금융기관의 경영실태와 관련된 정보 제공을 의무화하는 등 감독체계를 확립하였으며, 불공정거래에 대한 제재와 시정조치를 병행하게 된다.

Ⅱ. 사후적 규제

금융위기의 결과로 금융기관이 파산하게 되는 경우, 금융기관 설립인가의 취소 및 영업정지, 주식과 영업권의 양도를 통한 인수·합병 등 금융기관에 대한 후속조치가 이루어진다. 아울러 예금보험제도를 운용하여 예금자의 손실을 보전해주는 사후적 조치도 병행되어 진다.

은행 등 금융기관의 파산은 예금인출사태에 은행의 유동성이 대응하지 못하는 경우 발생하며, 타 기관으로 전파되면서 커다란 사회적 혼란을 유발하게 된다. 우리나라의 경우, 2011년 2월 부산저축은행 등 16개 저축은행에 대한 영업정지와 예금인출사태로 연쇄적 파산이 발생하여, 큰 사회적 파장을 불러일으켰다.

금융기관의 파산은 타 기관에 파급되는 효과를 차단하기 위하여, 발생 초기단계에 중앙은행의 자금지원이 필요하게 된다. 중앙은행의 자금지원은 예금자보호에 대한 정부의 의지를 확인시켜 투자자의 불안심리를 해소하게 됨으로, 금융시장의 안정에 중요한 요인이 된다. 그러나 투자자의 손실을 세금으로 보전하게 되어 도덕적 해이에 대한 사회적 비판을 불러일으키게 된다.

금융기관의 파산에 따른 사회적 파장을 고려하여 예금자의 보호조치가 이루어져야 하며, 이를 위해 예금보험제도(deposit insurance system)가 운용되고 있다. 이 제도는 금융기관의 예금상환이 불가능한 경우, 예금자의 손실을 보전하기 위한 것으로, 금융기관의 파산 시 발생하는 사회적 혼란을 방지하기 위한 것이다.

1996년 설립된 우리나라의 예금보험공사는 예금보험기금채권 등으로 기금을 조성하여, 금융기관의 파산 시 예금자보호 및 부실금융회사의 정리 등 업무를 수행하고 있다. 예금보험공사의 자금 지원도 중앙은행의 공적자금 지원과 마찬가지로 도덕적 해이 문제가 야기된다.[1)]

제3절 국제금융규제 협력

Ⅰ. 금융규제협력의 필요성

개별국가들의 관점에서 금융규제의 필요성과 정도는 다양하게 나타나고 있다. 특히 신흥개발도상국들은 외자유치 전략에 따른 경제성장을 추진하고 있어, 자본유입에 대한 규제를 완화시키고 있다. 자본유입을 위한 금융규제의 완화는, 금융거래에 대한 정책적 제도개선 및 금융기관의 우대조치를 병행하여 이루어진다.

국가 별 금융규제의 완화조치는 다른 나라의 상대적 규제강화를 유발시키는 계기로 작용하여 국가 간 금융구조를 변화시키게 된다. 특히 금융산업은 부가가치의 창출이 용이한 산업으로, 대다수국가들이 금융산업 육성을 추진하며 금융시장의 확충을 모색하고 있다.

이러한 상황에서 특정국가의 금융규제 완화는 이해관계국의 금융규제 완화를 유발시켜 국가 간 경쟁으로 이어져, 궁극적으로 금융규제가 사라지는 방임상태를 불러일으키게 된다. 결국 국제금융의 무질서와 혼란이 가중되면서 금융위기로 이어지게 된다.

금융개방과 자유화가 크게 진전된 현 시점에서는 금융질서를 정립하기 위한 개별국가의 금융규제는 무의미하며, 모든 국가가 공동보조를 취하는 상황에서만 금융규제의 효과를 달성할 수 있게 된다. 금융규제에 대한 국제협력은 hedge fund를 규제하기 위한 토빈세(Tobin's tax)[2] 도입논의를 계기로 본격적으로 협의되기 시작하였다.

그러나 각국의 조세제도의 차이와 국가별 이해관계가 상충되면서 국제협력은 이루어지지 못하였으며, 1980년대 들어 국제금융위기가 불규칙적으로 발생하여 확대됨에 따라, 금융위기의 방지를 위한 국가 간 공정한 금융규제시스템의 구축이 필요하다는 인식이 새롭게 확산되었다.

이러한 상황에서, 국제금융의 주체인 각국 은행의 자산관리를 대상으로 하는 바젤협약이 체결되어 국제적 금융규제협력체제로 운영되고 있다.

---

1) 2011년 국내 30개 저축은행의 연쇄파산 시 예금보험공사의 공적자금 27조 원이 투입되었으나, 2018년 말 기준으로 회수자금은 11조에 불과하여 사회적 비판이 제기되고 있다.

2) 토빈세는 1978년 미국의 토빈(James Tobin)에 의하여 주장된 것으로, 급격한 자본유출·입에 의한 금융위기를 방지하기 위해 hot money의 외환거래에 모든 국가가 일정율의 거래세를 부과하는 것이다. 그러나 전 세계의 모든 국가가 동시에 시행하는 경우에만 효과가 있어, 일부국가는 외자유치를 위해 독자적 세제를 운영하므로 활성화되지 못하였다. 그러나 금융위기의 빈번한 발생으로 G20 정상회담 및 UN사회개발 특별위원회 등 국제기구를 중심으로 토빈세 도입이 논의되고 있어, 전격적 도입의 가능성도 존재하고 있다.

Ⅱ. 바젤협약[3)]

바젤협약은 국제결제은행(BIS: Bank for International Settlements)소속 은행감독위원회(BCBS: Basel Committee on Banking Supervision)의 은행감독국제기준이다.

1970년대 들어 자본자유화와 각국 금융시장개방이 추진되면서, 금융의 주체인 은행 간 경쟁이 심화되었다. 국내시설투자자금이 필요한 개발도상국을 중심으로 금융규제를 완화하여 무분별한 자본도입이 이루어졌고, 비효율적 운용으로, 고 위험자산이 증가하여 다수 은행의 파산사태가 발생하게 되었다. 이러한 현실에서, 은행 자기자본비율을 유지하기 위한 금융규제의 필요성이 제기되었다.

미국, 영국 등 주요 금융선진국들은 은행의 자기자본비율을 일정수준 이상 유지하는 금융규제를 시행하였으나, 일본 등 일부국가는 자기자본비율의 규제가 없어, 이들 국가의 은행은 자산규모를 확장하고 경쟁력도 강화되는 불공정게임의 현상이 나타나게 되었다.

이에 따라, 국제결제은행의 주도하에 은행의 자기자본비율 적정수준에 대한 논의 및 국제적 기준을 적용하기 위한 협의가 지속되었으며, 1988년 7월 국제결제은행의 은행감독위원회에서 "바젤협약"이 타결되었다. 바젤협약은 시대적 추이를 반영하여 바젤2, 바젤3으로 수정되었다.

1. 바젤1

1988년 7월에 제정된 바젤협약1은 회원국 은행에 대해 위험가중자산 중 8% 이상을 자기자본으로 유지하도록 의무화하였다. 위험가중자산은 주식과 채권 등 유가증권, 단기파생상품 등 매매목적의 자산 등 시장위험과 자산위험이 발생할 가능성이 있는 자산으로, 그 규모는 위험의 크기에 따른 가중치를 적용하여 파악하게 된다.

따라서 주식의 등급, 채권의 만기구조 및 담보조건, 파생상품의 투기요인 등의 크기가 자산규모에 반영되어, 기존의 자산대비자본으로 산출되는 자기자본비율과 차이를 보이게 되었다.

바젤1은 상업은행들의 위험자산투자를 제한하여 은행의 건전성을 제고시키고, 금융위기 해소에 어느 정도 기여하였다고 평가되었다. 이에 따라 바젤협약이 발효된 1992년 다수의 회원국이 채택하게 되었고, 우리나라도 1992년 7월, BIS 자기자본비율을 도입하게 되었다.

2. 바젤2

바젤1의 도입이전에 영국과 미국 등에서는 이미 자체적으로 은행에 대한 자기자본비율유지의 규제가 이루어지고 있어, 바젤1과 상충되는 내용이 발생하였다. 1990년대 중반에 이르러, 각국의 금융시장개방과 금융기술혁신이 가속되어 은행의 유동성위험 관리기능이 향

3) 바젤협약은 한국은행 국제금융기구. 국제결제은행, 2018.을 참조하였음.

상됨에 따라, 바젤1의 개정이 필요하게 되었다. 1996년부터 은행의 자기자본비율 합의를 위한 협의가 시작되었고, 2004년 6월에 각 회원국의 중앙은행 및 금융 감독기구의 합의로 바젤 2가 도입되었다.

바젤2의 내용은 자기자본비율규제(Piller1), 정책당국의 규제(Piller2), 시장에서의 규제(Piller3)로 구분되어 있다.

자기자본비율은 위험가중자산에 대한 시장위험과 자산위험 외에, 새로이 은행내부 및 외부에서 발생하는 운영위험을 추가하여 산정되도록 함으로써, 바젤1에 비해 규제가 강화되었다.

시장에서의 규제는 금리, 채권수익률, 환율 등 변동성을 감안하여, 매분기 자기자본의 변동내용을 시장에 공시하도록 의무화하였다. 정책당국의 규제는 은행의 자기자본비율 유지 및 위험관리 상태를 점검하고 감독하기 위해 시행된다. 이에 따라 각국의 금융 감독체제를 이용한 점검 및 감독이 이루어지게 되었다.

BIS은행감독위원회의 규제는 강행성이 결여되어, 바젤2의 선택은 회원국의 재량으로 이루어졌다.

3. 바젤3

바젤2는 은행의 자산을 구성하고 있는 유가증권 발행주체의 신용하락에 의한 잠재적 위험가중요건을 반영하지 못하므로, 잠재적 손실위험의 가능성을 간과하는 문제가 발생하게 되었다. 2008년 미국의 서브프라임모기지 사태 시 투자은행의 파산이 발생하였으며, 금융위기재발을 방지하기 위해 G20을 중심으로 협의를 거쳐, 2013년 바젤3이 도입되었다. 바젤3은 점진적 시행을 거쳐, 2019년 말, 전면적 시행을 목표로 하고 있다.

바젤3은 최저자본규제 세분화, 완충자본제도 도입, 레버리지비율 규제 등으로 구성되어 있다.

(1) 최저자본규제 세분화

은행이 위험가중자산 중 보유해야 하는 최저자본비율의 규모를 자본유형에 따라 보통주자본, 기타기본자본, 보완자본으로 세분화하고, 보통주자본 중심의 규제체제를 신설하였다.

보통주자본은 보통주, 자본잉여금, 포괄손익누계 액, 소액주주 지분 등이 합산되며, 최저자본비율은 4.5%이다.

기타 기본자본은 보통주와 조건부자본증권의 요건을 갖춘 신종자본증권 등으로 합산되며, 최저자본비율은 6%이다.

보완자본은 청산가정 하에 손실을 흡수할 수 있는 요건을 갖춘 자본증권, 자본잉여금, 대손충당금 등으로 합산되며, 최저자본비율은 8%이다.

(2) 완충자본제도 도입

은행의 미래 위기발생 가능성에 따른 손실을 보전하기 위하여, 보통주자본을 추가로 보유하는 완충자본 제도를 신설하였다. 정책당국은 GDP성장률, 신용증가율, 은행의 수익성 지표를 고려하여 신용팽창이 우려되는 경우, 기본의 보통주자본 4.5% 외에, 추가로 2.5% 이내의 완충자본의 적립을 고시하며, 은행들은 12개월 이내에 이 기준을 이행해야 한다.

은행의 추가 완충자본 적립이 이행되지 않는 경우, 배당금, 임직원에 대한 상여금 등 이익배분이 제한된다.

(3) 레버리지비율 규제

2008년의 글로벌 금융위기의 발생이 은행의 과도한 레버리지에서 유발된 측면을 감안하여, 바젤2의 자본비율규제의 보완으로 위험노출자산 대비 기본자본 비율을 일정수준 이상으로 유지하는, 레버리지비율에 대한 규제를 신설하였다.

레버리지비율규제는 위험노출자산 대비 기본자본비율에 대한 규제로, 총 위험노출자산은 대차대조표상 자산의 총합에 지급보증, 신용·유동성 공여약정, 무역금융 등을 합하여 산출한다. 바젤3은 위험노출자산 대비 기본자본비율 3% 이상을 목표로 설정하고, 모니터링하면서 추이를 분석하고 있다.

(4) 유동성규제

유동성규제기준은 단기유동성지표인 유동성 커버리지 비율과 중·장기 유동성지표인 순안정조달 비율에 대해 100% 이상을 요구하고 있다.

유동성 커버리지 비율은 30일 이내 현금화가 가능한, 고 유동성자산대비 30일 순 현금유출비율로, 위기상황에 은행이 30일 간 순 현금유출을 감당할 수 있도록, 고 유동성자산 100% 이상 보유를 의무화한 내용이다.

순 안정조달비율은 은행의 위기상황에서, 1년간 조달가능 안정자금 대비 장기자산의 비율로, 100%를 초과하는 경우, 은행이 1년간 현금화가 어려운 자산을 자본 및 만기 1년 이상의 우선주와 잔존만기 1년 이상의 부채 등 안정자금으로 충당할 수 있어, 유동성위험을 해소하게 됨을 의미한다.

바젤3은 유동성 커버리지 대비 순 안정조달 비율 100% 이상을 목표로, 추이를 분석하며 진행하고 있다.

요 약

1. 바젤협약은 국제결제은행(BIS) 소속 은행감독위원회(BCBS)의 은행감독에 관한 국제기준이다.
   1970년대 들어 자본자유화와 각국 금융시장 개방으로 금융의 주체인 은행 간 경쟁이 심화되면서 각국의 금융규제도 완화되어, 은행의 무분별한 자본 유입과 운용으로, 고 위험 자산이 증가하게 되었다.
   따라서 은행의 부실화에 따라 파산이 발생하게 되어, 은행의 자기자본비율을 일정수준에서 유지하기 위한 금융규제의 필요성이 대두되어, 국제결제은행의 주관 하에 바젤협약이 성립되었다.

2. 완충자본제도는 은행의 미래 금융위기 발생가능성에 따른 손실을 보전하기 위한, 보통주자본을 추가로 보유하기 위한 제도이다. 정책당국은 GDP성장률, 신용증가율, 은행의 수익성지표를 고려하여, 신용팽창이 우려되는 경우, 보통주자본일정비율 외에 추가로 완충자본의 적립을 고시하며, 은행들은 정해진 시간 내에 이 기준을 이행하여야 한다.
   은행의 추가 완충자본적립이 이행되지 않는 경우, 배당금, 임직원에 대한 상여금 등 이익배분이 제한된다.

3. 레버리지비율 규제는 2008년 글로벌 금융위기 시 금융위기 발생의 요인이 은행의 과도한 레버리지에서 유발된 측면을 감안하여, 자본비율규제의 보완으로 위험노출자산 대비 기본자기자본비율을 일정수준 이상으로 유지하기 위한 규제이다.
   레버리지비율 규제는 위험노출자산 대비 기본자본의 비율에 대한 규제로, 위험노출자산은 대차대조표상 자산의 총합에 지급보증, 신용 및 유동성 공여약정, 무역금융 등을 합하여 산출하게 된다.

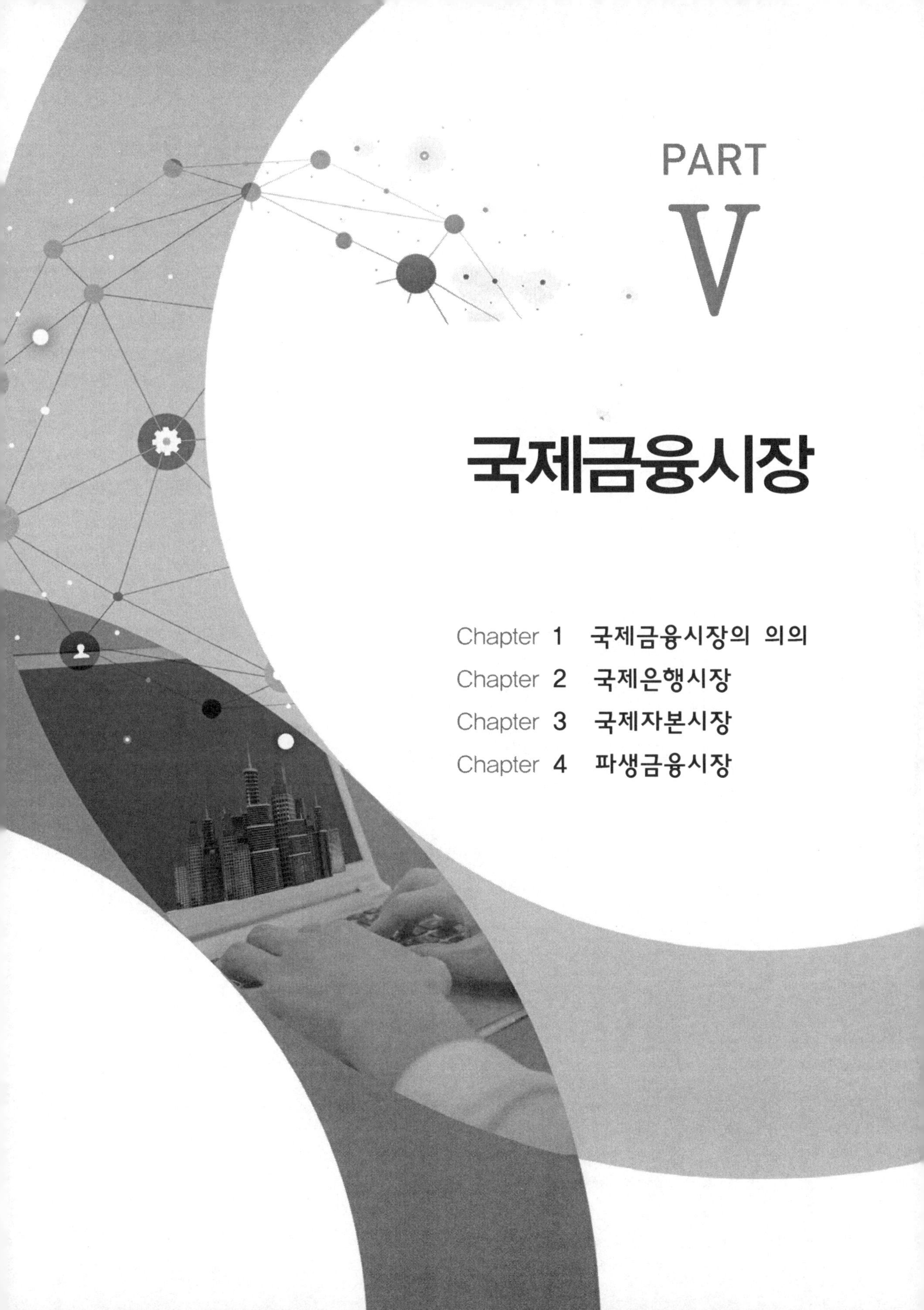

PART

V

국제금융시장

Chapter

1 국제금융시장의 의의

제1절 국제금융시장의 개요[1)]

Ⅰ. 국제금융시장의 정의

국제금융시장(international financial market)은 국경을 지나는 금융거래가 이루어지는 시장으로, 국가 간 무역, 투자, 자금의 대차거래 등에서 수반되는 주식, 채권, 예금 등 금융자산이 거래되는 장소 및 기구를 의미한다.

국제금융시장은 거주자간 금융거래가 이루어지는 국내금융시장과 대조적으로, 거주자와 비거주자 간, 비거주자와 비거주자 간 금융거래가 이루어지는 시장이며, 거주성 및 장소에 구분 없이 금융거래가 이루어지는 광의의 시장개념이다.

최근의 금융자유화추세 및 통신기술의 발달로 국가 별 금융시장은 국제금융시장의 급속히 편입되고 있으며, 국제금융시장은 국가 별 금융시장, 외환시장, 자본시장을 통합하는 포괄적 금융거래메커니즘으로 확대되고 있다.

Ⅱ. 국제금융시장의 기능

국제금융시장의 기능은 기본적으로 국제적 자금의 효율성을 증가시키기 위한 적절한 자금의 배분에 있다. 자금의 효율적 배분을 위한 국제금융시장의 기능은 다음과 같이 구분해 볼 수 있다.

1) 국제금융시장에서 우리나라의 시장은 한국은행「우리나라의 금융시장」, 2018년을 참조하였음.

1. 국제대차 결제

1789년 영국의 산업혁명을 기점으로 국제거래가 확대되기 시작하였고, 제2차 세계대전의 종료 시 국가 간 협의로, 무역과 자본이동에 대한 규제가 감소되기 시작하면서 국제경제는 급증하기 시작하였다. 이에 따라 국제거래에서 발생하는 국제대차를 효율적으로 결제할 수 있는 구조가 필요하게 되었다.

국제대차를 결제하기 위해서는 국제금융시장에서 이종통화 간 교환을 위한 외환시장기능과, 자본의 융통이 이루어지도록 자본시장기능이 효율적으로 이루어져야 한다. 따라서 국제금융시장의 기본적 기능은 국가 간 거래결과 발생한 국제대차를 각종 기구를 이용하여 원만히 결제하는 것이다.

2. 무역금융 지원

국제거래의 규모가 점차 확대되면서 국제거래에 대한 금융지원의 필요성이 증가되어 짐에 따라, 국제금융시장에서 국제무역과 투자를 증진시키기 위한 금융지원이 이루어지고 있다.

일반적으로 국제거래의 계약과 결제 간 시차가 존재하여, 채권자나 채무자에 대한 금융지원이 필요하게 되므로, 국제금융시장에서 단기금융이 이루어지게 된다. 대규모 해외건설공사 및 자원개발 등 투자의 경우, 1년 이상의 중·장기 금융지원이 이루어지고 있다.

3. 국제유동성 조정

국제거래의 증가로 국가 간 국제수지의 불균형이 심화되고 있어, 자본의 지역적 편재현상이 발생하고 있다. 국제수지 적자국은 자금의 유출에 따른 대외지급수단의 감소로 유동성부족을 겪게 된다.

국제금융시장의 유동성조정기능을 통하여 적자국의 유동성 부족현상은 흑자국의 자금유출로 해소될 수 있고, 흑자국은 추가로 발생한 외자유입을 대부 등의 형식으로 국제금융시장에서 관리하게 된다. 이러한 과정을 통하여 국제금융시장에서는 자본의 편재현상이 해소되고, 유동성 조정이 이루어지게 된다.

Ⅲ. 국제금융시장의 요건

국제금융시장으로 조성되기 위한 기본적 조건은 다음과 같은 요건을 구비한 국가 및 지역의 특징을 갖게 된다.

첫째, 대량의 국제자본이 밀집되어 유통되고 있어, 언제나 자본의 조달이 가능한 상태에 있어야 한다. 이러한 조건으로, 외환보유액이나 헤지펀드 등 투자자금이 풍부하게 축적되어 있는 지역 등이 국제금융시장의 조건이 된다.

둘째, 국제경제의 비중이 크고, 경제발전단계와 산업화가 성숙되어 실물경제가 안정되어야 한다. 더하여 금융거래를 위한 각종 금융인프라가 구축되어, 실물경제와 금융경제가 균형 발전한 국가 및 지역이 국제금융시장의 조건이 된다.

셋째, 국제금융시장은 외환자유화, 금융자유화가 성숙된 국가 및 지역에 성립한다. 외환자유화는 통화 간 태환성 보장, 외환관리 철폐, 헤지 및 투기거래의 허용으로 외환시장의 기능을 제고시키며, 자본자유화는 외화유출·입에 따른 자본의 조달과 운용을 자유화함으로써 국제금융의 기본조건이 된다.

넷째, 정치적·사회적 안정지역에 조성된다. 전쟁, 혁명, 빈번한 정권교체 등 정치적 불안은 국유화, 몰수 등 비상위험을 증가시키게 되며, 파업, 집회, 시위 등 사회적 불안은 신용위험을 증가시키게 되어 국제금융기능을 제한하게 된다.

Ⅳ. 국제금융시장의 구성

국제금융시장은 자금의 차입자그룹과 투자자그룹, 그리고 이 두 그룹을 연결하는 중개자그룹으로 구성된다.

자금의 차입자는 자본 확충을 위해 자금을 조달하는 다양한 국적의 기업, 재정 및 국제수지적자를 해소하기 위해 자금을 차입하는 국가, 다양한 목적의 금융지원을 이행하는 국제금융기구 등이 된다.

자금의 투자자는 개인투자자, 개인투자자금을 모아 조성된 자금을 투자하는 헤지펀드와 사모펀드, 공무원·사학·군인연금 및 상호기금, 보험회사 등 국제금융시장에 자금을 공급하는 기관투자자로 구성된다.

국제자금의 중개자는 국제상업은행, 국제투자은행, 금융중개회사, 국제브로커 및 국제딜러로 구성된다.

Ⅴ. 국제금융시장의 분류

국제금융시장은 포괄적의미의 시장이므로, 접근하고자 하는 관점에 따라 다양하게 분류될 수 있다.

첫째, 거래하는 금융상품의 만기에 따라 1년 이내의 국제단기금융시장과 1년 이상의 국제자본시장으로 구분된다.

둘째, 국제금융시장의 형식과 취급상품의 내용에 따라 전통적 금융시장과 파생적 금융시장으로 구분된다.

셋째, 전통적 금융시장은 금융 중개방식에 따라 간접금융이 이루어지는 국제은행시장과 직접금융이 이루어지는 국제채시장으로 구분된다.

넷째, 파생적 금융시장은 거래되는 상품의 내용에 따라 선물시장, 옵션시장, 스왑시장 및 합성시장, 혼성시장으로 구분된다.

다섯째, 금융대상통화 당사국의 관점에 따라 통화당사국에서 형성되는 역내시장과 통화당사국 외의 역외시장인 유로시장으로 구분된다.

제2절 국제금융시장 균형조건

국제금융시장에서 이루어지는 금융거래는 기본적 변수인 물가, 금리, 환율의 국가시장간 불균형에 따라, 이를 해소하기 위한 재정거래형식으로 이루어지고 있다. 국가 간 물가상승률의 차이는 금리 차를 유발하고, 금리 차는 환율변동을 유발하며, 환율변동은 물가상승률을 유발하게 되어, 변수 간 깊은 연관성이 존재한다.

국제금융평가이론은 국가시장 간 단일변수의 차이는 다른 변수의 연관성으로 극복되어, 세 기본적변수를 종합하는 경우, 금융시장 간 균형을 이루게 되는 평가(parity)의 상태에 있음을 의미한다.

물가, 금리, 환율 등 가격상호간의 균형관계를 나타내는 국제금융평가이론은 국제금융거래의 기본적 원리로, 구매력평가설, 피셔효과, 국제피셔효과, 금리평가설, 불편추정치 등 이론을 근거로 하고 있다.

Ⅰ. 구매력평가설

구매력평가설(PPP: Purchasing Power Parity)은 각국 통화의 상품구매력이 평가를 이루고 있음을 의미한다. 구매력평가설은 일물일가의 법칙을 전제조건으로 하며, 절대구매력평가설과 상대구매력평가설로 구분된다.

1. 일물일가의 법칙

일물일가의 법칙(law of one price)은 한 시점에서 한 상품에는 하나의 가격이 형성됨을 의미한다. 상품의 국가 간 거래 시 환율을 적용하면 국가 간 가격이 균등화하게 된다. 이를 수식으로 표현하면 다음과 같다.

$$Pi = S.Pi^* \qquad (5-1)$$

Pi : i재의 국내가격
Pi^* : i재의 외국가격
S : 환율

i재의 가격은 한 통화단위로 환산하는 경우 자국과 외국에서 균등하게 되며, 불균등하게 되는 경우, 가격이 낮은 시장에서 높은 시장으로 차익거래가 발생하게 되므로, 가격은 시장간 균등화하게 된다.

일물일가의 법칙은 상품의 완전한 동질성, 국가 간 이동의 자유 및 부가비용 무시 등을 가정하고 있는 등 비현실적 요인을 포함하고 있다.

2. 절대구매력평가

i재에 대한 일물일가의 법칙을 나타내는 (5−1)식을 모든 상품(n)에 적용하면 다음과 같게 된다.

$$Pi = S.Pi^*(i = 1,2,3...n) \qquad (5-2)$$

위 식에서 국내물가 P와 외국물가 P^*은 모든 상품에 대한 물가지수를 의미 하게 된다. 양국의 물가지수산정 대상상품의 구성과 가중치가 동일하다고 가정하면 (5−1)식은 다음과 같이 변형된다.

$$P = S, P^* \qquad (5-3)$$

P: 국내 물가지수
P^*: 외국 물가지수

(5−3)식은 환율을 고려한 양국의 물가지수는 같게 된다는 절대구매력평가(absolute purchasing power parity)를 의미하는 내용으로, 환율이 양국의 물가지수를 반영하여 결정됨을 나타내 주는 것이다.

$$S = P/P^* \qquad (5-4)$$

절대구매력평가의 환율결정구조를 설명하기 위해 국제적 분포가 균등하게 이루어지고 있는 상품의 지수를 이용한 측정이 시도되었다. 대표적 상품인 Big Mac의 지수를 활용한 국가 간 구매력평가 측정이 이루어졌다.

빅맥을 이용한 구매력평가의 측정은 다음과 같다. 2019년 1월 1일 기준으로 빅맥의 가격은 미국에서 4달러, 한국에서 4,400원, 일본에서 500엔 이라고 가정 한다. 통화의 빅맥에 대한 구매력을 비교하여, 1달러/1,100원, 1달러/125엔, 1엔/8.8원의 환율이 결정된다.[2)]

절대구매력평가는 국가 간 물가지수에 반영되는 상품의 구성이나 비중의 차이, 비교역재의 배제, 상품의 일물일가법칙 괴리 등 비현실적 요인을 기본조건으로 하는 불합리성을 포함하고 있다.

3. 상대구매력평가

상대구매력평가(relative purchasing power parity)는 절대구매력평가에 관련국의 물가변동을 반영한다. 상대구매력평가에 의하면 환율의 변동률은 관련 양국의 물가상승률차를 감안하여 이루어진다.

절대구매력평가의 예에서 1년간 미국, 한국, 일본의 물가상승률이 각각 5%, 4%, 3%라고 가정하면, 2020년 1월 1일의 통화 간 환율은 이를 반영하여, 각각 1달러/1,089.52원(1,100×104/105), 1달러/122.62엔(125×103/105), 1엔/8.89원(8.8×104/103)으로 변동하게 된다.

상대구매력평가에 의하면, 일정기간 동안 환율의 변동률은 관련 양국의 물가상승률 차와 같게 된다.

$$\frac{St-S}{S}=\frac{\frac{pt}{pt^*}-\frac{p}{p^*}}{\frac{p}{p^*}} \quad (5-5)$$

S, St; 기준시점과 비교시점 환율
P, P^*; 기준시점의 국내 및 외국 물가지수
Pt, Pt^*; 비교시점(t)의 국내 및 외국 물가지수

국내 및 외국의 기준시점과 비교시점(t)의 물가지수는 일반적인 물가상승을 감안하여, 다음의 수식으로 나타내게 된다.

$$Pt=(1+\pi)\cdot P \quad (5-6)$$

$$Pt^*=(1+\pi^*)\cdot P^*$$

π, π^*; 자국과 외국의 물가상승률

---

2) 통화 간 구매력비교를 위해, 빅맥 외에도 스타벅스, 라테, 아이팟 등 많은 국가에 분포되어 있는 상품을 이용하기도 하며, 우리나라와 동남아국가들의 구매력 비교를 위해 우리나라의 신라면지수가 이용되기도 한다.

(5-6)식을 (5-5)식에 대입하여 풀면 다음과 같다.

$$\frac{St-S}{S}=\frac{\frac{(1+\pi)}{(1+\pi^*)}\cdot\frac{p}{p^*}-\frac{p}{p^*}}{\frac{p}{p^*}} \tag{5-7}$$

$$\frac{St-S}{S}=\frac{1+\pi}{1+\pi^*}-1$$

$$=\frac{\pi-\pi^*}{1+\pi^*}$$

마지막 항의 분모 $1+\pi^*$에서 π는 외국의 기준시점에서 비교시점까지의 물가상승률을 의미한다. π를 적은수치로 보아 분모에서 무시하면, (5-7)식의 우변은 $\pi-\pi^*$가 된다.[3)]

$$\frac{St-S}{S}=\pi-\pi^* \tag{5-8}$$

(5-8)식은 기준시점에서 비교시점(t)까지 환율의 변동비율은 관련 양국의 물가상승률 차의 근사 값으로 결정됨을 의미하고 있다.

상대구매력평가의 구조를 이용하여 환율예측이 가능하다. 즉 미래의 국가 간 기간별 물가상승률을 예상하여, 현재의 환율에 기간 별 환율예측 값을 구할 수 있게 된다.

상대구매력평가는 물가와 환율의 변동률을 감안하므로, 절대구매력 평가에서 발생하는 일물일가의 가격경직성을 개선할 수 있다. 그러나 전반적인 구매력평가설의 제한성은 다음과 같이 나타나고 있다.

첫째, 상품시장과 외환시장은 조정속도가 다르다. 상품가격의 변동은 상품의 수급에 따르기 때문에 상대적으로 오랜 시간을 거쳐 수급이 조정되나, 환율의 변동은 예상을 근거로 신속하게 이루어지므로, 장기적으로는 환율의 변동과 물가상승율의 관련성이 나타나지만, 단기적으로는 환율변동과 물가상승률이 괴리되는 현상이 나타난다.

둘째, 국가 간 자본이동은 상품이동과 독립적으로 자본의 한계생산성을 감안하여 이루어지는 경우가 점차 증가하고 있다. 따라서 독자적 자본이동에 의하여 발생하는 금융부문 요인에 의한 환율변동의 설명에는 제한성을 갖게 된다.

셋째, 구매력평가에 의한 환율과 물가상승율의 관계는 교역재 중심의 분석으로, 교역재를 대상으로 한 구매력평가가 성립하더라도 비교역재 부문의 규모가 크게 변하는 경우, 구매력평가는 괴리될 수 있다. 비교역재는 수급의 변화를 국내여건의 조정으로 충당해야 하

3) 물가상승률이 년 3%라고 가정하면 그 수치는 0.03이 되고, 월별 환율변동을 분석한다고 가정하면 수치는 0.0025(0.03/12)가 된다. 따라서 분모가 1인 경우와 거의 차이가 없으므로 이를 생략하게 된다.

기 때문에, 초과수요 시 가격상승이 발생하여 통화가치의 상승을 유발하게 된다. 따라서 환율에 직접적 영향을 주어 구매력평가에 제한적 요인이 된다.

Ⅱ. 피셔효과

피셔효과(FE: fisher effect)는 국가 간 명목금리(nominal interest rate)차는 양국의 물가상승률 차와 같게 됨을 의미한다. 이를 수식으로 표현하면 다음과 같다.

$$i - i^* = \pi - \pi^* \qquad (5\text{–}9)$$

i, i^*은 자국과 외국의 명목금리, π, π^*은 자국과 외국의 물가상승률이다. 명목금리는 시장에서 고시되는 금리를 의미하여 물가상승률이 적으면 명목금리도 하락하고, 물가상승률이 크면 명목금리도 상승하게 된다.

$$i = r + \pi \qquad (5\text{–}10)$$

r은 실질금리(real interest rate)로 명목금리에서 물가상승률을 차감하여 결정된다. 물가안정의 경우 명목금리와 실질금리의 격차는 줄어들게 되며, 물가상승이 클수록 명목금리와 실질금리의 격차는 크게 된다. 예를 들어 1년간 우리나라의 명목금리가 4%이고, 물가상승률이 3%인 경우 실질금리는 1%가 된다.

외국의 명목금리도 실질금리와 물가상승률의 구조로 산출된다.

$$i^* = r^* + \pi^* \qquad (5\text{–}11)$$

양국 간 명목금리차를 보기위해 (5–10)식에서 (5–11)식을 차감하게 된다.

$$(i = r + \pi) - (i^* = r^* + \pi^*) \qquad (5\text{–}12)$$

(5–12)식을 변형하여 다음의 식이 된다.

$$(i - i^*) = (r - r^*) + (\pi - \pi^*) \qquad (5\text{–}13)$$

(5–13)식은 양국 간 명목금리의 차는 양국의 실질금리 차와 양국의 물가상승률 차에서 발생하게 됨을 나타내 준다.

실질금리는 명목금리에서 물가상승률을 차감하게 되므로, 국가 간 실질금리는 균형을 이루게 된다. 따라서 (5–13)식은 실질금리차가 없다고 가정하여($r - r^* = 0$) 다음과 같이 변형된다.

$$(i-i^*)=(\pi-\pi^*) \tag{5-14}$$

(5−14)식은 양국 간 명목금리의 차는 양국 간 기대인플레이션율의 차와 같게 됨을 의미한다.

Ⅲ. 국제피셔효과

국제피셔효과(IFE: international fisher effect)는 환율의 기대변동률이 관련 양국의 명목금리 차와 같게 된다는 내용으로, 다음의 식으로 표현할 수 있다.

$$\frac{ESt-S}{S}=i-i^* \tag{5-15}$$

S는 기준시점 환율, ESt는 기준시점에서 예상하는 t시점 환율로, (5−15)식의 좌변은 기준시점에서부터 비교시점까지 환율의 기대변동률을 의미한다. (5−15)식의 우변은 기준시점과 비교시점 간 양국의 명목금리차로, 좌변의 환율 기대변동률과 같게 됨을 의미한다.

(5−15)식은 구매력평가의 내용(5−8)식과 피셔효과의 내용(5−14)식을 이용하여 도출된다. $(St-S)/S=\pi-\pi^*$, $i-i^*=\pi-\pi^*$, $(ESt-S)/i-i^*$ 식을 교차시키면, 기준시점에서 보는 t시점 환율인 St와, 기준시점에서 예상하는 t시점 환율인 ESt는 같게 된다. 따라서 (5−8)식의 St를 ESt로 대체하여 (5−15)식이 성립하게 된다.

Ⅳ. 금리평가

금리평가(IRP: interest rate parity)는 선물환율의 할인이나 할증의 크기는 양국의 명목금리 차와 같게 됨을 의미한다. 이를 수식으로 표현하면 다음과 같다.

$$\frac{F-S}{S}=i-i^* \tag{5-16}$$

F는 외환시장에 고시된 선물환율로, 현물환율(S)과의 비교를 통해 (5−16)식의 부호가 결정된다. 선물환율이 현물환율보다 큰 경우($F>S$) 선물환 할증(forward premium)이 되어 전체적 수치는 양(+)이 되며, 적은 경우에는($F<S$) 선물환 할인(forward discount)이 되어 전체적 수치는 음(−)이 된다.

금리평가조건은 선물환율의 할인이나 할증의 크기는 양국의 명목금리의 차이를 반영하여 결정됨을 의미하므로, 이를 분석하기 위해 일정금액을 양국에 투자하여 일정기간 후 원리금을 비교하는 방식으로 도출될 수 있다.

한국의 투자자가 통화 1단위(1₩)를 한국과 미국에 1개월 예금에 투자하는 경우를 가정한다. 한국에 투자하는 경우, 원금은 1₩이고 한국의 1개월 금리는 i가 되어 1개월 후의 원리금은 $(1+i)$₩이 된다.

$$(1+i)₩ \tag{5-17}$$

1₩을 미국에 투자하는 경우, 현물환율로 환전하여 투자하게 됨으로 원금은 $1/S$가 되고 미국의 1개월 금리는 i^*이 되어 원리금 합계는 $(1/S+i^*)\$$ 가 된다. 양국의 원리금 비교를 위해 외환시장에 고시되고 있는 1개월 선물환율을 대입하여 원화로 환산하면 다음의 식이 된다.

$$\frac{1}{S}(1+i^*)\cdot F₩ \tag{5-18}$$

투자자는 양국에서 발생하는 원리금 합계인 수익률을 비교하여 수익률이 높은 시장에 투자를 이행하게 된다. 수익률에 차이가 존재하게 되면 수익률이 낮은 시장에서 높은 시장으로 자본을 이동시켜 수익률차가 zero가 되는 균형(parity)에서 이동이 중지된다. 이를 식으로 표현하면 다음과 같다.

$$\frac{F}{S}(1+i^*)=(1+i) \tag{5-19}$$

(5–19)식은 $F/S=(1+i)/(1+i^*)$이 되며, 선물환율과 현물환율의 관계를 보기 위해, 양변에서 1을 차감하여 정리하면 다음의 식이 된다.

$$(F\text{-}S)/S=(1+i)/(1+i^*) \tag{5-20}$$

(5–20)식에서 미국의 1개월 금리는 수치로 환산하는 경우 분모에서 무시할 정도로 적다고 보아 무시하면, 다음의 식으로 단순화된다.

$$(F\text{-}S)/S=(i\text{-}i^*) \tag{5-21}$$

결국 선물환율의 할인이나 할증의 크기는 양국의 명목이자율 차와 거의 같게 됨을 의미하는 (5–16)식이 된다.

금리평가는 시장에서 확정된 선물환율을 이용하여 자본의 수익률을 산정하므로, 환위험이 커버된 상태의 무위험금리평가조건(CIP: covered interest rate parity condition)이 된다. 상대적으로 국제피셔효과는 선물환율 대신 미래의 환율 예상 값을 사용하므로, 커버되지 않은 유위험금리평가조건(UIP: uncovered interest rate parity condition)이 된다.

Ⅴ. 불편추정치

불편추정치(UE: Unbiased Estimator)는 선물환율이 차기의 현물환율과 편차가 없는 미래추정치가 된다는 의미이다. 선물환율이 미래현물환율의 불편추정치가 되기 위해서는 환차익거래의 자유허용, 세금 및 거래비용의 배제, 외환관련정보의 효율성으로 독·과점 불가능 등 조건을 충족해야 한다.

이러한 조건이 충족되어지면 유위험금리평가조건과 무위험금리평가조건이 동시에 성립하게 되어 다음의 항등식이 성립하게 된다.

$$(E.St-S)/S=(F-S)/S \tag{5-22}$$

(5-22)식은 기준시점에서 예상한 비교시점의 현물환율($E.St$)과 관련 선물환율(F)이 같아지는 선물환율의 불편추정치임을 나타내 준다.

$$F(t,T)-S(t)=(1+i)/(1+i^*)\cdot S(t) \tag{5-23}$$

(5-23)식은 통화선물계약 체결시점인 t시점에서 예상하는($t+T$)시점의 선물가격과 현물가격의 차이는 t시점의 관련양국의 명목금리를 반영하는 현물가격 균형basis로 산출됨을 제시하고 있다. T는 통화선물의 기간으로, 만기에 접근하면서 zero(0)에 가까워지므로, 통화선물가격 F는 S에 수렴하여 가게 된다.

무위험금리평가는 성립하나 유위험금리평가가 성립하지 않는 경우, 선물환율에 할인(discount)이나 할증(premium)이 발생하게 되어 환차익을 목적으로 하는 투기거래가 발생하게 된다. 투기거래의 결과 현물환율은 선물환율에 근접하게 되어, 비교시점에서 선물환율과 현물환율은 같아지는 선물환율의 미래현물환율에 대한 불편추정치가정이 성립하게 된다.

국제금융시장은 상품의 가격인 물가, 통화의 사용료인 금리, 그리고 외화의 가격인 환율의 차익거래가 이행되는 복합적 구조를 갖는다. 따라서 단일가격변수에서의 불균형은 다른 변수의 대응거래로 국제금융시장은 균형을 이루게 되는 원리를 나타내 주고 있다.

이러한 원리는 예상인플레이션, 명목금리, 예상 환율변동률, 선물환율의 할인·할증 등 변수를 중심으로 전개하는 구매력평가, 피셔효과, 국제피셔효과, 금리평가, 불편추정치 등을 이용하여 설명될 수 있다. 이들 변수 간 상관관계를 통한 국제금융균형은 다음과 같이 요약된다.

첫째, 구매력평가에 의해 환율변동률은 물가상승률 차와 같게 된다.

둘째, 피셔효과에 의해 명목금리의 차이는 물가상승률 차와 같게 된다.

셋째, 국제피셔효과에 의해 환율변동률은 명목금리 차와 같게 된다.

넷째, 금리평가에 의해 선물환율의 할인·할증은 명목금리 차와 같게 된다.
다섯째, 선물환율은 예상현물환율과 같게 되는 불편추정치가 된다.
국제금융시장에서 물가, 금리, 환율 간 상호연관성은 다음과 같게 된다.

그림 5-1 국제금융 균형조건

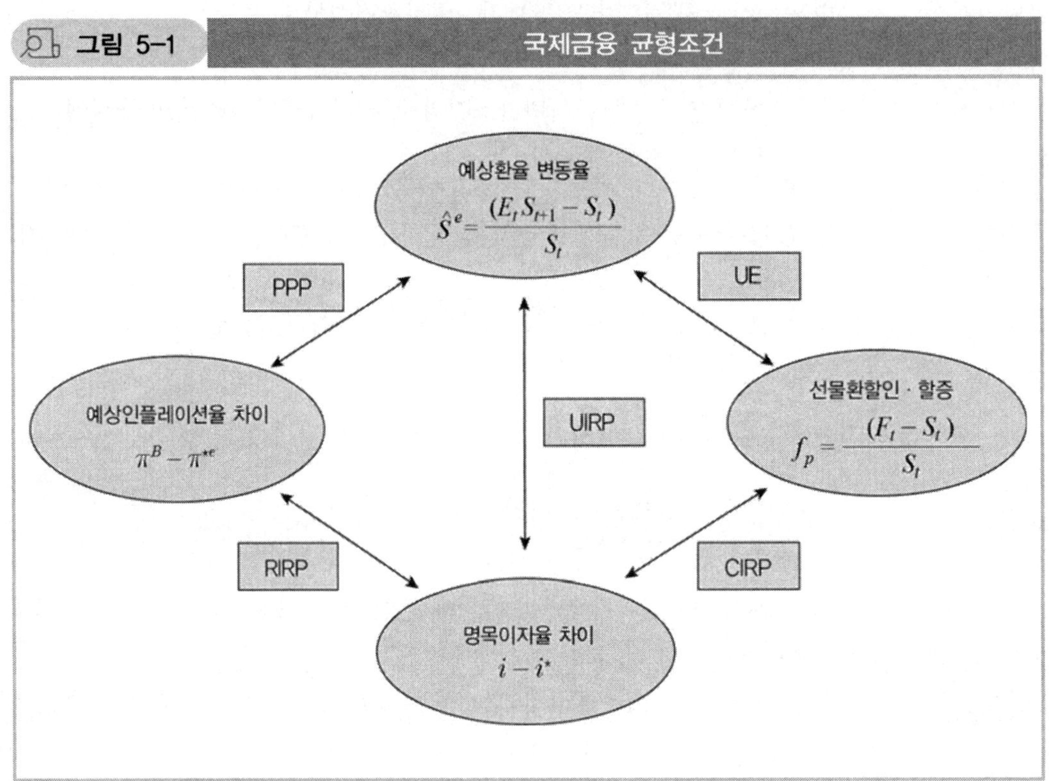

제3절 국제금융센터

Ⅰ. 국제금융센터의 정의

국제금융센터(international financial center)는 금융기관이 집중되어 국제금융행위가 지속적·반복적으로 이루어지는 장소적 개념으로, 전통적 금융시장에서 발전되거나 국가의 정책적 육성전략에 따라 조성된다.

국제금융센터는 기능에 따라 종합금융센터, 역외금융센터, 기장금융센터로 구분할 수 있다.

종합금융센터(global financial center)는 종합적 금융서비스를 제공하기 위한 금융인프라가 완비된 금융 중심지로, 통화당국의 우월한 경제규모, 높은 경제신인도, 정치·경제·사회적 안정성 등이 겸비된 국가에 위치하게 된다. 더하여 외환자유화와 자본자유화가 완성단계에 있으며, 보험업, 통신업 등 금융연계산업이 발달한 국가에 형성된다. 전 세계를 대상으로 금융업무를 이행하는 종합금융센터로는 런던, 뉴욕, 동경 등이 있다.

지역금융센터(regional financial center)는 광역지역을 대상으로 형성된 금융 중심지로, 종합금융센터를 시간대 별로 연결하여 금융업무가 지속적으로 이행될 수 있도록 한다. 지역금융센터는 비교우위에 따라 경쟁력을 구비한 금융업무에 특화하는 시장이다. 대표적인 지역금융센터로는 홍콩, 싱가포르, 두바이, 프랑크푸르트, 시드니 등이 있다.

역외기장센터(offshore booking center)는 비거주자를 대상으로 국제금융을 이행하는 금융 중개시장으로, 금융거래 내역의 기장처리만 이행하는 금융센터를 의미한다. 따라서 조세상의 혜택과 규제의 완화 등으로 자금세탁, 자본도피 등 지하경제의 수단을 제공하기도 한다. 대표적 역외기장센터로는 케이만군도, 버진 아일랜드, 안틸리스, 라부안 등이 있다.

Ⅱ. 주요 국제금융센터

1. 런던금융센터

런던은 국제금본위제 시기부터 국제금융센터로 성장해 왔다. 제1, 2차 세계대전을 거치면서 영국이 채무국으로 전락하여 런던의 국제금융센터로써의 위상은 약화되었으나, 1960년대 이후 유로커런시시장(Euro currency market)이 확대되면서 다시 국제금융의 중심지가 되었다.

1980년대 중개인(broker) 중심의 주식거래이행 및 수수료고정 등 경직된 규정운용으로 뉴욕시장에 비해 경쟁력이 하락하였으나, 정부의 증권거래제도 개혁(Big Bang)을 계기로 금융수수료의 자유화와 진입규제 완화, 주식거래 세 인하 등으로 경쟁력을 회복하게 되었다. 1970년대부터 막대한 오일달러의 유입도 런던시장 확대의 계기가 되었다.

런던은 뉴욕에 비해 국제통화인 달러의 통화정책 및 규제에서 자유로운 상황에 있어, 유로달러시장을 중심으로 유로채시장, 유로커런시시장 등이 지속적으로 성장하여, 뉴욕과 더불어 세계최대의 금융센터로 위치를 확고히 하고 있다. 최근 LIFFE(London International Financial Futures and Options Exchange)를 통한 파생금융상품거래의 증가 및 탄소배출권 거래의 증가로 시장영역을 확대해가고 있다.

2. 뉴욕금융센터

뉴욕은 런던에 비해 금융센터의 조성이 늦었으나 제2차 세계대전 이후 미국의 정치·경제적 입지가 크게 강화되고, 달러의 국제기축통화(international vehicle currency)역할 수행 등으로 세계최대의 금융센터로 성장하였다.

1980년대부터 뉴욕금융시장은 각국의 달러화 위주로 구성된 외환보유액 및 투자자금을 운용하기 위한 자금운용시장으로 기능이 전환되었다. 막대한 자금이 유입되면서 주식시장과 채권시장의 규모가 급증하였고, 증시규모가 세계 최대로 확대되었다.

유로시장의 발달에 따른 제도적 측면을 감안하여 국내금융기관과 비거주자간의 금융거래를 촉진하기 위한 역외금융센터(IBF: international banking facilities)를 1982년부터 운영하였다 IBF는 역외자금만을 취급하여 예금과 대출에 예금금리 상한규제를 배제하여 달러화의 역외유출을 방지하고 있다.

예금금리 상한규제와 관련된 Regulation Q를 철폐함으로써 예금금리 상한규제에 대한 면제혜택도 사라지게 되어 유로은행들과 경쟁력을 구비하게 되었고, 거주자의 예금·대출을 금지하는 등 대외적 경쟁력 확보에 주력하고 있다.

뉴욕금융시장은 상업은행과 투자은행 중심의 예금과 대출 등 전통적 금융업무 위주의 거래비중이 높으며, 파생금융거래는 시카고의 CME(Chicago Mercantile Exchange) 및 CBOT(Chcago Board of Trade), IMM(International Money Market) 등과 연계하여 이루어진다.

3. 동경금융센터

동경은 일본경제의 고도성장을 배경으로 축적된 자본의 운용과 관련하여 금융시장 개방의 필요성과 선진국들로부터 시장개방 압력에 즈음하여 엔화의 국제통화화를 목적으로 1980년대 들어 본격적으로 국제금융센터 조성이 시작되었다.

동경은 런던과 뉴욕 두 국제금융센터의 연결지점에 위치하여 지리적 유리점 등으로 제3의 금융센터로 급속히 성장하였으며, 1980년대 후반 들어 미국에 대한 국제수지흑자의 지속으로 유입된 달러화의 축적을 기반으로 유로엔시장의 자유화, 도쿄역외금융시장(JOM: Japan Offshore Market)의 개설 등을 통해 시장의 규모를 확장하고 엔화의 국제화를 본격적으로 추진함으로써 동경금융센터는 채권 및 주식거래를 기반으로 제3의 국제금융센터로써 성장하였으며, 지속적 금융system 개혁을 통해 거래영역을 확대해 가고 있다.

4. 싱가포르금융센터

싱가포르는 정치적 안정성, 사회간접자본설비의 적절성, 인접한 중국과 동남아시아 국가들의 급속한 경제발전 등 대내·외적 요건을 반영하여 1970년대 초부터 금융거래에 대한 세금 감면 등 역외금융활동을 증진하기 위한 다양한 제도적 조치를 개혁함으로써 국제금융센터로 성장하였다.

싱가포르 금융센터는 국내경제규모가 적어 주식시장과 채권시장이 협소한 상황에서 은행 간 자금대차가 활발하게 이루어지고 있고, 은행 간 자금대차에 수반되는 외환거래가 활발히 이루어지고 있다.

특히 싱가포르은행간 대출금리(SIBOR: Singapore Inter-Bank Offered Rate)는 런던은행간 대출금리(LIBOR: London Inter-Bank Offered Rate)와 더불어 국제금융시장의 기준금리를 형성하고 있다.

5. 홍콩금융센터

홍콩은 1970년대부터 영국과의 연계로 유로신디케이트 대출(Euro Syndicate Loan)과 역외자금거래가 활발히 이루어졌으며, 정책적으로 금융거래세의 인하, 자본 및 외환거래의 자유화, 지급결제제도의 완화 등 다양한 정책적 지원으로 아시아지역의 금융센터로 성장하여 왔다.

중국정부는 홍콩이 국제금융센터로서의 입지를 강화하기 위해 1990년 「홍콩 특별행정구 기본법」을 제정하여, 홍콩달러의 사용 및 태환보장, 홍콩의 독자적 통화금융정책수행 허용, 홍콩지역에 대한 중국정부의 외환통제 금지, 홍콩통화당국의 독자적 외환보유액 관리허용 등을 시행하고 있다.

1997년 홍콩이 중국으로 반환된 이후 경제적 자치구로 운용되면서 중국에 대한 자금공급원 및 위안화의 국제화에 기여하면서 중국의 전폭적 지원 하에 상해와 연계하여 광역국제금융센터를 추진하고 있어 홍콩의 국제금융센터입지는 더욱 강화될 전망이다.

Ⅲ. 우리나라의 동북아금융허브 전략

금융업은 전문성과 노하우가 결집되어 고부가가치 창출이 용이한 산업이며, 지식기반의 확충으로 경제성장 및 고용창출이 가능한 미래형 성장산업으로 인식되고 있다. 따라서 대부분의 국가들이 금융업을 육성하기 위해 다양한 전략을 추진하고 있다. 금융시장은 특성상 일정지역을 대상으로 거래가 집중되는 금융센터를 중심으로 형성된다. 따라서 지역별 금융센터가 되기 위한 국가 간 경쟁이 치열하게 전개되고 있다.

우리나라는 외환보유액의 누적과 풍부한 연기금의 활용 등 국내여건과 중국, 일본, 대만, 홍콩 등 세계 최대의 외환보유액 및 국제수지흑자국이 밀집해 있는 주변여건을 감안하여, 동아시아지역의 금융센터를 국내에 조성하기 위한 전략을 추진하고 있다.

우리나라의 금융센터육성전략은 동북아최대의 금융센터가 되기 위해 경쟁력이 강한 금융부문의 육성 및 파생금융시장의 성장전략으로 추진되고 있으며, 이를 위해 정부는 3단계로 구분하여, 단계별 과제를 이행하면서, 동북아 금융허브전략을 추진하고 있다.

1. 1단계(2000~2007): 7대과제 추진

(1) 자산운용업 육성

우리나라의 공무원, 사학, 군인 연금 등 공공부문의 3대 연금을 활용하기 위한 자산운용업을 육성하며, 이들 연금의 일정부분을 외국전문기관에 위탁·운용하여 자산운용의 효율성을 증대시킨다.

(2) 금융시장의 선진화

채권시장의 발행시장 및 유통시장정비, 주식시장의 규제 시행 및 지배구조 개선, 외환시장 활성화를 위한 중개인 육성 등 인프라를 구축하여 금융시장을 정비하며, 자본 및 외환자유화를 마무리하여 금융시장 선진화를 추진하게 된다.

(3) 동아시아 구조조정 주도

우리나라는 1997년 외환위기 시, IMF금융지원에 따른 다양한 분야의 구조조정을 이행하였다. 이러한 구조조정의 경험을 바탕으로, 1조 8천억 달러 규모의 동아시아 부실채권정리를 주도하기 위해, 산업은행이 주관하는 금융개발전담조직을 설치하여 운용하게 된다.

(4) 금융업 글로벌네트워크 정비

국내금융기관의 외국금융기관과의 유통채널을 확대함으로써 글로벌 네트워크를 정비하고, 외국금융기관 유치전담 제도를 도입하여, M&A를 통한 국내금융기관의 대형화를 추진하게 된다.

(5) 한국투자공사의 설립

외환보유액과 연기금을 효율적으로 운용하기 위해, 정부주도 전문투자기관인 한국투자공사(KIC: Korea Investment Corporation)를 설립하여 공적기금 운용의 효율성을 제고한다.

(6) 금융규제 및 감독시스템 혁신

금융관련법체계를 positive system에서 negative system으로 개편하여 시장 친화적 규제방식으로 전환하며, 기존의 관리 위주 감독시스템을 지원 위주의 방식으로 이행하게 된다.

(7) 금융 관련 경영 및 생활환경 개선

외국금융기관을 국내에 유치하기 위한 금융인프라 구축을 위해, 송도지역의 외국기업유치 및 외국학교를 설립하고, 금융전문인력 양성을 위해 금융전문대학원을 설립한다.

2. 2단계(2008~2012): 동아시아 3대 금융허브화

국제금융기관의 지역본부 유치로 동아시아지역의 홍콩, 싱가포르와 더불어 3대 금융허브화를 추진하게 된다.

3. 3단계(2013~2020): 동북아최대 금융허브화

세계적 수준의 상업은행 및 투자은행의 국내유치를 추진하여, 동북아 최대의 금융허브화를 추진하게 된다. 우리나라의 금융허브전략은 2012년 2단계까지는 순조롭게 진행되었다. 1단계 추진내용인 7대 과제는 대부분 이행되었으며, 2012년 녹색기후기금(GCF: green climate fund)의 본부를 인천송도지역에 유치하는 등 2단계 전략도 부분적 성과를 거두었다.

3단계 추진전략은 현시점 추진 중에 있다. 그러나 금융허브전략을 추진하고 있는 홍콩과 싱가포르의 약진이 두드러지고 있으며, 동경과 상해 그리고 타이페이 등 다양한 지역에서 금융허브전략을 추진하고 있어, 우리나라의 동아시아 금융허브전략과 치열한 경쟁이 이루어지고 있다.[4)]

국제금융기능의 경쟁력을 나타내주는 국제금융센터지수는 일반적으로 국제금융 거래량, 금융거래 이행은행 및 금융회사의 수, 통신과 보험 등 금융관련 산업의 발달정도, 금융업분야의 숙련된 인적자원 및 인프라 구축정도, 금융법규 및 제도의 정비 등을 고려하게 된다.

국제금융센터지수에서 선두를 유지해 온 런던은 브렉시트[5)]의 여파로 최근 뉴욕에 1위를 내주었다. 영국의 유럽연합(EU) 탈퇴는 런던의 국제금융센터 입지를 약화시키는 요인이 될 것이라는 우려에서 지수하락을 불러와 2018년 말 기준으로 뉴욕에 선두자리를 내주게 되었다.[6)]

4) 2018년 말 기준, 서울의 국제금융센터지수는 24위로 싱가포르(3위), 홍콩(4위), 도쿄(5위), 상해(13위), 선전(22위) 등 인근 지역에 비해 낮은 수준이다. 따라서 최근 정부는 핀테크(fin-tech)산업 육성 등을 병행한 금융산업 육성전략을 추진하고 있다. The Banker, 2018.

5) 브렉시트(Brexit)는 영국(Britain)과 탈퇴(exit)의 합성어로 영국이 EU에서 탈퇴하는 것을 의미한다. 영국은 EU에 대한 과도한 분담금과 각 분쟁지역의 난민유입에 대한 의견대립으로 EU탈퇴를 위한 국내결정과정에 있어, 영국과 EU간 분담금정산 및 통상관계협상이 진행되고 있으며, 금융시장분리에 대비한 자금의 이탈 등으로 런던금융시장의 위축을 불러일으키게 되었다.

6) 금융센터지수는 금융관련 인프라를 종합적으로 평가함, The banker, 2018.

요 약

1. 국제금융시장의 기능은 다음과 같다.
   첫째, 국제대차결제로 국가 간 발생하는 무역 및 투자 등 국제거래에서 발생하는 국제대차를 결제하여 청산기능을 이행하게 된다. 국제대차를 결제하기 위해서 이종통화 간 교환을 위한 외환시장기능과 자본의 융통이 용이하게 이루어지는 자본시장기능이 병행되어야 한다.
   둘째, 국제금융기능으로 국제금융시장에서 국제무역과 투자를 증진시키기 위한 금융지원을 이행한다. 국제무역에서 발생하는 계약과 결제기간의 시차발생으로 단기금융이 이루어지며, 대규모 해외건설공사 및 자원개발 등 투자의 경우 1년 이상의 중·장기 금융지원이 이루어진다.
   셋째, 국제유동성 조정으로 국제거래의 증가 및 결제의 이행에 따라 자금이 불균형 되어 지역 간 편재현상이 발생하는 경우, 지역 간 금융자산의 가격변동이 유발되어, 자금의 편재현상을 해소하는 국제금융시장의 유동성조정기능이 이루어진다.

2. 금리평가는 외환시장에 고시되고 있는 선물환율의 할인이나 할증을 이용하여 자본의 수익률을 산정하기 때문에, 환위험이 제거된 무위험금리평가조건(CIP: covered interest rate parity condition)이 된다.
   이와 상대적으로 국제피셔효과(IFE: international Fisher Effect)는 외환시장에서의 선물환율 대신 미래의 환율예상 값을 이용하게 되므로, 커버되지 않은 유위험금리평가조건(UIP: uncovered interest rate parity condition)이 된다.

3. 녹색기후기금(GCF: Green Climate Fund)은 전 세계적 차원에서 이산화탄소 배출량의 절감과 기후변화에 대응하기 위해 설립된 국제금융기구이다. 기존의 국제금융기구와 달리 온실가스 등에 의한 기후변화를 억제하기 위해 기금을 조성하여 녹색산업 등 조성을 목적으로 한다.
   주요업무로는 온실가스를 줄이거나 개발도상국의 기후변화 적응능력을 제고하는 사업에 기금을 투자하고, 투자된 자금의 운용을 평가하며, 선진개발국 위주로 조성한 기금, 탄소배출권거래 등으로 조성된 자금, 글로벌 기업 및 민간부문의 자금 등을 녹색산업분야의 사업에 지원한다.

Chapter

2 국제은행시장

제1절 국제은행시장의 구조

국제은행시장(international banking market)은 간접금융시장으로 비거주자 간 예금과 대출을 은행이 중개하는 형식의 시장을 의미한다. 따라서 국제은행(international bank)은 비거주자와 금융거래, 외화표시 금융거래 등 국내금융거래를 해외금융거래로 확대하여 이행하는 은행이 된다.

국제은행의 업무는 주로 단기금융과 관련되므로 국제은행시장은 유로커런시시장과 같은 국제단기금융시장의 형태를 갖게 되며, 예금시장과 대출시장으로 기능을 구분할 수 있다.

Ⅰ. 국제은행시장 구성

국제은행시장에는 주체인 국제은행, 국제은행들과 금융 업무를 수행하는 국제금융회사, 국제기업, 각국 정부 및 중앙은행 등이 참여하고 있다.

국제은행시장의 주체인 국제은행은 예금과 대출 등 국제적 자금중개를 담당하는 국제상업은행(international commercial bank), 주식 및 채권 발행의 주간사 업무와 증권유통업을 이행하는 국제투자은행(international investment bank), 국제금융시장에서 자금을 융통하고 운용하는 세계은행(world bank) 등이 있다.

국제금융회사 및 국제기업은 국제금융의 실수요자로 예금 및 대출업무의 이행을 위해 국제은행과 거래하는 증권회사, 보험회사, 신탁회사 등과 수출·입을 이행하는 국제기업이 된다.

각국정부 및 중앙은행은 국내금융시장 및 외환시장의 여건을 고려하여 유동성 부족 시 국제은행시장에서 자금 및 외환을 조달하고, 국제수지흑자 등 유동성 과잉 시 국제은행시장에 과잉자금을 공급하여 운용하게 된다.

Ⅱ. 은행국제화의 동기

은행은 국내금융 위주의 업무에서 점차 국제금융 업무를 이행하면서 국제은행화한다. 은행이 국제화하는 이유는 다양하다.

첫째, 은행은 금융서비스제공에 따른 수익성증대를 목적으로 하고 있으므로, 보다 많은 고객을 확보하여 규모의 경제를 달성하기 위해 시장 확대가 필요하게 된다. 국내은행의 과밀로 더 이상의 시장 확대가 어려운 경우, 은행업무의 확대를 위해 해외시장으로 진출하게 된다. 특히 은행업무의 대상인 금융서비스는 국가 간 이동이 실물자산에 비해 용이하므로, 은행의 성장에 따라 국제화가 진행된다.

둘째, 국제금융 업무는 금융기관이 집약된 금융센터에서 지속적·반복적으로 이루어지게 된다. 따라서 각국의 금융기관들은 다양한 형태로 국제금융센터에 진출하면서 국제화를 모색한다. 다수의 국가들이 금융센터 조성을 목적으로 외국금융기관을 국내에 유치하기 위해 다양한 혜택을 제공하고 있어 은행의 국제화는 가속된다.

셋째, 개발도상국은 경제성장이 진행되고 있으므로, 실물경제의 투자를 위한 금융경제의 기반 확충이 필요하게 된다. 특히 개발도상국의 금융시스템은 선진개발국에 비해 미약한 상태이므로, 은행은 개발도상국가 지역에 투자를 통해 금융시장을 확대시킬 수 있다. 이러한 목적으로 광역지역에 대한 투자를 통해 국제화가 진행된다.

Ⅲ. 국제은행의 조직

국제은행의 업무를 이행하기 위한 조직은 국제화 단계에 대응하여 확대되어진다. 해외진출초기에 이용되는 코레스형태의 조직에서 점차, 해외사무소, 해외지점, 해외법인형태로 조직을 전환하게 된다. 또한 대규모 국제투자업무이행을 위해 다수의 외국은행과 합작하여 컨소시움은행을 구성하기도 한다.

1. 코레스은행

국제은행의 초기형태는 코레스은행(correspondent bank)으로, 해외은행과 수출·입거래에 관련된 환어음의 지급결제 및 추심, 신용 및 금융지원, 외환 position 조정 등 국제금융전반에 관한 협조체제를 구축하게 된다. 은행 간 코레스계정(correspondent account)을 개설하고, 금융 업무를 협조하는 코레스협정을 체결하여, 국제은행의 해외업무를 이행하게 된다.

이러한 은행 간 코레스협정은 은행의 해외조직에 대한 투자 없이 해외금융서비스를 제공할 수 있어 비용을 절약하는 이점이 있다. 그러나 해외고객에 대한 금융서비스가 직접적이지 못하여, 영업제한에 따른 수익의 제한과 서비스의 질이 저하되는 단점이 있다.

2. 해외사무소

국제은행의 해외사무소는 제한된 공간에서 소수의 은행직원이 국제은행의 해외 금융업무를 이행하는 단순한 형태의 국제은행조직이다. 국제은행은 해외사무소를 통해 단순한 형태의 금융 업무를 수행하고, 은행업무 관련 해외사업 개발, 해외서비스 강화, 다양한 지역은행과 정보교환 등 업무를 수행하게 된다.

국제은행의 해외사무소는 단순한 금융업무 이행을 위해 소규모형태로 운용되므로 업무나 서비스 제공에 한계가 있다.

3. 해외지점

국제은행의 해외지점은 은행의 현지화를 강화시킨 형태의 국제조직이 된다. 따라서 해외은행의 지점과 같은 형태로 현지국의 금융 관련 규제가 시행되고, 현지은행과의 금융업무 경쟁을 통해 수익을 창출하게 된다.

국제은행이 해외지점으로 영업을 확대하는 계기는 현지국의 고객이 증가하여, 보다나은 금융서비스 제공이 필요하게 되고, 아울러 수익창출의 기회를 확대시키기 위함이다.

4. 현지법인

국제은행의 해외현지법인 설치는 모 은행이 전액을 투자하거나 다수지분을 보유한 독립된 법인형태의 투자로 이루어진다. 국제은행의 해외현지법인은 첫째, 주요 국제금융센터에서 타 은행과의 경쟁을 위해 독립된 법인형태의 은행설립이 필요한 경우, 둘째, 모 은행의 업무가 상업은행이나 투자은행 등 설립요건이 고정되어 요건을 변경할 필요가 있는 경우 등에서 발생하게 된다.

5. 컨소시움은행

컨소시움은행(consortium bank)은 다수의 국제은행이 연대하여 투자하는 합작투자(joint venture)의 형태로 국제은행을 설립하는 것이다. 컨소시움에 참여한 은행들은 주식의 분산에 따라 공동으로 은행 운영에 참여하며, 현지 법인화함으로 모 은행의 경영과 분리된다.

이러한 컨소시움은행은 국제기업의 인수·합병, 대규모 국제프로젝트의 금융지원 등 필요성에 따라 설립되며, 사업의 종료 시 해체되는 형태로 운영된다.

Ⅳ. 국제은행의 현황

(그림 5-2)은 2019년 1월 1일 기준으로 국제은행의 자산규모를 비교한 순위를 나타내 주고 있다.

우리나라 은행으로는 KB금융이 자본금 4백억 달러 규모로 72위에 있으며, 기타 신한금융, 하나금융, 농협금융, 우리은행이 100대 은행에 올라있다.

그림 5-2 글로벌 10대 은행(자기자본 비율)

은행	국가	자기자본		총자산		세전이익	
		억달러	순위	억달러	순위	억달러	순위
중국공상은행	중국	3,241	1	40,072	1	560	1
중국건설은행	중국	2,722	2	33,985	2	460	2
중국은행	중국	2,244	3	29,903	4	342	5
중국농업은행	중국	2,181	4	32,340	3	367	3
JP Morgan Chase	미국	2,086	5	25,336	6	359	4
Bank of America	미국	1,914	6	22,814	9	292	6
Wells Fargo &	미국	1,782	7	19,517	11	273	7
Citigroup	미국	1,648	8	18,424	14	226	8
Mitsubishi UFJ Financial Group[1)]	일본	1,530	9	28,904	5	132	14
HSBC Holdings	영국	1,509	10	25,217	7	171	9

주 : 1) Mitsubishi UFJ Financial Group은 2018.3월 말 기준
자료 : The Banker(2018.7월)

제2절 유로금융시장

Ⅰ. 유로금융시장의 특성

유로금융시장(euro finance market)은 유로통화가 거래되는 시장이다. 유로통화(eurocurrency)가 통화발행국 외의 국가에서 운용되는 통화의 의미를 갖게 되므로, 유로금융시장은 각 통화 및 통화표시금융자산이 통화당사국의 통화 관련 규제를 벗어나, 다른 나라에서 거래되는 시장의 의미가 된다.[1)]

유로은행(eurobank)은 은행소재국 외의 국가에서 발행된 통화나 통화표시금융자산의 예금·대출 등 금융업무를 이행하는 은행으로, 유로금융시장에서 금융을 중개한다.

유로금융시장은 제2차 세계대전 이후, 동·서 냉전의 결과로 형성되었다. 제2차 세계대전 이후, 미국과 소련의 갈등이 시작되었으며, 우리나라의 6.25전쟁을 계기로 갈등은 심화되었다. 이러한 상황에서, 소련의 위성국가인 동유럽 국가들은 미국에 예치한 달러자산에 대한 미국정부의 동결조치를 우려하여, 이를 런던으로 이관시키면서 유로금융시장이 파생되었다.

런던 등 유럽지역의 금융시장은 미국 달러에 대한 미국정부의 규제가 배제되는 시장으로, 미국달러에 대한 금리규제 등에서 자유로워지는 제도상의 비교우위와 국제환경변화 등 다양한 요인을 반영하여 크게 확대되었다. 유로금융시장의 확대요인은 다음과 같다.

첫째, 1960년대 들어 미국의 인플레이션이 점차 본격화됨에 따라 미국연방 준비은행은 금리상한을 규제하는 'Regulation Q'를 발동하게 되었다. 이에 따라 미국달러에 대한 예금금리는 상한이 설정되어, 투자자들은 보다 높은 금리수익이 가능한 유로금융시장에서 자금을 운용하게 되어, 런던 등 유로금융시장으로 달러의 유입이 본격화하였다.

둘째, 1960년부터 시작된 미국과 베트남 간 월남전을 계기로, 미국의 국제수지는 급격히 악화되어, 미국정부는 비거주자의 국내 차입을 규제하는 정책을 시행하게 되었다. 이에 따라 비거주자들은 유로금융시장에서 달러를 조달하게 되어, 시장의 확대가 이루어지게 되었다.

셋째, 1970년대 들어 두 차례의 oil shock는 유로금융시장 확대의 계기가 되었다. 국제

---

1) 금융시장에서 유로의 의미가 통화당사국 이외의 다른 국가지역이 되므로, 미국 달러화로 싱가포르 금융시장에서 금융이 이루어지거나 유로화로 뉴욕금융시장에서 금융이 이루어지는 경우 유로금융시장이 된다. EU의 통화통합으로 1999년 유로화가 등장하면서 유로에 대한 혼란이 발생하였다. 예로 유로금리는 새로이 등장한 유로화에 대한 금리와 기존유로금융시장에서의 금리 등 중복되는 현상이 발생함에 따라, 이를 구분하기 위해 기존의 유로시장에서 은행 간 대출금리인 LIBOR와 구분하기 위해, 유로화의 역외거래에 부과되는 대출금리는 EURO-LIBOR로 규정하고 있다.

유가가 급등하면서 OPEC국가들은 대량의 오일달러를 축적하게 되었으며, 이를 금리가 높은 유로금융시장에서 운용함으로써 시장 확대가 가속되었다.

통화당사국외에서 해당통화가 운용되는 유로금융시장이 통화당사국에서 운용되는 국내금융시장과 비교되는 특성은 대략적으로 다음과 같다.

다양한 통화표시 금융자산이 통화국의 규제를 받지 않게 되므로, 보다 자유롭고 효율적 금융이 이행되는 시장이다. 통화당사국의 예금금리, 금융거래 세, 지급준비율 등에 관계없이, 은행의 자율로 예·대 금리 차(spread) 등 금융거래조건을 통화당사국보다 유리하게 조정할 수 있다.

Ⅱ. 유로통화시장

1. 유로통화시장 구조

단기금융시장인 유로통화시장(euro currency market)은 유로금융은행이 채권자와 채무자를 중개하는 간접금융이 이루어지는 예금시장과 대출시장의 구조로 이루어져 있다.

유로예금은 특정통화가 통화당사국 외의 시장에 예치되는 단기금융의 형태로, 예를 들면 뉴욕에 소재한 A기업이 판매대금 100만 달러를 런던에 위치한 로이드은행에 달러화표시 예금을 하는 경우이다. A기업은 미국에서 런던으로 직접 달러를 계좌이체의 형식으로 이동시켜 유로예금을 하거나, 판매대금이 입금된 시티은행에서 로이드은행을 수취인으로 하는 100만 달러 수표를 발행함으로 유로예금을 발생시킬 수 있다.

정기예금형태로 예치된 유로예금은 수표 발행이 불가능하므로, 이를 타 은행에 대출형식으로 재 예치한다. 이러한 은행 간 거래에 적용되는 금리가 런던은행간 금리(LIBOR: london inter-bank offered rate)로 국제금융시장에서 대출의 기준금리로 이용되고 있다.

유로대출은 중·장기 형태로 이루어지며, 은행 별 기업 등 민간부문에 대한 대출과 다수은행이 합작한 차관단(syndicate)을 통하여, 공공부문에 대한 공동대출을 하는 신디케이트 대출이 있다.

신디케이트대출(syndicated loan)은 대출액이 과다하여 개별은행의 대출한도를 초과하게 됨으로, 다수은행의 공동융자방식 대출이 되며, 기간도 장기로 확대가 가능하게 된다. 이러한 신디케이트대출은 개발도상국의 개발프로젝트나 대규모 국제적 공조사업 등에 이용되고 있다.

2. 유로통화시장 금리

유로시장의 금리체계는 통화당사국 시장금리체계와 긴밀한 연계성을 보이고 있다. 경우에 따라서는 통화당사국의 통화정책변화, 자본이동에 대한 조건의 변경, 비상위험 및 신용위험의 변동, 시장별 통화수급의 불일치 등으로 유로시장과 통화국시장의 금리체계가 일시적으로 교란되기도 하지만, 일반적으로 긴밀히 연계되어, 유로시장금리는 통화국의 금리에 절대적 영향을 받게 된다.

유로달러의 경우, 예금금리와 대출금리는 미국의 달러화 예금·대출 금리와 긴밀히 연동되는 체계를 갖지만, 유로금리는 통화당사국의 금리에 비해 금융규제의 해소에 따른 세제경감, 지급준비의 완화 등으로 유리하게 책정된다.

따라서 예금금리와 대출금리의 차(spread)가 좁게 책정되어 전체적 금리구조는 통화국대출금리 > 유로대출금리 > 유로예금금리 > 통화국예금금리의 형식이 된다.

3. 유로통화시장 상품

유로통화시장에서는 주로 단기상품인 유로정기예금, 유로CD, 유로CP, 유로NIF, 유로RP, 유로BA 등이 거래된다.

유로통화시장의 주거래 상품은 대부분 정기예금의 형태로 운용되고 있다. 만기가 1일부터 1주일 이내의 call money와 1주일 이상 6, 7개월의 정기예금이 주종을 이루며, 예금단위가 100만 달러에 이르는 도매시장형식으로 운용된다.

정기예금에 양도조건을 더한 양도성예금증서(CD: negotiable certificate of deposit)인 유로CD는 만기가 1주일에서 1~4개월 물이 대부분으로, 정기예금구조에 맞추어 은행의 안정적 자금운용이 가능하며, 유통시장에서 언제나 현금화가 가능한 유동성이 높은 상품으로, 달러CD, 엔CD, SDR CD 등이 거래되고 있다.

기업 단기자금조달을 위해 발행하는 유로기업어음(CP: commercial paper)은 기업의 신용을 담보로 투자자에게 할인하여 판매하는 무담보약속어음 형식으로 운용된다. 최장기간 270일이며 할인율을 적용한 이자지급방식으로, 할인율은 발행기업의 신용도에 따라 다르게 적용된다. 유로CP는 유로금리를 상회하는 할인율이 적용되므로, 정기예금의 만기구조를 고려한 투자대상으로 거래가 확대되고 있다.

유로환매조건부채권(RP: repurchases)은 기업의 단기자금조달을 위한 목적으로 이용되며, 일정기간 후에 채권을 환매하는 조건으로, 담보 부 대출의 성격을 갖는 상품이다. RP는 채권을 담보로 단기금융이 이루어지므로, 단기시장과 자본시장을 연결하는 기능을 하게 된다. 환매이전기간 금리가 발생하고, 만기이전에도 할인하여 현금화할 수 있어, 채권의 유동성을 증가시키기 위한 목적에서 거래된다.

유로은행인수어음(BA: banker's acceptance)은 기업의 환어음 등 유가증권을 은행이 인수를 확약한 것으로, 신용도가 높고 양도성이 부가되어, 1~6개월 기간으로 운용되는 유로정기예금의 만기구조를 감안한 자산구성에 이용되고 있다. BA는 수출업자에 대한 단기자금조달을 위한 금융지원의 목적으로도 거래된다.

유로노트발행보증(NIF: note issuance facility)은 채무자와 금융기관 간 금리와 상한액 및 계약기간을 정하고, 조건에 따라 채무자명의 단기채권을 발행하여 자금을 조달하기 위한 상품이다. NIF를 이용하여 자금을 조달하는 경우, 금융기관 및 기업은 자산규모가 증가되지 않아, 자기자본비율에 따른 규제를 완화시키는 효과가 있다.

제3절 단기금융시장 형태

단기금융시장은 개인이나 기업 등 경제주체들이 단지자금거래를 이행하는 1년 이내의 단기금융상품을 거래하는 자금시장(money market)이다. 단기금융시장은 단기자금의 유동을 위해 현금과 단기자금의 선택적 금융을 이행하기 위한 기능을 제공함과 동시에, 금융상품에 대한 금리위험을 효율적으로 관리할 수 있는 수단을 제공한다.

단기금융시장은 정책당국의 기본적 통화정책이 실행되는 시장으로, 단기금융시장에서의 금리변동은 중·장기 금리변동 및 은행의 예·대 금리, 파생시장에서의 기초자산 가격, 현물환율 및 선물환율 등 금융시장전반에 영향을 미치게 된다.

주요국의 단기금융시장에서 이루어지는 단기금융은 은행을 포함한 금융기관들이 주로 이용하는 콜거래와 양도성예금거래, 정책당국의 시중유동성 조절을 위한 환매조건부 증권거래, 기업 및 금융기관들의 자금조달을 위한 기업어음과 전자단기사채거래 등이 있다.

Ⅰ. 콜 시장

콜 시장(call market)은 주로 은행 등 금융기관의 단기자금position 조정을 위해, 금융기관 간 초단기자금을 거래하는 시장이다. 주로 금융기관의 지급준비율을 유지하기 위한 거래가 이행되므로, 콜 시장은 지준시장으로 인식되고 있다.

콜 시장은 정책당국의 기준금리를 통한 통화정책수행이 이루어지는 시장으로, 콜 금리를 통해 금융기관의 예금·대출 금리 및 각 시장의 고정·변동금리의 결정에 기본적 요인으로 작용하며, 나아가 거시 기초경제(fundamental) 및 실물경제에 포괄적인 영향을 미치게 된다.

우리나라의 콜 시장은 콜 자금 공급자인 콜 대출(call loan)기관과 콜 자금 차입자인 콜머니(call money)기관으로 국내·외 은행, 증권회사, 자산운용사 등 금융기관이 참여하고 있다. 콜 대출금리는 이자제한법이 제한하는 최고금리 내에서 자율적으로 결정하도록 하고 있다. 현재 콜 시장의 콜거래에는 한국자금중개, 서울외국환중개, KIDB자금중개 등이 콜거래를 중개하고 있다.

콜 거래위주의 단기금융으로 균형발전이 저해됨에 따라, 제2금융권의 콜 시장 참여를 제한하는 조치가 시행되었다. 이에 따라 2015년부터 국고채 전문딜러 및 한국은행 공개시장 운영대상 기관증권사의 콜 차입과 자산운용사의 콜 대출거래를 제외한 비 은행금융기관의 콜 시장참여가 제한되고 있다.

Ⅱ. 환매조건부 증권시장

환매조건(RP: repurchase)부 증권의 매매는 미래일정시점에서 약정된 가격으로 거래증권을 다시 매수하거나 매도하는 조건의 거래이다. 따라서 RP매도자는 매수자에게 증권을 담보로 자금을 차입하는 금융기능이 이루어진다.

RP거래는 매도자에게는 저렴한 자금조달의 수단을 제공하고, 매수자에게는 단기여유자금의 안전한 자금운용수단을 제공하며, 증권유통시장에서 차익거래를 가능하게 하여 증권시장의 활성화에 기여한다. 아울러 장·단기 금융시장의 연계성을 높여 금리조정에 따른 통화정책의 효율성을 제고시키게 된다.

우리나라의 RP거래는 1977년 한국금융증권이 증권사에 채권보유자금을 지원하기 위해 시작된 이후 1980년 증권사들이 RP매매 업무를 개시하였고, 은행의 RP업무가 허용되면서 종합금융회사 등 업무이행과 확대가 이루어졌다.

RP거래 대상기관이 확대되면서 거래조건에 대한 규제도 점차 완화되어, 1988년부터는 RP금리 자유화, 1997년부터는 소액RP에 대한 금리규제 해제, 거액RP거래금액 및 만기규제해제 등이 이루어져 활성화되고 있다. RP거래 대상증권은 2007년 완전자유화 되었으나, 투자자보호를 위해 대고객 RP대상증권의 신용등급을 제한하고 있다.[2]

대고객 RP거래는 통장거래방식으로 투자자보호를 위해 매도금융기관이 거래원장에 대상증권을 기입하고, 거래내력을 고객에 통지하도록 하고 있다. 대부분 중개거래방식으로 이루어지는 기관 간 RP거래는 중개회사가 거래쌍방의 내용을 확인하는 방식으로 이루어진다.

환매조건부거래는 증권을 담보로 이루어지므로 신용위험이 감소하며, 유동성상황에 따라 규모와 기간, 금리 등을 탄력적으로 운용할 수 있어, 유용한 공개시장조작의 수단이 된다. 우리나라도 유동성이 과다한 경우, 유동성을 흡수하기 위해 RP매입을 이행하며, 유동성이 부족한 경우, RP매각을 통해 유동성을 공급한다. 2008년 글로벌 금융위기 시 정부는 신용경색해소를 위해 RP매입을 통해 유동성을 공급하는 정책수단으로 활용하였다.

---

2) 대고객신용위험을 보호하기 위해 일반고객 대상 RP는 투자가능인 BBB등급 이상, RP형 CMA는 투자양호인 A등급 이상으로 제한하였다.

Ⅲ. 양도성예금증서시장

양도성예금증서(CD: negotiable certificate of deposit)는 제3자에게 양도가 가능한 정기예금증서이다. 따라서 발행은행은 자금사정을 고려하여 발행규모 및 기간을 조정할 수 있어, 탄력적인 자금조달이 가능하게 된다.

우리나라는 1978년에 CD제도를 도입하였으나 거래가 부진하여 폐지된 이후 1984년 은행의 경쟁력을 높이기 위해 재도입되면서 종합금융회사와 자본금 200억 이상의 증권회사에만 CD중개업무가 허용되었으나, 이후 중개기관의 범위를 확대하면서 거래가 증가하게 되었다. 무기명양도증서의 특성상 익명으로 거래가 가능하여, 분식회계에 이용되는 문제점으로, 2006년 CD를 한국예탁결제원 및 은행 등에 등록하는 공·사채 등록법이 시행되었다.

양도성예금증서는 할인방식으로 발행되어, 매수자는 예치기간 동안의 이자를 차감한 금액을 지급하고 만기 시 액면금액을 수취하게 된다. 다만 은행 등 발행기관은 여타 금융상품과의 수익률비교가 가능하도록 수익률로 금리를 고시하고 있으며, 수익률은 발행기관별 신용도에 따라 다르게 된다.

우리나라의 CD발행기관은 한은에 예금지급준비금 예치의무가 있는 수출입은행을 제외한 모든 은행이 되며, 중개기관은 증권회사, 종합금융회사 및 한국자금중개, 서울외국환중개, KIDB자금중개 등이 된다.

Ⅳ. 기업어음시장

기업어음(CP: commercial paper)은 기업이 단기자금을 조달하기 위해 신용을 담보로 하여 발행하는 어음을 의미한다. 따라서 상거래와 관련하여 발행되는 상업어음(CB: commercial bill)과는 구분되는 성격의 약속어음이 된다. 기업어음은 담보설정이 불필요하며, 발행절차가 간소하고, 금리도 은행대출에 비해 낮으므로, 기업들이 자금을 신속하게 조달하기 위한 수단으로 이용되고 있다.

우리나라의 기업어음은 1972년 사채동결을 위한 8.3조치의 일환으로, 단기금융업법을 제정하면서 도입되었다. 1981년에는 발행금리가 자유화되었으며, 1997년 외환위기 시 CP시장의 저변확대를 위한 제도변경으로, 다양한 금융기관에 대해 CP할인업무를 허용하였고, 1998년 외국인투자를 허용하면서 활성화되었다.

CP시장은 2000년대부터 자금조달이 용이한 예금과 대출채권 등을 기초자산으로 하는 담보 부 기업어음(asset backed CP)의 발행이 증가하면서 확대되었다. 2008년 글로벌 금융위기 이후 기업어음의 발행이 감소하였으나, 2010년 이후 다시 증가추세를 보이고 있다.

V. 전자단기사채시장

전자단기사채는 전자적 형태로 발행되어 유통되는 사채로 비교적 최근에 도입된 단기금융상품이다. 전자단기사채는 성격상 기업어음과 같은 것으로, 기업어음은 형태를 갖지만, 전자단기사채는 중앙등록기관의 전자장부에 등록되는 형식의 전자적 수단에 의하여 발행·유통되는 점이 다르다.

전자단기사채가 도입된 배경에는 기업어음이 액면분할에 불가능하고 공시의무가 없어, 시장투명성과 투자자보호가 미흡한 점을 반영하여, 이러한 문제점을 해소하고 발행과 유통의 편리성 등을 제고하는 새로운 단기자금 조달방식의 금융상품이 필요하게 되었기 때문이다.

전자단기사채의 조건은 금액 1억 원 이상, 만기 1년 이내, 사채금액의 일시납입, 만기일에 전액상환, 주식 관련 권리부여 금지, 담보설정 금지 등의 요건을 갖추어야 한다. 또한 기업어음과 동일하게 투자매매업자나 투자 중개업자가 전자단기사채를 거래소 외에서 거래하거나 중개하는 경우, 2개 이상의 신용평가기관으로부터 해당 전자사채에 대한 신용평가를 의무화하고 있다.

전자단기사채가 도입된 2013년부터 발행액과 유통액이 급격히 증가하였으며, 이중 금융회사가 발행한 액수가 가장 큰 폭으로 증가하여, 2011년 증권사의 콜 시장진입 규제 이후, 증권사들의 초단기 자금조달이 전자단기사채 시장으로 전환되고 있음을 보여주고 있다.

요 약

1. 은행의 겸업화(bancassurance)는 금융기관의 성격에 따라 금융업무를 구분하여 이행하는 은행의 분업화에 상대되는 개념으로, 금융기관이 다양한 금융 업무를 겸해서 이행하게 되는 것을 의미한다.
   따라서 자금중개, 보험, 증권 등 금융 업무를 은행, 보험회사, 증권회사 등이 상호제휴와 업무협력을 통해 종합금융서비스를 제공하는 결합형 금융서비스제도를 의미하게 된다.

2. 코레스은행(correspondant bank)은 해외은행과 국가 간 수출·입 거래와 관련된 환어음의 지급결제 및 추심, 신용 및 금융지원, 외환position 조정 등 국제금융 전반에 관한 은행 간 협조체제 구축을 의미한다.
   은행 간 코레스협정을 통해 은행의 해외조직에 대한 별도의 투자 없이 해외금융서비스를 제공할 수 있어 비용을 절약하는 이점이 있다. 그러나 해외고객에 대한 금융서비스가 직접적이지 못하여 영업 및 수익의 제한과 서비스질의 저하가 발생하게 된다.

3. 컨소시움은행(consortium bank)은 다수의 국제은행이 연대하여 투자하는 합작투자(joint venture)의 형태로 국제은행을 설립하는 것이다. 컨소시움에 참여한 은행들은 주식의 분산에 따라 공동으로 은행 운영에 참여하며, 현지법인화하므로써 모 은행의 경영과 분리된다.
   컨소시움은행은 국제기업의 인수·합병(M&A), 대규모 국제프로젝트의 금융지원 등 필요성에 따라 설립되며, 사업의 종료 시 해체되는 형태로 운영된다.

Chapter

3 국제자본시장

제1절 국제자본시장 개요

국제자본시장(international capital market)은 장기증권을 매개로 국제기업, 상업은행 및 투자은행, 정부 및 중앙은행 등이 자금을 조달하고 유통하여 금융이 이루어지는 시장을 의미한다.

국제은행시장이 은행의 중개에 따른 예금과 대출형식의 단기금융이 이루어지는 시장임에 비해, 국제자본시장은 주식이나 여러 종류의 채권을 매개로 한 직접금융이 이루어지는 장기금융시장이 된다. 따라서 국제자본시장에서 거래되는 금융상품은 단기금융시장 상품에 비해 금리변동성이 크게 되고, 비상위험 및 신용위험이 증가하여 수익률이 높게 된다.

따라서 고 위험자산운용을 선호하는 투자자들의 참여에 따른 수요와 공급의 증가, 국제기업 및 경제주체들의 보다 저렴하고 안정적인 자금조달, 위험자산에 대한 위험해지전략의 개발 등이 복합되면서, 단기금융시장에 비해 급속한 성장이 이루어지고 있다.

국제자본시장의 주요기능은 국가 별 시장의 여유자금을 다양한 국가의 경제주체들에게 장기투자재원을 공급함으로써, 국제경제의 자금흐름을 조정하여 국가 간 자금수급의 불균형을 해소하는 것이다. 따라서 자금의 국제적 배분이 효율적으로 이루어지게 되어, 전 세계적 생산의 효율성을 높이게 되는 긍정적 효과를 준다.

국제자본시장은 금융대상상품의 형태에 따라 국제채권시장과 국제주식시장으로 구분되어 진다.

제2절 국제채권시장

Ⅰ. 국제채권시장 개요

채권은 기업과 정부 등 경제주체가 투자자로부터 자금을 조달하기 위해, 원금과 이자에 대한 지급조건을 명시하여 발행하는 유가증권이다. 채권은 기간 별로 투자자에게 이자가 지급되므로 고정소득증권의 형태가 된다.

채권을 발행할 수 있는 주체는 관련 법률로 정해져, 회사채 및 금융채, 지방채, 국채는 증권위원회, 지방의회, 국회 등의 동의를 얻어, 증권신고서 제출 등의 절차를 거쳐 발행된다.

국제채권시장(international bond market)은 다양한 종류의 채권이 국경을 지나 유통되는 시장으로, 채권을 매개로 국제적 중·장기 자금거래가 이루어지는 시장이다. 국제채권시장에서 거래되는 채권은 국가별채권을 지칭하는 내국채(domestic bond)와 국가의 범주를 벗어나 발행·유통되는 국제채(international Bond)로 구성된다.

내국채는 채권을 발행하는 차입자의 소재국내에서 발행되는 채권으로 해당국의 국채, 정부기관채, 회사채, 금융채 등이 포함되며, 국제채는 차입자의 소재국 밖에서 발행되는 채권으로 채권의 표시통화국과 채권발행국이 같은 경우 외국채, 다른 경우 유로채가 된다.

외국채(foreign bond)는 차입자가 해외자금을 조달하기 위해, 해외자본시장에서 현지국 통화표시로 발행하는 채권이다. 외국채는 자본시장의 규모가 커 자본조달이 유리한 국가에서 발행되며, 이러한 조건을 구비한 국가로는 자본의 풍부국인 미국, 일본, 영국, 호주, 중국 등이 된다.

외국채는 발행국의 특성을 감안한 대표성을 채권명칭으로 부여하게 되어, 미국에서 외국인이 발행하는 경우 양키본드(yankee bond)로 명칭되며, 영국은 불독본드(buldog bond), 일본은 사무라이본드(samurai bond), 호주는 캥거루본드(kangaroo bond), 중국은 판다본드(panda bond)가 된다. 외국인이 우리나라에서 원화표시채권을 발행하는 경우 아리랑본드(arirang bond)로 명명한다.

유로채(euro bond)는 유로의 개념을 채권에 도입하여, 차입자가 외국에서 다른 나라의 통화로 발행하는 채권이다. 예를 들면 한국의 삼성전자가 싱가포르에서 달러화표시채권을 발행하거나, 미국의 GM사가 영국에서 엔화표시채권을 발행하는 경우가 된다.

국제채권시장에서 유로채는 가장 큰 비중을 차지하고 있다. 유로시장은 통화 발행국의 통화규제가 배제되는 역외시장이므로, 채권에 대해서도 이러한 규제가 배제되어 채권의 발행과 유통조건을 발행자가 조정할 수 있어 다른 채권에 비해 유리점이 많다.

유로채의 대부분은 국제기축통화 역할을 수행하는 달러화로 표시되며, 그 밖에 유로화와 일본 엔화로 표시되는 비중이 높다.

최근에는 외국채와 유로채의 운용을 혼합한 글로벌채권의 발행이 증가하고 있다. 글로벌채권(global bond)은 최우량 신용등급의 차입자가 다수국에서 국제결제시스템을 이용하여 동시에 발행하여 판매하는 채권이다. 따라서 다수국의 투자자들을 대상으로 거액의 자금조달이 가능하게 된다.

글로벌채권의 확장과 더불어 선진개발국의 안정적 글로벌채권에 투자하기 위한 글로벌채권펀드(global bond fund) 및 신흥국의 고수익 글로벌채권에 투자하기 위한 이머징채권펀드(emerging bond fund)[1]를 이용한 국제채권시장 거래가 확대되고 있다.

Ⅱ. 국제채권 발행시장

국제채를 발행하여 자금을 조달하는 차입자는 국제기업, 상업은행 등 금융기관, 각국 정부 및 지방자치단체, 세계은행과 지역개발은행 등 다양하다. 국제채에 대한 투자자는 개인과 국제기업, 상업은행, 보험회사, 신탁회사, 증권회사 등 기업, 그리고 각국 정부 및 중앙은행, 국가의 연·기금, 각종 국제기구의 기금 등이 된다.

국제채의 발행기관은 주로 미국의 투자은행, 유럽지역 및 일본의 상업은행 등으로, 이들은 각국 차입자의 의뢰로 채권발행을 주관하게 된다. 발행기관은 차입자의 신용등급 등을 파악하여 발행 여부를 판단하게 된다.

1. 발행구조

국제채의 발행절차는 입찰공고, 입찰시행, 발행의 과정으로 이루어진다.

채권 발행의 첫 단계는 차입자와 채권 발행을 주관하는 주간사 금융기관의 협의에 따른 입찰공고로, 입찰공고를 통하여 경매일정 및 투자자들에게 채권 발행에 대한 정보를 제공하게 된다.

국제채의 입찰은 대부분의 경우 전자결제시스템을 이용한 공개경쟁입찰방식으로 이루어진다. 미국에서 채권발행 시 입찰에 참여할 수 있는 당사자는 재무부가 사전 선정한 전문금융기관의 딜러(PD: primary dealer)에 한하고 있다. 따라서 기타 투자자들은 PD와 추후계약으로 투자를 이행한다.

국제채의 입찰로 낙찰자가 결정되며, 가장 높은 채권가격을 제시한 입찰자부터 순차적으로 낙찰액이 배정된다. 낙찰자는 정해진 기간에 대금지급을 하고 채권을 수취하게 된다.

---

1) 이머징채권펀드는 떠오르는 개발도상국, 예를 들면 우리나라를 비롯한 BRICs국 등 선진국으로 급속히 떠오르는 국가의 채권에 투자하는 펀드를 말한다.

2. 발행형태

국제채는 금리구조 및 만기, 기본자산, 중도변경조건 등에 따라 다양한 형태로 발행된다. 국제채 시장에서 발행되는 주요채권형식은 다음과 같다.

(1) 금리 관련 채권

일반적으로 채권은 금리를 지급하는 형태로 발행되며, 금리를 고정하여 지급하는 고정금리채와 변동금리를 지급하는 변동금리채로 구분하며, 만기 전까지 금리지급이 유보되는 제로쿠폰채 등이 있다.

고정금리채(strait bond)는 채권 발행에 가장 보편적인 형태로, 채권 발행 시 고정된 금리를 만기 시 또는 정기적으로 지급하는 조건이다. 고정금리채는 만기 시까지 금리가 고정되어, 자금운용계획 수립이 보편화된 기업이 발행하는 경우가 많다.

변동금리채(FRN: floating rate note)는 일정기간 별로 변동금리를 적용하여 지급하는 조건의 채권이다. 변동금리는 보편적으로 LIBOR 등 주요금융시장의 금리를 기준으로 하여 일정비율을 가감하여 적용한다. 이러한 변동금리채는 시장추세에 탄력적으로 자금운용을 해야 하는 은행 등 금융기관의 채권 발행에 이용된다.

제로쿠폰채(zero coupon bond)는 만기까지 금리지급이 유보되는 할인형식의 채권으로 발행비용이 저렴하여, 추가자금이 부족한 차입자에게 유리한 채권이다. 투자자는 이자소득은 적으나 액면가와 발행가의 차액을 추구하게 되며, 과세표준의 감소로 조세혜택 등 유리점이 있다.

(2) 통화 관련 채권

채권은 가액표시 및 이자지급표시 통화와 관련하여, 다양한 형태로 구분되어 발행된다.

이중통화채(dual currency bond)는 발행 시 채권의 가액을 표시하는 기채표시통화와 만기 시 상환가액을 표시하는 결제통화를 다르게 하여, 채권에 금리 및 환율변동을 연계시킨 것이다.

복합통화채(composite currency bond)는 다수의 통화를 복합하여 기채와 상환에 적용하게 되며, 예로 SDR통화바스켓 구성통화비율을 채권에 적용하는 형식으로, 특정통화의 환율변동에 따른 채권가액의 변동을 방지하기 위한 목적이 가미되는 형식의 채권이다.

통화연계채(currency linkage bond)는 기채 시 기채통화와 특정통화 환율변동 폭을 설정함으로써, 투자자의 상환 시 환율변동에 따른 환위험을 회피하기 위한 목적으로 이용된다. 주로 통화가치가 불안정한 개도국 통화표시채권에 대한 투자위험을 보상해주는 의미가 있어, 개도국기업의 채권 발행에 따른 자금조달을 원활하게 한다.

(3) 주식연계채권

주식연계채권은 발행 및 운용이 기채기업의 주식과 관련되어지는 조건의 채권으로, 주식시장의 확대와 상품의 분화로 다양한 형태로 진화되고 있다.

전환채권(CB: convertible bond)은 채권이 일정조건에서 보통주로 전환할 수 있는 선택권을 부여한 채권으로, 전환 시까지는 확정된 이자를 지불하게 된다. 전환의 선택권 부여에 따라 이자율은 낮게 되나, 주식전환 시 자본이득의 가능성이 부여되는 전환프리미엄으로 투자가치가 높다.

주식매입권부 채권(BW: bond with warrant)은 채권소지자가 채권발행기업의 주식일정비율을 일정기간 내 정해진 가격으로 매입할 권리를 부여한 채권이다. BW는 기업의 신주 발행과 관련하여 신주만 인수하게 되는 분리형과 신주 및 기 발행주식을 구분하지 않는 비 분리형으로 구분된다. BW는 채권과 주식매입권이 분리되어 거래될 수 있고, 주식매입 시 매입자금을 추가로 납부하게 되어 전환사채와 구분된다.

교환채권(EB: exchangeable bond)은 합의된 조건으로 채권발행기관이 소유하고 있는 다른 금융기관의 유가증권과 교환이 가능한 권리를 부여한 채권이다. 따라서 교환권청구 시 추가자금 부담이 없으므로, 자본금의 증가가 수반되지 않는 점에서 전환채권과 구분된다.

조건부자본채권(CoCo: contingent convertible bond)[2)]은 은행의 자기자본비율이 하락하거나, 기업의 경영악화 등 부실요인이 발생하는 경우, 원리금상환이 감면되거나 주식으로 전환되는 채권이다. 따라서 금리는 높은 수준에 있지만 위험이 큰 채권이다.

수의상환청구채권(PB: putable bond)은 채권 만기일 이전에 채권을 매도할 수 있는 권리를 부여하여, 투자자가 채권의 원리금을 만기일 이전에 조기상환 청구할 수 있는 채권이다. 채권발행자의 입장에서는 채권의 수익률이 상승하는 경우, 투자자의 조기상환에 따른 불이익이 발생하게 되므로 금리가 낮은 수준에 있다.

(4) 자산유동화채권

자산유동화채권은 주택, 부동산, 자동차 등 기초자산을 담보로 발행되는 채권을 의미한다.

자산유동화증권(ABS: asset backed securities)은 주택 근저당, 신용카드, 학자금 등 공공부문대출에 대한 담보자산을 대상으로, 대출시행 금융기관이 할부금의 유입을 담보로 발행하는 채권이다. 채권발행기관은 담보자산을 특수목적회사에 양도하여 운용하게 되므로, 발행기관의 파산 시에도 채권의 효력은 유지된다. 선진개발국의 경우, 이러한 종류의 담보대출이 일반화되어 ABS시장규모는 확장되고 있으며, 정기적 현금흐름에 따라 채권의

---

2) 코코본드는 유사시 투자원금이 주식이나 채권으로 전환되는 조건으로, 전환사채(CB)와 유사한 의미를 갖게 되지만, 전환사채는 전환권이 채권자에게 있고, 코코본드는 은행의 자기자본비율이 하락하거나 기업의 경영악화 등 부실요건에 발생하는 경우 등 조건에 따라 전환되는 차이점이 있다.

금리도 높은 수준을 유지하고 있다.

커버본드(covered bond)는 주택저당대출이나 학자금대출 등 공공부문대출을 기초자산으로 발행하는 채권으로 자산유동화증권과 비슷하지만, ABS가 특수목적회사에 양도하여 운용되는 것과 달리 채권발행기관이 운용하게 되는 차이점이 있어, 발행기관의 상환의무를 강화하여 현금유동성을 증가시키게 된다. 커버본드는 안전성이 높아 금리가 낮은 수준이다.

(5) 합성채권

합성채권(SB: synthetic bond)은 채권과 다른 금융자산의 기능을 추가하여, 투자의 원리금을 증가시키기 위한 목적으로 운용된다. 변동금리부채권을 발행하여 차입한 자금을 고정금리부채권에 투자하여 운용하는 경우, 시장금리가 상승하면 이자비용이 증가하게 된다. 이러한 경우 변동금리부조건을 고정금리부조건으로 변경하는 금리스왑거래기능을 채권에 도입함으로써, 이자비용 증가를 해소시키게 된다.

혼성채권(HB: hybrid bond)은 채권에 주식, 외환, 파생상품의 기능을 혼성시켜, 채권기능이 포함된 새로운 금융상품을 창출하는 것이다. 이는 국제금융시장에서 급증하고 있는 파생상품의 일종으로, 기존의 상품을 통한 자금조달에 비해, 금리변동과 환율변동에서 발생하는 손실을 최소화하고, 차익거래를 통한 추가자금의 획득을 위해 여러 상품의 장점을 혼합한 형태의 채권이다.

국제채권시장은 직접금융의 증가에 따라 참여자들의 다양한 요구를 충족하기 위한 상품의 분화가 급속히 이루어지고 있어, 새로운 형태의 상품이 계속적으로 개발되고 있다.

3. 발행조건

국제채권시장에서 채권을 발행하게 되는 조건은, T-Bill이나 T-Bond 등 국채와 여타 금융기관이 발행하는 채권에서 다르게 된다. 채권발행을 주관하게 되는 투자은행 등 주간사 그룹은 발행자의 자금력, 재무구조, 경영현황, 원리금상환능력 등을 분석하여 발행 여부를 판단하게 된다.

국제채 발행에 고려되는 주요인은 발행자의 신용도이며, 신용도에 따라 채권 발행의 조건이 결정된다. 발행자의 신용을 평가하기 위해 신용평가 국제기관이 신용등급을 제공하고 있다.

전문적인 국제 신용평가기관은 S&P(Standard & Poors Corp.), Moody's(Moody's Investment Service), Fitch 등으로 기관 별 구분된 형식으로 채권발행자에 대한 신용평가를 이행하고 있다.

발행자의 신용등급에 따라 장·단기자금을 구분하여 투자적격인 투자대상자금과 투자부적격인 투기대상자금으로 구분하게 된다. 투기대상자금은 정크본드(Junk Bond)로 수익성과 위험이 높은 채권으로 평가된다.

신용등급은 국가, 기업, 채권 등에 대해 각각 분리되어 부여된다. 따라서 신용등급이 높은 기업이 발행하는 모든 채권이 신용등급이 높은 것은 아니고 운용조건에 따라 신용등급이 다르게 된다.

신용등급은 모든 채권관련지표에 반영되므로 발행자의 신용등급이 국제채의 신용등급에도 주요 영향을 미치고, 채권의 신용등급을 기준으로 채권수익률에 가산금이 결정된다. 투기등급인 정크본드 경우 엄격한 발행조건이 적용되며, 리스크의 증가에 따라 가산금리도 높게 책정된다.

표 5-1 신용평가등급

신용평가사		Mody's	S&P	Fitch
장기	투자등급	Aaa	AAA	AAA
		Aa1, Aa2, Aa3	AA+, AA, AA-	AA+, AA, AA-
		A1, A2, A3	A+, A, A-	A+, A, A-
		Baa1, Baa2, Baa3	BBB+, BBB, BBB-	BBB+, BBB, BBB-
	투기등급	Ba1, Ba2, Ba3	BB+, BB, BB-	BB+, BB, BB-
		B1, B2, B3	B+, B, B-	B+, B, B-
		Caa1, Caa2, Caa3	CCC+, CCC, CCC-	CCC+, CCC, CCC-
		Ca	CC	CC
			C	C
		C	D	DDD, DD, D
단기	투자등급	P-1	A-1+	F1+
			A-1	F1
		P-2	A-2	F2
		P-3	A-3	F3
	투기등급	Not Prime	B	B
			C	C
			D	

국제채의 발행이 결정되면 주간사 기관을 선정하게 되고, 주간사 기관의 주관 하에 발행자와 협의를 거쳐 채권 발행액, 발행 가액, 만기일, 액면 이자율, 상환조건 등 채권 발행과 관련된 제반조건을 결정하게 된다.

국제채의 발행이 결정되면 주간사 기관을 선정하게 되고, 주간사 기관의 주관 하에 발행자와 협의를 거쳐 채권 발행액, 발행 가액, 만기일, 액면 이자율, 상환조건 등 채권 발행과 관련된 제반조건을 결정하게 된다.

Ⅲ. 국제채권 유통시장

국제채의 유통기관은 발행지의 중개인(broker)들이 주관하는 유통기구가 되며, 다수의 매입자와 매도자로 구성되어 발행구조에 비해 다양하고 경쟁적인 구조를 갖게 된다. 국제채는 특정거래소에서 상장되지만 유통구조는 통신수단을 이용하여 여타 장외시장으로 확장되므로, 원활한 유통을 위해 dealer, broker, analyst 등이 참여하게 된다.

dealer는 주로 투자은행에 소속되어, 투자은행의 자산을 이용하여 채권을 매입하거나 매도하는 거래를 통해 이익을 추구하는 자이다. dealer는 채권의 매입과 매도를 이행하여 차익을 창출하는 sales dealer와 채권 및 기타금융상품의 거래로 재정차익을 창출하는 arbitrage dealer로 구분한다.

broker는 dealer와 투자자를 연결시켜 채권의 유통을 원활히 하고, 거래중개만을 담당하게 된다.

analyst는 경제동향, 통화정책의 흐름, 금융시장 분위기 등을 분석하여 채권의 금리와 수익률 등을 예측하며, 예측결과 및 전망 등 관련 정보를 시장참여자들에게 제공한다.

국제채권의 결제는 채권의 거래당사자 간 인도와 대금지급의 완료로 종결된다. 국제채의 결제는 인수와 지급이 동시에 이루어지는 동시결제, 인수와 지급이 시차를 두고 이루어지는 시차결제, 중개인의 대행결제로 구분되어 진행된다.

중개인대행결제는 채권의 매매를 중개하는 증권사 등 중개인이 투자자의 채권을 보관하는 경우, 채권거래에 따른 자금청산업무를 중개인이 담당하는 형식으로 대부분의 결제에 적용되는 방법이다.

대부분의 국가는 채권 등 증권거래의 결제가 원활히 이루어질 수 있도록 증권결제시스템(clearing house system)을 운영한다. 증권결제시스템은 증권의 예탁, 양도 등을 담당하는 중앙예탁기관(CSD: central securities depository)으로 국내 및 국가 간 증권결제업무를 주관하고 있다.

Ⅳ. 주요국의 채권시장

1. 미국

미국의 채권시장은 크게 국채, 주택저당 채, 회사채 등으로 구분할 수 있다.

국채는 연방정부가 재정자금조달을 위해 발행하므로 안전성과 유동성이 높아 개인 및 각국정부의 투자대상이 된다. 미국국채는 만기구조에 따라 4, 13, 26, 52주 만기인 T-bill, 2, 5, 7, 10년 만기의 T-note, 30년 만기의 T-bond로 구분되며, T-note와 T-bond는 6개월마다 이자를 지급한다.

미국국채는 세계 주요금융시장에서 거래되어 외국인투자비중이 가장 높은 채권으로, 안전성과 유동성을 고려해, 주요국의 중앙은행이 외환보유액을 활용하기 위한 투자의 대상으로 이용한다.

미국에서 발행되는 채권 중, 국채다음의 비중을 차지하는 것은 주택저당증권(MBS: mortgage backed securities)으로 주택저당대출을 기초자산으로 하여 발행되는 자산유동화증권(ABS)이다. 주택저당증권은 동일만기의 국채에 비해 금리가 높은 수준에 있어 투자가치가 높은 이점이 있는 반면, 차입자가 주택모기지를 조기에 상환하거나 주택채권을 포기할 가능성 등을 고려하여 재투자가 어려워지는 단점이 있다.

미국의 회사채는 기업이 투자자금을 조달하기 위해 발행하는 채권으로, 만기 10년부터 30년까지의 장기채가 대부분으로 신용등급이 양호한 우량기업의 채권이 대부분이나, 동일만기의 국채나 주택저당증권에 비해 위험이 높아 수익률도 높게 형성되고 있다.

현재 미국의 채권금리책정에 기준이 되는 지표채권은 만기 10년의 국채로써, 2001년 기존의 만기 30년에서 중기국채로 교체되었다.

2. 우리나라

우리나라의 채권은 정부가 발행하는 국고채와 국민주택채권 등 국채, 한국은행이 발행하는 통화안정증권, 지방자치단체가 발행하는 지방채, 주식회사가 발행하는 회사채, 은행과 금융투자회사 등 금융회사가 발행하는 금융채, 한국 전력공사나 예금보험공사 등 법률에 의해 설립된 법인이 발행하는 특수채 등으로 구분된다.

채권은 원리금에 대한 제3자의 지급보증에 따라 보증채와 무보증채로, 보증채는 보증의 주체에 따라 정부보증채와 일반보증채로 구분된다. 또한 발행자의 담보설정에 따라 담보부채권과 무담보채권으로, 담보부채권은 일반담보부채권과 자산유동화증권으로 구분된다.

채권의 금리지급방식에 따라 할인채(discount bond), 이표채(cound bond), 복리채(compound interest bond)로 구분되며, 이자지급 변동조건에 따라 고정금리부채권과 변동금리부채권으로 구분된다. 회사채는 주식으로 전환되는 전환사채(CB), 신주인수조건이 유보된 신주인수권 부 사채(BW), 제3자 발행 유가증권과 교환이 가능한 교환사채(EB) 등으로 구분된다.

우리나라 최초의 채권은 1950년 재정적자를 보전하기 위해 발행된 건국국채이며, 2006년 20년 만기의 국고채, 2008년 물가연동 국채, 2012년 30년 만기 국고채, 2016년 50년 만기의 국고채가 발행되었다.

회사채는 증권회사나 한국산업은행 등이 총액을 인수하여 발행하는 공모발행(public offering)과 발행 기업이 매수자와 발행조건을 협의하여 발행하는 사모발행(private placement)으로 구분되어 발행된다.

회사채는 신용평가기관이 신용등급을 부여하게 되어, 투자자에게 원리금회수 가능성과 관련된 정보를 제공하게 되므로 발행금리에 영향을 미치게 된다. 무보증 회사채 발행 시 2개 이상의 신용평가기관으로부터 회사채 상환능력을 평가받게 된다. 회사채평가등급은 원리금상환능력이 양호한 BBB 이상과 원리금상환능력이 어려운 투기등급인 BB 이하 등 10개 등급으로 구분되어 평가된다.

채권의 유통은 장내시장과 장외시장에서 이루어지며, 대부분의 채권거래는 장외시장에서 증권회사의 중개로 이루어지고 있다. 장내거래는 한국거래소와 국채전문유통시장(IDM: inter-dealer market)에서 국고채전문딜러(PD) 등을 통한 거래가 이루어지고 있다.

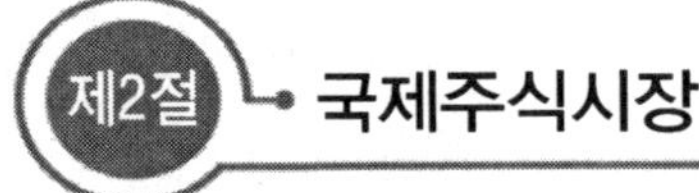

제2절 국제주식시장

Ⅰ. 국제주식시장 개요

주식은 기업의 지분권을 나타내는 유가증권으로, 소유를 통해 기업의 수익을 배분받고 기업의 청산 시 잔여재산의 분할권이 된다. 주식은 채권과 달리 상환의무가 없고 경영실적에 따른 수익의 배분이 담보되므로, 발행기업의 입장에서는 안정적 자금조달이 가능하며, 자기자본으로 기업의 재무구조를 개선시키는 효율적 수단이 된다.

투자자의 입장에서는 발행기업의 경영성과에 따른 수익배분으로, 이자 및 만기 시 원금이 확정되는 채권에 비해 위험과 수익이 같이 증가하기 때문에 보다 투기적자금운용의 수단이 된다.

국제주식시장은 주식이 국경을 지나 거래되는 시장으로, 국내주식시장과 외국의 주식시장을 복합한 개념이 된다. 국제채권시장이 국가 별 시장을 초월하여 주로 유로시장의 구조에서 거래가 이루어졌음에 비해, 국제주식시장은 개별국가의 거래소시장이 중심이 되어 비거주자를 대상으로 거래가 이행된다.

국제주식시장도 국내주식시장과 같이, 기업공개 및 유상증자를 통해 주식이 추가로 발행되어 공급되는 발행시장(primary market)과 기 발행된 주식이 투자자간에 거래되는 유통시장(secondary market)으로 구분된다.

Ⅱ. 국제주식 발행시장

1. 주식발행 형태

주식의 발행시장은 기업이 설립자본금을 새로이 조달하거나 자본금을 증액하기 위해 주식을 발행하는 시장이다. 자본금증액을 위한 주식발행은 기업공개, 유상증자, 무상증자, 주식배당 등의 형태로 이루어진다.

첫째, 기업공개(IPO: initial public offering)는 기업의 주식회사 추진과정에서 신규발행주식을 발행하여 투자자로부처 자금을 조달하거나 이미 발행되어 대주주에게 배정된 주식을 판매하여 주식을 분산시키는 것을 의미한다. 우리나라의 경우 기업공개추진 기업은 금융위원회에 등록하고, 증권선물위원회가 지정하는 감사에게 최근 사업년도 재무제표에 대한 회계감사를 받아야 한다. 또한 대표 주관회사를 선정하고 수권주식 수, 1주의 액면가액 등과 관련한 정관개정 및 우리사주 조합결성 등의 절차를 진행한다. 금융위원회에 증권신고서 제출, 수요예측 및 공모가격 결정, 청약·배정·주금 납입, 자본금 변경등기, 금융위원회에 증권발행 실적보고서 제출 등의 절차를 거쳐, 한국거래소에 상장신청 후, 승인을 받아 공개절차가 마무리된다.

둘째, 유상증자는 기업재무구조를 개선하거나 신규 사업 등의 목적으로 기업이 신주를 발행하여 자본금을 확충하는 것을 의미한다. 유상증자 시 신주인수권의 배정은 주주배정 증자방식, 주주우선공모 증자방식, 제3자 배정 증자방식, 일반공모 증자방식 등으로 이루어진다.

주주배정 증자방식은 주주와 우리 사 조합에 신주를 배정하고, 실권 주 발생 시 이사회결의로 처리방법을 결정하게 된다.

주주우선 증자방식은 실권 주 발생 시 불특정 다수인을 대상으로 청약을 받으며, 다음청약이 미달되는 경우 이사회결의에 따라 처리하게 된다.

제3자 배정 증자방식은 주주대신 관계회사나 채권은행 등 제3자가 신주를 인수하도록 하는 방식이다.

일반공모 증자방식은 주주에게 신주인수 권리를 주지 않고, 불특정 다수인을 대상으로 청약을 받는 형식이 된다.

셋째, 무상증자는 주금의 납김없이 이사회결의로 준비금 또는 자산재평가 적립금을 자본에 전입하고, 전입 액 만큼 발행한 신주를 기존주주에게 소유주식의 비율에 따라 무상으로 배분하는 방식이다.

넷째, 주식배당은 현금대신 주식을 배당함으로써 이익을 자본으로 대체하는 것을 의미하게 되며, 상법상 주식배당은 배당가능이익의 50% 이내로 제한하고 있다.

2. 주식발행 방식

국제주식의 발행방식은 주식매입자 선정과 관련하여 공모발행방식과 사모발행방식, 주식발행의 위험부담 및 사무절차와 관련하여 직접발행방식과 간접발행방식으로 구분된다.

(1) 공모·사모 발행

공모발행(public offering)은 투자자의 자격을 제한하지 않고, 동일가격과 동일조건으로 주식을 다수에게 발행하는 형식으로 진행한다. 자본시장 법 상 다수의 조건은 우리나라의 경우 50인 이상이 된다.

사모발행(private placement)은 차입자가 특정 개인 및 법인에 공급하기 위해 주식을 발행하는 경우이다.

(2) 직접·간접 발행

직접발행은 발행자가 발행과정을 직접 주관하며, 인수위험부담 등도 자기명의로 하는 방법이다. 이 방법은 주식청약이 목표에 미달하는 경우, 발행규모를 축소하거나 재모집해야 하므로 발행규모가 적고 물량의 수요가 충분히 확보된 경우에 이용된다.

간접발행은 외부조직을 이용하여 주식을 발행하는 경우로, 주식 발행과 관련하여 전문지식과 경험을 보유한 증권회사 등 주간사에 의뢰하고 수수료를 지급하게 된다. 기업공개 및 유상증자는 대부분 간접발행방식으로 이루어진다.

Ⅲ. 국제주식 유통시장

1. 유통시장구조

국제주식 유통시장은 발행주식이 유통되는 제2차 시장(secondary market)이 된다. 유통시장은 투자자 간의 거래를 통해 주식의 가격을 형성시키며, 주식의 유동성, 시장성, 환금성을 제고시키게 된다.

주식유통시장은 주관자에 따라 broker시장과 dealer시장으로, 장소에 따라 장내시장과 장외시장으로 구분되어진다.

브로커시장(broker market)은 국제주식의 중개자인 브로커가 중심이 되는 구조의 거래소시장을 의미하는 것으로, 브로커는 주식의 매도자와 매수자를 연결하고 수수료 취득을 목적으로 한다. 주식의 매도자와 매수자는 주식의 실수요자와 장외브로커 및 딜러가 된다.

딜러시장(dealer market)은 국제주식발행 주간사기관의 딜러가 중심이 되어, 주식의 시장공급 및 가격결정에 주도적 역할을 수행하는 시장이다. 딜러는 기관을 대표하여 자신의 계정으로, 주식거래에 따른 수익과 위험을 부담한다.

장내시장은 거래소방식으로 운영되는 주식유통시장이다. 거래소에는 상장된 주식의 거래를 주관하는 specialist가 있어, 거래소의 정형화된 거래방식에 따라 중앙경매방식으로 주식거래가 이루어지는 시장이다.

장외시장은 거래소 외의 시장에서 각 금융기관의 딜러, 각 경제주체들, 그리고 이들을 중개하는 브로커 등이 거래자 간 가격조정방식으로 거래하는 시장을 의미한다.

2. 유통시장 참여자

국제주식 유통시장에는 국제채권시장의 참여자와 같이, 국제기업, 보험회사, 증권회사 등 기업과, 상업은행, 투자은행, 보험회사, 증권회사 등 금융기관, 헤지펀드, 사모펀드, 국부펀드 등 투기자, 각국 정부 및 중앙은행 등 기관, 그리고 세계은행, 지역은행 등 국제기구들이 참여하고 있다.

국제주식 참여자들의 거래를 위해 주식 발행의 주간사인 market maker, 각 거래소의 specialist, 각 금융기관의 dealer, 시장에 등록한 broker 등이 거래연결기능을 담당하고 있다.

market maker는 주식 발행을 주관하는 주간사인 증권회사로, 발행주식의 매입가격과 매도가격을 결정하는 역할을 한다.

specialist는 거래소에서 중앙경매방식에 의한 거래주관자로, 가격결정과 거래량을 조정하게 된다.

dealer는 자기계정으로 주식거래를 이행하며, 금융기관의 위탁에 의한 주식거래를 대행하기도 한다.

broker는 타인의 계정으로 주식거래를 중개하며 중개수수료를 취득하는 자로, 주식시장 참여자들에게 SNS를 통해 주식 관련 정보를 제공한다.

보편적으로 market maker, specialist, dealer, broker는 고유의 업무에 다른 업무기능을 중복시켜가면서 주식거래에 참여하게 된다.

Ⅳ. 주요국의 주식시장

1. 미국

미국 주식시장은 세계최대의 규모로 미국증권거래위원회(SEC: securities and exchange commission)에 등록된 증권거래소는 모두 20개에 달하고 있어, 한국거래소에 단일증권거래소가 운용되고 있는 우리나라와 그 규모를 비교해 볼 수 있다.

표 5-2 주요 주가지수

국가	지수명[1]	기준일(기간)	포괄종목	작성기관
미국	다운존스산업 평균지수(DJIA)	1896년 5월 26일=40.94	뉴욕증권러래소, 나스닥 상장 30개 우량 종목	S&P Dow Jones Indices
	나스닥지수 (NASDAQ Composite)	1971년 2월 5일=100	나스닥 상장 전종목	NASDAQ
	S&P500	1941~1943년 =10	뉴욕증권러래소, NASDAQ 상장 500개 우량 종목	S&P Dow Jones Indices
	필라델피아 반도체지수(SOX)	1993년 12월 1일=200	반도체 관련 30개 종목	NASDAQ
일본	NIKKE1225	1949년 5월 16일=176.21	도쿄증권거래소 1부 상장 225개 우량 종목	일본경제신문
영국	FTSE100	1983년 12월 30일=1,000	런던증권거래서 상장 시가상위 100개 종목	FTSE
독일	DAX30	1987년 12월 31일=1,000	프랑크푸르트증권거래서 상장 시가상위 30개 종목	Deutsche Börse
프랑스	CAC40	1987년 12월 31일=1,000	Euronext Paris 상장 시가상위 40개 종목	Euronext
대만	대만가권지수(TAIEX)	1966년 평균=100	대만증권거래소 상장 전종목[2]	대만증권거래소
홍콩	Hang Seng 지수(HIS)	1964년 7월 31일=100	홍콩거래소 상장 시가상위 50개 종목	Hang Seng Indices
	H지수(HSCEI)	2000년 1월 3일=1,000	홍콩거래소 상장 중국기업중 40개 우량종목	〃
	상해종합지수	1990년 4월 3일=100	상해증권거래소 상장 전종목[3]	상해증권거래소
중국	삼천종합지수	1991년 4월 3일=100	삼천증권거래소 상장 전종목[3]	삼천증권거래소
싱가포르	STI	2008년 1월 9일[4]=3,344.53	싱가포르증권거래소 상장 시가상위 30개 종목	FTSE

이중 대표적인 뉴욕증권거래소(NYSE)는 100주 단위로 거래가 이루어진다. 결제일은 매매계약체결일 다음 3영업일이 되고, 개별종목에 대한 일중 가격제한제도는 없으나, 주가폭락의 방지를 위해 S&P500지수가 일정수준 이상 하락하는 경우, 시장 전체의 매매거래를 일정시간 이상 중단하는 매매거래 중단제도를 운용하고 있다.

미국 주식시장의 주가지수는 뉴욕증권거래소와 나스닥시장에 상장된 30개 대형주를 대상으로 한 다우존스산업평균지수, 뉴욕증권거래소와 나스닥 시장에서 거래되는 500개 대기업의 주식을 대상으로 하는 S&P500지수, 나스닥시장에 등록된 종목의 주가를 대상으로 하는 나스닥(NASDAQ: national association of securities dealers automated quotation)지수 등이 있다.

2. 우리나라

우리나라의 주식시장은 기업의 공개 및 유상증자 등으로 주식이 공급되는 발행시장(primary market)과, 기 발행된 주식이 투자자 간에 거래되는 유통시장(secondary market)으로 구분된다. 주식유통시장으로는 코스피(KOSPI: Korea Securities Price Index)시장, 코스닥(KOSDAQ: Korea Securities Dealers Automated Quotation)시장, 코넥스(KONEX: Korea New Exchange)시장, K-OTC(Korea Over-the Counter)시장 등이 있다.

1956년 대한증권거래소의 설립으로 주식시장이 개장되었고, 1962년 증권거래법, 1968년 자본시장육성법, 1972년 기업공개촉진법이 제정되면서 법적 근거를 마련하여 거래가 본격적으로 이루어지게 되었다.

2005년 증권선물시장 선진화 계획의 일환으로, 기존의 증권거래소, 코스닥증권시장, 선물거래소 등을 통합하여 한국증권선물거래소가 설립되었으며, 2009년 자본시장과 금융투자업에 관한 법률 시행에 따라 한국거래소로 통합되면서 부산에 개장되었다.

우리나라의 주식시장개방은 비교적 늦은 1980년대 이후 단계적으로 추진되어 외국인 투자전용회사인 Korea Fund를 통한 간접투자형식으로 시작되었다. 1992년 외국인 직접투자를 허용하기 시작하여 본격적 개방이 이루어졌으며, 1998년에는 일부종목을 제외하고,[3] 외국인투자의 한도를 철폐하게 되었다.

주식의 매매거래단위는 주식가격에 따라 1원부터 1,000원까지이고, 수량단위는 1주가 되며, 계약체결은 개별경쟁매매 방식으로 이루어진다. 주가의 급격한 변동을 방지하기 위

---

3) 외국인 투자가 제한되는 종목은 국민경제상 중요한 기간산업을 영위하는 상장법인에 해당하는 것으로, 「자본시장과 금융투자업에 관한 법률 시행령」에서 종목별 외국인 및 외국법인 등의 전체 취득한도를 해당종목 지분증권총액의 40%로, 1인 취득한도를 해당종목의 정관에서 정한 한도로 규정하고 있다.

해 일일가격 제한폭을 설정하고, 매매거래중단제도(circuit breaker), 변동성 완화장치 등을 규정하고 있다.

KOSPI시장의 상장주식 시가총액은 2000년을 기점으로 급격하게 증가하였으며, 2008년 글로벌 금융위기의 영향으로 큰 폭의 감소가 있었으나, 글로벌 금융위기가 해소된 2012년부터는 다시 큰 폭으로 증가하였다. 2019년 초 기준으로 상장주식의 시가총액은 1,350조원에 이르고 있고, 외국인의 상장주식 보유비율은 33% 수준이다.

KOSDAQ시장은 유망 중소기업, 벤처기업 등의 주식을 상장하는 시장으로, KOSPI시장에 비해 완화된 상장조건을 운용하고 있으며 이익 등 경영성과에 대한 요구조건도 대체로 낮은 수준에 있다.

코스닥시장은 2000년대 중반 테마 관련 주의 부상으로 지수가 상승하였으나, 2008년 글로벌 금융위기로 사상최저치로 하락하였으며, 이후 완만한 상승세를 보였으나 금융위기 이전의 수준을 회복하지 못하고 있다.

KONEX시장은 「중소기업 기본법」상 중소기업에 한하여 상장이 허용되는 시장으로, 상장조건은 코스닥 시장에 비해서 완화되어 운영되고 있다. 한국거래소는 일정기준을 충족하는 코넥스시장 상장기업이 지정자문인의 추천을 받아 코스닥 시장으로 이동을 희망하는 경우, 이동을 지원하고 있다.

코넥스시장은 2013년 개설된 이후 꾸준한 성장세를 보이고 있지만, 규모는 미미한 실정이며 종합지수도 작성되지 않고 있다.

K-OTC시장에서 비상장주식이 거래되기 위해서는, 한국금융투자협회에 발행요건을 충족하는 비상장주식을 등록하거나 지정해야 한다. 요건은 자본잠식률 100% 미만, 매출액 5억 원 이상, 감사의견 적정성, 한국예탁결제원의 통일규격 충족, 명의개서 대행계약 체결, 주식양도 가능 등이다.

K-OTC시장은 2014년 개설 이후 등록 및 지정기업 수 및 거래대금이 모두 급성장하고 있지만, 2019년 초 기준, 기업 수는 200개에 못 미치고 있고 거래대금도 일일 평균 수억 원 규모로 미미한 수준에 있다.

요 약

1. 통화 관련 채권의 종류는 다음과 같다.
   첫째, 이중통화채(dual currency bond)는 발행 시 채권의 가액을 표시하는 기채표시통화와 만기 시 상환가액을 표시하는 결제통화를 다르게 하여 채권에 금리 및 환율변동을 감안하는 형식의 채권이다.
   둘째, 복합통화채(composite currency bond)는 다수의 통화를 복합하여 기채와 상환에 적용하게 되며, SDR통화바스켓 구성통화비율 등을 채권에 적용하는 형식으로, 특정통화의 환율변동에 따른 채권가액의 변동을 방지하기 위한 목적을 감안하여 발행되는 채권이다.
   셋째, 통화연계채(currency linkage bond)는 기채 시 기채통화와 특정통화 환율변동 폭을 설정함으로써, 투자자의 상환 시 환율변동에 따른 환위험을 회피하기 위한 목적으로 이용된다.
2. 금리 관련 채권의 종류는 다음과 같다.
   첫째, 고정금리채(strait bond)는 채권 발행에 가장 보편적인 형태로 채권 발행 시 고정된 금리를 만기 시 또는 정기적으로 지급하는 조건의 채권으로, 자금운용계획 수립이 보편화된 기업이 주로 발행한다.
   둘째, 변동금리채(FRN: floating rate note)는 일정 기간별로 변동금리를 적용하여 지급하는 조건의 채권이다. 변동금리는 보편적으로 LIBOR 등 주요금융시장의 금리를 기준으로 하여 일정비율을 가감하여 적용한다. 변동금리채는 시장금리추세 등을 감안하여 탄력적으로 자금운용을 해야 하는 은행 등 금융기관의 채권발행에 이용된다.
   셋째, 제로쿠폰채(zero coupon bond)는 만기까지 금리지급이 유보되는 할인형식의 채권으로, 발행비용이 저렴하여 추가자금이 부족한 차입자에게 유리한 채권이다. 투자자는 이자소득은 적으나 액면가와 발행가의 차액을 추구하게 되며, 과세표준의 감소로 조세혜택 등 면에서 유리하다.
3. 채권의 신용등급은 국가, 기업, 채권 등에 대해 분리되어 부여된다. 따라서 신용등급이 높은 기업이 발행하는 모든 채권이 신용등급이 높은 것은 아니며, 운용조건에 따라 신용등급이 다르게 된다.
   신용등급은 모든 채권 관련 지표에 반영되므로 발행자의 신용등급이 국제채의 신용등급에 영향을미치고, 채권의 신용등급을 기준으로 채권수익률도 가산금이 결정된다. 투기등급인 정크본드(junk bond)의 경우, 엄격한 발행조건이 적용되며, 리스크 증가에 따라 가산금리도 높게 책정된다.
4. 자산유동화증권(ABS: asset backed securities)은 주택근저당, 신용카드, 학자금 등 공공부문 대출에 대한 담보자산을 대상으로, 대출시행 금융기관이 할부금의 유입을 담보로 발행하는 채권이다.
   채권발행기관은 담보자산을 특수목적회사에 양도하여 운용하게 됨으로, 발행기관의 파산 시에도 채권의 효력은 유지된다.

Chapter

4 파생금융시장

제1절 파생금융시장의 의의

Ⅰ. 파생금융시장의 개념

파생금융(financial derivatives)시장은 예금, 외환, 주식, 채권 등 기초금융자산(underlying financial assets)을 담보로, 파생된 금융을 상품화한 파생금융상품이 거래되는 시장으로, 형태에 따라 선물, 옵션, 스왑 및 이들을 혼합한 혼성상품거래시장으로 구분된다.

표 5-3 파생금융상품의 종류

구분	장내거래	장외거래
통화 관련	통화선물(currency futures) 통화선물옵션(currency futures options)	선물환(forward exchange) 통화스왑(currency swaps) 통화옵션(currency options)
금리 관련	금리선물(interest rate futures) 금리선물옵션(interest rate futures options)	선도금리계약(forward rate agreements) 금리스왑(interest rate swaps) 금리옵션(interest rate options) 스왑션(swaptions)
주식 관련	주식옵션(equity options) 주가지수선물(index futures) 주가지수옵션(index options) 주가지수선물옵션(index futures options)	주식옵션(equity options) 주식스왑(equity swaps)
신용 관련		신용파산스왑(credit default swaps) 총수익스왑(total return swaps) 신용연계증권(credit linked notes) 합성부채담보부증권(synthetic collateral debt obligation)

선물(futures)은 금융자산을 미래일정시점에서 사거나 파는 거래이며, 옵션(option)은 미래 금융자산을 사거나 팔 권리를 거래하며, 스왑(swap)은 금융자산을 교환하는 거래이다.

파생금융상품은 거래되는 장소에 따라 거래소 등 장내에서 거래되는 장내파생금융상품과 거래소 외부에서 거래되는 장외파생금융상품으로 구분되어 진다.

Ⅱ. 파생금융시장의 발전

파생거래제도는 쌀이나 밀 옥수수 등 농산물, 돼지고기 등 축산물, 금속류나 원유 등 광산물거래에 처음 도입되었으며, 금융상품을 대상으로 한 파생금융거래는 1970년대 국가간 자본이동이 본격화하면서, 자본의 금융상품화에 따라 본격적으로 이루어지게 되었다.

1972년 시카고 상업거래소(CME: Chicago mercantile exchange)는 국제통화시장(IMM: international market)을 개설하여, 기존에 시행하고 있던 농산물 선물거래를 영국 파운드화 등 주요국 7개 통화에 도입하여, 통화선물거래가 이루어지게 되었다.

1973년 시카고 옵션거래소(CBOB: Chicago board option exchange)를 설립하여 장외에서 거래되던 주식옵션거래를 장내거래로 전환하였고, 1975년에는 금리선물거래가 시작되었으며, 1983년에는 주가지수옵션거래가 이루어지는 등 다양한 형태의 파생금융거래가 등장하게 되었다.

유럽에서는 1982년 런던 국제금융선물거래소(LIFFE: London international financial futures exchange)가 설립되었고, 아시아에서는 1984년 싱가포르 국제통화거래소(SIMAX: Singapore international monetary exchange)가 설립되었으며, 우리나라는 비교적 늦은 1999년 한국선물거래소(KFE: Korea futures exchange)가 설립되었다.

파생금융시장의 급속한 확대는 1980년대 들어 각국 금융시장개방과 자유화의 진전, 주요국의 변동환율제시행에 따른 국제금융시장의 변동성 증대, 컴퓨터와 스마트폰 등 통신수단을 이용한 금융거래의 확산 등이 배경으로 작용하였다.

Ⅲ. 파생금융시장의 기능

단기자금시장인 국제은행시장이나 주식시장과 채권시장 등 국제자본시장에서 자금조달을 목적으로 금융이 이루어지는 것과 달리, 파생금융시장에서는 금융자산의 미래가치를 보전하고, 나아가 미래가치를 증대시키기 위한 목적으로 거래를 하게 된다. 따라서 파생금융시장에서는 환율이나 금리변동에 대한 헤지나 투기거래가 주로 이루어지게 된다.

1. 헤징

금융자산에 대한 헤징은 보유금융자산의 미래가치가 하락할 가능성이 발생하는 경우, 이를 회피하기 위해 사전적 거래를 이행하는 것이다. 파생금융상품은 기초자산에서 파생되므로, 기초자산의 현물포지션과 반대방향의 선물포지션조정거래로 기초자산의 가치를 유지할 수 있다. 현물포지션에서의 이익은 선물포지션의 손실로 헤징되며, 현물포지션의 손실은 선물포지션의 이익으로 헤징하는 형식이 된다.

파생금융상품거래를 이용하여 리스크를 회피하고자 하는 실거래자의 위험은 이러한 위험을 감수하면서 고수익을 추구하는 투기자에게 전가하게 된다. 파생금융거래는 현물거래에 비해 수수료 및 자금부담이 적다. 대부분의 파생상품은 미래의 정한시점에서 결제하게 됨으로, 현시점 자금수급의 필요성이 제거되어, 금융의 기능도 제공되고 있다.

2. 투기

파생금융시장에서 투기자는 위험회피자들의 위험을 전가 받으며, 높은 수익을 위해 일방적 포지션을 보유한다. 파생금융시장에서는 기초자산의 단위를 세분화함으로 소매규모의 투기도 가능하여, 전문적 투기자금 외에 다양한 참가자들의 투기도 이루어지고 있다.

최근에는 각국에서 분리된 파생금융시장을 거래소로 통합하는 추세에 있어, 단일거래소에서 선물, 옵션, 스왑 등 모든 파생금융거래를 취급하고 있다. 따라서 여러 파생상품을 대상으로 하는 합성거래 및 혼성거래가 세분화되면서, 다양한 금융상품이 개발되고 시장의 확대가 이루어지고 있다.

제2절 금융선물시장

금융선물거래(financial futures transaction)는 금융상품에 대한 선물계약(futures contract)으로 미래일정시점에서 매입하거나 매도하기로 약정하는 거래이다. 금융선물거래는 세계적인 자유화추세와 국제통화제도의 변동환율제도입 등으로 국가 간 금융상품거래에서 가격변동위험이 증대됨에 따라 이를 헤징하기 위한 목적에서 도입되었다.

금융선물거래는 금융상품의 대상이 되는 기초자산에 따라 통화, 금리, 주가지수, 금 등으로 구분되며, 부존적 요인 및 인위적 요인에 의하여 수요와 공급이 비탄력적인 농산품과 축산품 등 상품을 대상으로 하는 상품선물거래도 병행된다.

Ⅰ. 통화선물시장

1. 통화선물의 개념

통화선물(currency futures)은 특정통화를 계약조건에 따라, 일정가격으로 일정한 미래시점에서 매입하거나 매도하는 것이다. 따라서 거래는 계약시점에서 이루어지나 결제는 계약 시 정한 미래시점에서 이루어지게 된다.

통화선물거래는 국제거래 시 발생하는 환 리스크 관리, 통화를 대상으로 하는 투기거래, 환 차익거래 등을 목적으로 이루어지게 된다. 그러므로 기본적 기능은 선물환거래와 같지만, 거래형태 및 자금흐름의 구조상 차이점이 발생하게 된다.

2. 선물환거래와의 차이

통화선물거래는 거래소에서 이루어지는 장내거래로, 거래소별 정형화된 조건에 의하여 이루어지게 된다. 따라서 장외시장에서 거래자간 협의로 이루어지는 선물환거래와는 다음과 같은 거래형식에서의 차이가 있다.

표 5-4 통화선물거래와 선물환거래 특징 비교

구분	통화선물	선물환
거래장소	거래소(exchange)	장외(over-the-counter)
거래조건	표준화	거래당사자의 필요에 맞춤
거래방법	다수 거래당사자간의 공개호가 또는 전산거래	거래당사자들간의 직접거래
신용관리	정산소가 거래상대방의 입장에서 계약이행을 보증	계약이행을 전적으로 매매쌍방의 신요에 의존하므로 대부분 신용도가 높은 기업과 계약을 체결
시장참가자	원칙적으로 제한이 없으며 선물환거래가 어려운 개인 또는 기업도 참가	신용도가 높은 금융기관 또는 기업
결제	대부분 만기 전에 반대매매에 의해 포지션을 청산	대부분 만기시 실물인수도에 의해 결제

첫째, 통화선물거래는 거래통화, 거래단위, 거래비용, 일일 환율변동 폭, 만기일과 결제일 지정 등 거래조건이 표준화되어 있고, 선물환거래는 거래당사자 간 협의에 의하여 거래조건이 차별화된다.

둘째, 통화선물거래에 참여자는 거래증거금을 납부하고 증거금이 유지되는 경우에 자격조건을 부여받으며, 선물환거래는 은행 및 브로커가 설정한 신용조건을 구비한 대기업, 국제은행, 정부기관, 대규모 투자자금 등으로 참여조건이 제한된다.

셋째, 통화선물거래는 거래소의 청산기구를 통하여 매일의 시가에 따라 일일청산이 가능하여, 거래 손익을 반영한 만기일 이전에 대부분 청산되며, 선물환거래는 만기에 대부분 청산되는 차이가 있다.

넷째, 통화선물거래는 공개경쟁입찰방식으로 운용되어 타인에게 양도나 이전이 가능한 반면, 선물환거래는 당사자 간 계약방식으로 운용되어 타인에게 양도나 이전이 불가능하게 된다.

3. 통화선물가격

통화선물가격은 기본적으로 선물환 가격결정을 설명하는 금리평가에 의하여 결정된다. 따라서 관련 통화당국의 명목금리와 현물가격과 선물가격의 차를 반영하는 현물가격 균형basis를 감안하는 가격구조를 갖게 되므로, (5-23)식을 이용하여 설명될 수 있다.

그림 5-3 통화선물의 손익구조

구분	시장(선물)환율 > 계약환율	시장(선물)환율 < 계약환율
매입자	이익 : 시장환율 - 계약환율	이익 : 계약환율 - 시장환율
매도자	손익 : 시장환율 - 계약환율	이익 : 계약환율 - 시장환율

이익(+)
계약환율
시장환율
손실(−)

이익(+)
계약환율
시장환율
손실(−)

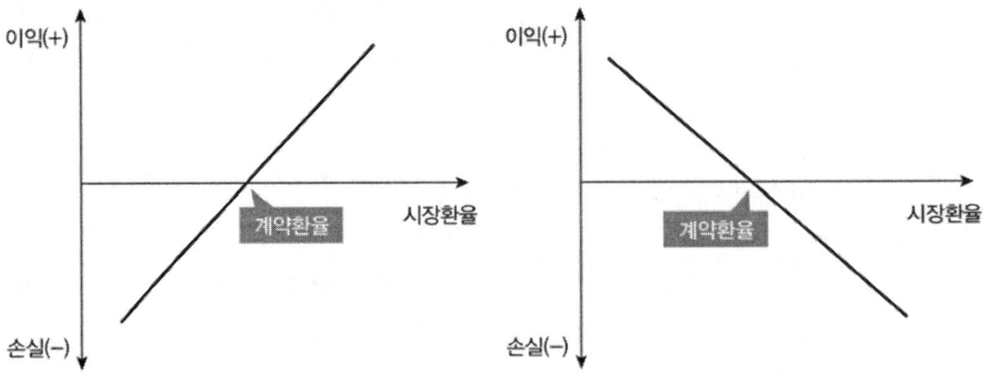

통화선물의 가격은 계약체결시점인 t시점에서 예상하는 $(t+T)$시점의 선물가격과 현물가격의 차이를 유발하는 t시점의 관련 양국의 명목금리를 반영하여 결정되므로 선물환가격과 마찬가지로 통화선물의 기간이 만기에 접근하면서 시장환율에 가까워지게 된다. 따라서 통화선물거래는 시장환율의 변동에 따라 손익이 결정되는데, 시장환율이 계약환율을 상회하면 이익이, 하회하면 손실이 발생하게 된다.

4. 우리나라의 통화선물

한국거래소의 통화선물거래구조는 선물증거금납입, 매매계약 체결, 일일정산, 최종결제일 인수·도 등으로 이루어진다. 일일정산결과로 선물증거금이 증가하거나 차감되며, 유지증거금(maintenance margin)을 하회하는 경우 증거금을 추가로 납부해야 한다.

한국거래소의 통화선물거래 대상통화는 2019년 6월 기준, 미국 달러화, 일본 엔화, 유로화, 중국 위안화 등이다.

미국 달러화를 대상으로 하는 통화선물의 거래규모는 2006년 이후 급속히 증가하였다. 특히 2008년의 KIKO사태 이후 국내기업들의 환리스크 관리가 통화선물시장으로 이동하여, 거래가 급증하는 계기가 되었다. 2006년 엔선물과 유로선물이 거래되기 시작하였고, 2015년 위안화선물의 거래가 시작되었다.

Ⅱ. 금리선물시장

1. 금리선물의 개념

금리선물(interest rate futures)은 금리를 기초로 가치가 결정되는 금융상품으로, 현시점에서 정한 가치로 미래 만기시점에서 매입하거나 매도할 것을 약정한 계약이다. 따라서 실제로 거래되는 내용은 금리자체라기보다는 금리를 발생시키는 금융상품이 된다. 대표적인 상품은 미국의 페더럴펀드금리, 각국의 국채금리, 유로달러금리 등이며, 기간에 따라 단기금리선물과 장기금리선물로 구분된다.

금리선물거래는 금융시장에서의 금리변동성이 증가하면서 금리변동과 관련된 위험을 헤징할 필요성에 따라, 1975년 CBOT가 미국의 주택저당채권을 대상으로 금리선물거래를 시작하면서 시장에 도입되었다.

금리선물거래는 거래소에서 공개입찰방식으로 이루어져 거래대상, 거래단위, 만기일과 결제일 등이 표준화되어 있으며, 매일청산이 가능한 제도이므로 만기일 이전에 반대거래로 대부분 청산되는 통화선물과 같은 거래구조를 갖는다.

금리선물거래는 거래소의 표준화된 형식에 따라 거래가 이루어짐으로, 참여자도 거래소에 등록된 선물회사인 회원이 중심이 되어 거래소와 회원 간 거래가 기본이 된다. 기본거래를 이행하는 각 회원은 다양한 목적을 추구하는 참가자들인 고객과의 목적거래를 이행하게 된다.

2. 금리선물의 동기

금리선물은 금리위험 최소화, 무위험 차익거래, 투자수익의 극대화, 채권포트폴리오관리 등을 목적으로 거래된다.

(1) 금리변동위험 헤징

금리선물의 기본적 목적은 금리변동의 위험을 헤징하는 것으로, 미래금리변동에 의한 불확실성을 금리선물거래로 제거하게 되어, 채권의 현물거래에서 발생하는 손실 가능성을 금리선물거래 이행에 따른 이익으로 상쇄시키는 형식이 된다.

금리선물을 거래하는 주 당사자는 자산운용회사, 각국의 연기금운용기구, 국채전문 딜러 등으로, 향후 금리상승으로 인한 보유 금융자산가격 하락 시 발생하게 되는 손실을 헤징하기 위해 금리선물매도거래를 이행하게 된다. 금리선물거래로 금리선물 만기시점기준 금융자산의 가격을 현재의 금리선물가격으로 고정하게 되며, 반대로 미래금융자산을 매입하고자 하는 경우에는, 금리하락 가능성에 대한 헤징으로 금융자산을 매수하게 된다.

(2) 무위험차익추구

금리선물거래는 금리선물상품의 가치가 저평가되거나 고평가되는 경우, 현물 금융상품거래와 연계하여 무위험 차익거래에 활용될 수 있다. 국채선물가격이 현물가격과 비교하여 저평가규모가 확대되는 경우, 국채선물을 매수하고 장기간 해당국채를 빌린 후 다시 되돌려주는 국채대차거래를 이용하여 현물을 매도한 후 만기까지 보유함으로써 무위험차익이 가능하게 된다.

금리선물거래는 채권거래에 비해 적은 투자금액으로 수익을 창출할 수 있다. 채권가격의 흐름에 따라 금리선물가격의 상승이 예상되는 경우 금리선물을 매수하고, 금리선물가격의 하락이 예상되는 경우 금리선물을 매각하여 채권가격과의 차이에 따른 단기투자수익을 취득할 수 있다.

(3) 채권포트폴리오 관리

금리선물을 이용하여 채권portfolio의 듀레이션(duration)을 관리하게 된다. 미래 금리하락이 예상되어 채권가격이 상승하게 되는 경우, 금리선물을 매입하여 채권portfolio의 듀레이션을 늘릴 수 있게 된다. 이와 상대적으로 미래 금리상승이 예상되어 채권가격이 하락하게 되는 경우, 금리선물을 매도하여 채권portfolio의 듀레이션을 감소시킬 수 있다.

3. 금리선물가격 결정

금리선물가격 결정은 현물가격과 선물가격의 균형을 기본으로 이루어지게 된다. 현물시장에서 채권 구입 시 표시된 금리를 수취하게 되고, 선물시장에서 채권구입 시 결제시점까지 금리지급이 유보되어, 해당기간동안 다른 금융상품에 투자하여 수익을 얻게 된다.

따라서 금리선물가격은 현물시장가격과 선물시장가격의 비교를 기본으로, 기초자산의 현물가격과 기초자산을 보유하는데 수반되는 비용의 합으로 결정된다. 현물가격과 선물가격의 차인 베이시스는 보유비용 및 금리변동의 가능성 등에 따라 발생하게 되지만, 만기에 다가가면서 해소되어, 만기에는 zero가 된다.

그림 5-4 현물가격과 선물가격의 구조

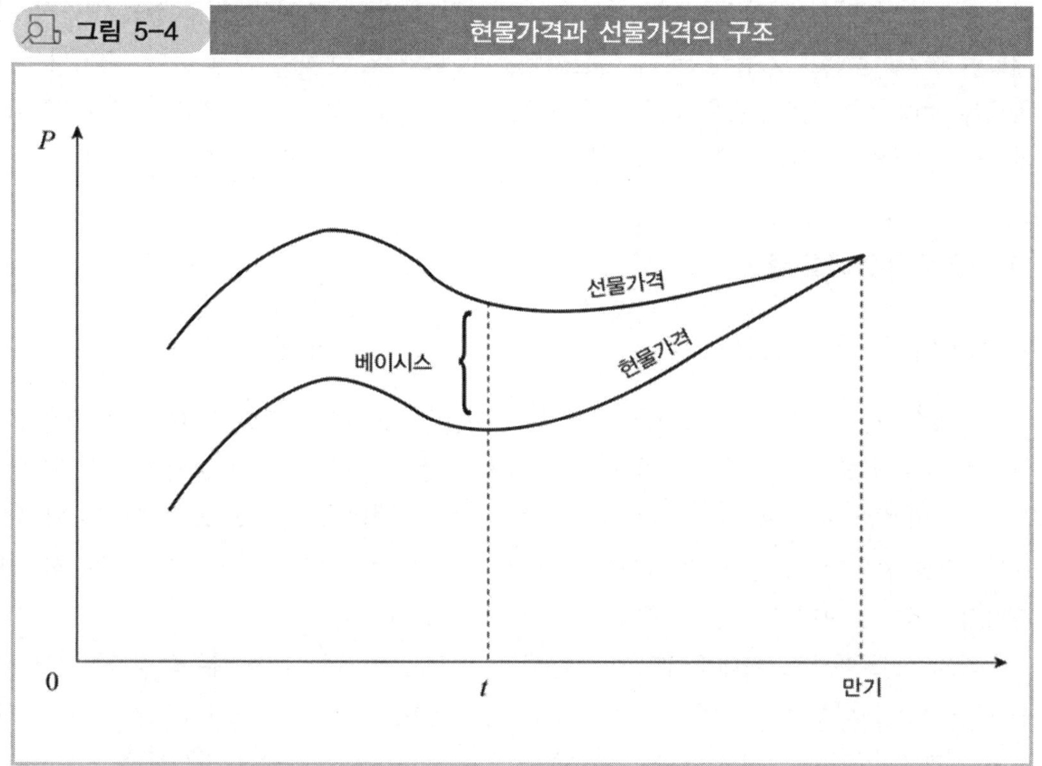

4. 우리나라의 금리선물

우리나라의 금리선물거래는 1999년 한국거래소에 CD금리선물이 최초로 상장되면서 시작되었다. 이후 국고채 발행이 증가하면서 거래도 활성화되었으나 점차 거래량이 감소하여, 2007년 CD금리선물 상장을 폐지하고 국채만을 상장하여 거래하고 있다.

금리선물의 잠재적 위험성을 고려하여 도입 시 감독규정을 강화하고 참가자의 제한 등으로 금리선물거래가 부진함에 따라, 정부는 시장 활성화를 위해 2000년 이후 규제를 해제하였으며, 현재는 금리선물거래를 파생상품투자거래에 포함하여 운용하고 있다.

한국거래소에 상장된 금리선물은 기초자산으로 3년, 5년, 10년 국채선물을 대상으로 구성되어 있으며, 액면금액은 1억 원이고 표면금리는 5%로 반기마다 이자를 지급하는 조건으로 이루어진다.

금리선물거래를 위해서는 국채선물의 위탁자가 본인계좌가 개설된 회원에게 위탁증거금으로 위탁금액의 일정비율을 예탁해야 한다. 거래소회원은 거래의 이행을 보증하기 위해 거래증거금을 납부하게 되며, 위탁증거금은 거래증거금의 1.5배 수준이 된다. 예탁증거금이 일일정산의 결과 거래증거금을 하회하게 되면, 추가증거금을 납부해야 거래가 가능하며, 미납 시 위탁거래이행 거래소회원이 반대매매를 통해 임의로 처분하게 된다.

금리선물시장에서 거래되는 국채선물은 우리나라의 지표채권인 3년 국채로, 꾸준히 거래량이 증가하고 있어, 우리나라 금리선물상품의 대표적인 종목이 되고 있다. 그러나 5년 국채는 거래가 이루어지지 않고 있으며, 10년 국채는 상장초기에는 거래가 부진하였으나, 2010년 정부의 장기국채 활성화정책에 따라 거래가 점차 증가하고 있다.

Ⅲ. 주가지수선물시장

1. 주가지수선물의 의의

주가지수선물(stock index futures)거래는 주가지수를 대상으로 이루어지는 선물거래이다. 주가지수선물은 주가지수가 기초자산이 되어 현물의 인수·인도가 불가능하게 되므로, 거래 시 약정한 주가지수와 만기일에 실제주가지수 간 차이를 현금으로 결제하는 방식이 된다. 따라서 만기 시 실제주가지수가 거래 시 약정한 주가지수를 상회하는 경우, 선물매수자가 이익을, 반대의 경우 선물매도자가 이익을 얻게 된다.

주가지수선물거래도 거래소에서 이루어지게 되므로, 거래를 위해서는 약정금액의 일부를 증거금으로 납부해야 하며, 만기일에 결제가 이루어짐으로 소규모자금으로 보다 큰 규모의 거래가 가능하게 된다. 주가지수선물거래도 선물거래의 특성상 발생하게 되는 결제불이행의 위험을 방지할 목적으로 일일정산방식이 적용된다.

주가지수선물시장에서는 가격의 합리적 결정을 위해 이론가격이 작성되고 공개된다. 이론가격은 주가지수선물 대신 현물시장에서 실제로 주식을 매입하는 경우를 가정하여, 현물가격에 주가지수선물 결제일까지 자금조달비용과 배당수익을 가감하여 결정된다. 이론가격을 근거로 투자자들은 선물가격의 높고 낮음을 판단하여 거래의 방향을 결정하게 된다.

주식선물(stock futures)거래는 개별주식을 대상으로 계약조건에 따라 일정가격으로 미래일정시점에서 매입하거나 매도하는 것이다. 따라서 주식선물거래의 대상은 시가총액이 크고 유동성과 안전성이 뛰어난 우량주식이 된다.

2. 우리나라의 주가지수선물

우리나라의 주가지수선물거래는 코스피200선물과 코스닥150선물을 대상으로 이루어지고 있다.

코스피200지수는 우리나라의 대표적 주식 200개 종목의 시가총액을 지수화한 것으로, 이들의 시가총액지수가 1990년 초 기준으로 변동 상황을 나타내는 의미가 된다. 200개 종목은 각 산업을 대표하는 주식으로 구성되며, 상장주식수의 20% 수준이지만 전 종목 시가총액의 70%를 차지하는, 우리나라의 대표적 종목으로 구성된다.

1996년 시작된 코스피200선물지수의 거래는 3월, 6월, 9월, 12월의 두 번째 목요일을 최종거래일로 하는 총 7개 결제월 물을 거래대상으로 한다. 거래를 위해서는 기본예탁금과 위탁증거금이 필요하며, 일일정산제도로 유지증거금의 수준을 충족해야 거래가 가능하게 된다.

투자자를 보호하기 위한 가격제한폭제도가 운영되고 있으며, 급격한 변동에 따른 매매거래중단제도(circuit breaker)는 가격제한폭제도와 중복되는 기능으로 2015년 폐지되었고, 보완적 차원에서 프로그램매매호가 일시효력정지제도(side car)를 도입하고 있다.

코스피200지수거래는 세계적인 규모로 성장하였으며, 미국의 파생상품거래소인 CME와 연계하여 글로벌 거래시장을 개설하여, 국제적 거래 구조로 확대되고 있다.

코스닥150지수는 코스닥시장에 위험을 헤징하기 위한 수단을 제공하고 시장기능을 활성화하기 위해, 2015년 기존의 스타지수선물을 대체하면서 거래가 시작되었다. 거래조건은 코스피200지수와 같으나, 거래단위 및 가격변동금액 등은 소규모로 운용된다.

우량기업의 주식선물거래는 개별주식의 위험을 관리하고, ELS 및 ELW 등 주가와 연계된 파생증권의 발행과 관련하여 헤징수단을 제공하기 위한 목적으로 2008년에 시작되었다. 거래형식은 코스피200선물과 동일하게 운용되고 있으며, 거래량은 2014년 주식선물시장의 유동성을 높이기 위해 시장조성자제도와 협의대량거래제도를 도입한 이후 급성장하고 있다.

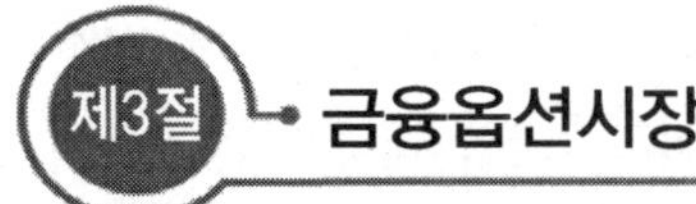

제3절 금융옵션시장

Ⅰ. 금융옵션의 개요

금융옵션(financial option)은 금융상품이 담보된 기초자산을 미리 약정된 가격으로, 약정된 시점에서 매입하거나 매도할 수 있는 선택권부 권리를 거래하는 것이다. 따라서 선택권부 권리를 거래하는 구조이므로 옵션매입자는 기초자산인 금융상품의 가격변동 상황을 고려하여 옵션의 행사 여부를 결정하며, 옵션매도자는 옵션매입자의 권리를 이행할 의무를 갖게 된다.

옵션은 권리행사의 선택권에 따라서 금융상품의 매입 청구권이 부여되는 콜 옵션(call option), 매도청구권이 부여되는 풋 옵션(put option)으로 구분되며, 청구권의 행사가능기간이 만기일로 한정되는 경우에는 유럽식 옵션(European option), 만기일 이내 언제라도 권리행사가 가능한 경우 미국식 옵션(American option)이 된다.

옵션거래는 기초자산을 사거나파는 조건으로 제시되는 행사가격(strike price)이 미리 정해진다. 또한 옵션은 원하는 구간에 대해서 가격을 확정하고, 기타 구간에 대해서는 가격이 변동할 수 있도록 허용함으로써, 위험 회피와 수익 추구를 동시에 가능하게 한다. 옵션거래로 매입자의 위험을 전적으로 매도자에게 전가함에 따라, 매도자의 보상을 위해 옵션프리미엄(option premium)을 지불하게 된다.

Ⅱ. 통화옵션시장

1. 통화옵션의 의의

통화옵션(currency option)은 일정기간 내 계약 시 정한가격으로, 일정량의 통화를 사거나 파는 권리를 의미한다. 옵션매입자는 옵션프리미엄을 옵션매도자에게 지급하고, 일정량의 통화를 정해진 가격으로 정해진 기간에 매매할 수 있는 권리를 취득하게 된다. 따라서 통화옵션은 외화보험의 의미가 된다.

통화옵션은 권리행사가 담보되는 것으로 환율변동에 대한 헤징과 더불어 재정거래의 이익도 가능하게 되므로, 외환시장에서 각 참가자들이 환리스크를 효율적으로 관리할 수 있는 수단을 제공한다.

통화옵션은 불확실한 미래자금운용에 효율적으로 대처할 수 있는 방법이 된다. 건설업체 등이 일정기간 후 입찰예정인 해외건설프로젝트에 참여하는 경우, 낙찰 시 필요한 거래증거금 납부에 대비하여 기간 및 통화조건에 맞춤형 통화 콜 옵션거래를 이행한다. 낙찰시 납부하게 되는 거래증거금은 옵션거래를 이행하여 해결하며, 낙찰에 실패하는 경우 옵션거래를 포기하게 된다.

2. 통화옵션의 가격구조

통화옵션가격은 옵션매입자와 옵션매도자의 손익분기점을 고려하여 결정된다. 옵션매도자는 매입통화의 시장가격이 유리하게 변동하는 경우 이익을 증가시키게 되지만, 매입통화의 시장가격이 불리하게 변동하는 경우 프리미엄 이내에서 손실이 발생하게 된다.

통화옵션매도자는 매입자의 옵션행사에 따른 손실가능성이 존재하지만, 만기 시까지 옵션이 불이행되면 프리미엄의 수익을 얻게 된다. 이러한 당사자 간의 거래 손익은 옵션프리미엄인 옵션가격과 시장가격을 비교하여 결정된다.

통화옵션은 특정통화를 매입하는 콜 옵션과 특정통화를 매도하는 풋 옵션, 그리고 콜 옵션과 풋 옵션을 결합한 스트레들(straddle), 스트랭글(strangle) 등의 유형이 있다.

(1) 콜 옵션매입 손익분기점

특정통화를 매입하는 콜 옵션에서 만기일에 옵션이 해소되는 경우를 가정해 본다. 만기일에 행사가격과 프리미엄을 합한 가격보다 현물시장의 가격이 높게 형성되어 있으면, 매입자는 옵션을 행사하여 현물시장에서 매도함으로써 이익을 보게 된다. 그러나 행사가격과 프리미엄을 합한 가격이 현물시장의 가격보다 낮은 경우 옵션행사를 포기하게 된다.

예를 들어 행사가격 1,150원, 달러당 10원의 프리미엄으로 달러 콜 옵션을 매입하는 경우, 만기일에 현물가격이 1,180원이 되면 옵션을 행사하게 된다. 옵션거래의 이행으로 달러당 1,160원으로 매입하여 1,180원으로 매도하게 되므로, 달러당 20원의 이익이 발생하게 된다. 만기일의 현물가격이 1,130원이 되면 옵션행사로 달러당 30원의 손실이 발생하게 되어(1,130−1,160) 옵션행사를 포기하게 된다.

매도한 옵션의 기초통화현물가격이 행사가격과 옵션프리미엄의 합을 상회하는 점에서 콜 옵션매도자의 손실이 증가하기 시작하므로, 옵션매도자와 옵션매입자와 손익관계가 상반되게 나타난다.

특정통화를 매입하는 콜 옵션은 만기일에 기초통화의 현물가격이 높을수록 옵션매입자가 유리하게 되며, 상반되는 손익구조로 옵션매입자가 옵션을 행사하여 이익을 보게 되면, 옵션매도자는 프리미엄을 제외한 부분의 손실이 발생하게 된다.

그림 5-5 콜옵션의 손익분기점

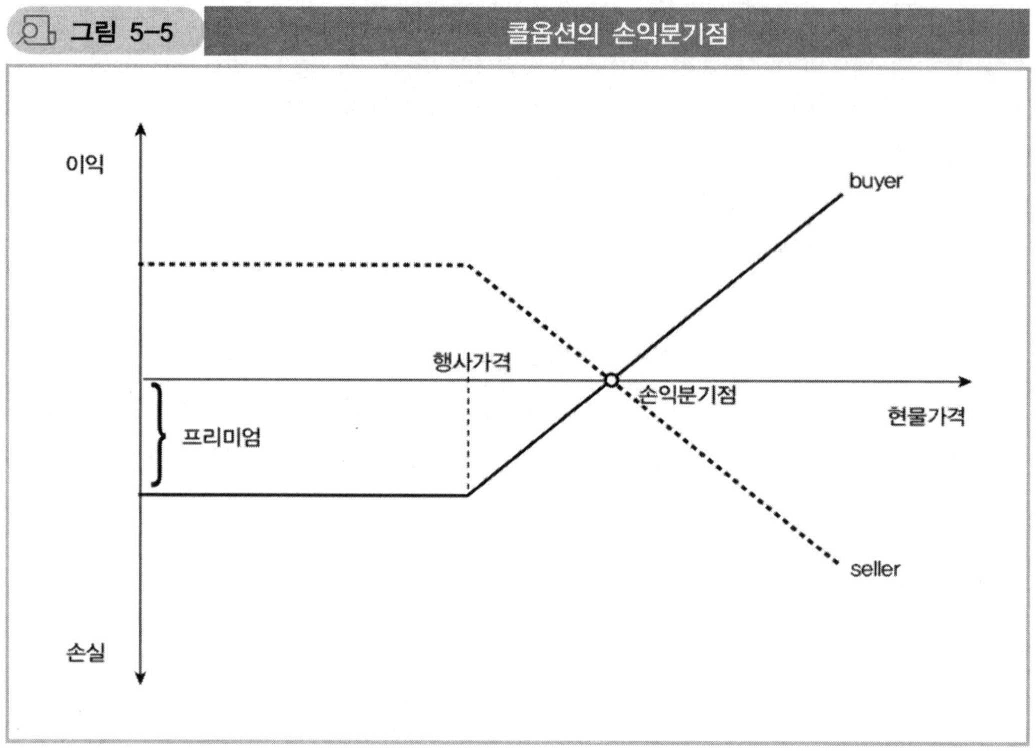

(2) 풋 옵션매입 손익분기점

풋 옵션은 기초금융상품을 약정한 가격으로 매도할 수 있는 권리를 담보한 것이다. 풋 옵션매입자는 행사가격과 프리미엄을 합한 가격보다 만기일의 현물가격이 낮은 경우 옵션을 행사하여 이익을 보게 되며, 만기일의 현물가격이 높은 경우 옵션을 포기하게 된다.

행사가격 1,150원, 달러당 프리미엄 10원으로 달러 풋 옵션을 매입하여 옵션이 만기일에 해소되는 경우를 가정한다. 만기일의 현물가격이 1,130원이 되면 옵션을 행사함으로써, 달러당 1,160원으로 매도하여 달러당 30원의 이익(1,160−1,130)을 얻게 된다. 만기일의 현물가격이 1,180원이 되면 옵션을 행사함으로써, 달러당 20원의 손실이 발생하게 되므로 (1,160−1,180), 옵션행사를 포기하게 된다.

따라서 풋 옵션의 경우에는 만기일의 기초금융상품 현물가격이 낮을수록 풋 옵션매입자에게 이익이 커지며, 상대적으로 풋 옵션매도자에게는 손실이 커지는 손익구조를 갖게 된다.

그림 5-6 풋옵션의 손익분기점

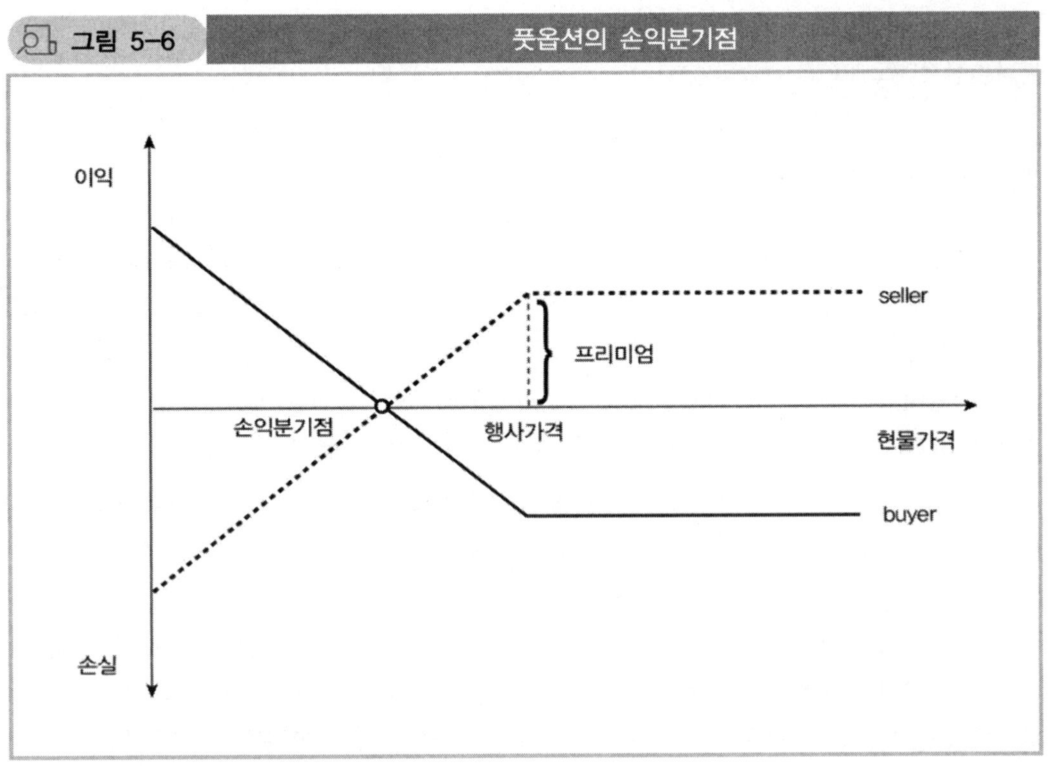

3. 우리나라의 통화옵션

우리나라의 통화옵션은 1999년 한국선물거래소에 미국달러화옵션이 최초로 상장되면서 거래가 시작되었다. 한국거래소에서 거래되는 옵션거래의 구조는 옵션증거금 납부, 매매계약, 만기일 옵션이행(불이행)으로 이루어진다. 통화옵션은 기능면에서는 통화선물과 비슷하나 일일정산제도가 없고, 옵션매도자는 향후 손실위험을 감안한 수준의 증거금을 납부하며, 옵션매입자는 옵션premium을 납부하는 점에서 차이가 있다.

우리나라에서 통화옵션은 거래소옵션보다는 장외옵션의 거래가 활발히 이루어지고 있다. 한국거래소의 통화옵션은 2000년 이후 거래가 이루어지지 않고 있으며, 서울외국환중개 등 장외시장의 통화옵션은 활발히 이루어지고 있다.

장외통화옵션의 증가는 2006년 이후 달러화 환율의 일방적 변동에 따른 수출기업의 환율변동을 헤징하기 위해 변형된 형태의 비정형 통화옵션거래가 증가하였기 때문이다. 비정형 통화옵션은 파생상품의 거래조건을 통화옵션에 도입하여 운용하는 것으로, 신용도가 낮은 중소수출업자의 환위험헤징 수단으로 이용되었다.

중소기업들은 선물환율보다 유리한 가격으로 달러를 매도할 수 있고 거래비용이 저렴한 KIKO,[1)] Range Forward, Target Forward 등의 무비용 옵션거래를 이용하였으며,

2008년 글로벌 금융위기를 계기로 촉발된 KIKO사태로 인한 대규모 손실 발생 이후 장외통화옵션거래도 크게 위축되었다.

Ⅲ. 금리옵션시장

금리옵션(interest rate option)은 미래 일정시점이전에 계약 시 정한 조건으로 기초금리상품을 사거나 파는 권리를 거래하는 것이다. 통화옵션과 마찬가지로 옵션매입자는 옵션이행의 권리를 갖게 되며, 옵션매도자는 반대급부로 옵션프리미엄을 수취하게 된다.

금리옵션은 거래형식 및 가격결정과 손익발생구조 등이 통화옵션과 같으며 다만 금리가 중요한 영향을 미치는 금융상품이라는 점에서 차이가 있을 뿐이다.

금리옵션은 금리선물과 취급하는 상품이 비슷하게 된다. 따라서 금리현물옵션은 T-bill, T-note, T-bond 등과 단기금융상품이 대상이 되며, 금리선물옵션은 T-bill선물, T-note선물, T-bond선물과 단기금융상품선물이 된다.

금리현물옵션은 행사가격으로 계약 시 매입자금이 소요되며, 금리선물옵션은 선물계약으로 미래 정한시점에서 결제가 이루어지게 되는 차이가 있다. 따라서 결제기간까지 투자자에게 금융지원의 형식이 되므로 금리현물옵션에 비해 많은 거래가 이루어진다.

금리옵션거래에서 금리변동을 헤징하기 위한 방법으로, 변동금리부채무에 대해 프리미엄을 담보로 금리의 상한과 하한을 설정하는 형식의 거래가 이루어지고 있다.

금리 캡(intrest rate cap)은 변동금리채무에 대한 금리를 계약조건에 따라 상한을 정하고, 계약기간 중 금리지급 시 시장금리가 상한을 상회하는 경우, 그 차액만큼 금리 캡 매도자에게 추가비용이 전가되는 조건이다.

금리플로어(interest rate floor)는 변동금리채무에 대한 금리의 하한을 정하고, 계약기간 중 금리지급 시 시장금리가 하한을 하회하는 경우, 그 차액만큼 플로어매도자가 추가비용을 보전해 주는 조건이다.

금리컬러(interest rate color)는 금리cap과 금리floor가 복합된 형태로 자금차입자의 금리상환부담을 일정범위 내로 한정하거나, 자금대여자의 금리수익을 일정범위내로 한정하

---

1) KIKO(knock-in, knock-out)는 약정을 통해 거래기간 중 환율이 특정수준(barrier)을 초과하거나 하회하는 경우 옵션이 소멸(knock out)되거나 발효(knock-in)되는 조건을 부가한 변형된 통화옵션이다. 계약기간 중 환율이 한번이라도 KO barrier 이하로 하락하면 풋 옵션이 해지되고, 환율이 한번이라도 KI barrier 이상으로 상승하면 콜 옵션이 발효되는 거래구조를 갖는다. 시장환율이 KI barrier 수준을 지나지 않는 한, 행사환율보다 높은 시장환율로 수출대금을 매도할 수 있어 환차익을 얻게 된다. 그러나 시장환율이 KI barrier를 상회하는 경우 콜옵션이 발효되어 수출기업은 옵션만기 시 수출대금의 2배를 시장환율 보다 낮은 행사가격으로 매도해야 함으로 손실이 발생하게 된다. 2008년 이전에는 일방적인 달러환율의 하락으로 중소기업들의 수출대금을 시장환율보다 높은 가격으로 매도하여 이익을 보게 되었으나, 2008년을 기점으로 달러환율의 상승국면이 지속되면서 손실이 급증하여 많은 중소수출기업이 도산하는 KIKO사태를 야기하였다.

기 위해, 변동금리의 상한과 하한을 두는 거래이다. 자금차입자인 컬러매입자는 계약기간 동안 금리지급 시 금리가 상한이상으로 상승하는 경우 금리컬러매도자로부터 차액을 보전받게 되며, 금리가 하한 이하로 하락하는 경우 차액을 지급하게 되어, 자금차입과 금리지급부담을 일정범위 이내로 한정하게 된다.

Ⅳ. 주식 관련 옵션시장

1. 주식 관련 옵션의 유형

주식관련옵션은 현물시장의 주식이나 주가지수를 대상으로 거래 시 약정된 조건으로, 미래의 일정시점에서 해당 주식관련 상품을 매입하거나 매도할 권리를 거래하는 것이다. 옵션의 대상이 주식인 경우는 주식옵션이 되고, 주가지수를 대상으로 하는 경우에는 주가지수옵션이 된다.

주식옵션(stock option)은 증권거래소에 상장된 주식을 기초자산으로 하여, 계약 시 정한조건으로 미래에 주식을 매입하거나 매도할 권리를 담보하는 거래이다. 주식옵션은 시가총액이 크고, 유동성과 안정성이 유지되며, 재무구조가 양호한 상장기업의 주식을 대상으로, 이들 주식의 가격변동에 대한 헤징 및 차익거래를 목적으로 거래된다.

주가지수옵션(stock index option)은 일정주식을 포괄하는 주가지수를 기초자산으로 하여 계약 시 조건으로 미래일정시점에서 매입하거나 매도할 권리를 담보한 계약으로, 주가변동위험에 대한 헤징과 수익창출을 위한 목적으로 이용되고 있다. 주가지수옵션은 주가지수선물과 같이 실물이 존재하지 않는 주가지수가 거래대상이 되고 있으나, 거래목적물이 권리가 되므로 주가지수가 거래목적물인 주가지수선물과 차이가 있다.

주가지수옵션은 현물주가지수옵션과 주가지수선물옵션으로 구분된다.

현물주가지수옵션(cash index option)은 특정주가지수를 단위별로 매입하거나 매도할 수 있는 권리를 담보하는 거래로, 대상지수의 포인트 변동에 따른 청산의 방법으로 결제된다. 주가지수선물옵션(stock index futures option)은 특정 주가지수의 선물계약을 매입하거나 매도하는 거래이다.

2. 우리나라의 주식 관련 옵션

우리나라의 주식 관련 옵션은 1997년 코스피200옵션시장이 개장되면서 거래가 시작되었으며, 2001년 코스닥50옵션시장과 2002년 개별주식을 기초자산으로 하는 주식옵션시장이 한국거래소에 개장되었으나, 코스닥50옵션은 거래부진으로 2005년 폐지되었다.

코스피200옵션은 총 11개 결제 월 물을 대상으로 거래가 이루어지며, 각 결제 월 물의 최종거래일은 만기 월의 둘째 목요일이다. 다음날 새로운 결제 월 물이 상장되어 다음 최종거래일까지 거래가 지속되며, 주식 관련 옵션은 만기일에 권리행사가 가능한 유럽형 옵션(European option)으로 운용되고 있다.

코스피200옵션도 투자자보호를 위해 단계적인 가격변동제한폭을 설정하고 있으며, 현물시장에서 매매거래중단(circuit breaker)이 발동되는 경우, 코스피200옵션거래도 자동으로 중단된다.

코스피200옵션거래를 활성화하기 위해, 코스피200선물시장과 연계하여 매매시간 연장, 호가유형의 다양화, 거래규모를 축소한 미니상품상장 등 지속적인 제도개선이 이루어졌고, 유럽의 파생상품거래소인 Eurex와 연계하여 코스피200옵션의 야간거래를 유럽에서 이행하게 함으로써 국제화하고 있다.

코스피200옵션거래는 비약적으로 증가하여, 2011년 전 세계 거래소의 주가지수옵션상품 중 최대거래량을 기록하였다. 이후 거래승수를 인상하면서 거래량이 감소하였으나, 여전히 세계적 수준의 거래실적을 보이고 있다.

개별주식을 대상으로 하는 주식옵션시장은 2002년에 개장하여, 개별주식에 대한 헤징 및 차익거래를 가능하게 하였다. 주식옵션은 코스피200옵션과 기본적 거래조건은 같으나, 결제 월 물의 수, 행사가격, 호가단위 등 개별주식의 특성상 발생하는 차이점이 존재한다.

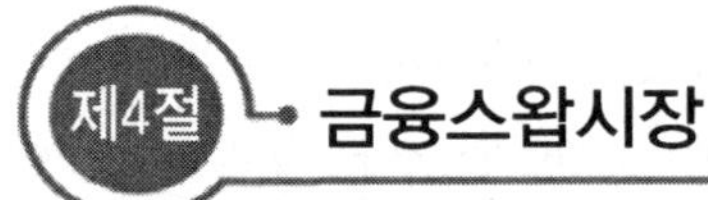

제4절 금융스왑시장

Ⅰ. 금융스왑의 개요

금융스왑(financial swap)은 미래일정시점에서 계약 시 정한조건으로 금융상품을 교환하는 거래이다. 기본적인 금융스왑은 다른 통화 간 현물환거래와 선물환거래를 동시에 거래하여, 환위험을 헤징하거나 통화 간 자금수지의 불균형을 해소하기 위한 방법으로 이용되었다. 최근 들어 금융스왑은 기초자산을 다양화하여 통화, 금리, 주식 등으로 세분화되고 있다.

개별국가시장이 개방되고 자본자유화가 많은 진전을 이루어 국제금융시장이 통합되는 추세이나, 국가별 추구하는 경제적 목적이 다양하고, 시장 간 자금의 부존성, 자금운용의 효율성, 비거주자에 대한 차별성, 자금에 대한 규제의 차이 등 시장 간의 차이는 해소되기 어려운 상황이므로, 금융스왑은 이러한 시장 간의 차이점을 극복하기 위한 목적으로 이용되며 확대되고 있다.

금융스왑의 대부분은 은행 등 금융기관 간 스왑으로, 고객과의 금융거래의 결과 발생한 포지션의 불일치를 해소하기 위해 이루어지고 있다. 또한 금융거래의 지속으로 인한 자산과 부채의 불균형에 의한 포지션을 조정하기 위해, 금리 및 환율에서 발생하는 이익을 추구할 목적 등으로 스왑거래를 이행하게 된다.

국제기업들은 필요한 특정통화나 금리상품을 취득하기 위해 외부기업으로부터 융자를 받고, 대가로 외부기업이 필요로 하는 통화나 금리상품을 제공하는 형식으로 금융스왑거래를 이행한다. 따라서 기업 간 상호융자의 형식이 되며, 금융스왑을 이용하여 차입비용을 절감하고 금리 및 환위험 관리가 가능하게 된다.

금융스왑은 서로 다른 통화를 교환하는 통화스왑과 지불조건이 다른 금리를 교환하는 금리스왑, 그리고 통화와 금리지불조건을 복합한 통화-금리스왑 등으로 구분된다.

Ⅱ. 통화스왑시장

1. 통화스왑의 개념

통화스왑(currency swap)은 두 당사자가 다른 통화로 차입한 자금의 원리금상환을 교환하여 이행하는 거래이다. 두 당사자는 다른 통화로 표시된 명목원금과 만기 시까지의 금리를 지급하고, 만기 시에는 미리 약정한 환율로 명목원금을 교환한다.

통화스왑은 환위험에 대한 헤징과 필요자금의 조달을 위해 이용되고 있으며, 시장 별 비거주자에 대한 외환, 자본, 조세상의 규제를 회피하기 위한 수단으로 활용된다.

통화스왑의 초기형태는 기업 간 상호대출과 상호직접대출의 형식으로 이루어졌으나, 점차 분화되어 직접통화스왑, 채무교환스왑 등으로 확대되었고, 다른 금융상품과 결합해가면서 다양한 형태로 분화되고 있다.

2. 통화스왑의 형태

(1) 상호대출

상호대출(parallel loan)은 국적이 다른 기업 간 자국통화를 상호 대출하는 형식의 통화스왑이다. 예를 들어 한국의 A기업은 일본의 자회사α의 투자에 엔화가 필요한 상황이고, 일본의 B기업은 한국의 자회사b의 확장에 원화가 필요한 상황에서 통화스왑을 이행하게 된다. A는 한국에서 잉여분의 원화나, 은행대출을 이행하여 b에게 원화를 대출해 주게 되며, B는 잉여분의 엔화나 은행대출을 이행하여 α에게 엔화를 대출해 주는 상호대출이 된다.

이러한 상호대출은 A와 b, B와 α 간에 대출협정으로 이루어지게 되며, A와 B는 자회사의 대출에 상환보증을 하게 된다.

(2) 상호직접대출

상호직접대출(back-to-back loan)은 상호대출과 유사한 형식으로 통화스왑이 이루어지게 되나, 자회사가 개입되지 않고 모기업 간 상호직접대출이 이루어진다. 앞의 예에서 한국의 A기업과 일본의 B기업이 원화와 엔화를 직접 대출하게 된다.

(3) 장기선물환계약

장기선물환계약(long-term forward contract)은 장기 환위험 헤징을 목적으로 두 당사자 간 계약 시 정한 선물환율로, 특정통화를 미래 정한시점에서 매입하거나 매도하는 계약이다. 따라서 외환시장에서의 선물환거래와 비슷한 구조를 갖게 되지만, 계약기간이 장기이고 거래액이 대규모인 경우 단기적 선물환거래로는 환위험 헤징이 어렵게 되어, 통화스왑거래를 이용하게 된다.

장기선물환계약에서 선물환율은 두 통화 간 금리차이를 기본으로 하여 선물환 premium과 discount가 결정되며, 장기간에 걸쳐 계약이 지속되므로 금리 외에 기초경제변수와 비상위험, 신용위험 등이 고려되어 선물환율이 조정되는 구조를 갖는다.

그림 5-7 장기선물환 계약

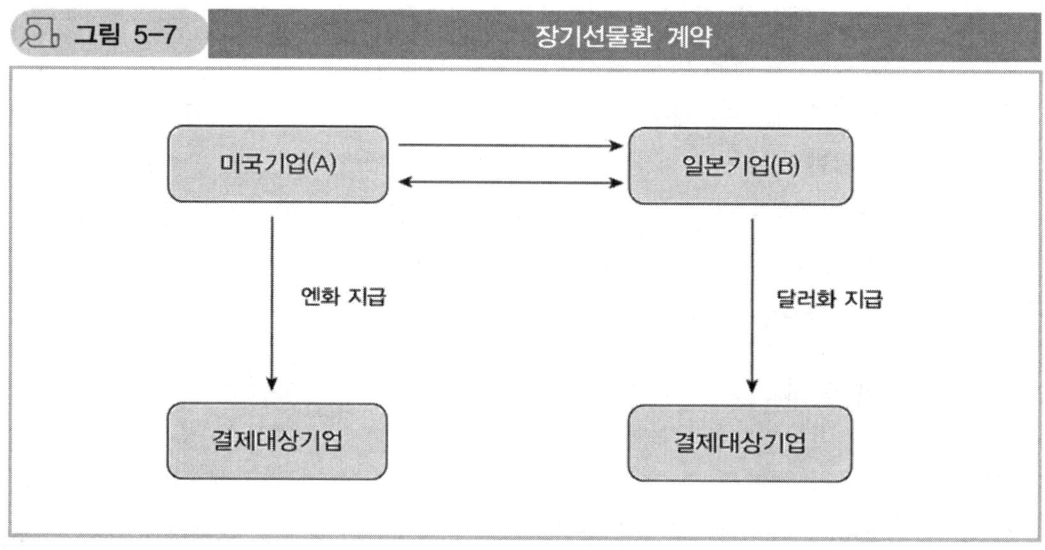

장기선물환계약의 예로, 한국 A기업은 엔화표시 장기부채를 보유하고 있어, 엔화의 환율변동에 따른 장기 환리스크를 헤징하려 한다. 이때 한국에 원화표시거래대금을 장기간에 걸쳐 분할지급하게 되는 일본 B기업을 스왑브로커를 통해 연결하여 거래를 하게 된다. A기업은 엔화부채를 원화로 고정하기 위해 원화를 대가로 엔화를 장기선물환으로 매입하고,

B기업은 원화표시부채를 엔화로 고정하기 위해 엔화를 대가로 원화를 장기선물환으로 매입하게 되는 장기선물환계약을 이용하게 된다.

3. 우리나라의 통화스왑

우리나라의 통화스왑은 1999년 국내중개회사에서 원/달러통화스왑을 중개하기 시작하면서 거래가 이루어진 이후 꾸준히 증가하고 있다. 우리나라에서는 원화와 미국 달러간 통화스왑이 주류를 이루며, 대부분의 경우 원화고정금리와 미국달러화변동금리가 교환되는 형식으로 이루어진다.

통화스왑 이행기관은 은행이 대부분으로 이중 외화자금의 조달자는 외국은행의 국내지점이 되고, 보험회사, 신용·카드회사, 공기업 등 대고객거래의 외화포지션 조정이 필요한 금융기관과의 통화스왑이 주로 이행된다.

특히 장기보험계약을 다수 보유하고 있는 생명보험회사들은 자금운용상 장기채권에 대한 투자수요는 크지만, 국내채권시장에서는 국채만기가 3년이나 최대 10년이므로 투자대상 채권 확보가 어려워, 만기 10년 이상의 외국의 장기채권에 투자하고 있어, 환위험 및 금리위험을 헤징하기 위해 통화스왑을 주로 이용하고 있다.

Ⅲ. 금리스왑시장

1. 금리스왑의 개요

금리스왑(IRS: interest rate swap)은 동일표시 통화의 금리지불조건이 상이한 채무를 교환하는 것이다. 금리스왑은 금리 리스크 헤징, 차입비용의 감소, 자금흐름의 효율성 등을 위해 금리지불의무를 교환하는 것으로, 일반적인 형식은 변동금리부채를 고정금리부채로, 고정금리부채를 변동금리부채로 전환하는 것이다.

금리스왑의 가장 중요한 기능은 금리변동위험을 헤징할 수 있는 수단을 제공하는 것으로, 고정금리부자산과 부채의 듀레이션(duration)불일치로 인하여 발생하는 금리변동위험을 헤징하는 것이다.

기업 등이 차입으로 자금을 조달하는 경우, 차입자 별 고정금리나 변동금리조건차입의 비교우위가 발생하게 됨에 따라, 당사자가 이러한 비교우위조건으로 차입하여, 운용이 효율적인 조건으로 교환하게 되는 금리스왑이 발생하게 된다.

금리스왑을 이용하여 거래차익을 획득하기 위한 거래를 할 수 있다. 저평가된 채권의 현물 또는 선물을 매입하고 동시에 고정금리 지급조건의 금리스왑을 거래하거나, 고평가된 채권의 현물 또는 선물을 매도하고, 동시에 고정금리 수취조건의 금리스왑을 거래함으로써 거래차익을 얻을 수 있다.

금리스왑은 금리의 예측을 바탕으로 투기거래에 활용할 수 있다. 금리상승이 예상되는 경우 고정금리지급 스왑포지션을 취하고, 금리하락이 예상되는 경우 고정금리수취 스왑포지션을 취하게 됨으로 이익을 얻게 된다.

그림 5-8 금리스왑 매커니즘

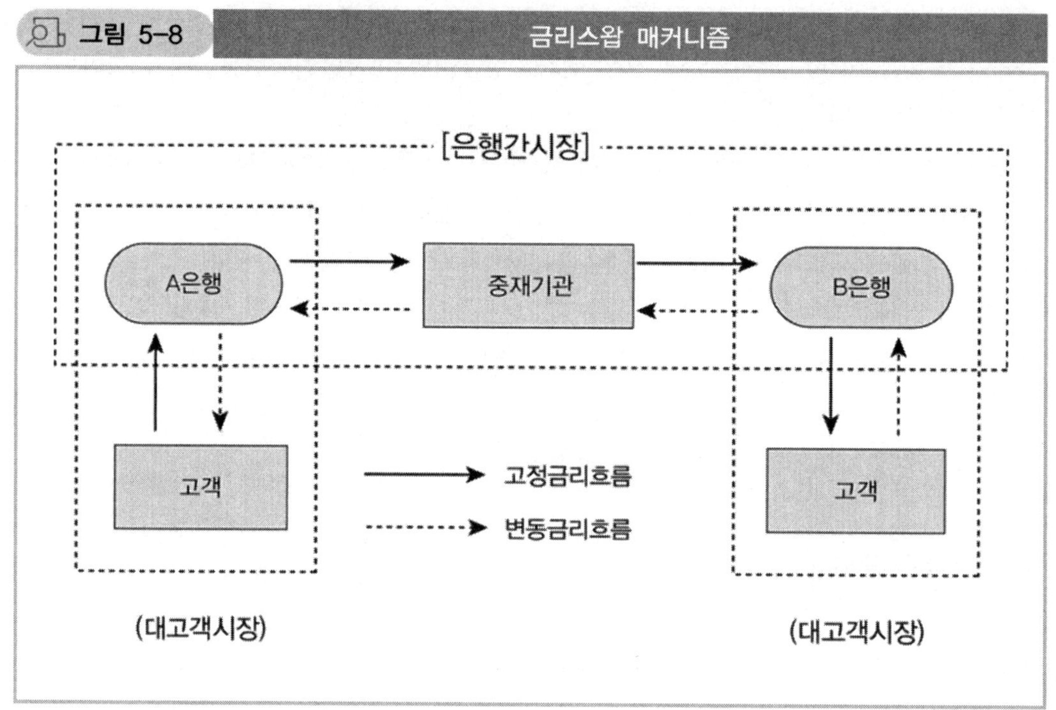

2. 금리스왑의 유형

금리스왑의 대부분은 고정금리와 변동금리를 교환하는 형식으로 두 차입자가 각각 상대방에 비해 유리한 고정금리나 변동금리 차입조건이 존재하는 비교우위의 경우, 각자가 상대적 비교우위조건으로 대출을 이행하고, 필요한 조건으로 차입금리지급의무를 교환하는 내용이 된다.

A는 신용우수기업으로 변동금리시장과 고정금리시장에서의 차입금리가 각각 LIBOR기준금리와 6%이고, B는 신용안정 기업으로 변동금리시장과 고정금리시장에서의 차입금리가 LIBOR+2%와 9%인 경우, A와 B의 변동금리시장의 차입금리는 2% 차이가 있고, 고정금리시장의 차입금리는 3%의 차이가 있다.

A는 B에 비해 두 시장에서 모두 차입이 유리하나 보다 저렴하고 효율적 금리지급조건을 위해 금리스왑을 하게 된다. A는 상대적으로 비교우위가 강한 고정금리시장에서 6%로 차

입하고, B는 상대적으로 비교우위가 있는 변동금리시장에서 LIBOR+2%로 차입한 후, 금리정산으로 A와 B가 LIBOR와 6.5%를 교환하여 지급하기로 금리스왑거래를 한다. 거래의 결과 A의 최종 차입비율은 LIBOR−0.5%가 되고, B의 최종차입비율은 8.5%가 되어 금리스왑을 통해 상호이익을 실현할 수 있게 된다.[2)]

그림 5-9 변동·고정금리 스왑시장의 금리스왑

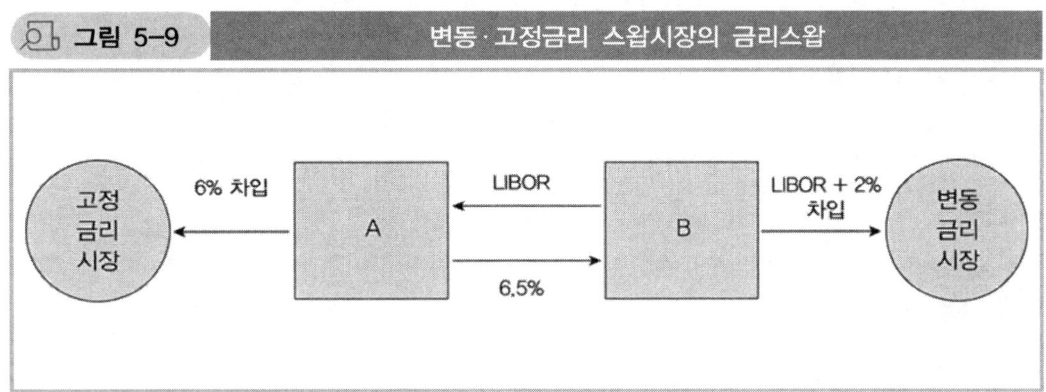

이 밖에도 주요 국제금융시장에서는 LIBOR, NIBOR, SIBOR, Prime Rate 등 국제금융시장의 변동금리조건을 이용한 변동금리 간 금리스왑인 베이시스레이트 스왑(basis rate swap)도 이루어지고 있다.

3. 우리나라의 금리스왑

우리나라 금리스왑은 변동금리와 고정금리를 교환하는 형식으로 이루어진다. 시장에서 변동금리와 교환되는 고정금리는 스왑금리(swap rate)로 한국자금중개 및 서울외국환중개가 고시하는 offer rate와 bid rate의 평균값이 된다.

금리스왑의 만기는 3개월 물부터 20년 물까지 고시되고 있다. 거래단위는 100억 원으로 고정금리와 변동금리는 3개월마다 교환되며, 변동금리는 금융투자협회의 최종호가수익률 기준 91물CD금리를 적용하게 된다.

우리나라의 금리스왑시장은 대고객시장과 은행간시장으로 이루어진다. 대고객시장은 기업, 보험회사, 자산운용회사 등 고객과 스왑시장조성자인 국내은행과 외국계은행들이 참여하는 시장이며, 은행간시장은 금리스왑조성은행 간 금리스왑포지션을 조정하기 위해 은행들이 참여하는 시장이다.

스왑시장조성은행은 산업은행, 우리은행, KEB하나은행 등 국내은행과 다수의 외국계은

2) 금리정산 시 A는 B로부터 LIBOR와 6.5%를 받아 6%를 지급하여 LIBOR−0.5%가 되어 0.5%를 절약하며, B는 A에게 6.5%를 지급하고 여기에 LIBOR에 부가된 2%를 합하여 총 8.5%를 지급하므로 0.5%를 절약하게 된다.

행이 된다. 이들 은행은 대고객거래에서 발생하는 스왑포지션 조정을 위하여, 자산운용회사 및 보험회사 등은 시장금리변동에 따른 펀드수익률변동위험을 축소하여 안정적 펀드수익률을 얻기 위하여 금리스왑을 이행한다.

우리나라의 금리스왑거래는 1999년 본격적으로 거래가 이루어져 2010년에는 월평균 250조 원을 초과하는 수준에 도달하였으나, 이후 국고채거래의 감소에 따라 감소하는 추세를 보이고 있다.

요 약

1. 파생금융(financial derivatives)은 예금, 외환, 주식, 채권 등 기초금융자산(underlying financial assets)을 담보로 기존의 금융에서 파생된 금융을 의미하며, 파생금융을 상품화한 파생금융상품이 거래되는 시장을 파생금융시장이라고 한다.
   파생금융상품은 거래형태에 따라 선물, 옵션, 스왑 및 이들을 혼합한 합성상품 및 혼성상품으로 구성된다. 선물(futures)은 금융자산을 미래일정시점에서 사거나 파는 거래이며, 옵션(option)은 미래 금융자산을 사거나 파는 권리를 거래하며, 스왑(swap)은 금융자산을 교환하는 거래이다.

2. 금리옵션거래에서 금리변동을 헤징하기 위한 방법으로 변동금리부채무에 대해 프리미엄을 담보로 금리의 상한과 하한을 설정하는 형식의 거래가 이루어진다.
   금리 캡(interest rate cap)은 변동금리채무에 대한 금리를 계약조건에 따라 상한을 정하고, 계약기간 중 금리지급 시 시장금리가 상한을 상회하는 경우, 그 차액만큼 금리 캡 매도자에게 추가비용이 전가되는 조건이다.
   금리플로어(interest rate floor)는 변동금리채무에 대한 금리의 하한을 정하고, 계약기간동안 금리지급 시 시장금리가 하한을 하회하는 경우, 그 차액만큼 플로어매도자가 추가비용을 보전해 주는 조건이다.
   금리컬러(interest rate color)는 상한과 하한이 복합된 형태로 자금차입자의 금리상환부담을 일정범위 내로 한정하거나, 자금대여자의 금리수익을 일정범위 내로 한정하기 위해 변동금리의 상한과 하한을 두는 거래조건이다.

PART

Ⅵ

국제금융협력

Chapter

1 국제금융협력기구

제1절 국제금융협력의[1] 의의

Ⅰ. 국제금융협력의 필요성

IT산업의 혁신으로 국제경제는 통합과 단일화가 가속화하고 있다. 개별국가경제는 개방화추세에 따라 급속히 세계경제에 편입되고 있으며, 시간과 공간 및 지역을 초월한 Ubiquitous금융이 일반화되고 있다.

이러한 상황에서 자국중심의 폐쇄적 경제정책은 이해관계국들과의 대립과 마찰을 불러일으키게 되고, 자국과 이해관련국들에 부정적 효과를 유발하게 된다. 과거 두 차례의 세계대전도 기존의 국제경제 질서가 파괴되고, 개별국가 및 소수의 동맹국으로 경제bloc화하여, bloc간 경제이해관계 대립에 따른 통상마찰이 주요 원인으로 작용하게 되었다.

국제 협조체제의 중요성이 확산됨에 따라, 제2차 세계대전 종료 직전인 1944년, 연합국을 중심으로 실물이동에 대한 국제적 협조체제인 국제무역기구(ITO: International Trade Organization)와, 국제결제에 대한 국제적 협조체제인 국제통화기금(IMF: International Monetary Fund)의 설립을 추진하게 되었다.[2]

국제금융협력은 크게 두 가지 관점에서 이루어지고 있다. 첫째, 주요국통화의 변동환율제이행으로 나타난 각국 통화가치의 변동성에 따른 국제결제의 불확실성을 제거하고, 국제유동성창출을 위한 목적에서 필요하다. 둘째, 국가 간 금융을 통합하여 국제금융기능을 제

1) 제6부 국제금융협력 부분은 한국은행, 국제금융기구, 2018.을 참조하였음.
2) IMF는 회원국의 국내비준을 받아 국제기구로 설립되었으나, ITO는 다수 국이 국내비준을 받지 못해 설립이 무산되고, ITO 설립 시까지 한시적으로 운용될 예정이던 GATT(General Agreement on Tariffs and Trade)가 연장되어 운용되었으며, 1995년 세계무역기구(WTO: World Trade Organization)의 출범으로 해체되었다.

고시킴으로써, 금융의 편재에 따른 불균형을 해소하여 세계경제의 균형발전을 모색하기 위함이다.

국제통화(international currency)는 국제적으로 통용되는 화폐를 의미하는 것으로, 제1차 세계대전 이전의 기간에는 금(gold)이 통용되었으며, 국제통화기금(IMF; international monetary fund)의 초기 브레튼우즈 체제에서 금과 미국 달러화를 국제통화로 인정하였으나, 킹스턴 체제에서 변동환율제를 허용한 이후 국가들이 합의한 국제통화는 존재하지 않는다.

현재의 국제통화제도를 관장하고 있는 국제통화기금에서 1970년에 창출한 특별인출권(SDR: Special Drawing Reight)은 도입 초기, 공적 부문의 결제에 이용하기 위한 목적에서 출발하였으나, 이후 금리를 부과하여 통화기능을 강화하면서 국제통화역할을 수행하고 있다. 그러나 주요통화를 인출할 수 있는 권리이므로, 엄격한 의미에서 국제통화로 규정하기는 제한적 요인이 존재한다.

합의된 국제통화가 없으므로 국가 간 결제에 이용되는 결제수단은, 거래당사자간에 약정으로 누군가는 외환의 수단을 이용하여 통화를 교환해야 한다. 1973년 킹스턴체제 이후 주요 국가들이 변동환율제도로 이행하게 됨에 따라, 통화 간 환율의 변동에 따른 환위험이 발생하게 되어 무역과 투자 등 국제경제의 제약요인이 되었다.

1980년대부터 국제경제에 자유화와 개방화가 진전되면서 국가 간 자본과 금융이동이 급증하면서 국제유동성 문제를 유발하였고, 불규칙적으로 발생하는 국제금융위기는 실물부문의 경기침체를 불러일으켜 국제금융에 대한 국제적 협조체제의 구축이 불가피한 상황이 되었다.

현 시점 국제통화협력의 구심점이 되고 있는 국제통화기금은 시대적 흐름에 따라 개편의 필요성이 제기되고 있으며, 체제의 전환이나 새로운 국제기구 설립이 논의되고 있다. 아울러 지역별 경제협력의 필요성에 따라 아시아, 유럽, 북미, 남미, 아프리카 지역경제공동체가 조직되면서 경제협력 및 금융위기 발생 시 공동대응을 통한 역내금융협력도 모색되고 있다.

지역금융협력제도의 효시는 EU의 유럽통화제도로 지속적 조정과정을 거쳐 현재 19개회원국이 단일통화인 유로화를 이용하고 있으며, 나머지 회원국들도 도입을 추진하는 과정에 있다. 유럽통화제도는 현시점에서 가장 성공적인 지역통화협조체제로 인식되고 있으며, 동아시아지역도 유로화와 비슷한 통화통합 시도가 있었으나, 국가 간 이해관계의 대립 등으로 성공하지 못하였다.[3)]

---

3) 일본의 주도로 아세안10국+한·중·일3국의 통화를 통합하기 위해, EU의 유로화로 통합하기 전 단계로 운용된 ECU(European Currency Unit)을 모방하여, 각국의 경제가중치를 반영한 통화basket가 중치인 아세안통화단위(ACU: Asian Currency Unit)를 창출하기 위한 시도가 이루어졌다.

Ⅱ. 국제금융협력제도의 변천

국제금융협력제도는 기간으로 대별하여, 제1차 세계대전 이전의 국제금본위제도와 제2차 세계대전 이후의 국제통화기금제도로 구분하게 되며, 두 제도 사이에 일시적으로 운용되어진 금환본위제도가 있다.

국제금본위제도는 1821년, 영국이 중앙은행인 영란은행을 통해 영국의 통화인 파운드화와 금의 태환성을 보장함으로써 처음 도입되었다. 그 당시 세계교역의 중심국이었던 영국과의 거래에 금이 필요하게 됨에 따라, 독일(1871), 미국(1873), 프랑스(1878), 러시아(1896), 일본(1897) 등 주요국이 금본위제도로 이행하면서, 모든 국가들이 동참하게 되어 국제금본위제가 성립하게 되었다.

국제금본위제도는 영국을 중심으로 각국이 관련규칙을 준수하면서, 순수고정환율제에 따른 국제경제의 증가와 경제효율성을 제고시키는 긍정적 효과를 거두었다. 이후 국제경제의 증가에 따라 국제통화인 금의 공급이 지속적으로 이루어지지 못하는 불합리성이 나타나면서, 독일 등 국제수지적자국의 금 고갈에 따른 금 태환정지로, 1914년 제1차 세계대전의 발발과 동시에 붕괴되었다.

제1차 세계대전 이후 미국, 영국 등 주요국이 금의 태환을 보장하는 금환본위제도를 시행하였으나, 1929년 세계대공황을 기점으로 적자가 누적된 영국이 1931년 파운드화의 금 태환을 중지함에 따라, 국제금환본위제도는 붕괴되었다.

1931년에서 제2차 세계대전이 종료된 1945년까지는 국제통화제도가 실종된 시기로, 각국은 무역수지를 개선하기 위한 경쟁적 평가절하와 무역정책을 시행하여, 국가 간 대립과 갈등이 증폭되었다.

1944년 제2차 세계대전이 종료되기 직전, 미국의 주도로 새로운 국제통화제도를 구축하기 위한 작업이 진행되어, 1945년 미국 뉴햄프셔 주의 브레튼우즈에서 44개연합국대표들이 새로운 국제통화제도인 국제통화기금을 출범시키게 되어, IMF의 브레튼우즈체제가 시작되었다.

브레튼우즈체제는 근본적으로 모든 회원국이 고정환율제도를 운용하는 조건으로, 각국의 국제수지조정에 한계를 보였으며, 국제유동성이 부족하게 되는 국제유동성딜레마 등 문제점이 발생하게 되었다. 이에 따라 회원국들이 1971년 미국 워싱턴의 스미소니안에서 새로운 체제에 합의하게 되어, 브레튼우즈체제는 붕괴되고 새로운 스미소니안체제가 시작되었다.

스미소니안체제는 적자국의 적자폭을 해소하기 위한 환율조정 폭을 소폭 확대하는 방식으로[4] 임시방편적 처방에 불과하여, 적자국의 고정환율제 포기가 잇따르면서, 1973년 변

---

4) 1971년 기존의 브레튼우즈체제를 스미소니안체제로 전환하였으며, 브레튼우즈체제에서 인정된 상하

동환율제를 허용하는 킹스턴체제가 출범하게 되어 현재까지 지속되고 있다.

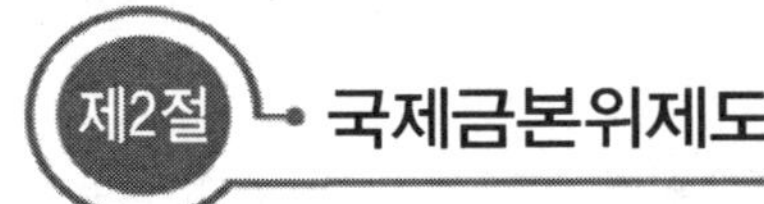

제2절 국제금본위제도

Ⅰ. 국제금본위제도의 개요

국제금본위제도(international gold standard system)는 순금을 국제통화로 인정한 제도로, 각국 통화의 금평가(gold parity)고정에 따라 금을 중심으로 모든 통화의 가치가 고정되는 순수고정환율제도이다.

국제금본위제도는 1821년 당시, 국제경제의 중심국이던 영국이 자국통화인 파운드화와 순금의 태환성을 보장하는 정화지불(specie payment)제도를 운용함으로써 시작되었다. 이어서 독일, 미국, 프랑스, 러시아 등 영국과 교역에 금이 필요하게 된 선진국이 금본위제도를 채택하고, 선진국과 교역이 필요한 개발도상국들이 채택하게 되어 전 세계로 확대되었다. 따라서 국제금본위제도는 국가들의 합의에 의해서라기보다는, 당시 세계경제중심국인 영국이 선택하고 선진국들과 여타 국가들이 영국과의 거래를 위해 채택한 제도이다.

금본위제도의 초기에는 세계경제의 성장률과 금의 생산증가율이 비슷하게 유지되어, 금이 국제통화로써의 기능을 효율적으로 이행할 수 있었으며, 각국의 국제수지는 가격-정화조정기구(price-specie flow mechanism)[5]에 의하여 조정되는 구조를 보이게 되었다.

국제금본위제도에서는 금을 국가의 부와 동일 시 함으로써, 국가들은 금을 축적하기 위한 정책을 시행하게 되었다. 수출을 증진하고 수입을 억제하여 차액을 금으로 유입하기 위한 중금주의(bullionism), 국제수지를 흑자로 전환시키기 위한 중상주의(mercantilism), 금을 소중하게 여겨 이를 획득하기 위해 노력하는 배금주의(mammonism)사상은 모두 금본위제도에서 나타난 금을 중시하는 사상이다.

국제금본위제도에서 금을 획득하기 위한 조건은 현대적 의미의 외화 획득과 다른 차이가 있다. 외국통화는 각국의 발행에 의하여 공급되지만, 금은 타국과의 교역차익으로 공급되

1%의 환율조정 폭을 상하 2.25%로 확대하여 국제수지 불균형해소를 모색하였으나 성공하지 못하였고, 불과 2년 만에 킹스턴체제로 전환하게 되었다.

5) 가격-정화 조정기구는 물가수준과 통화인 금의 상호작용에 의하여, 국제수지가 균형을 이루게 됨을 의미하는 것으로, 예를 들어 국제수지가 균형에 있는 국가에서 흑자가 발생하여 금이 초과유입되는 경우, 통화의 증가에 따라 물가가 상승하게 되어 수출은 감소하고 수입이 증가하게 된다. 따라서 경상수지가 악화됨으로 적자분에 해당하는 금이 유출되어, 흑자가 해소되고 균형을 회복하게 된다.

거나 채굴에 의하여 공급된다. 따라서 금의 부존량이 풍부한 미국, 남아공 등은 금광개발로 금보유량을 확대할 수 있어, 타국에 비해 금의 획득이 용이하게 되는 불공정게임의 양상이 발생하였다.

Ⅱ. 국제금본위제도 운영규칙

국제금본위제도는 국가들의 지켜야 할 규칙(game rule)이 명시되고, 모든 국가들이 규칙을 준수함으로써 유지될 수 있었다. 모든 국가들이 준수해야 하는 규칙은 4가지로 구분된다.

첫째, 각국 통화의 금 평가고정으로, 예컨대, 금 1once에 35달러, 20파운드, 50프랑 등 가치를 고정시키는 것이다. 이 경우 35달러, 20파운드, 50프랑은 가치가 같게 되므로, 1달러:0.5714파운드(20/35), 1달러:1.428프랑(50/35), 1파운드:2.5프랑(50/20)의 환율이 결정된다.

둘째, 금의 자유로운 유출·입 허용으로, 금이 외국으로 유출되거나, 외국에서 유입되는 행위를 제한하면 안 된다. 따라서 국제거래의 결제를 통화나 금 어떠한 수단으로 하든지 제한을 하지 않게 되므로, 모든 통화와 금이 결제수단으로 이용된다.

셋째, 금 태환(convertibility)보장으로, 금과 통화의 교환요청이 있으면 언제나 고정된 환율로 태환에 응하여야 한다. 따라서 금과 통화 어느 것을 보유하든 차이가 없이 동일한 가치를 보유하게 된다.

넷째, 금과 통화의 일정비율 유지로, 정책당국은 보유한 금의 량에 따라 동일 가액의 통화만을 유통시켜야 한다. 따라서 금의 보유량이 감소하면 통화의 공급도 감소시켜야 하고, 금의 보유량이 증가하면 통화공급도 증가시켜 금과 통화의 비율을 유지해야 한다.

Ⅲ. 국제금본위제도의 붕괴

국제금본위제도는 영국이 금본위제도를 채택한 1821년부터 100여 년 동안 금의 적절한 공급과 모든 국가들의 게임규칙 준수에 따라 효율적으로 운용되었다. 그러나 점차 국제거래가 증가하고 적자국과 흑자국의 구분이 고착되면서, 금이 적자국에서 흑자국으로 이동하게 됨에 따라, 금의 편재현상이 심화되었다. 제1차 세계대전직전, 전 세계 금의 40%가 당시 국제수지 흑자국인 미국에 집중되었으며, 상대적으로 국제수지적자국인 독일은 금이 고갈된 상황이었다.

미국 캘리포니아와 남아프리카공화국에서 대규모 금광이 발견된 이후 금의 공급비율은 급속히 감소하면서 세계경제성장율과 금 생산비율이 괴리되었고, 금의 부족에 따른 국제유동성역할에 제약요인이 발생하게 되면서, 금본위제도의 유지가 점차로 불가능하게 되었다.

국제금본위제도를 주관하던 영국의 경제력약화도 금본위제도의 붕괴요인으로 작용하였다. 영국의 주관으로 시행되어진 국제금본위제도는 20세기 들면서 미국의 약진에 따라, 국제금본위제도의 규칙을 준수시키기 위한 영국의 통제력약화를 유발하게 되었다. 1914년 제1차 세계대전의 발발로 국가 간 금의 이동이 제한되어, 규칙위반사례가 빈번해 지고, 독일 등 금 고갈국가들의 금태환정지로 국제금본위제도는 붕괴되었다.

Ⅳ. 국제금환본위제도

제1차 세계대전의 발발과 동시에 국제금본위제도가 붕괴되면서 국제통화협력제도는 실종되었고, 각국은 국제적 관점이 아닌 국가적 관점으로 통화운용체제를 전환하였다. 제1차 세계대전이 종료된 이후, 미국과 영국 등 금태환이 가능한 주요국이 금본위제도로 복귀하면서, 새로운 국제통화제도인 국제금환본위제도가 도입되었다.

국제금환본위제도(international gold exchange standard system)는 당시 금과 태환이 가능한 미국 달러화와 영국 파운드화를 국제통화로 인정한 제도이다. 각국은 통화가치를 미국 달러화와 영국 파운드화에 고정시키고, 금 대신 이들 통화를 국제준비자산으로 보유하는 제도이다.

국제금환본위제도하에서는 기축통화인 달러화와 파운드화에 대한 다른 통화의 환율이 심하게 왜곡되어 조정이 필요한 경우, 환율조정의무는 전적으로 여타국에 전가되며, 기축통화국인 미국과 영국은 조정에 개입하지 않게 된다. 따라서 기축통화국의 통화관련정책은 대내외적인 영향을 미치게 되며, 여타국들은 기축통화에 대한 환율을 고정하도록 통화정책을 운영하여야 하므로, 독자적 통화정책이 불가능하게 되어, 기축통화국의 정책에 따르게 되는 불합리성이 발생하게 되었다.

국제금환본위제도의 불합리성으로 적자국은 변동환율제도로 이행하였으며, 1929년 세계대공황을 기점으로 영국이 1931년 파운드화와 금태환을 정지함에 따라 국제금환본위제도는 붕괴하게 되었다.

Ⅴ. 국제통화제도 실종기

1931년 국제금환본위제도가 붕괴된 이후부터 제2차 세계대전이 종료된 1945년까지는 국가 간 통화협력체가 존재하지 않는 국제통화제도 실종기이다. 이 기간에 각국은 경상수지 개선을 위한 경쟁적 평가절하를 시도하였고, 관세 및 비관세를 통한 수입제한조치를 통해 국제경제에 갈등과 대립이 심화되어 갔다.

국제수지적자국을 중심으로 적자를 해소하기 위한 자국화의 경쟁적평가절하와, 재정확보를 위한 과도한 통화 증발로, 대부분의 국가에서 급격한 물가상승에 따른 인플레이션이 유발되었다. 특히 제1차 세계대전의 유발국인 독일은 전쟁배상금의 지불을 위해 화폐를 과다하게 증발하여, 초 인플레이션을 경험하게 되었다.

대다수의 국가들이 외환관리를 통해 환율인상을 유도하기 위한 자국화의 경쟁적 평가절하로 수출을 증진시키고, 관세 및 비관세로 수입을 규제하는 근린궁핍화정책(beggar thy neighbor policy)을 시행하면서, 국제경제의 질서는 사라지게 되었다. 무역과 투자는 위축되었고 개별국가경제 및 이해관계국가들의 bloc경제구조로 구분되면서, bloc간 이해관계의 대립으로 제2차 세계대전이 발발하게 되었다.

제3절 국제통화기금제도

Ⅰ. 설립배경

제2차 세계대전이 연합국의 승리로 결정되면서 연합국대표들은 제1차 세계대전 이후 실종된 국제통화제도를 재구축하고자, 연합국의 대표인 미국과 영국에 새로운 국제통화제도의 설립에 관한 안을 요구하게 되었다. 미국 안은 당시 재무장관인 화이트(H.D.White)에 의하여 작성되었고, 영국 안은 경제학자인 케인즈(J.M.Keynes)에 의하여 작성되었다.

화이트 안은 국제통화 협력을 위해 회원국의 출자로 안정기금을 조성하여 국제수지 등 어려움에 처한 국가를 지원하는 내용이다. 회원국통화 간 환율은 기본적으로 고정환율제로 운용하며, 필요한 경우에는 국제기구와 회원국 간 협의로 평가변경이 가능하도록 하였다.

케인즈 안은 영국과 미국이 세계중앙은행의 역할을 수행하는 국제청산동맹 형식의 국제통화제도로, 금과가치가 고정된 국제통화인 방코르(Bancor)를 발행하여 국제결제에 이용하는 내용이다. 국제거래는 방코르계정으로 상호 결제하며, 과부족 시 국제청산동맹이 주관하여 회원국의 통화가치를 변동시키는 변동환율제의 기조로 운용한다.

미국과 영국의 안을 대상으로 논의를 거쳐 1944년 미국 브레튼우즈에서 45개 연합국 대표들이 미국의 화이트 안을 기본으로 하고, 영국의 케인즈 안을 일부 참조한 국제통화기금 안을 채택하였고, 회원국들의 비준을 거쳐, 1945년 말 국제통화기금(IMF: International Monetary Fund)이 정식으로 출범하였다.

Ⅱ. 회원국과 기구

1. 회원국

(1) 회원국현황

2019년 초 기준으로 IMF회원국 수는 189개국이다. 1945년 29개국에서 출발하여 현재는 거의 모든 국가가 참여하고 있다. IMF 가입은 회원국으로써 제반 의무사항을 준수하고, 국제통화제도에 협력할 의사를 표시한 모든 국가를 대상으로, 과반수 이상의 회원국이 행사한 과반수 이상의 찬성으로 허용되며, 배정된 쿼터를 납입함으로써 가입이 결정된다.

회원국의 자격상실은 자진탈퇴 및 회원국 의무사항 불이행 시, 총회투표를 통한 강제축출로 이루어지게 된다. 폴란드, 체코슬로바키아, 인도네시아, 쿠바 등이 자진 탈퇴하였으며, 쿠바를 제외한 나머지국가들은 재가입하였다.

(2) 회원국의 의무

회원국에 부과하는 의무사항은 국제통화질서의 안정을 저해하지 않도록, 회원국의 환율정책 및 환율에 영향을 미치는 제반경제정책에 관한 다음의 내용이 된다.

① 안정적 환율제도의 유지

회원국은 적정경제성장 및 물가안정을 촉진하는 방향으로 경제 및 금융정책을 운영하기 위해 노력하며, 불규칙적인 변동을 야기하지 않는 안정적통화제도 구축 및 경제·금융 여건 정비를 통해 경제의 안정성 증진을 추구하는 한편, 효과적인 국제수지조정을 저해하거나 부당한 경쟁력제고를 위한 환율조작 또는 국제통화체제 교란을 지양하며, 상기의 안정적 환율제도의 유지의무에 부합하는 외환정책을 시행해야 한다.

아울러 회원국의 상기의무 준수여부를 감시하는 한편, 회원국 환율정책의 지침에 대한원칙을 제정하도록 하고 있다. 또한 각 회원국은 IMF의 감시활동 수행에 필요한 제반정보를 제공하고, IMF의 요청이 있는 경우 환율정책에 관하여 IMF와 협의하도록 규정하고 있다.

IMF이사회는「회원국정책에 관한 양자 간 감시활동에 관한 결의」를 제정하여, 회원국정책 지도원칙을 다음과 같이 정하고 있다.

첫째, 회원국은 효과적인 국제수지조정을 저해하거나 부당한 경쟁력 확보를 위하여 환율을 조작하거나 국제통화체제를 교란시켜서는 안 된다.

둘째, 회원국은 자국통화가치의 단기변동이 과도한 경우 등 외환시장질서의 교란에 대응하기 위하여 필요하다면 외환시장에 개입하여야 한다.

셋째, 회원국은 외환시장개입 시 여타회원국, 특히 개입에 사용된 통화를 발행하는 국가의 이해를 고려해야 한다.

넷째, 회원국은 대외불안정을 야기하는 환율정책을 회피해야 한다.

② 경상지급에 대한 제한철폐

IMF는 협정문 제8조에서 경상거래에 대한 다자간 지급제도의 효율성을 제고하고 대외지급제한의 철폐를 통하여 세계무역의 확대를 촉진하기 위해, 경상거래상의 대외지급 제한 및 차별적 통화조치 금지, 외국이 보유하고 있는 자국통화의 교환성 보장을 의무화하고 있다.

또한 협정문 제14조에 제8조의 의무를 실행할 여건이 안 되는 회원국들을 대상으로, 경상거래상의 대외지급 제한을 잠정적으로 유지할 수 있도록 허용하고 있다.

회원국들은 가입 시 제8조와 제14조의 조항을 선택하여야 하며, 제14조를 선택한 국가는 국제수지상황이 호전되면 가능한 빠른 시일 내에 시행 중에 있는 경상거래상의 제한을 철폐하여야 한다. IMF는 제14조에 의거하여 경상거래상의 외환규제를 계속하고 있는 국가에 대해 매년 국제수지상황과 외환규제 내용을 감독하며, 필요한 경우 외환규제의 축소·완화 및 철폐를 권고할 수 있다.

IMF협정문 제14조의 적용을 받는 회원국을 제14조국, 그 밖의 회원국을 제8조국이라고 하며, 2019년 6월 현재, 제8조국에 170개국이 속하고 제14조국에는 19개국이 속해있다.

2. 기구

(1) 총회

총회는 IMF의 중요정책사항을 결정하는 최고의결기구로 각 회원국이 임명한 위원과 대리위원 각 1명씩으로 구성된다. 회원국들은 통상적으로 자국의 재무장관이나 중앙은행총재를 위원으로 임명하며, 우리나라의 경우 기획재정부장관이 위원직을, 한국은행총재가 대리위원직을 맡고 있다.

총회는 IMF의 모든 권한을 행사할 수 있으나 중요사항을 제외하고는 이사회에 위임하고 있다. 총회의 의결정족수는 행사된 투표권의 과반수 찬성이나, 협정문에 특별히 규정된 고정환율제로 복귀, 쿼타의 조정, 이사수의 변경, SDR의 창출과 말소 등에는 총 투표권 85% 이상을 보유한 회원국의 찬성이 필요하며, 협정문 개정에는 총 투표권 85% 이상을 보유한 3/5 이상 위원의 찬성이 필요하다. 총 투표권의 15% 이상을 보유하고 있어, 협정문에 규정된 중요사항에 대해 거부권을 행사할 수 있는 국가는 미국(16.52%)이 유일하다.

(2) 이사회

이사회는 IMF협정문에 의해 임명 또는 선출된 이사로 구성되며, IMF의 업무운영에 관하여 책임을 지고 이사회의 고유권한과 총회로부터 위임받은 모든 권한을 행사한다. 이사는 모두 24명으로 매 2년마다 회원국의 투표에 의하여 선출되며, 의장은 IMF총재가 맡고 있다.

IMF회원국들은 이사회에서 투표권행사를 위해 24명의 이사가 각각 대표하는 국가그룹으로 나뉘어 소속되며, 미국, 일본, 중국, 독일, 프랑스, 영국, 러시아, 사우디아라비아 등 투표권 비중이 4% 이상이 되는 국가는 단독으로 그룹을 이루며, 여타 회원국들은 16개 그룹으로 구성된다.

(3) 국제통화금융위원회

1999년부터 총회의 자문기구인 기존의 잠정위원회를 상설기구인 국제통화금융위원회(IMFC: International Monetary and Financial Committee)로 개정하고, 다음의 사항에 관하여 논의하고 결과를 총회에 보고한다.

첫째, 국제통화제도의 관리와 감독, 국제유동성 변동추이.

둘째, 이사회가 제안한 「IMF 협정문」 개정안의 심의.

셋째, 국제통화제도를 위협하는 긴급사태에 대한 대책의 강구.

국제통화금융위원회는 국가그룹 당 1명의 회원과 다수의 준회원들로 구성되는데, 회원은 일반적으로 이사국위원이 겸하게 된다.

(4) 독립평가실

IMF활동에 대한 사후평가를 통한 정책기능 강화와 이해 촉진, IMF의 대외신뢰성 제고 등을 위하여 독립평가실(IEO: Independent Evaluation Office)을 설치·운영하고 있다.

IEO국장은 이사회가 임명하며, 직원의 과반수를 IMF 외부에서 채용하여 IMF집행부와 독립적인 업무를 수행한다.

Ⅲ. 기금의 조달 및 운용

1. 기금의 조달

IMF기금은 회원국의 쿼터납입금과 신 차입협정 등 보충차입협정으로 조달되는 일반재원재정이 대부분이고, 기타 IMF보유 금 매각으로 조성된 특별지출계정 및 저소득국지원 등을 목적으로, 회원국이나 다른 주체로부터의 출연금 등으로 구성된다.

(1) 쿼터납입금

IMF의 기본적 재원조달은 회원국에 부과하는 쿼터(quota)가 된다. 쿼터는 회원국의 IMF에 대한 출자금으로, IMF회원국의 국제수지불균형조정 등을 위한 신용공여재원으로 이용되고, 투표권의 배분과 IMF신용 이용한도 및 SDR배분을 결정하는 기준이 된다.

1944년 IMF 설립 시, 회원국의 경제력에 상응하는 적정규모의 쿼터를 산출하기 위하여 국민소득과 수출입규모 등을 변수로 하는 쿼터공식을 도입하였고, 이후 세 차례 개정을 거쳐 2008년 현행 쿼터공식을 각 회원국의 GDP, 개방도, 변동성, 외환보유액을 변수로 하는 다음의 단일식으로 산출하고 있다.

$$Q = (0.5\times Y + 0.3\times O + 0.15\times V + 0.05\times R)^{0.95} \tag{5-1}$$

Y: 최근3년 간 연평균GDP: 시장환율GDP와 구매력평가GDP를 6:4비율로 가중평균
O: 최근5년 간 연평균경상지급 및 수입
V: 최근13년 간 경상수입 및 순 자본흐름의 3년 이동평균의 표준편차
R: 최근12개월 월평균 외환보유액
0.95: 조정계수(compression factor)

신규회원국의 쿼터는 경제규모 등이 비슷한 회원국가의 쿼터를 적용하며, 쿼터증액 시 증액분의 25%는 SDR로, 나머지 75%는 자국통화로 납입하게 된다. 단 IMF총회의 결의로 25%에 해당하는 SDR납입 분은 IMF가 지정하는 통화나 회원국의 자국통화로 납입할 수 있다.

IMF는 규정에 의하여 5년을 초과하지 않는 기간마다 쿼터정책 전반을 점검하는 일반검토를 실시하며, 세계경제 전망을 근거로 세계교역량, 국제유동성, IMF에 대한 자금수요 등을 추정하고, IMF의 자금사정을 감안하여 쿼터증액 여부를 결정한다.

(2) 보충차입협정

IMF는 즉시사용이 가능한 쿼터납입금이 부족할 경우, 회원국정부 및 중앙은행 등으로부터 차입할 수 있다. 현재 IMF가 회원국과 맺고 있는 차입협정에는 일반차입협정과 신 차입협정 그리고 양자 간 차입협정이 있다.

일반차입협정(GAB: general agreements to borrow)은 국제통화제도가 위기에 처할 경우, 선진국의 외환시장 개입자금이나 국제수지 조정에 필요한 자금을 조달하여 공여하기 위해, G10 등과 체결한 것이다. 1982년 외채위기 발생으로 개도국들의 대외지급준비사정이 악화하면서, 협정당사국외의 여타 국가들도 이용할 수 있도록 하였다.

신 차입협정(NAB: New Arrangements to Borrow)은 1990년대 들어 국제금융위기가 빈번하게 발생하면서 기존의 GAB와는 별도의 새로운 차입협정이 필요하게 됨에 따라, G10+15개국이 참여하는 신 차입협정이 발효되었다. 2009년에 G20정상회의에서 신 차입협정의 확대가 이루어졌다.

양자 간 차입협정은 글로벌 금융위기의 빈번한 발생으로 신속한 융자조달을 위해 IMF가 21개 회원국과 맺은 협정으로, 점차 NAB에 흡수되다가 2011년, 유로 존 재정위기확산방지를 위해 재원 확충의 필요성이 커짐에 따라, 「2012년 양자차입협정」을 체결하였으며 2019년 말까지 연장하였다.

(3) 보유 금

금은 1978년 국제통화의 역할을 마감하였으며, 금의 공정가격평가 및 회원국 간 금을 이용한 결제도 폐지되었다. 그러나 다수국에서 대외준비자산으로 금을 보유하고 있으며, IMF도 초기의 쿼터부과 시 25%를 금으로 납부하게 되어 있어, 현재에도 세계 최대의 금 보유기관이 되고 있다. 현재 IMF는 시장가격으로 금을 직접 매각하거나, 회원국의 IMF에 대한 지급의무를 SDR이나 여타 통화대신 금을 이용하여 결제할 수 있도록 하고 있다. 이 경우 총 투표권 85% 이상의 찬성을 얻도록 함으로써 실질적인 업무운영이나 거래에 금의 사용을 제한하고 있다.

2. 기금의 운용

(1) 회원국 지원

IMF는 회원국의 상황을 고려하여 다양한 융자제도를 운영하고 있다. 일반적인 국제수지 문제해결을 지원하기 위한 스텐바이협약과 확대신용제도가 있고, 글로벌 금융위기의 사전 예방을 위해 탄력적 크레딧라인과 예방적·유동성 지원라인을 도입하고 있다. 이 외에도 자연재해 및 전쟁피해회원국의 재건을 지원하기 위한 긴급지원 금융을 제공하고 있다.

회원국이 IMF의 융자를 받기 위해서는 사전에 적절한 경제정책프로그램에 관하여 IMF와 합의하고 이를 준수하여야 한다. 융자한도는 쿼터의 배수로 정해지며 융자기간이 존재하나, 해당국의 국제수지상황에 따라 만기 전이라도 상환이 가능하다. 융자수혜 액에 대해서는 일정률의 수수료가 부과된다.

① 융자조건

IMF의 융자를 받는 회원국은 IMF와 특정경제 및 금융정책프로그램을 약속하고, 이를 이행하는 신용공여조건(conditionality)에 합의하게 된다. 신용공여조건은 IMF융자금이 수혜국의 국제수지문제 해결을 위해 이용되고 있는지 여부와 정책프로그램이 효과적으로 작동하는지를 monitoring 하기 위함이다.

신용공여조건은 IMF와 협의 하에 수혜국이 작성하여 IMF와 협약을 체결함으로써 그 이행을 약속하며, 융자 요청 시 의향서에 그 구체적인 내용을 기술하여 이사회에 제출하게 된다. 이사회에서 융자를 승인하면 IMF는 다양한 방법으로 신용공여조건의 이행 여부를 모니터링하고, 정책프로그램이행 정도에 맞추어 단계적으로 융자를 이행하게 된다.

2008 글로벌 금융위기 이후 신용공여조건 체계 개선으로, 경제 fundamental과 경제정책의 내용 및 운영이 견실하여 사전적으로 설정된 기준을 충족하는 회원국에 대해서는, 위기 시 별도의 추가적 신용공여조건의 적용 없이, 즉각 지원하는 「사전적 신용공여조건」이 도입되었다.

IMF의 융자 시 기본수수료, 약정수수료, 인출수수료가 부과된다.

기본수수료(basic rate charge)는 일반대출의 이자와 같은 형식으로, SDR이자율에 IMF의 수입·비용을 감안하여 책정한 마진을 가산하여 책정되며, 거액의 융자에 대해서는 별도의 추가수수료가 부과된다.

약정수수료(commitment fee)는 가 지급수수료로, 융자금을 약정한대로 인출하면 인출금액에 해당되는 부분만큼 환급된다. 스탠바이협약 또는 확대협약의 경우, 인출약정 액에 대하여 12개월 주기로 인출가능금액에 따라 차등부과 된다.

인출수수료(service charge)는 융자금인출 시 부과되며, 인출금액의 일부 해당액을 일시에 지급하여야 한다.

② 융자제도

• 일반융자제도

IMF의 일반융자에는 스텐바이협약에 의한 신용과 확대신용의 두 종류가 있다. 회원국이 이들 융자제도를 이용하려면 IMF와 스텐바이협약이나 확대협약을 체결하고, 신용공여조건을 이행하여야 한다.

융자한도는 이들 두 가지융자의 합계액으로 규제되고 있는데, 연간한도는 쿼터의 200%이고 총 인출한도는 쿼터의 600%이지만, 특별한 경우에는 이사회의 승인으로 한도를 초과할 수 있다.

스텐바이협약(SBA: stand-by arrangement)에 의한 신용은 회원국쿼터의 25% 이상을 인출하는 경우, IMF와 스텐바이협약을 맺고, 협약에서 정한 신용공여조건 및 관련프로그램을 이행하게 되는 경우를 의미한다.

확대신용(EFF: extended fund facility)은 생산 및 교역패턴이 비교우위를 적절히 반영하지 못하여 국제수지상 어려움을 겪고 있는 회원국의 근본적인 경제구조개혁을 지원하기 위해, 1974년부터 시행하고 있다. EFF를 신청하기 위해서는 확대협약을 체결하여야 하며, 융자기간이 10년까지로 장기인 점이 SBA와 구분된다.

• 위기예방융자제도

위기예방(crisis prevention)융자제도는 회원국의 위기 발생 이전 또는 위기 발생 초기에 신속한 지원을 통하여, 위기의 발생 또는 악화를 방지하기 위한 목적에서 이행된다. 위기방지융자제도에는 탄력적 크레딧라인(FLC)과 예방적·유동성지원라인(PLL)이 있다.

탄력적 크레딧라인(FCL: flexible credit line)은 경제fundamental과 경제정책 등이 건전한 회원국에 대하여 사전심사를 통해 필요시 즉시 사용가능한 크레딧라인을 지원하는 위기 예방 융자제도로서, 2009년부터 시행되고 있다. FCL은 융자신청의 불명예를 피할 수 있도록 까다로운 수혜자격요건을 제시하여, 자금의 수혜가 해당국가의 경제fundamental 및 정책의 건전성을 IMF로 부터 인정받는 긍정적 효과를 갖도록 설계되어, 회원국의 정책프로그램 등 신용공여조건이 부과되지 않는다.

예방적·유동성지원라인(PCL: precautionary credit line)은 거시경제정책을 시행중에 있으나 일부부문에 취약성이 남아, FCL수혜자격에 미달하는 회원국에게 필요한 경우, 즉시 크레딧라인을 제공하기 위해 2010년 도입되었다. PCL이 위기 발생 이전에 신청하는 데 비해 PLL은 위기상황에서도 신청이 가능하다.

• **특별융자제도**

특별융자제도는 수해, 가뭄, 태풍 등 자연재해 및 전쟁으로 인해 국제수지상 어려움을 겪고 있는 회원국을 지원하기 위한 것으로, 2011년 기존의 긴급자연재해 지원금융과 긴급분쟁종식지역 지원금융을 통합하여 신속금융제도(RFI: rapid financing instrument)을 운영하고 있다. RFI는 신속한 금융을 위해 양적성과기준은 생략되고 일반적 경제정책의 약속만으로 지원받게 된다.

• **양허성융자제도**

양허성융자제도는 저소득·개도국의 구조조정을 지원하기 위해 장기·저리의 자금을 지원하는 빈곤 감축 및 성장 지원기금(PRGT: poverty reduction and growth trust)을 통하여 이행되며, 여타 IMF의 융자제도를 통한 지원과 달리 자금인출 및 상환에 있어 당해 회원국통화의 매도 및 환매의무가 없다.

PRGT는 저소득국가의 다양한 수요에 대한 맞춤형 금융지원을 위해, 산하에 국제수지문제가 장기간 지속된 저소득국가에 유연한 조건의 중기융자를 지원하는 확대신용지원금융(ECF: Exrtended credit facility), 저소득국가의 단기 및 예방적 차원의 융자를 지원하는 스탠바이신용지원금융(SCF: stanby credit facility), 저소득국가의 긴급한 국제수지상 필요를 지원하기 위해 신용공여조건을 최소화한 신속신용지원 금융(RCF: rapid credit facility) 등을 운용하고 있다.

• **무역통합메커니즘**

IMF는 세계무역자유화로 인하여 국제수지 악화가 예상되는 회원국을 돕기 위해, 2004

년 무역통합메커니즘(TIM: trade integration mechanism)을 도입하였다. 이 제도는 기존의 융자제도 하에서 가용재원을 예측 가능하게 함으로써, 무역자유화에 대한 개도국의 우려를 해소하기 위해 도입되었다.

회원국은 다자간협상이나 타국의 무역자유화조치로 인해 국제수지 악화가 예상되는 경우 TIM을 요청할 수 있으며, IMF는 회원국의 경제여건 및 예상되는 국제수지 악화정도에 따라 융자제도와 융자규모를 결정하게 된다.

(2) 저소득국지원

IMF는 외채가 과다한 빈곤국(HIPC: heavily indebted poor countries)의 채무부담을 덜어주기 위해, 1996년 세계은행(WB: world bank) 및 아프리카개발은행(AfDB: African development bank)과 공동으로 HICP외채경감구상(HICP initiative)을 수립하였다. 이를 위해 IMF는 보유금의 장외매도수익과 일부회원국의 출연으로 신탁기금을 조성하고 있다.

Ⅳ. 특별인출권

특별인출권(SDR: special drawing right)은 브레튼우즈 체제에서 금과 금태환이 가능한 미국 달러화의 가치저하에 따른 새로운 대외준비자산의 필요성에 따라 1969년 도입되었다. SDR은 특정통화를 인출할 수 있는 권리로써, 국제수지 악화 등 상황에서 필요한 통화를 인출하게 되는 대외준비자산으로, 주로 공적국제결제에 이용된다.

1. SDR의 배분

IMF는 5년의 기본기간을 두고, 장기적 국제유동성의 보충이나 감축의 필요성이 있는지와, 이로 인해 IMF의 기본목적 달성이 촉진되고 세계경제의 초과수요 및 인플레이션 또는 경기침체 및 디플레이션을 방지할 수 있는지를 고려하여, SDR의 추가 창출 또는 말소 여부를 검토하게 된다.

SDR은 IMF총재의 제의와 이사회의 동의 및 총투표권의 85% 이상 찬성에 의한 총회의결을 거쳐 창출되거나 말소된다. 창출되는 경우 SDR은 회원국 중 SDR에 관한 의무사항을 수락한 SDR회계참가국에 대해 쿼터비례로 배분되며, 말소되는 경우 SDR의 순 누적배분액에 비례하여 말소된다.

SDR배분은 회원국전체에게 쿼터비율에 따라 배분하는 일반배분과 쿼터비중과 관계없이 임의의 비율로 배분하는 특별배분이 있다.

2. SDR의 가치

1970년 SDR의 도입 시, 가치는 미국 달러화와 동일하게 설정되어, 금과의 가치도 고정되므로 1SDR=1달러=금1/35온스의 환율이 결정되었다. 이후 미국의 국제수지 적자로 달러화의 가치가 절하되고, 달러화의 금 평가가 지속적으로 하락함에 따라 1973년 1SDR=1.20635달러로 변경되었다.

표 6-1 SDR basket

Currency	Currency amount under Rule O-1	Exchange rate	U.S. dollar equivalent	Weight percent
Chinese yuan	1.0174	6.71285	0.151560	10.92%
Euro	0.38671	1.12440	0.434817	30.93%
Japanese yen	11.900	111.50500	0.106722	8.33%
U.K pound	0.085946	1.31730	0.113217	8.09%
U.S dollar	0.58252	1.00000	0.582520	41.73%

달러화의 지속적 약세에 따라 SDR의 가치를 달러화에 고정시키는 것이 불합리하게 되어, 1974년부터 SDR가치를 국제무역비중의 1% 이상이 되는 16개국 통화에 연결시키는 스텐다드바스켓방식을 도입하였다. 16개국 통화에 SDR의 가치를 연결함으로써 가치의 안정성은 제고되었으나 구성통화가 많아 가중치에 따른 계산이 복잡하게 되어, 1981년부터는 바스켓구성통화를 미국 달러화, 독일 마르크화, 영국 파운드화, 프랑스 프랑화, 일본 엔화 등 5개국 통화로 축소하고, 매 5년마다 재화 및 용역수출액 및 전 세계 공적 대외지급준비자산의 통화별 구성을 고려하여 구성통화의 가중치를 조정하였다.

2001년 SDR바스켓 구성은 독일과 프랑스가 유로화를 사용하게 되어, 미국 달러화, 유로화, 영국 파운드화, 일본 엔화 등 4개 통화가 되었으며, 2016년부터는 중국의 위안화가 포함되어 다시 5개 통화로 SDR basket을 구성하게 되었다.

3. SDR이자율 및 수수료

IMF는 SDR회계참가자의 SDR 보유평잔에 대해 이자를 지급하며, 순 누적배분 액에 대해 이자율과 동률의 수수료를 납부하도록 한다. 따라서 SDR배분액을 초과하는 보유국에 대해서는 초과보유액에 대한 이자를 지불하며, 배분액에 미달하는 보유국에 대해서는 미달 보유액에 대한 수수료를 징수하게 된다.

SDR이자율은 SDR가치 산정 시 산출한 통화단위 수에 각 구성통화의 대 SDR환율을 곱한 값에 각 구성통화의 이자율을 다시 곱한 후 이를 합산하는 방식으로 산출되며, 1983년부터는 주단위로 책정하여 매주 금요일에 산출한 이자율을 다음 1주간 적용하고 있다.

4. SDR의 사용

SDR의 운용과 거래는 SDR회계를 통하여 이루어지는데, SDR회계에 참여할 수 있는 자는 IMF회원국, IMF의 일반회계 및 지정보유기관으로 제한된다. IMF일반회계는 SDR배분대상이 아니므로 수수료 납부의무가 없고, 보유잔액에 대한 이자를 수취하게 된다.

IMF비회원국, 회원국 중 SDR회계 비참가국, 1개 이상의 회원국을 위해 중앙은행의 기능을 수행하는 기관 및 기타 공적기관도 총 투표권 85% 이상의 찬성을 얻어 SDR의 지정보유기관이 될 수 있다. 이들 지정보유기관도 SDR배분대상이 아니므로 수수료 지급의무가 없고, 보유분에 대한 이자만 수취하게 된다.

SDR 사용은 SDR과 통화를 교환하는 거래와, 교환이 발생하지 않는 운용으로 구분되어진다.

(1) 거래

SDR거래(transaction)는 합의거래, 지정거래, IMF일반회계와의 거래 등으로 구분된다.

합의거래(transaction by agreement)는 회원국이 IMF와 SDR교환거래 협약을 체결한 후 동 협약에 따라, IMF의 중개에 의해 SDR의 매매를 원하는 회원국으로부터 SDR을 수취하고 통화를 지급하거나 그 반대의 거래에 참여하는 것이다.

지정거래(transaction with designation)는 이사회가 승인하는 분기별 SDR지정계획대상국과 대상국 별 SDR수취의무액을 결정한 후 IMF의 요청이 있을 경우, 지정계획대상국이 타 회원국으로부터 SDR을 수취하고 교환통화를 지불하는 것이다.

IMF일반회계와의 거래는 IMF신용에 대한 원리금상환, SDR 순 사용분에 대한 수수료납부, 쿼터납부 등을 위해, 회원국과 IMF 간에 이루어지는 거래로 일반재원계정을 통해 이루어진다.

(2) 운용

SDR운용은 이사회가 총투표권의 70% 이상을 대표하는 이사의 찬성을 얻어 정하도록 되어 있다. 이에 따라 이사회는 금융채무의 결제, 융자, 질권설정, 채무보증을 위한 담보제공, 스왑거래, 선물환거래 및 증여 등 일곱 가지 형태의 운용을 허용하고 있다.

또한 IMF는 특정참가국이 행한 SDR의 운용 및 거래가 IMF협정문의 취지에 부합하지 않는다고 판단하는 경우, 해당회원국에 대하여 경고할 수 있고, 이러한 운용 및 거래가 계속될 경우에는 SDR의 사용권리를 정지시키는 등 적절한 조치를 취하게 된다.

Ⅴ. 우리나라와의 관계

1. 쿼터현황

우리나라는 1955년 경제개발에 필요한 재원의 조달을 위해 세계은행에 가입자격을 얻고자, IMF의 58번째 회원국으로 가입하였다. 가입 시 우리나라의 쿼터는 1,250만 SDR로 총 쿼터의 0.14%였으며, 꾸준히 증가하여 2017년 말 기준 8,583만 SDR로 총 쿼터의 1.81%를 점하고 있다.

우리나라는 최초 인도네시아 말레이시아 등 10개국과 같이 동남아그룹에 소속되었으나, 1978년 호주그룹으로 변경되면서 호주 등 15개국과 한 그룹을 형성하며, 이 그룹의 이사 및 대리이사를 호주와 2년마다 교대로 맡고 있다.

우리나라의 SDR배분은 제1차 기본기간(1970~1972)에 2,220만 SDR, 제3차 기본기간(1978~1981)에 5,070만 SDR을 배분받았으나 외환위기시 대부분 소진하였고, 이후 타 회원국 및 IMF와의 거래로 증가하고 있다. 2009년 글로벌 금융위기에 대응한 1,612억 SDR 신규 창출이 결정되었고, 우리나라는 21.7억 SDR을 배분받았다. 또한 2009년 SDR특별배분 시 1.6억 SDR을 추가로 배분받아 총 누적배분 액이 24억 SDR로 증가하였다.

2. 융자수혜

우리나라는 1965년 국제수지적자를 보전하고 환율안정을 위해 처음으로 930만SDR의 제1차 스탠바이협약을 체결한 이래, 1987년까지 모두 16차례에 걸쳐 총 16.8억 SDR의 융자를 수혜하였으며, 1987년 국제수지가 흑자로 전환되면서 1988년 융자액을 전액 상환하였다.

1997년 외환 위기 발생으로 IMF와 총 155억 SDR(210억 달러) 규모의 스탠바이(SBA)협약 및 보충준비금융(SRF)협약을 체결하게 되었다. 협약기간은 1997년 12월 4일~2000년 12월 3일이며, 단계적으로 1999년 5월까지 SBA 44.6억 SDR과 SRF 99.5억 SDR 등 모두 144.1억 SDR을 인출하였다. 1998년 12월부터 인출액을 상환하기 시작하여 2001년 8월 상환을 완료하였다.

3. 재원의 공여

우리나라는 1997년 국제수지흑자전환을 계기로 1988년 IMF융자금을 전액 상환함에 따라, 1989년 경제력 향상에 따른 국제적 기대에 부응하고 국제기구에서의 국가적 지위 향상을 도모하기 위해, IMF의 최빈국 지원을 위한 양허성 융자제도인 PRGP(poverty reduction and growth facility)에 재원을 공여하기 위한 협정을 체결하였다. 2010년 PRGP에 2018년까지 추가로 5억 SDR융자약정을 체결하였으며, 2016년에는 융자금액을 10억 SDR로 확대하였다.

표 6-2 1997년 융자 및 상환

• 1997.11.21	금융위기 발생에 따라 IMF에 자금지원 요청
• 1997.12.3	IMF와 긴급자금 지원조건에 합의하고 재경부장관과 한국은행 총재가 공동으로 서명한 제1차 의향서를 IMF에 제출 *이후 2000년 7월까지 총 10차례의 의향서를 제출
• 1997.12.4	IMF 이사회 우리나라와 IMF간의 스탠드바이협약(SBA) 및 보충준비금융(SRF) 승인 *총 155억 SDR 승인 : SBA 55.5억 SDR 99.5억 SDR
• 1997.12.5	SBA에 따라 41억 SDR을 최초로 인출하였으며 이후 1999년 5월 20일까지 총 19차례에 걸쳐 144.1억 SDR을 인출
• 1999.9.18	1998년 12월 17일부터 금리가 높은 SRF에 대한 상환을 시작하였으며 1999년 9월 18일 SRF 99.5억 SDR을 9개월 앞당겨 조기상환 완료
• 2000.6	최종 정책협의 종료 (동년 8월 IMF 이사회 승인) *SBA 프로그램 기간 동안 IMF와 정책협의 11회 실시
• 2000.9	2000년 IMF 연차총회(체코 프라하)에서 정부는 44.6억 SDR의 SBA 조기상환 방침을 발표
• 2000.12.3	SBA프로그램 종료
• 2001.1.8	SBA 신용인출 조기상환 개시
• 2001.8.23	SBA 신용인출 조기상환 완료 (최종상황분 1.1억 SDR)

또한 1998년 발효된 신 차입협정(NAB: new arrangements to borrow)에 참여하였으며, 2013년에는 양자 간 차입협정을 체결하였다. 현재는 신 차입협정 33.4억 SDR, 양자

간 차입협정 150억 달러 규모이다.

1987년부터 우리나라의 국제수지흑자기조가 계속되면서, 1987년 IMF이사회는 우리나라를 IMF의 자금거래계획(FTP)대상국으로 지정하고, 원화를 IMF의 융자재원으로 사용하기 시작하였다.

1990년대 중반부터 우리나라의 국제수지상황이 악화되면서 1992년 자금거래대상국에서 제외되었다가, 1993년 재지정 되었으나, 1997년 외환위기로 다시 제외되었다. 2002년 다시 자금거래대상국으로 지정되어, 우리나라의 리저브트란세 포지션(RTP: reserve tranche position)도 증가하고 있다.

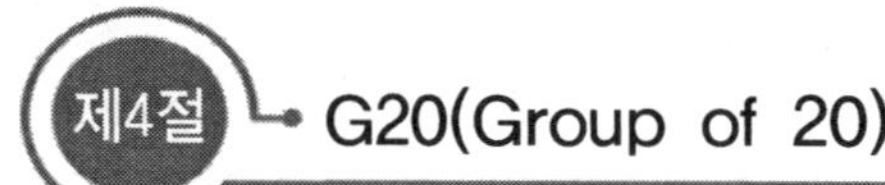

G20(Group of 20)

Ⅰ. 설립배경

1. G20재무장관 및 중앙은행총재회의

G20[6]의 출범은 기존의 G7재무장관과 중앙은행총재회의에서 유래되었다. 1975년 당시 프랑스의 지스카르데스탱 대통령의 주도로 미국, 영국, 프랑스, 독일, 일본, 이탈리아 등 6개 서방선진국회담이 개최되었으며, 다음해 캐나다가 합류하여 G7회담이 출범하게 되었다.

서방 선진7개국 회의로 일컬어지는 G7은 1971년 미국의 금태환 중지에 따른 변동환율제 이행, 제1차 oil shock로 인한 국제물가 상승, 세계경제 침체 등에 대처하기 위해 시작되었으며, 회원국 간 적정환율 유지, 대외불균형 해소 등 국제적 공조체제를 이끌어내게 되었다.

1997년 동아시아외환위기 이후 국제금융시장안정을 위해 급속한 경제성장을 보인 신흥국을 포함하는 광범위한 국제협의체 설립이 필요하게 되었다. 이에 따라 1998년 미국 워싱턴에서 두 차례의 G22재무장관 및 중앙은행총재회의가 개최되어, 선진국과 신흥시장국이 공동으로 아시아외환위기 해소, 글로벌 금융시장 안정 및 구조개혁 등을 추진하기로 합의하였다.

1999년 참여 국가를 33개국으로 확대하고 금융시장 감독, 신흥시장국 금융시장 강화 및 취약성 극복을 위한 정책대안 등을 논의하였다. 그러나 회의운영의 지속성문제가 제기되면

6) G의 의미는 Group으로 경제력이 큰 국가군의 의미를 갖는다. 따라서 G2는 미국과 중국 두 경제대국이 되며, G7과 G20도 경제력을 기준으로 한 상위국가군의 의미가 된다.

서 별도의 상설회의체 설립필요성이 대두되었다.

1999년 G7재무장관과 중앙은행총재회의에서 정책협력대상을 주요 신흥시장국을 포함한 G20으로 확대시켰다. G20은 기존의 미국, 영국, 프랑스, 독일, 일본, 이탈리아 등 과 한국, 중국, 인도, 브라질, 러시아, 인도네시아, 아르헨티나, 멕시코, 호주, 남아프리카공화국, 사우디아라비아, 터키, 유럽연합(EU: European Union)으로 구성되어있다.

2. G20정상회의

G20은 2008년 미국의 서브프라임모기지로 촉발된 글로벌 금융위기를 계기로, 기존의 G20재무장관과 중앙은행총재의 회의를 정상회의로 격상시키면서 시작되었다. 2000년에 이르러 세계경제의 통합과 자유화가 진전되면서 국가 간 연계성이 증대되었으며, 글로벌 금융위기극복을 위해 국제공조의 필요성이 증대하게 되었다. 이에 따라 한시적 협의기구로 출발한 G20정상회의는 정례화되어 세계경제의 주요이슈를 논의하고 미래비전을 제시하는 세계경제의 최상위포럼으로 변모하였다.

Ⅱ. 조직 및 기구

1. 회원국

G20은 회원국자격에 대한 명시적 기준이 존재하지는 않아, 그 범위가 조정될 가능성이 존재한다. 경제규모가 회원국자격의 기준이 아니므로, 인도네시아보다 경제력이 큰 스페인, 네덜란드 등이 제외되었으며, 유럽연합이 포함되어 국가의 범주도 배제된다.

G20재무장관 및 중앙은행총재회의에 IMF총재, 세계은행총재, 국제통화금융위원회의장 및 IMF/세계은행 합동개발위원회의장 등이 참석할 수 있도록 하여, 관련 분야의 국제기구들이 G20과 공조할 수 있도록 문호를 개방하고 있다.

G20회의는 투표권이 행사되거나 구속력 있는 결의가 이루어지지 않으므로, 회원국의 의견을 종합한 권고안 및 조치에 대한 합의를 도출하는 내용으로 진행된다.

2. G20회의 종류

G20회의는 최상위의 정상회의 및 재무장관과 중앙은행총재회의로 대별되며, 두 회의의 사전교섭을 담당하는 외교라인으로 셰르파(sherpa)회의가 있다.

정상회의에서는 재무장관 및 중앙은행총재회의에서 협의된 사항과 셰르파회의에서 논의된 의제를 논의하고 합의사항이행을 최종 승인한다.

재무장관 및 중앙은행총재회의에서는 재무차관 및 중앙은행부총재회의에서 논의된 사항의 실질적인 합의에 주력하며, 재무차관 및 중앙은행부총재회의는 정상회의에서 부여된 임무를 보다 구체화하여, 실무적 논의를 진행하게 된다.

실무그룹회의는 회의의제의 원활한 이행을 위해 주로 선진국과 신흥국으로 이루어진 공동의장과 회원국 및 국제기구별 실무진 대표로 구성되며, 비공식기구인 전문가그룹과 스터디그룹은 회원국 간 합의가 이루어지지 않거나, 구체적 이행방안 마련이 불확실한 특별주제 등을 논의하게 된다.

3. G20 의장국

G20의장국은 선진국과 신흥국간 안배차원에서 선정된다는 원칙에서 선출되고 있다. 의장국은 회원국을 5개 그룹으로 나누고, 각 그룹에서 1개 국가가 의장국으로 선출되는 그룹별 순환방식으로 이루어진다.

우리나라는 중국, 일본, 인도네시아 등과 더불어 제5그룹으로 편성되었으며, 2010년 의장국이 되어 그해 정상회의를 서울에서 개최하게 되었다. 그룹순환방식으로 2019년에는 일본이, 2020년에는 사우디아라비아가 G20의장국이 된다.

Ⅲ. G20회의의 성과

1. 워싱턴회의(2008.11)

G20재무장관과 중앙은행총재회의가 2008년 글로벌 금융위기발생을 계기로 국제공조의 필요성이 증대하여, G20정상회의로 확대된 이후, 첫 번째 G20정상회의는 미국 워싱턴에서 개최되었다.

2008년 정상회의에서는 금융위기의 진단 및 대응, 금융규제 및 제도개혁, 국제금융체제의 개편, 개별국가의 시장개방 및 금융시장개혁을 의제로 채택하였다.

주요성과로는 IMF의 단기유동성지원제도(short-term liquidity facility)를 통한 신흥국에 유동성 지원, 국제금융기구에 대한 재원확충노력 강화, 금융시장 및 규제체제 강화를 위한 개혁추진방향 마련, 향후 1년간 보호무역조치 동결 등에 합의도출 등 이다.

2. 런던회의(2009.4)

영국 런던에서 개최된 G20정상회의 주요의제로는 성장과 고용회복, 금융감독 및 규제개선, 국제금융기구의 재원 확충 및 지배구조 개선, 보호주의 저지와 무역활성화 등이 채택되었다.

여기에서는 헤지펀드, 조세피난처, 파생상품 등에 대한 규제를 강화하기 위해, 금융안정위원회(FSB: financial stability board)를 설립하여 보다 광범위한 임무를 부여하였으며, 국제금융의 다자금융기구를 통해 신흥개발도상국에 1.1조 달러의 유동성지원, IMF의 쿼터 개혁 등에 합의하였다.

3. 피츠버그회의(2009.9)

피츠버그정상회의의 주요의제는 지속가능한 균형성장을 위한 협력체계 구축, 국제금융기구의 개혁, 무역과 에너지안보, 그리고 기후변화를 방지하기 위한 재원조성 등이 채택되었다.

주요성과는 G20의 목표를 세계경제의 강건하고 지속가능한 균형성장으로 설정하고, 정책공조체계를 마련하였으며, G20을 세계경제협력의 최상위포럼으로 지정하고 정례화하였으며, IMF의 차기쿼터의 5%를 신흥개발도상국으로 이전, 에너지시장의 가격변동성 완화를 위해 각국별 석유수급정보의 공유 등에 대한 합의를 도출하였다.

4. 토론토회의(2010.6)

토론토회의 주요의제는 지속가능한 균형성장을 위한 협력체계 구축, 금융규제개혁, 국제금융기구의 개혁, 무역 및 투자의 증진 등이 채택되었다.

주요성과는 선진국들의 중기재정건전성을 확보하기 위한 공약 마련, IMF의 쿼터개혁시한을 다음 서울정상회의까지 단축, 은행자본규제를 서울정상회의까지 마련, 보호무역조치 동결을 '13년 말까지 연장, 세계은행의 투표권을 신흥개발도상국으로 총 4.59% 이전 등이다.

5. 서울회의(2010.11)

서울회의에서는 지속가능한 균형성장을 위한 협력체계, 글로벌금융안전망 구축, 금융규제의 개혁, 개발 및 금융포용, 에너지와 기후변화 등이 주요의제로 채택하였으며, 재정, 통화, 환율, 금융, 구조개혁 등 거시경제정책분야의 공조체제인 「서울액션플랜」을 채택하여 시장결정적인 환율제도로 이행 및 경쟁적 평가절하의 자제 등에 합의하였다.

주요성과로는 IMF회원국의 경제력 변화를 반영한 쿼터비중 6%와 이사직 2석을 신흥개발도상국에 이전, 글로벌 금융안전망 구축을 위해 기존 IMF의 탄력적크레딧라인(FLC)의 개선 및 예방적 크레딧라인(PCL) 도입, 바젤은행감독위원회(BCBS)에서 마련한 은행자본 및 유동성규제 개혁안(Basel Ⅲ)의 승인, 시스템적으로 중요한 금융기관(SIFI) 규제, 장외파생시장 규제안의 최종승인 등에 합의하였다.

6. 깐느회의(2011.11)

깐느G20정상회의에서는 고용과 성장, 국제통화제도 개혁, 금융규제의 개혁, 원자재가격 변동 및 개발·무역 등이 의제로 채택되었으며, 그 해 시작된 유로존의 재정위기 해결을 위한 방안이 제시되었다.

주요성과로는 단기적 성장지원과 중기적 재정건전화, 글로벌 불균형 해소를 위한 각국의 중장기정책공조 방안, IMF와 지역금융안전망(RFA)간 협력에 대한원칙, 지역통화표시 채권시장발전 행동계획 등에 합의하고, IMF의 예방적 크레딧라인을 예방적·유동성지원라인(PLL)으로 확대·개편하는 방안을 마련하였다.

7. 로스까보스회의(2012.6)

멕시코의 로스까보스에서 열린 G20정상회의 의제는 세계경제와 거시경제정책의 공조, 고용 및 사회보장, 금융개혁 및 금융포용, 식량안보 및 원자재가격변동성 완화, 개발 및 녹색성장 등이 채택되었다.

G20정상회의에서는 유럽안정기구(ESM: European Stability Mechanism) 설립 등 유로존 재정위기해소방안을 제시하였고, 선진국의 재정건전성 확보, 글로벌 불균형 해소, 구조개혁 등 중장기성장기반 확충에 합의하였다.

국제금융체제 강화를 위해 IMF재원을 확충하고, 2010년 IMF쿼터 및 지배구조개혁안을 2012년 IMF년차 총회 때까지 이행하기로 확인하였다. 보호무역조치 동결을 2014년까지 연장하였고, 과도한 원자재가격 변동성에 대해 깊은 우려를 표명하고 실물 및 금융시장 강화를 위한 논의를 지속하기로 합의하였다.

8. 상트페테르부르크회의(2013.9)

러시아의 상트페테르부르크 G20정상회의에서는 세계경제와 거시경제정책의 공조, 고용 및 사회보장, 무역 및 국제금융체제 개선, 금융개혁 및 금융포용, 식량안보 및 원자재가격 변동성 완화, 개발과 녹색성장 등이 주요의제로 채택되었다.

미국의 출구전략 시행과 관련 선진국의 통화정책이 경기회복에 따른 자연스러운 현상임을 인식하였으나, 중앙은행의 통화정책변화는 신중할 것을 합의하였다. 고실업이 G20의 공통 도전과제라는데 공감하고, 일자리 창출을 위한 기본정책방향을 확인하였으며, 지속가능성장을 위한 재정건전화 중요성을 강조하였다. 또한 OECD의 「역외조세회피 방지를 위한 액션플랜」과 「글로벌 조세정보자동교환모델」 개발계획을 승인하고 차질 없는 이행에 합의하였다.

9. 브리즈번회의(2014.11)

호주의 브리즈번에서 개최된 G20정상회의에서는 세계경제와 정책공조, 일자리 창출, 금융규제 및 조세개혁, 국제금융체제 개선, 에너지 및 기후변화와 녹색기후기금, 그리고 당시 세계를 강타한 에볼라바이러스 대응 등이 주요 의제로 채택되었다.

세계경제가 직면한 저성장극복을 위해 성장전략을 마련하고 이를 차질 없이 이행하기로 합의하였다. IMF와 OECD등 국제기구는 G20성장전략 이행으로, 2018년 G20전체 GDP가 현 추세대비 2.1% 상승할 것으로 평가하였으며, 회원국들은 이 목표를 달성하기 위해 성장전략 이행을 강화하기로 약속하였다.

인프라 관련 지식공유 및 통합 정보망 구축을 위한 글로벌인프라 허브 설립에 합의하였으며, 기후변화에 대응하기 위한 녹색기후기금(GCF: green climate fund) 등 기후재원 조성을 지지하기로 합의하였다.

10. 안탈리아회의(2015.11)

터키의 안탈리아에서 개최된 G20정상회의는 세계경제와 성장전략, 무역 및 금융규제개혁, 국제금융체제, 개발 및 기후변화, 반부패, 터러리즘, 난민위기 등이 의제로 채택되었다.

각국 성장전략이행 평가 및 G20투자전략 마련, '25년까지 취약청년비중 15% 감축목표가 수립되었으며, 선진국 통화정책의 다변화 등에 따른 글로벌 금융시장불안에 효율적으로 대응하기 위해 IMF긴급지원체계, 지역금융안전망 등 글로벌금융안전망을 강화해 나가기로 합의하였다. 다국적기업의 조세회피에 대해 국제조세제도를 개혁하는 세원잠식 및 소득이전 대응방안을 최종 승인하였다.

11. 항저우회의(2016.9)

중국항저우 G20회의는 기존의 의제에 디지털금융포용, 녹색금융, 반부패, 개발 및 기후변화, 과잉설비해소, 브랙시트 결정대응, 난민위기, 테러리즘이 의제로 채택되었다.

IMF와 지역금융안전망의 효율적인 협력관계를 도모하고자, 동아시아지역CMIM과 IMF의 공동시범 운영을 환영하였다. 디지털금융포용을 위한 G20상위원칙, G20금융포용성지표 수정안 및 G20 중소기업금융 행동계획 이행체계를 승인하였다. 또한 지속적인 성장을 위해 녹색금융 확대의 필요성에 동의하고, 관련 제도의 정비, 녹색금융시장 지원 등 녹색금융발전정책을 추진하는데 합의하였다. 나아가 브렉시트 결정에 따른 금융시장 불안에 적극적으로 대응할 준비가 되어 있음을 확인하였다.

12. 함부르크회의(2017.7)

독일 함부르크회의에서는 기존의 의제에 글로벌공급망, 디지털화 활용, 에너지 및 기후, 아프리카파트너 십, 보건시스템, 지속가능개발 등의 의제를 채택하였다.

정보통신기술을 활용한 디지털화를 통해 지속가능한 성장의 원동력 확보, 글로벌 금융시스템의 회복력을 구축하기 위한 금융규제 개혁의 지속, 제15차 쿼터증액에 대한 일반검토를 2019년 IMF춘계회의까지, 늦어도 2019년 IMF연차총회까지 마무리되기를 기대했다.

특히 아프리카지역의 민간투자 촉진 및 공공재원의 효율적 활용 등을 위한 아프리카협약에 합의하였다.

13. 부에노스아이레스회의(2018.12)

아르헨티나의 부에노스아이레스에서 개최된 제13차 G20정상회의는 미·중의 갈등으로 예정보다 늦게 개최되어, 세계경제의 지속성장, 금융규제 개혁, 국제금융체제 개혁 등 기존의 의제와 보호무역을 지양하기 위한 세계무역기구(WTO) 개혁, 기후변화협정 및 지구온난화, 이민과 난민 등이 의제로 채택되었다.

G20정상들은 미·중의 갈등으로 격화된 보호무역에서 촉발된 현재의 세계무역 갈등문제는 논의하지 않고, 세계무역기구의 개혁을 지지하기로 하였다. 지구온난화를 방지하기 위한 노력에 대해서도 미국을 제외한 19개국이 공동노력을 이어가기로 합의하고, 지속가능한 발전과 경제성장 도모 및 기후변화에 계속 대처하기로 합의하였다.

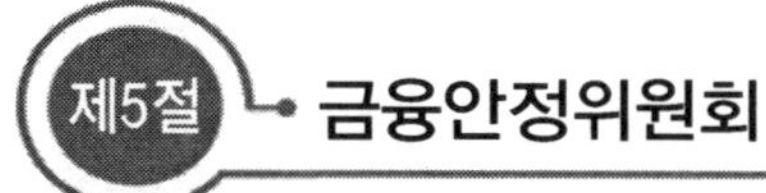

제5절 금융안정위원회

Ⅰ. 설립배경

2008년 미국의 서브프라임모기지로 촉발된 글로벌 금융위기 이후 금융위기의 극복과 재발방지를 위해 새로운 금융규제체계에 대한 필요성이 급증하게 되었다. G20정상회의가 글로벌 금융규제체계 개편 논의의 주체가 되어, 2009년 4월 기존의 금융안정포럼(FSF: financial stability forum)의 기능과 역할을 강화한 금융안정위원회(FSB: financial stability board)로 확대 개편된 이후, 글로벌 금융규제개혁 추진과 이행상황에 대한 모니터링책무를 부여하게 되었다.

이에 따라 금융안정위원회는 효과적인 규제와 감독정책의 개발 및 이행을 위해 각국중앙은행, 재무부, 금융감독기관 등과 국제기준제정기구 간 업무를 조율하고, 국제금융기구와 협력하여 글로벌 금융시스템의 취약성을 해소함으로써, 글로벌 금융안정을 제고시키는 역할을 수행하게 되었다.

금융안정위원회의 목적은 효과적인 금융규제·감독 및 여타 금융정책개발과 실행을 촉진하기 위하여, 각국 금융당국 및 국제기준제정기구의 업무를 국제수준에서 조정하는 것이다. 이를 위해 금융위기 예방 및 글로벌 금융안정을 목표로 구체적 글로벌 금융규제개혁과제를 도출하고, 실천 가능한 개선방안을 마련하는 작업을 수행한다. 또한 추진경과와 각국의 이행상황을 점검한 후, 그 결과를 G20정상회의에 정기적으로 보고하고 있다.

Ⅱ. 조직 및 기구

1. 회원국

금융안정위원회에는 우리나라를 포함하여 25개국의 금융당국과 10개의 국제기구가 참여하고 있다. 각 회원국에게는 경제 및 금융시장의 규모 등 객관적인 기준에 따라 1~3석의 의석이 배정되어, G7국과 BRIC 및 EU의 중앙은행, 재무부, 감독기관대표 등 3석이, 아르헨티나, 호주, 인도네시아, 우리나라, 멕시코, 네덜란드, 사우디아라비아, 남아아프카공화국, 스페인, 스위스, 터키 등에는 2석이, 홍콩과 싱가포르에는 1석이 배정된다.

IMF, 세계은행(WB), 국제결제은행, OECD, 바젤은행감독위원회(BCBS), 국제보험감독자 협의회(IAIS), 국제증권감독기구(IOSCO), 국제회계기준위원회(IASB), 글로벌금융시스템위원회(CGFS), 그리고 지급 및 시장인프라위원회(CPMI)에 각 1개 의석을 배정한다.

회원국은 금융안정 도모, 금융부문의 개방성과 투명성 유지, 국제금융기준의 이행, 국가별, 주제별로 시행되는 동료평가(peer review)[7] 이행 등의 의무를 성실히 수행하여야 하며, FSB는 회원국의 국제금융기준 이행상황과 평가과정을 관리하고 G20에 보고한다.

2. 주요조직

(1) 총회

총회(plenary)는 최고 의사결정기구로 의사결정은 회원국의 합의에 의하여 이루어지며, 업무처리방식의 결정, 업무계획과 예산의 승인, 보고서·원칙·기준·권고·지침 채택, 회원자격의 결정, 의장의 임명, 정관개정, 사업 및 업무에 관한 사항의 결정 등을 다루게 된다.

---

7) FSB에서 마련한 국제금융기준과 원칙 등 이행현황을 국가별, 주제별로 평가하며, 회원국의 전문가로 구성된 평가 팀(peer review team)이 평가하는 제도.

FSB총회에는 각국의 중앙은행 총재 및 IMF, WB, BIS, OECD 등 국제기구의 대표도 참석하며, 2009년 스위스 바젤에서 창립총회가 개최된 이후 2018년 캐나다 오타와회의까지 총 25회 개최되었다.

(2) 운영위원회

운영위원회(steering committee)는 총회의제 선정, 작업방향 설정, 회원 간 정보교류 등을 담당하며, FSB의 운영지침을 정하고, 상임위원회와 여타 실무그룹 간 업무를 조정한다.

운영위원회의 구성은 회원의 지역적 안배, 국제기구 간 기능적 균형, 업무효율성의극대화 등을 고려하여 운영위원회의장이 제안하고 총회에서 결정한다. 현재 취약성평가 상임위원회, 감독·규제협력 상임위원회, 기준이행 상임위원회, 예산·재원 상임위원회 등 4개 상임위원회가 운영 중이다.

취약성평가 상임위원회는 글로벌 금융시스템의 취약성을 평가하고 정책대응방안을 마련하며, IMF와 FSB가 공동으로 수행하는 조기경보활동을 지원한다.

감독·규제협력 상임위원회는 금융당국 간 조율필요사안을 논의하고 규제·감독정책을 개발하는 한편, 감독자협의체의 설립 및 운영지침을 제시한다.

기준이행 상임위원회는 국가별, 주제별 동료평가 등을 통해 FSB가 마련한 국제금융기준에 대한 회원국의 준수 여부를 점검함으로써, 비협조국가의 이행을 독려한다.

예산·재원 상임위원회는 조직운영에 필요한 예산 및 인력에 관한 사항들을 평가·검토하여 총회에 보고하며, 10개 회원국과 BIS, FSB사무국이 참여한다.

Ⅲ. FSB의 활동

1. 주요업무

금융안정위원회의 주요업무로는 글로벌 금융시스템의 불안을 야기할 수 있는 취약성의 포착 및 대응방안 마련, 금융당국 간 정책조율 및 정보교환, 규제기준 준수를 위한 모범사례모니터링, 시스템적 주요금융기관에 대한 규제강화 및 정리가능성 제고, IMF와의 조기경보활동 공동수행, 이행상황 모니터링 및 동료평가 등을 이용한 회원국의 국제금융기준이행 촉구 등이 있다.

FSB의 기본업무는 다음과 같다

첫째, 글로벌 금융시스템에 영향을 미치는 취약성평가 및 동 취약성 극복에 필요한 규제 및 감독정책의 개발과 검토.

둘째, 금융안정을 책임지고 있는 금융당국 간 정책조율 및 정보교류 증진.

셋째, 금융시장의 발전 및 규제정책측면의 시사점 모니터링 및 권고.

넷째, 규제기준 준수를 위한 모범사례 모니터링 및 권고.

다섯째, 국제기준제정기구의 정책개발이 우선순위에 입각하여 시의성 있게 진행되도록 조율하고, 동 정책을 회원국들이 공동으로 검토.

여섯째, 감독자협의체 설립 지원 및 관련 지침 마련.

일곱째, 시스템적 중요기관의 국경 간 위기관리 강화를 위한 비상계획 수립지원.

여덟째, 조기경보활동 수행을 위한 IMF와의 협력.

아홉째, 이행상황 모니터링, 동료평가 및 공시를 통해 국제적으로 합의된 기준 및 정책 권고에 대한 회원국의 이행촉구.

열째, 회원들이 합의한 정관에 명시된 기타 업무수행.

2. 주요성과

FSB는 개별금융기관에 초점을 맞춘 미시건전성 규제체계의 한계를 극복하고, 금융시스템전반에 영향을 미치는 시스템 리스크에 대한 대처방안을 모색하는데 노력을 기울였고, 이러한 노력의 일환으로 은행자본규제체계를 개선하는 동시에, 시스템리스크에 대응하기 위해 거시건전성 측면을 보완한 새로운 규제체계 구축에 관한 논의를 진행하였다.

결과적으로 2010년 BCBS와 함께 자본규제 강화, 레버리지비율 도입, 유동성기준 도입 등을 포함하여 「바젤Ⅲ: 유동성리스크 측정기준 및 모니터링을 위한 국제규제체계」를 마련하였다.

FSB는 글로벌 금융시스템의 취약성평가 및 조기경보활용, 바젤Ⅲ의 이행을 통한 은행의 복원력 강화, 중요금융기관(SIFI) 및 그림자금융(shadow banking)[8]에 대한 규제·감독 강화, 장외파생상품시장개혁, 금융규제개혁의 이행상황 모니터링 및 효과분석, 새로운 취약요소의 식별·대응 논의를 지속하고 있다. 이러한 노력을 통해 FSB는 글로벌 금융시스템의 안정 및 금융규제개혁에 주도적 역할을 담당하고 있다.

8) 그림자금융은 환매채(RP), 신용파생상품, 자산유동화증권(ABS), 머니마켓펀드(MMF) 등 은행이 아닌 기관이 복잡한 금융거래 및 상품을 통해 은행과 유사한 자금중개기능을 수행하는 것을 의미한다. 그림자 금융은 은행과 유사한 기능을 하지만, 투명성이 낮아 손실파악이 어렵고 대부분의 경우 차입비율이 높아 리스크가 크게 되는 특징을 갖는다.

제6절 국제결제은행

Ⅰ. 설립목적

국제결제은행(BIS: bank for international settlement)은 1930년 벨기에의 헤이그에서 이루어진 헤이그협정에 의거하여 설립된 중앙은행 간 국제금융협력기구이다.

제1차 세계대전이 종료된 직후, 유럽의 경제복구 및 독일의 전쟁배상금 지급문제가 국제경제의 과제로 대두되면서, 벨기에, 프랑스, 독일, 이탈리아, 일본, 영국 등 6개국이 독일의 전쟁배상금문제 해결을 위한 헤이그협정을 체결하고, 배상금결제 전담기구로 국제결제은행의 설립을 결정하였다.

이후 6개국 중앙은행과 미국의 상업은행이 로마에서 국제결제은행정관에 서명하고 스위스가 이를 승인함으로써, 1930년 5월 스위스 바젤에 BIS본부를 설립하여 업무를 개시하게 되었다.

BIS는 설립목적을 "중앙은행 간의 협력을 증진하고 국제금융거래의 원활화를 위한 편의를 제공하며, 국제결제업무와 관련하여 수탁자 및 대리인으로서의 역할을 수행하는데 있다."고 규정하고 있다.

BIS가 다른 국제금융기구와 구분되는 특징은 다음과 같다.

첫째, BIS는 스위스국내법에 의하여 설립된 주식회사인 동시에 정부간 협정에 의하여 설립된 국제기구의 성격을 갖는다. 즉 BIS는 스위스국내법에 따라 스위스에 설치되었으나, 스위스의 관련 법규 및 국내정책의 적용을 받지 않으며 납세의무도 면제되고 있다. 또한 창설회원중앙은행의 동의 없이는 스위스정부에 의한 재산의 몰수나 수용 등조치가 배제된다.

둘째, BIS는 각국정부에 의하여 설립되었으나, 가입 및 출자운영은 중앙은행에 의하여 이루어지는 중앙은행 간 국제협력기구이다. 이러한 배경에는 독일의 전쟁배상금문제를 비정치적관점에서 해결하려는 의도로써, 정부각료가 BIS이사로 취임할 수 없는 등 각국정부의 개입이 금지되며, BIS의 각국 정부에 대한 융자 및 정부명의의 당좌계정 개설도 금지된다.

Ⅱ. 조직 및 기구

1. 회원국 중앙은행

BIS에는 2018년 말 기준 창설회원 중앙은행 6개를 포함하여 60개 국가의 중앙은행이 가입되어 있다. 이중 35개 중앙은행은 유럽지역에 소재하고 있으며, OECD가입국 36개 중앙은행이 모두 가입되어 있으며, 회원국의 경제규모는 전 세계 GDP의 95% 수준에 이르고 있다.

투표권은 각국이 인수한 주식 수에 따라 중앙은행이 행사하게 되며, 주식을 보유한 기타 금융기관이나 개인 등은 배당금 수취 등 재산권행사만 가능하므로, 투표권행사는 중앙은행에 한하여 가능하다. 2017년 말 기준으로, 우리나라의 BIS출자규모는 3,211주로 전체 규모의 0.58%이다.

2. 주요기구

(1) 총회

BIS총회는 매년 정기적으로 개최되는 연차총회와 중요사항 결정을 위한 임시총회로 구분되는데, 임시총회는 이사회의 결의를 거쳐 이사회의장이 소집한다.

연차총회에서는 연차보고서 및 대차대조표와 손익계산서 승인, 이사보수 및 수당변경승인, 특별기금적립과 이익배당, 익 년도 감사인 선출 및 감사보수책정 등을 다룬다. 임시총회는 정관개정, 자본금증액 및 감액·청산결의 등을 다룬다.

총회는 회원국 중앙은행 총재들로 구성되며 회원국 중앙은행이 총회참석 권리를 행사하지 않는 경우 이사회가 당해 중앙은행의 동의를 얻어 총회에 참석할 수 있는 금융기관을 지정한다.

(2) 이사회

이사회는 BIS업무운영의 실질적 권한을 행사하는 기구로서, 선임방식에 따라 당연직이사, 지명직이사 그리고 선출직이사로 구성된다. 이사회는 총회의 고유권한으로 정해진 것을 제외한 모든 사항을 결정하게 된다.

당연직이사는 창설 6개국의 중앙은행 총재가 되며, 지명직이사는 당연직이사가 해당 6개국 국적자 중 지명하는 1인이 된다. 선출직이사는 당연직 이사국 외 국가의 중앙은행총재 중 이사회의 2/3 이상 찬성으로 11명까지 선출 가능하다.

(3) 집행부

집행부는 총회와 이사회가 결정한 사항을 집행하기 위한 업무를 수행하며, 사무총장 및 일반직원으로 구성된다.

집행부의 주요부서는 조사연구, 중앙은행 및 국제기구와의 협력 및 각종위원회의 사무국 역할을 수행하는 통화경제국, 자금운용 등 금융업무를 수행하는 자금운용국, 일반 행정관리업무를 담당하는 총무국이 있다. 통화경제국에는 바젤 은행감독위원회(BCBS), 글로벌 금융시스템위원회(CGFS), 시장위원회(MC), 지급 및 시장인프라 위원회(CPMI), 중앙은행 거버넌스그룹(CBGG), 어빙피셔 중앙은행통계위원회(IFC) 등이 있다.

(4) 총재회의

BIS회원국 중앙은행총재회의는 세계경제회의와 전체총재회의로 개최된다.

세계경제회의(GEM: global economy meeting)는 G10 및 신흥시장국 중앙은행총재 간 의견교환을 목적으로 금융경제동향에 대한 의견을 교환한다. 동 회의에서는 글로벌금융시스템 위원회, 지급 및 시장인프라 위원회, 시장위원회를 관할한다.

전체총재회의(GM: governors' meeting)는 60개 회원국 중앙은행 총재가 참석하며, 중앙은행 거버넌스그룹 및 어빙피셔 중앙은행통계위원회를 관할한다.

(5) 산하 위원회

바젤 은행감독위원회(BCBS: basel committee on banking supervision)는 1974년 G10중앙은행 총재가 은행감독에 관한 각국 간의 금융협력 증대를 목적으로 설립하여, 금융안정 증진을 위해 은행규제 및 감독을 강화하는 목적으로 운영된다.

글로벌 금융시스템위원회(CGFS: committee on global financial system)는 글로벌 금융시장 및 금융시스템 안정성 제고를 목적으로 하며, G10중앙은행 총재에 의하여 기존의 유로커런시 상설위원회를 확대·개편하여 운영되고 있다.

지급 및 시장인프라 위원회(CPMI: committee on payment and market infrastructure)는 지급결제제도 및 운영 전반에 관련된 연구를 시행하고 있으며, 2010년부터는 세계경제회의에 활동상황을 보고하고 있다.

시장위원회(MC: markets committee)는 외환시장 활동상황 등을 모니터링하고 특히 장기구조적 관점에서, 금융시장기능과 관련한 중앙은행의 정책 및 운영절차와 관련된 시사점을 모색하고 있다.

중앙은행 거버넌스그룹(CBGG: central bank governance group)은 1990년대 이후 중앙은행의 바람직한 지배구조에 대한 관심이 높아지면서, 중앙은행 의사결정 구조, 기능, 운용 관련 정보수집 및 분석 등 중앙은행 지배구조 연구에 관한 방향을 제시하고, 의견을 교환하며 BIS에 권고하는 것을 목적으로 한다.

어빙피셔(Irving Fisher) 중앙은행 통계위원회(committee on central bank statistics)는 통화, 금융안정 등 중앙은행관련 통계와 관련된 이슈를 논의한다.

Ⅲ. 주요업무

1. 중앙은행간 협력포럼

BIS는 중앙은행 총재회의를 정기적으로 개최하고 있으며. 이 외에도 지역중앙은행총재회의가 개최되어, 아시아회원국 중앙은행 총재회의, 아시아·태평양 중앙은행 총재들의 아시아지역협의회, 아메리카대륙 국가들의 중앙은행총재회의인 미주지역협의회 등이 개최되어 역내 현안사항에 대해 논의하고 있다.

또한 BIS는 1998년 금융시스템의 안정성 제고를 위한 중앙은행 및 금융당국의 정책수행을 지원하고, 이와 관련된 분야의 연수 수요증대에 부응하기 위하여 바젤 은행감독위원회와 합동으로 BIS내 금융안정연수원(FSI)을 설립하였다. 기타 지역 간 중앙은행지역협력체를 지원하며, 동구권국가 등 체제전환국의 경제개혁 지원을 위해 선진국과 공조하여 기술지원과 연수기회를 제공하고 있다.

2. 국제금융협정이행 대리인

BIS는 제1차 세계대전 이후, 독일의 전쟁배상금결제 해결을 위해 설립된 이후 국가 간 지급결제에 관한 협정의 대리인 또는 수탁자로서의 업무를 수행하여 왔다. 설립 이후 유럽석탄·철강공동체(ECSC)의 수탁자로서 지급·수취 업무를 담당했고, 1958년 이후 유럽통화협정(EMA: European Monetary Agreement) 등의 이행 대리인으로서 각종 결제 및 관리업무를 수행해 왔다.

1999년 EU의 유로화가 도입되기 전까지는 유럽통화제도(EMS)회원국의 외환시장개입에 따른 중앙은행 간 결제업무를 대행하기도 하였으며, 1998년 유럽통화단위(ECU)결제계정 및 ECU당좌계정의 개설운용, 은행 간 거래 잔액결제 등 ECU의 결제대리 업무를 이행하였다. 현재도 일부채무국들의 대외채무상환 일정조정을 위해 발행한 채무증서를 보관·운영하는 대리인업무를 수행하고 있다.

3. 자금조달 및 운용

BIS는 국제결제은행으로 국제기구화 되어 있으나, 원래 스위스국내법에 의하여 설립된 은행의 성격을 유지하고 있어 자본, 자산, 부채를 기본적으로 보유하고 있다.

자본은 1930년 설립 이후 회원중앙은행이 납입한 자본금에 이자수익과 적립금 등을 합하여, 2018년 초 기준 191억 SDR이고, 부채는 주로 예수금의 형태로 2,232억 SDR이며, 자산은 대출채권, 재정증권 등 2,422억 SDR이다.

(1) 자본금 규모

BIS의 수권자본은 설립당시 20만 주, 5억 Gold Francs였으며, 1969년 200% 증액하여 총 수권자본은 60만 주, 15억 Gold Francs이 되었다. 이후 주식배분이 수차례 이루어져 2017년 말 기준, 발행주식 수는 559,125주, 법정자본금은 2,795.6백만 SDR로, 이중 1/4인 698.9백만 SDR이 납입되어 있다.

2017년 6월 기준 BIS의 총자본은 회원국 중앙은행이 납입한 자본금에 그간 지속적인 이자수익에 따른 적립금이 누적됨에 따라 191억 SDR에 이르고 있다.

(2) 자금조달

BIS는 각국 중앙은행과 국제금융기구 등을 대상으로 하는 당좌예금, 정기예금, 중·단기 채권 발행 및 금(gold)의 예수 등을 통해 자금을 조달한다. 2017년 6월 기준 BIS의 통화예수금은 1,944억 SDR이며, 금 예수금 등을 포함한 총 부채는 2,232억 SDR이다.

또한 각국 중앙은행이 보유외화자산을 효율적으로 운용할 수 있도록 유동성과 수익성 제고측면을 고려하여, 만기 5년 이내의 각종 고정금리투자채권상품을 개발하여 제공하며, 중앙은행을 위한 자산관리서비스업무도 수행하고 있다.

(3) 자금운용

BIS는 중앙은행에 대한 담보대출 및 어음할인, 환어음, 수표, 각국의 재정증권 및 기타 유동성이 높은 단기채권의 매입 등으로 자금을 운용하고 있다. 대출은 주로 회원은행을 대상으로 쌍무협약에 의해 담보부로 실시되고 있는데, 비회원중앙은행도 동액의 자산을 BIS에 담보로 제공하거나 회원중앙은행의 보증을 받는 경우 BIS로부터 여신이 가능하다.

BIS는 여유자금을 국제금융시장에 투자하기도 하는데, 가능한 최대한의 유동성을 확보하면서, 해당국 중앙은행의 통화정책과의 조화 등 공공성을 해치지 않도록 유의하고 있다. 2017년 6월 기준 BIS의 총 자산은 2,422억 SDR로 주로 예치금, 금 대출, 국채, 환매조건부증권 매입, 대출 등으로 구성되어 있다.

Ⅳ. 우리나라와의 관계

한국은행은 BIS의 중요성을 감안하여, 가입을 위한 기반조성으로 1975년부터 옵서버자격으로 매년 연차총회에 참석하였다. 또한 바젤 은행감독위원회가 후원하는 국제은행 감독자회의에도 참석하여 교류를 지속하였고, 1976년 BIS와 환거래계약을 체결하고, 1988년부터는 정기예금을 예치하는 등 꾸준히 거래를 이행하였다.

1997년 한국은행은 BIS의 회원국중앙은행이 되었으며, 가입 시 발행주식의 0.58%에 해당하는 3000주를 인수하였다. 2005년 미국의 민간보유 지분처분에 따라 211주를 추가로 매입하여, 현재 총 3,211주를 보유하고 있다.

또한 BIS산하 위원회에도 꾸준히 참석하여, 2006년 어빙피셔중앙은행 통계위원회, 2009년 바젤 은행감독위원회, 시장인프라 위원회, 글로벌금융시스템 위원회 그리고 시장위원회에 정식회원이 되었다.

요 약

1. 국제금본위제도는 국가들의 지켜야 할 규칙(game rule)이 존재하여, 모든 국가들이 다음의 규칙을 준수함으로써 유지될 수 있었다.
   첫째, 각국 통화의 금 평가(gold parity)를 고정한다. 따라서 모든 통화환율은 금을 중심으로 고정되는 순수고정환율제도가 된다.
   둘째, 금의 유출·입을 자유롭게 허용해야 한다. 따라서 금이 국제유동성의 중심역할을 수행하게 된다.
   셋째, 금 태환(convertibility) 보장으로 금과 통화의 교환요청에 응하여야 하며, 따라서 금과 통화 어느 것을 보유하든 동일한 가치를 보유하게 된다.
   넷째, 각국은 금과통화의 비율을 일정하게 유지해야 한다. 그러므로 각국의 통화당국은 보유한 금의 량에 해당하는 동일가치의 통화량을 유통시켜야 한다.

2. 스텐바이협약(SBA: stand-by arrangement)은 회원국쿼터의 25% 이상을 인출하는 경우, IMF와 스텐바이협약을 맺고 협약에서 정한 신용공여조건 및 관련 프로그램을 이행하는 조건의 신용이다.
   1997년 우리나라의 외환 위기 시 IMF와 총 155억 SDR규모의 스탠바이협약(SBA) 및 보충준비금융(SRF)협약을 체결하게 되었다. 협약기간은 1997년~2000년으로, 1999년 5월까지 SBA 44.6억 SDR과 SRF 99.5억 SDR 등 모두 144.1억 SDR을 인출하였으며, 1998년 12월부터 상환하기 시작하여 2001년 8월 상환을 완료하였다.

3. SDR의 가치는 1970년 도입당시 미국 달러화와 동일하게 설정되었으나, 이후 환율이 괴리되면서 주요국통화를 basket형식으로 묶어 가치를 연결하여 산출하고 있다.
   현재 SDRbasket 구성통화는 미국 달러화, 유로화, 중국 위안화, 영국 파운드화, 일본 엔화 등 5개 통화이며, 이들 5개국의 경제력을 감안한 가중치를 적용하여 SDR의 가치를 산출하게 된다. 통화 별 가중치는 매 5년마다 통화국의 경제력 변동을 반영하여 조정된다.

4. 그림자금융은 헤지펀드, MMF 등 금융기관이 변형된 형태의 금융거래 및 상품을 통해 은행과 유사한 자금중개기능을 수행하는 것을 의미한다. 따라서 은행과 유사한 금융기능을 제공하지만, 소비자보호한도 등 공적지원을 받을 수 없고, 건전성규제의 대상이 아니므로 리스크가 높은 특징을 갖는다.

Chapter

2 국제개발금융기구

제1절 경제협력개발기구

Ⅰ. 설립목적

경제협력개발기구(OECD: Organization for Economic Cooperation and Development)는 선진국 간 정책조정 및 협력을 통하여 세계경제의 공동발전 및 성장과, 인류의 복지증진을 도모하기 위해 설립된 경제협력기구이다. OECD는 1948년 제2차 세계대전 이후 마샬플랜을 지원하기 위해 설립된 유럽경제협력기구(OEEC: Organization for European Economic Cooperation)에서 출발하여 확대 개편되었다.

OEEC 설립 초기에는 미국으로 부터의 원조사업에 주력하였으나, 마샬플랜이 종료되면서, 회원국 간 경제협력 증진, 무역자유화 추진 등 공동과제를 추구하였다. 유럽경제공동체(EEC)와 유럽자유무역연합(EFTA) 등 유사한 기능을 가진 경제기구들이 등장하면서, OEEC를 발전된 형태로 운영하자는 주장이 제기되어, 1960년 OEEC 18개 회원국과 미국, 캐나다 등 총 20개 국가가 OECD설립협정에 합의하고 서명하게 됨으로써, OECD가 출범하게 되었다.

설립당시 협약에 규정된 OECD의 설립목적은 다음과 같다.

첫째, 상호정책조정 및 협력을 통해 회원국의 경제성장과 금융안정을 도모함으로써 세계경제에 기여한다.

둘째, 각국의 건전한 경제성장을 촉진한다.

셋째, 다자주의와 비차별 원칙에 입각하여 세계무역 확대에 기여한다.

2011년 설립 50주년을 기념하여 OECD가 지향해야 할 비전선언문을 채택하고, '나은 삶을 위한 좋은 정책' 회원국과 개발도상국과의 정책공유 및 협력을 강조하는 '개발의 새로운 패러다임', 비회원국 및 국제기구와의 협력을 강화하기 위한 '글로벌정책 네트워크' 등 3가지를 기본업무 추진방향으로 설정하였다.

Ⅱ. 회원국 및 조직

1. 회원국

설립 초기에는 북미 및 유럽국가 간 경제협력을 도모하는 선진국 경제협의체 성격을 가지고 있었으나, 1990년 들어 신흥시장국 및 체제전환국에 대한 문호를 개방하여, 2019년 6월 기준, 36개국이 가입하고 있다.

OECD 가입은 이사회 초청에 의하여 회원국의 만장일치의결을 통해 이루어지며, 가입을 위해서는 다원적 민주주의국가로서 시장경제체제를 갖추고, 인권을 존중하는 국가로써의 기본자격을 갖추어야 한다.

회원국들은 OECD 예산편성 및 운영에 참여하여야 한다. OECD예산은 2년 단위로 편성되어 운영되고 있으며, 공통예산(Part Ⅰ), 선택사업예산(Part Ⅱ), 부속예산 및 비정규예산의 4가지가 있다.

공통예산은 모든 회원국이 의무적으로 참여하는 사업에 대한 예산이며, 선택사업예산은 회원국들이 선택적으로 참여하는 사업을 대상으로 한다. 부속예산은 퇴직직원 연금예산, 출판예산 및 투자예산으로 구성된다. 비정규예산은 특별사업을 위해 회원국들이 자발적으로 기여하여 조성되는 예산이다.

2. 조직

OECD최고 의사결정기구는 이사회(council)로 주요 정책문제를 토의하고 산하기구설립문제를 논의하며, 예산을 승인하는 등 활동전반에 걸쳐 최종적인 의사결정을 담당하며, 각료이사회와 상주대표이사회로 구성된다.

각료이사회(ministerial council meeting)는 년 1회 개최되며, 모든 회원국의 각료가 참석하여, 세계경제의 주요동향을 진단하고 회원국들의 정책대응과제 및 OECD 향후 비전을 제시한다.

상주대표이사회(council at permanent representatives)는 OECD주재 각 회원국대사가 참여하여 각료이사회 위임사항을 추진하고, 각 위원회활동과 사무국 운용을 감독하며, 사업계획과 예산심의 기능을 담당한다.

전문위원회(committee)는 정책대안을 모색한다. 현재 경제정책위원회, 경제개발검토위원회, 무역위원회 등 다양한 분야에 걸쳐 27개 전문위원회가 운영되고 있으며, 산하에는 230개에 이르는 작업반(working group)이 설치되어 있다.

OECD는 4개의 부속기구(special agency)와 4개의 특별기구(special entity)를 운영하고 있다. 부속기구에는 개발센터, 국제에너지기구, 원자력기구, 국제교통포럼이 있으며, 특별기구에는 자금세탁 방지기구, 다자기구성과 평가네트워크, 21세기 통계발전파트너 십, 사헬 및 서아프리카클럽이 있다.

Ⅲ. 주요업무

1. 경제성장과 안정

OECD는 회원국 경제의 성장 및 안정을 도모하기 위해, 각국의 경제동향을 파악하여 세계경제에 대한 전망을 제시하고, 바람직한 정책방향을 권고한다. 이를 위해 경제정책위원회와 경제개발검토위원회를 두고 있다.

경제정책위원회(economic policy committee)는 세계경제 현황 및 전망과 정책방향을 논의하는 회의체로, 회원국별 경제상황평가 및 거시경제 전망, 정책권고 등을 포함한 경제전망보고서(OECD economic outlook)를 공포한다.

경제개발검토위원회(economics and development review committee)는 회원국 및 비회원국들의 경제상황 및 경제정책을 검토하고 정책방향에 대해 논의하며, 피 검토국의 경제상황 및 정책을 회원국들과 같이 살펴보고, 회의결과를 바탕으로 국가별경제 보고서를 발간한다.

2. 국제무역 확대

OECD는 다자주의와 비차별 원칙에 따라 세계무역의 확대에 기여하는 것을 설립 목적의 하나로 하고 있다. 무역 관련 논의는 주로 무역위원회를 통하여 이루어지고 있으며, 각종 포럼 및 세미나 등을 통해 비정부기구들과도 의견을 교환하면서, 바람직한 무역정책방향을 모색하고 있다.

OECD는 보호무역주의에 반대하고 있으며, 금융위기 이후 확산되고 있는 각국의 보호무역조치들에 대한 대응방안을 모색하고 있다. 이러한 방향에서 서비스교역제한지수(service trade restrictiveness index, 2014) 및 무역원활화지수(trade facilitation indicators, 2015)를 개발하여, 국가별 서비스교역 및 일반무역의 규제정도를 지수화 함으로써, 각국의 무역규제 및 제한수준을 평가하고, 개선점 파악에 노력을 기울이고 있다.

3. 개발원조

OECD는 공적개발원조(ODA: official development assistance)를 통해 개도국의 경

제발전 및 복지증대를 위해 국제기구에 공여하고 있으며, 이를 담당하는 개발원조위원회에는 우리나라를 포함한 29개국과 EU가 가입되어 있다.

개발원조위원회의 주된 기능은 공적개발원조, 공여정책에 대한 개별협력, 조정 및 권고이며, 회원국들의 공적개발원조 정책 및 사업현황을 검토한다. 또한 개발원조의 질을 높이기 위해 관련 지침 및 모범관행을 마련하여 회원국에 제공하고 있다.

4. 금융 · 다국적기업 · 투자

1961년 설립당시 OECD는 금융의 자유로운 이동과 국제투자 활성화를 도모하기 위해 '자본이동 자유화규약' 및 '경상무역외거래 자유화규약'을 채택하였다. 양대 자유화규약은 OECD 가입을 위한 전제조건 중 하나이다.

금융시장위원회(committee on financial market)는 국제금융시장의 효율성 및 안정성을 제고하기 위한 정책을 논의하고, 금융산업의 구조개혁과 실물경제 간 상호작용, 금융시스템 안정을 위한 규제 강화, 금융서비스거래 촉진 및 금융기관의 시장접근성 확대 등에 관한 연구를 진행하고 있다.

투자위원회(investment committee)는 투자, 자본이동 및 서비스에 대한 개방적이고 투명한 정책체계를 유지·확대시키고, 국제투자협정의 발전을 도모하는 등 투자의 촉진을 위해 노력하고 있다. 투자위원회산하에는 국제투자통계작업반, 투자위원회작업반 등이 있다.

5. 통계작성

OECD는 각국으로부터 필요한 통계를 입수하고, 동 통계의 국가 간 비교 가능성을 제고하기 위해 국제통계기준과 방법론을 개발하고 있다. 통계국은 국민계정, 금융통계, 무역통계, 단기경제통계 등 주요경제통계를 작성하여 공표하며, 국제통계 표준 및 가이드라인개발, 여타 국제기구와의 통계비교 및 조정업무 등을 수행하고 있다.

OECD의 이러한 분권형 통계편제시스템을 통합적으로 관리하고, 통계정책을 총괄하기 위해 통계정책위원회가 설치되어 있다. 통계정책위원회에서는 OECD에서 생산되는 각종통계 및 관련 이슈를 통합하며, 통계국의 업무 및 예산을 감독하는 한편, 여타 부서의 통계업무에 대한 조정 및 자문역할을 담당하고 있다.

제2절 세계은행

세계은행(WB: World Bank)은 국제부흥개발은행(IBRD: International Bank for Reconstruction and Development)과 국제개발협회(IDA: International Development Association)를 합한 개념이 된다.

이들 기관과 국제금융공사(IFC: International Finance Corporation) 및 국제투자보증기구(MIGA: Multilateral Investment Guarantee Agency), 국제투자분쟁해결본부(ICSID: International Centre for Settlement of Investment Dispute)를 합하여, 세계은행그룹(WBG: World Bank Group)이라고 한다.

그림 6-1 세계은행그룹의 구조

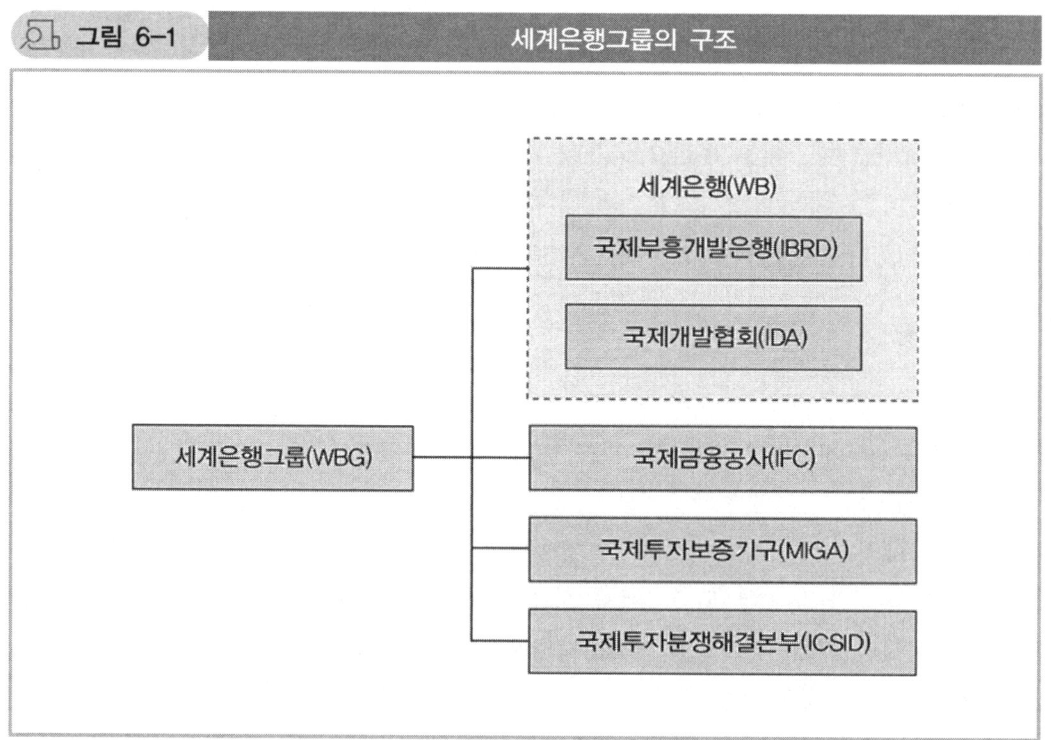

WBG의 각 기구는 별도의 협정에 의하여 설립된 법인체이나, 회원국, 조직, 기능 등에서 밀접하게 연계되어 있다. IBRD, IDA, IFC 등은 총회위원, 이사, 총재 등이 동일하며, 기구의 목표도 개발자금 지원을 통한 개발도상국의 생활수준 향상에 있는 등 동일하며, IBRD가 IDA 및 IFC의 재원을 보조하는 등, 세 기구는 상호보완성을 가지고 운영된다.

MIGA와 ICSID는 민간직접투자에 대한 보증과 투자분쟁 해결과 관련된 업무특성으로,

조직 및 업무체계가 앞의 세 기구와는 다소 차이가 있다.

Ⅰ. 국제부흥개발은행

1. 설립목적

국제부흥개발은행은 제2차 세계대전의 종료와 더불어 국제통화 및 금융제도의 안정을 목적으로 설립된 IMF와 더불어, 전쟁복구 및 경제부흥을 위한 개발자금 지원을 목적으로 설립된 국제기구이다. 전쟁의 종료직전인 1944년 브레튼우즈에서 개최된 연합국 통화금융회의에서 IBRD협정문이 채택되었으며, 1946년 38개국의 비준을 받아, 워싱톤에 본부를 둔 IBRD가 업무를 시작하였다.

IBRD는 그 협정문에 설립목적을 다음과 같이 명시하고 있다.

첫째, 전쟁으로 인해 파괴 또는 와해된 경제의 회복, 평시수요체제로의 생산설비 재 전환, 저개발국가의 생산설비와 자원개발 등 생산목적의 자본투자를 용이하게 함으로써, 회원국의 부흥과 개발을 지원한다.

둘째, 민간투자자에 의한 대출 및 기타투자에 대해 보증하거나 참가함으로써 민간부문의 해외투자를 촉진하며, 민간자본의 이용이 여의치 않을 경우에는 적절한 조건으로, 은행이 조달한 자금을 공여하여 민간투자를 보완한다.

셋째, 회원국의 자원개발을 위한 국제투자를 장려함으로써, 국제무역의 장기적 균형발전과 국제수지의 균형을 도모하고, 이로써 회원국의 생산성, 생활수준, 노동여건 향상에 기여한다.

넷째, 은행 외의 경로를 통해 이루어진 국제융자와 연계되는 융자나 보증을 제공하여, 유용하고 긴급한 사업계획이 그 규모에 관계없이 우선적으로 시행될 수 있도록 조치한다.

다섯째, 국제투자가 회원국의 경제상태에 미치는 영향을 적절히 고려하여 은행 업무를 수행하고, 특히 전쟁이 종료된 후 수년간은 전시경제로부터 평시경제로 원활히 이행할 수 있도록 지원한다.

2. 조직 및 기구

(1) 회원국

IBRD에 가입자격은 IMF회원국에 한해 허용된다. IBRD가입을 희망하는 국가는 IMF에 가입한 후, IBRD총회에서 총 투표권의 2/3 이상을 보유하는 과반수 이상 회원국의 찬성을 얻고, 출자주식을 인수하고 출자금을 납부함으로써 가입되며, 탈퇴를 원하는 경우 서면통보로 이루어진다. 현재 IBRD회원국은 IMF회원국과 동일한 189개국이다.

(2) 기구

① 총회

총회(board of governors)는 최고 의사결정기구로, 각 회원국이 임명하는 위원과 대리위원 각 1명으로 구성된다. 총회는 IBRD와 관련된 모든 권한을 행사할 수 있으나, 협정문에 명시된 중요사항을 제외한 대부분의 권한을 이사회에 위임하고 있다. 다만 신규회원국의 가입승인, 자본금증액 등의 내용은 이사회에 위임하지 못한다.

연차총회는 매년 1회로 IMF와 합동으로 개최되며, 또한 총회의 결정이나 이사회의 요청, 5개 회원국 또는 총 투표권의 1/4 이상을 보유한 회원국의 요구 등이 있을 경우 소집될 수 있다.

② 이사회

이사회(board of directors)는 현재 미국, 일본, 중국, 독일, 영국, 프랑스 등 6대 투자국이 지명한 6명의 지명이사와 이들 국가를 제외한 나머지 회원국이 19개 국가그룹을 구성하여, 각 그룹 당 1명씩 선출한 19명의 선출이사 등 모두 25명으로 구성된다.

이사회의 업무는 첫째, 융자 및 지급보증의 결정, 둘째, 각종 업무운영지침 마련, 셋째, 감사보고서, 관리예산, 연차보고서의 연차총회 제출 등 기본업무. 기타, 총회로부터 위임받은 권한의 행사로, 총회에서 제시한 정책방향에 따라 실질적인 정책을 결정하게 된다.

③ 개발위원회

IBRD는 주요개발현안 및 재원 이전문제를 논의하고, 총회에 대한 자문기능을 수행하기 위해, 1974년부터 개발위원회(DC: development committee)를 설치·운영하고 있다.

DC회의는 연차총회기간 중이나, 또는 필요하다고 인정되는 시기에 소집되어, 통상 년 2회 개최된다. 회의의제는 DC의장과 위원, IMF와 IBRD총재 등이 추천하고 있는데, 주요개발과제나 개도국의 경제발전을 위한 재원 이전문제 외에 무역이나 환경문제도 포함된다.

3. 주요업무

(1) 자금지원

① 융자

IBRD의 융자대상국은 1인당 GNI가 1,165(2017년 말 기준)달러를 초과하는 회원국으로 한정한다. 단 1인당 GNI가 6,895(2017년 말 기준)달러를 초과하고,[1] 국제금융시장에서

---

1) 소득수준이 1인당 GNI 1,165달러 이하인 저소득 국가에 대해서는, IBRD자매기관인 국제개발협회(IDA)가 양허성 자금을 지원하게 된다.

적정한 조건으로 재원조달이 가능한 IBRD융자수혜국은 5년 내 단계적으로 융자를 감축하여, IBRD융자 수혜대상에서 졸업하게 된다.

IBRD융자제도는 투자계획융자, 개발정책융자 및 목표성과융자로 구분된다.

투자계획융자(IPF: investment project financing)는 빈곤완화나 경제발전을 위한 특정프로젝트의 수행에 소요되는 자금을 지원하는 것으로, 민간부문활동의 기초가 되는 사회기반시설 구축사업에 우선적으로 배분하고 있다.

개발정책융자(DPF: development policy financing)는 개발목적을 달성하기 위한 특정국가의 정책 또는 제도개혁을 지원하기 위해, 중기(mid-term)프로그램으로 제공된다. DPF수혜를 위해 차입국은 정책이나 제도개혁, 거시경제목표 등을 IBRD와 협의해야 한다.

목표성과융자(PforR: program for result)는 융자수혜국이 개발프로그램추진 과정에서 특정결과를 달성한 경우 자금을 지원하는 제도로, 차입국은 IBRD와 협의하여 사전에 달성해야 할 핵심결과를 설정하고, 자체제도와 절차를 활용하여 개발프로그램을 수행한다.

② 지급보증

IBRD는 지급보증을 통하여 위험을 감수함으로써, 민간부문이 사회간접자본 개발프로젝트 등에 투자할 수 있도록 지원한다. 이러한 IBRD의 지급보증은 민간자본이 신흥개도국으로 유입되는 촉매역할을 하고 있으며, 다음과 같은 내용으로 이루어지고 있다.

첫째, 프로젝트보증(project-based guarantees): 정부나 그 대리인이 민간부문 프로젝트에서 계약 또는 법규상의 의무를 이행하지 않아 발생하는 채무불이행위험에 대한 보증.

둘째, 정책보증(policy-based guarantees): 회원국 중앙정부 또는 지방정부가 정책집행을 위해 민간부문에서 조달한 채무의 일정부분에 대해 보증.

셋째, 특별보증(guarantees for enclave operation): 일부 IDA융자수혜국의 개발프로젝트에 대한 보증.

③ 신탁기금

IBRD는 선진국 등이 출연한 신탁기금(trust fund)을 관리하고 있다. 동 기금은 주로 IBRD프로젝트에 대한 협조융자, 채무변제, 기술지원, 조사·연구프로그램 등 특정한 목적의 개발수요를 지원하는데 사용되고 있다.

(2) 개발지원

IBRD는 개도국의 빈곤퇴치 및 공동번영 증진을 위한 정책개발을 지원하고자, 수석부총재 산하의 개발연구그룹을 중심으로, 환경, 빈곤, 무역 및 세계화 등의 주제에 대한 조사 · 연구를 수행하여 현지국의 개발프로젝트의 수립과 이행을 지원한다.

IBRD는 자금지원과 병행하여 기술지원을 제공함으로써, 융자수혜국이 개발프로그램을 수립하고 관련 분석업무를 수행하여 인적역량을 강화할 수 있도록 지원한다. 기술지원 시 대상국가에서 프로그램을 설계하고 이행하는데 적극 참여하도록 한다. 기술지원은 장·단기 자문관 지원, 연수프로그램 운영 등의 방식으로 이행된다.

(3) 재원의 조달 및 운용

① 재원의 조달

IBRD는 주로 회원국의 출자금과 차입으로 재원을 조달하며, 대부분 투자 및 융자로 운용하고 있다. 회원국의 출자금은 수권자본금제도를 채택하여 출자금의 일부만을 납입하는 납입자본(paid in capital)과 추후 요청 시 납입하는 요구불자본(callable capital)으로 이루어진다.

IBRD는 필요시 증자를 실시할 수 있는데, 증자방법에는 일반증자와 특별증자가 있다. 일반증자는 재원의 확대를 목적으로 모든 회원국에게 기존 출자비율에 따라 주식을 배정하며, 특별증자는 일부회원국의 상대적인 경제력변동, IBRD 및 IDA에 대한 재원공여실적 등 세계은행에 대한 전반적 기여도를 반영하기 위한 것으로, 특정국가에게만 주식을 추가로 배정한다.

차입금은 주로 채권 발행을 통하여 이루어지며, 2016년 약 635억 달러, 2017년 약 560억 달러의 채권을 발행하였으며, IBRD발행 채권의 신용등급은 AAA를 유지하고 있다.

② 재원의 운용

IBRD는 최초인 1947년 프랑스에 2.5억 달러의 융자를 시행한 이래, 2017년 말까지 약 7천억 달러의 융자를 시행하였다. 1950년대 까지는 전쟁복구를 위해 서유럽국가들에 자금의 대부분을 지원하였으나, 이후에는 개도국의 경제개발기금지원에 중점을 두고 있다.

1970년대에는 우리나라와 라틴아메리카, 1980년대에는 중국, 필리핀 등 동아시아지역, 1990년대에는 동유럽국가, 2000년대에는 금융위기로 어려움을 겪은 개도국과, 분쟁지역이 많은 아프리카국가 등에 대한 지원을 주로 이행하였다.

2010년대에는 글로벌 금융위기의 영향으로 융자약정액과 융자지급액이 모두 큰 폭으로 증가하였으며, 이후 금융위기가 해소되면서 융자규모도 감소하였으나, 중반 이후 라틴아메리카와 중동 및 북아프리카국가를 중심으로 융자규모가 증가하고 있다.

4. 우리나라와의 관계

우리나라는 6.25전쟁 이후 전쟁복구 및 경제개발에 필요한 외자조달과 대외경제활동을 강화하기 위해, 1954년 IMF와 IBRD에 가입신청을 하고, 1955년 배정된 출자금 12.5백만 달러를 납입하여, IBRD의 58번째 회원국이 되었다.

우리나라의 IBRD출자금은 가입당시 12.5백만 달러에서, 4차례의 일반증자와 8차례의 특별증자를 통해 2017년 말 현재, 4,526.7백만 달러(37,524주)로 확대되어 1.62%의 출자로 189개 회원국 중 16위에 있다.

IBRD의 우리나라에 대한 융자는 1960년대 시행한 경제개발계획으로 자금수요가 증가하면서 우리나라의 요구에 따라 시행되었으며, 본격적으로 자금 도입이 시작된 것은 1970년대 및 1980년대로, 이 시점 우리나라의 IBRD융자수혜 순위는 브라질, 멕시코, 인도네시아, 인도에 이어 5위의 수준이었다.

1980년대 들어 우리나라의 경상수지가 개선되었고, 대외신인도가 높아짐에 따라, 국제금융시장에서 자금조달이 용이해지면서 IBRD융자도 점차 감소하였다. 1991년 우리나라의 졸업계획이 이사회의 승인을 거쳐 1995년 융자대상국에서 졸업하였으나, 1997년 외환위기로 IBRD로부터 모두 112개 사업에 대해 총 154.7억 달러의 융자를 수혜하였으며, 2013년까지 전액 상환하였다.

Ⅱ. 국제개발협회

1. 설립목적

국제개발협회(IDA: international development association)는 빈곤 없는 세상을 지향하여 최빈국에 개발자금을 장기·무이자로 융자하거나 무상공여를 제공하는 것을 주 업무로 하는 세계은행그룹(WBG)의 일원이 되는 국제기구이다.

제2차 세계대전 이후 독립한 신생국가들은 대외신인도가 낮고 원리금상환능력이 부족하여, 경제개발에 소요되는 재원조달이 어렵게 되었다. 동서냉전의 상황에서 구소련이 이들 국가에 대한 지원을 강화함에 따라, 구소련과 대립관계에 있던 서방세계의 저소득신생국에 대한 지원 확대 필요성이 증대하게 되었다.

당시 서방자유주의 국가를 중심으로 개도국에 대한 개발자원을 지원하던 IBRD와 IFC의 융자대상은 중 소득개도국에 한정되어 있어, 저소득신생국에 대한 지원이 불가한 상황에 있었다. 이러한 점을 감안하여 저소득신생국을 지원하기 위한 국제개발금융기구의 설립을 위한 논의가 전개되었다.

1958년 미국이 IMF/IBRD 연차총회에서 저소득·개도국지원을 위한 새로운 국제금융기구로 IDA 설립을 제안하였으며, 다수국이 호응하여 1960년 총 출자액의 65% 이상을 차지하는 15개국이 협정문에 비준함으로써, IDA가 정식으로 출범하게 되었다.

IDA협정문에는 저소득회원국에 보다 유리한조건의 자금을 공급함으로써, 이들 국가의 경제개발을 촉진하고, 생산성을 높여 생활수준을 향상시키는데 IDA의 목적이 있다고 명시하고 있다.

2. 조직 및 기구

(1) 회원국

IDA회원국은 IBRD회원국으로 제한하고 있으며, 가입절차도 IBRD와 동일하여 총회에서 총 투표권의 2/3 이상을 보유하는 과반수 이상의 회원국투표와 투표권의 과반수 이상의 찬성을 얻어 회원국이 되며, 탈퇴는 서면통보로 이루어지게 된다.

IDA회원국은 선진국을 중심으로 한 제Ⅰ부국(partⅠ countries)과 개도국을 중심으로 한 제Ⅱ부국(partⅡ countries)으로 구분된다. 설립 당시 회원국은 68개국으로 제Ⅰ부국 17개국, 제Ⅱ부국 51개국이었으며, 2017년 말 기준으로 173 회원국으로 제Ⅰ부국 31개국, 제Ⅱ부국 142개국이다.

(2) 기구

IDA는 IBRD와 완전히 독립적인 별개의 국제기구법인체이나, IDA협정문에 의하면 IBRD의 총회의원, 이사 및 총재가 IDA의 총회의원, 이사 및 총재를 겸임하도록 되어있다. 총회의 구성 및 이사회의 고유권한이나 의사정족수 및 의결정족수 등도 IBRD와 동일하며, IBRD에서 정하는 총재의 책임과 권한이 IDA에도 동일하게 적용되고 있다.

IDA의 실무집행부서도 IBRD와 별도의 구분 없이 세계은행으로 통합되어 운영되고 있다.

3. 주요업무

(1) 장기개발자금 지원

① 지원대상국

IDA의 장기개발자금 지원대상 국가는 1964년 기준 1인당 GNP 240달러 이하인 국가로 제한하였으며, 이후 수차례조정을 거쳐 2017년에는 1인당 GNI 1,165달러 이하인 최빈·개도국에 융자를 제공하게 된다. 다만 합리적인 조건으로 민간으로부터 재원을 조달할 수 있거나, IBRD로부터 융자받을 수 있는 경우에는 제외한다.

소득이 절대적 기준이 되는 것은 아니므로, 1인당 GNI 1,165달러 이상인 국가도 재원차입능력 등을 감안하여, 소득수준은 높으나 국제금융시장에서 자금조달이 어려운 경우 등 특별히 융자의 필요성이 인정되는 경우에는 IDA재원의 융자를 허용하고 있다.

② 지원조건

IDA융자는 최빈·개도국을 지원대상으로 하고 있어, IBRD나 여타 금융기관에 비해 매우 양허적 조건인 무이자나 혹은 저리의 융자가 제공된다. 융자조건은 수혜국의 1인당 GNI수준, IBRD로부터의 융자가능성 등을 고려하여 결정된다. 부채위험이 높은 국가에는 융자금액의 100%를, 중간정도의 위험국가에는 융자금액의 50%를 무상공여의 형태로 제공하며, 그 외에도 25~40년 만기의 대출로 융자가 제공된다.

(2) 외채경감

1970년대부터 시작된 oil shock와 국제금리 인상으로 비산유·개도국의 외채가 급증하기 시작하여 많은 국가들이 심각한 외채문제에 처하게 되었다.

IDA는 이러한 국가들의 외채경감을 위해 1996년부터 IMF/IBRD와 HIPC 외채경감구상(DRI: Debt Relief Initiative)에 참여하고 있다. 2000년 승인된 HIPC framework에 따라 만기도래 IDA부채를 부분적으로 탕감해주고, IBRD채무국에 대해서는 IDA재원으로 재융자하고 있다.

(3) 재원의 조달 및 운용

IDA의 재원조달은 회원국의 출자·출연금, IBRD 및 IFC로부터의 이전수입 등을 통해 이루어지며, 융자, 외채경감, 무상공여 등에 운용된다.

① 재원의 조달

회원국은 가입 시 자국에 할당된 출자금을 납입해야 하며, 제Ⅰ부국은 출자금전액을 금 또는 교환성통화로, 제Ⅱ부국은 출자액의 10%는 금 또는 교환성통화로 나머지는 자국통화로 납입하도록 한다. IDA의 지원은 양허적 성격이 강하므로, 회원국의 출자금만으로는 융자수요를 충족하기 어려워 회원국의 출연에 의한 재원보충으로 소요재원을 조달하고 있다.

기타 IBRD의 매 회계연도 순이익 중 일부를 IDA에 이전한다. IDA는 IBRD로부터 이전수입을 융자재원으로 활용한다. 2006년부터는 IFC도 유보이익의 일부를 IDA에 무상으로 공여하고 있으며, 이외에도 IDA는 융자에 따른 이자수익, 수수료수입, 보유자산의 투자수익 등 자체재원도 융자재원으로 활용하고 있다.

② 재원의 운용

2017년 기준 IDA의 융자액은 162억 달러이며, 무상공여 액은 26억 달러에 이르고 있다. 융자잔액은 총 1,422억 달러이며, 지역별로는 남아시아지역 567억 달러, 아프리카 530억 달러, 동아시아·태평양지역 195억 달러 등으로 나타나고 있다.

국가별로는 인도 244억 달러, 파키스탄 137억 달러, 방글라데시 131억 달러, 베트남 123억 달러, 나이지리아 75억 달러, 에티오피아 66억 달러, 탄자니아 60억 달러, 케냐 51억 달러 등 융자잔액이 많이 남아있다.

4. 우리나라와의 관계

1961년 가입당시 우리나라의 출자액은 126만 달러였으나, 2017년 말 기준 출자액 및 출연액은 19.3억 달러에 이르며, 투표권은 전체의 0.9%를 차지하고 있다.

우리나라가 최초로 IDA에서 도입한 융자는 1962년 1,400달러의 철도융자로, 당시 융자의기준인 1인당 GNP 240달러 이하 저소득국에 공여하는 조건의 적용을 받았다. 이후 우리나라는 1974년 IDA의 수혜대상국에서 졸업할 때까지 총 8개 사업에 116억 달러를 지원받았으며, 2009년 말 IDA자금을 전액 상환하였다.

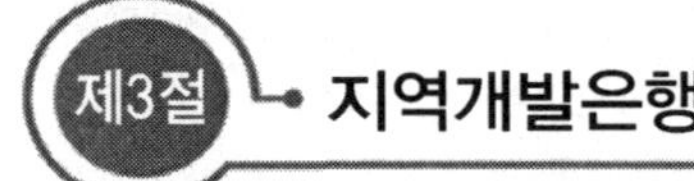

제3절 지역개발은행

Ⅰ. 아시아개발은행

1. 설립목적

1950년대 아시아지역의 경제개발지원은 UN산하 지역경제위원회 중 하나인 아시아·극동 경제위원회(ECAFE)를 중심으로 이루어졌다. 그러나 회원국 간 정치적 갈등으로 이해관계의 조율이 이루어지지 못하였으므로, 1960년대 들어 경제개발지원을 위한 재원마련을 위해 역내경제개발에 특화된 은행이 필요하다는 지적과 함께, 유럽 및 미주, 아프리카 등 개발은행 설립의 영향으로 아시아개발은행의 논의를 본격화하였다.

1965년 제2차 아시아경제협력을 위한 각료회의에서 ADB협정문이 채택되어 31개국이 협정문에 서명하고 1966년 협정문이 공식 발효됨에 따라, 1966년 말 마닐라에 본부를 둔 ADB가 정식으로 설립되었다.

2. 조직 및 기구

(1) 회원국

ADB에 가입할 수 있는 자격요건은 기본적으로 ESCAP회원국 및 준 회원국으로 한정하며, 그 외의 국가는 UN 또는 UN전문기구의 회원국으로 선진국에 해당하는 경우에만 가입이 허용된다. 가입을 위해 총회에서 회원국 총 투표권의 3/4 이상을 보유하는 2/3 이상 회원국의 찬성이 필요하다.

우리나라는 ADB창립 회원국이며, 북한의 경우 ESCAP회원국으로 가입자격은 있으나, 미국과 일본의 반대로 총회에서 가입승인이 거절되어 회원국이 아니다.

회원국은 아태지역(Asia and Pacific)에 속하는 경우 역내국의 지위를, 기타지역에 속하는 경우 역외국의 지위를 부여한다. 현재 회원국은 역내 48개국, 역외 19개국으로 총 67개국이다.

(2) 기구

ADB는 총회, 이사회, 집행부로 구성된다.

총회는 최고의사결정기구로 각 회원국이 임명한 위원 1인과 대리위원 1인으로 구성된다. 투표권은 기본적으로 위원이 행사할 수 있으며, 대리위원은 위원의 부재 시 투표에 참여한다. 총회는 신규회원국 가입승인, 수권자본금증액 및 감액 등 협정문에 명시된 주요사항에 대한 고유권한을 직접 행사하며, 기타사항에 대해서는 이사회에 권한을 위임하고 있다.

이사회는 역내회원국으로 구성된 8개 그룹과 역외회원국으로 구성된 4개 그룹을 각각 대표하는 총 12명의 이사로 구성된다. 일본, 미국, 중국은 단독으로 각각 1명의 이사를 선출하며, 나머지 역내·외 회원국들은 지리적·경제적 관련성과 투표권비중 등을 고려하여 그룹으로 구성하여 그룹별 이사를 선출한다.

이사회는 ADB 전반에 관한 지휘·감독의 책임을 지고 있으며, 총회로부터 위임받은 권한을 행사한다. 특히 이사회는 총회준비, 대출·보증·주식투자·차입·기술지원 등에 대한 결정, 연차보고서 제출, 예산승인 등에 대해 고유권한을 행사한다.

3. 주요활동

(1) 주요업무

① 융자

융자(loans)는 ADB의 가장 중요한 사업으로, 일반재원 및 특별기금 중 아시아개발기금(ADF: Asian Development Fund)에서 취급하고 있다. 다만 각 재원별로 융자대상, 융자제도 및 조건 등에 차이가 있다.

일반재원(OCR: ordinary capital resources)은 기본적으로 개발도상국인 역내회원국이 수혜할 수 있으며, 정부와 산하정부기관 및 민간기업 등이 시행하는 개발사업을 지원한다. 융자, 지급보증, 주식투자규모는 약정액 기준으로 자본금, 준비금, 잉여금의 합계액을 초과할 수 없다.

ADB의 주력 융자상품은 차입국의 환위험 및 이자율위험 등을 관리하기 용이한 리보기반융자제도(LBL: Libor-Based Loan window)로 차입국이 통화 및 이자율기준을 선택할 수 있고, 융자금 상환일정 및 통화와 이자율기준 변경이 가능하다.

이 외에도 ADB가 운용하고 있는 융자상품으로 현지통화융자제도(LCL: Local Currency Loan)는 환리스크를 해지할 능력이 없는 개발도상국을 위하여 2005년 도입되었다. 이것은 외화표시부채와 자국통화표시자산 간 통화불일치에 따른 환위험을 완화해 주기 위한 제도로, LIBOR에 상응하는 현지국가의 기준금리를 토대로 자금조달비용을 산정하고 있다.

ADB는 협정문에 근거하여 특별기금을 설립하여 운용할 수 있는데, 역내회원국 중 최빈·개도국을 대상으로 우호적인 조건의 양허성자금을 지원하기 위하여, 1974년 아시아개발기금(ADF: Asian Development Fund)을 설립하였다.

ADF재원을 배분할 때 일반적으로 인구, GDP, 지리적 요건 등 국가별 특성을 고려하지만, 2001년부터는 경제실적이 양호한 국가에 더 많은 재원이 분배될 수 있도록, 성과기준배분제도(PEA)를 도입하였다.

② 지급보증

ADB는 개발도상국이 상업금융기관이나 자본시장투자자로부터 차관을 도입하여 개발프로젝트를 수행할 때, 부족한 신용을 보완해주는 지급보증업무를 수행하고 있다.

ADB가 제공하는 지급보증의 유형은 신용보증과 정치 리스크보증으로, 신용보증(credit guarantee)은 프로젝트위험의 일부를 흡수할 수 있도록 신용을 보강하는 형태로 설계되며, 정치 리스크보증(political risk guarantee)의 경우 사전에 세부적으로 정의한 정치 리스크와 관련하여 위험을 흡수해준다.

③ 주식투자

ADB는 회원국의 경제발전 및 자본시장육성을 목적으로 주식투자가 가능하다. 다만 원금회수 및 수익에 대한 보장이 없고, 투자대상국의 통화가치변동에 따른 환위험도 가능하다는 점을 고려하여 투자액을 엄격하게 제한하고 있다.

주식투자는 사업의 경제적 타당성이 충분히 인정되나, 민간자본으로는 소요재원을 충당할 수 없을 정도로 거액의 자본이 소요될 경우, 동 부족분을 ADB가 보완하는 형식으로 이루어진다.

④ 무상원조

무상원조는 대부분 특별기금인 아시아개발기금을 재원으로 하여 시행되고 있으며, 아시아·태평양 재해대응기금(Asia Pacific Disaster Response Fund), 기후변화기금(Climate Change Fund) 등에 대해서도 시행되고 있다.

⑤ 협조융자

ADB는 역내회원국의 자금수요에 비해 매우 부족한 융자재원을 보완하기 위해 1970년부터 협조융자제도를 도입하고 있다. 협조융자주체는 ADB가 위탁 관리하는 신탁기금을 비롯하여 양자간, 다자간, 민간기관 등 매우 다양하며, 이들과 협조융자를 통해 확보된 재원으로 융자, 무상원조, 기술지원 등 사업을 이행한다.

협조융자는 프로젝트융자와 기술지원융자로 구분되며, 프로젝트융자의 경우 선진국의 공적재원 및 기타 금융기관과도 파트너를 이루게 된다. 융자금리는 공적재원의 경우 대부분 양허성자금으로 저리가 적용되는 반면, 상업재원의 경우에는 국제금융시장금리가 적용된다.

⑥ 기술지원

역내개발도상국의 경제개발능력을 제고시키고 융자활동을 보완하기 위해 사업계획 수립, 집행, 자문용역, 학술연구 등의 분야를 대상으로 무상·유상의 기술지원이 제공되고 있다.

유상기술지원의 경우 일반재원 및 아시아개발기금 등의 자체재원이나 협조융자형식에 의한 외부재원을 기반으로 이루어지며, 융자조건은 일반재원 및 아시아개발기금의 융자조건을 준용하게 된다.

무상기술지원은 ADB가 설립한 특별기금인 기술지원 특별기금 및 일본 특별기금, 일반재원으로부터의 이전분, 선진국 또는 UN개발계획 등으로부터의 쌍무적 또는 다자간공여재원 등을 토대로 이루어진다.

(2) 재원조달 및 운용

① 일반재원

일반재원계정은 기본적으로 회원국정부의 출자와 국제금융시장에서의 차입 등으로 재원을 조달하며, 이를 주로 개발도상국인 회원국에 대한 융자, 유동성 확보를 위한 국채 및 예금보유 등으로 운용하고 있다.

ADB는 매 5년을 초과하지 않는 기간마다 자본금증액여부를 검토하며, 증자는 일반증자와 특별증자로 구분된다.

일반증자(general capital increase)는 각 회원국이 기존출자비율에 따라 증자에 참여하며, 특별증가(special capital increase)는 회원국의 요청에 따라 당해국의 상대적 경제력을 반영하기 위하여 실시한다. 어떠한 경우에도 역내회원국들의 출자비중이 60% 이하로 감소되는 증자는 허용되지 않는다.

ADB의 차입은 대부분 국제금융시장 및 회원국시장을 통해 이루어진다. 차입에 앞서 차입행위가 발생하는 회원국정부로부터 차입에 대한 동의와 함께, 제약 없이 여타 통화로의 교환이 가능하다는 동의를 받아야 한다. 이는 가급적 다양한 국가에서 차입해야 한다는 원칙에 근거한 것이다.

원칙적으로 ADB의 총 차입액은 차입이 없는 회원국의 요구불자본과 납입자본·준비금의 합계를 초과하지 못한다.

② 아시아개발기금

아시아개발기금(ADF)은 회원국의 출연금과 ADB일반재원에서의 납입자본금 이전 등을 통해 재원을 조달하여, 이를 주로 개도국에 대한 융자, 유동성확보를 위한 국채 및 예금보유 등으로 운용한다.

ADF재원의 대부분은 회원국의 출연을 통해 마련되므로, ADB는 정기적으로 재원보충을 실시하고 있다. 2017년 기준 ADF의 재원규모는 336억 달러이며, 지금까지 ADF보충에 참가한 회원국은 미국, 캐나다, 독일, 프랑스, 일본, 호주, 한국, 중국 등 총 34개국이다.

③ 일반재원과 ADF의 통합

ADB는 일반재원과 ADF 모두를 재원으로 하여 대상과 조건이 상이한 융자를 시행하고 있으나, 일반재원과 달리 ADF는 독립적인 법적 실체를 갖지 않아 자금차입을 통한 레버리징이 불가능하여, 대출여력을 증대하는 데 한계가 있다. 따라서 2014년 일반재원과 ADF를 통합하기로 결정하고, 2017년부터 ADF의 대출자산 대부분을 일반재원으로 이관하였다. 이후 ADF에서는 무상원조만 취급하고 양허성대출은 일반재원에서 시행된다.

4. 우리나라와의 관계

우리나라는 1966년 ADB 창립멤버로, 우리나라의 출자금은 3천만 SDR이었으며, 이후 5차에 걸친 일반증자와 2차례의 특별증자를 통해, 2017년 초 기준 53.5억 SDR(5.04%)로 일본, 미국, 중국, 인도, 호주, 인도네시아, 캐나다에 이어 8위에 있다.

이 외에도 ADF와 기술지원 특별기금에도 출연하고 있으며, ADF의 누적 출연액은 2017년 초 기준 6억 SDR이고, 기술지원 특별기금은 누적액이 3천5백만 달러이다.

우리나라는 ADB가입 초기에는 주요 융자수혜국에 속하였으나, 1988년 ADB를 졸업하고 신규차관 도입을 중단하였다. 그러나 1997년 외환위기로 ADB차관 도입을 재개하기도 하였다.

우리나라가 ADB로부터 지원받은 규모는 일반재원융자 63억 달러로, 이중 40억 달러는

1997년 외환위기 시 지원받았다. 1999년 이후 신규차관 도입은 없고 전액 상환하였다.

Ⅱ. 유럽부흥개발은행

1. 설립목적

1980년대 후반, 동유럽 국가들의 민주화 추진과 시장경제 도입을 지원하기 위하여, 유럽공동체(EC: European Community) 12개국은 1989년 유럽부흥개발은행(EBRD: European Bank for Reconstruction and Development)을 설립하기로 합의하고, 4차례의 설립협의를 거쳐 1991년 런던에서 창립총회 개최로 업무를 개시하였다.

지역개발금융기구들이 역내회원국의 경제발전 등 경제적 목적으로 설립된 것과 대조적으로, EBRD는 정치·경제체제의 전환을 위한 개발금융지원을 전제조건으로 하고 있다.

2. 회원국

EBRD는 유럽국가, 비유럽 IMF회원국, 지역기구인 EU와 EIB에 가입자격을 부여하고 있다. EBRD에 가입하기 위해서는 총회의 승인을 얻어야 한다. 총회에서 총 투표권 3/4 이상을 대표하는 2/3 이상 위원의 찬성과 출자주식을 납입함으로써 회원국이 되며, 서면통지로 탈퇴가 가능하다.

2017년 기준으로 EBRD는 총 65개국, EU 및 EIB 등 2개 기구가 가입되어 있다. 회원국은 출자주식 1주당(10,000유로) 1투표권을 배분받게 된다. 2017년 기준 투표권비중은 미국(10.12%), 프랑스, 독일, 영국, 이탈리아, 일본이 각각 8.62%, 러시아(4.05%), 스페인(3.44%) 등이고 우리나라는 1.01%이다.

3. 주요업무

(1) 융자 및 지분투자

중·동부유럽 국가들의 시장경제체제 전환을 촉진하기 위하여 EBRD는 융자, 지분투자 및 지급보증을 시행하고 있다. 대상 국가는 중부유럽에서 중앙아시아에 이르는 36개국이 되며, 시장에서 자금조달이 어려운 민간부문에 투자함으로써 기업가 정신을 촉진시키고, 개방화·민주화 된 시장경제로 전환을 지원한다.

지분투자규모는 통상 2~100백만 유로수준으로 재원규모가 제한되어 있어 소수지분에만 투자가 가능하며, 통상 투자 후 4~8년 이내에 지분을 처분하게 된다. 또한 EBRD는 개방적 시장경제체제로의 전환을 촉진하기 위한 지원대상국의 전략 및 정책 수립을 지원하고 있으며, 중소기업에 대한 경영자문서비스도 제공하고 있다.

(2) 재원조달 및 운용

① 재원조달

EBRD재원은 융자, 투자 및 금융기관 예치 등으로 운용하고 있으며, 총회는 매 5년마다 재원조달 확대를 위해 일반증자의 여부를 검토하게 된다. 일반증자에는 모든 회원국은 총회가 정하는 조건에 따라 참여하며, 특별증자는 신규 회원의 가입 또는 상대적 경제력과 기여도 등이 크게 변화한 특정회원국의 요청에 따라 실시된다.

EBRD는 최고신용등급을 바탕으로 국제금융시장에서 채권발행 및 차입을 통해서도 재원을 조달하고 있다. 발행채권의 만기, 액면가격, 종류 및 발행통화 등에 제한을 두지 않으며, 발행조건도 발행 시기, 인수대상자 등에 따라 다르게 적용되고 있다.

② 재원운용

EBRD는 2017년 기준, 융자 22.2억 유로(39.5%), 금융기관예치금 141.1억 유로(25.1%), 지분투자 53.4억 유로(9.5%) 등으로 재원을 운용하고 있다.

창립 이후 EBRD의 누적융자 및 지분투자 규모는 총 1,168.6억 유로에 달하며, 지원실적은 러시아(22.4%), 동유럽 및 코카서스지역, 남동부유럽, 중부유럽 및 발틱 국가지역 순이다.

4. 우리나라와 관계

우리나라는 국제사회에서의 역할 강화와 위상 제고 및 동구권 국가와 EU지역 진출을 위해, 1991년 창립회원국으로 EBRD에 가입하였으며 가입 시 65백만 유로(0.65%)를 출자하였다. 2017년 기준, 우리나라의 출자금은 3억 유로이고 투표권 비중은 1.01%이다.

이 밖에도 1993년 EBRD의 기술협력기금에 60만 달러를 출연하고, 한국기술자문협력기금에 총 26.9백만 달러를 출연하였으며, 초기 체제전환국가 지원기금에 8.2백만 달러를 출연하였다.

Ⅲ. 미주개발은행

1. 설립목적

미주개발은행(IDB: Inter-American Development Bank)은 1959년 중·남미와 카리브해지역 국가의 경제 및 사회개발과 지역통합을 지원하기 위해 설립된 은행으로, 미주투자공사(IIC: Inter-American Investment Corporation)와 다자간투자기금(MIF: Multilateral Investment Fund)을 합하여 미주개발은행그룹을 구성하고 있다.

미주개발은행그룹은 세계은행그룹(WBG)와 유사한 목적, 역할, 기능, 구조 및 운영형태를 가지고 있다. 또한 세 기구가 각각의 협정에 의하여 설립된 별개의 구조이나 IDB총재 및 이사가 IIC이사회의장 및 이사를 겸하고 있으며, MIF도 별도의 집행기구 없이 IDB가 업무집행을 이행한다.

IDB는 중남미 및 카리브해지역 회원국들의 경제 및 사회개발 촉진을 설립목적으로 공공 및 민간자본의 개발목적 투자 촉진, 회원국의 경제성장 지원, 경제발전 프로젝트의 지원 등을 시행한다.

2. 회원국

IDB가입은 역내국의 경우 미주기구(OAS)회원국, 역외국의 경우 IMF회원국으로 제한되어 있다. 위의 조건을 구비한 국가는 가입신청서와 총회의 승인을 얻어 주식을 인수하고 납입자본금을 불입함으로 회원국이 된다.

역외 국가들의 IDB가입조건 등을 규정한 마드리드선언을 계기로 1976년부터 영국, 프랑스, 스페인, 이탈리아 등 13개 유럽 국가와 일본, 이스라엘 등의 가입으로 범세계적 기구로 확장되었다.

2017년 기준 IDB 회원국은 총 48개국으로 이중 역내회원국은 미국, 캐나다와 중남미, 카리브해지역 26개국이고, 역외국은 16개 유럽국가와 일본, 이스라엘, 한국, 중국 등 20개국이다.

3. 주요업무

IDB회원국의 출자에 의하여 조성된 일반자본재원은 융자 및 금융상품투자로 운용되고 있다.

1959년 설립된 이래 2017년까지 총 26개 국가에 대해 모두 2,601억 달러의 자금을 지원하였으며, 이중 일반자본재원에서 제공된 자금이 2,352억 달러, 특별운영기금과 신탁기금에서 제공된 자금이 각각 198억 달러와 51억 달러이다.

IDB는 신용등급이 일정등급 이상인 국가와 은행의 금융상품에 투자할 수 있으며, 2017년 기준 273억 달러를 정부채권, 자산담보부채권(ABS, MBS), 저축성예금 등에 투자하고 있다.

4. 우리나라와 관계

우리나라는 1979년부터 IDB 가입을 위해 노력하였으나 설립협정문에 지분율의 규정이 명시되어 비회원국의 신규가입이 사실상 제한되는 데다 역내국들의 역외국 신규가입을 경계하고 자금조달 시장진입을 규제하는 상황에서 가입이 지연되었다.

2004년에 이르러 브라질 등 역내회원국들이 우리나라와 중국의 동시 가입을 전제로 우리나라는 구 유고연방국가인 보스니아 헤르체고비나가 포기한 지분을 인수하여 IDB 및 IIC와 MIF에 가입하였다.

우리나라는 IDB에 일본, 크로아티아, 포르투갈, 슬로베니아, 영국과 함께 국가그룹을 이루고 있으며, IIC에 스페인, 일본, 이스라엘, 포르투갈 등과 같이 국가그룹을 이루고 있다.

Ⅳ. 아프리카개발은행

1. 설립목적

아프리카개발은행(AfDB: African Development Bank)은 아프리카역내국의 경제개발 및 사회발전을 도모하기 위해 만성적 재원부족 해결, 역외국 참가허가 및 지원세분화 등을 목적으로 1964년 설립되었다.

AfDB는 아프리카개발기금(AfDF: African Development Fund) 및 나이지리아신탁기금(NTF: Nigeria Trust Fund) 등과 아프리카은행그룹(AfDBG)을 형성하고 있다. 설립배경의 차이 등으로 세 기구의 목적은 다소 상이하나 AfDB를 중심으로 같은 목적으로 활동하고 있다.

AfDB의 설립목적은 아프리카 역내국의 지속가능한 경제 및 사회개발을 통한 빈곤 감축에 있으며, 이를 달성하기 위하여 아프리카역내국의 경제 및 사회개발사업 지원, 개발재원의 조달과 공공 및 민간투자의 촉진, 개발프로젝트 및 참가기업 선정과 관련 조사연구, 개발사업계획의 작성, 연구, 자금조달 및 집행에 필요한 기술지원 등을 시행한다.

2. 회원국

최초 설립 시 역내국에만 허용되던 회원국은 1978년부터 역외국에도 가입이 허용되어, 1982년 우리나라를 포함 11개 역외국이 AfDB에 가입하였다.

2017년 기준 AfDB에는 역내 54국, 역외 26국 등 모두 80개국이 가입하고 있다. 각 회원국의 투표권은 625표의 기본표와 보유주식 1주당 1표씩의 비례표가 주어지며 투표권비중은 협정문에 역내국 60%와 역외국 40%로 규정되어 있다.

3. 주요업무

(1) 융자

AfDB의 융자대상국은 수혜국의 신용도, 1인당 국민총소득(GNI)이 기준이 된다. 신용도 및 GNI를 기준으로 A, B, C 그룹으로 구분하여 융자를 시행하며, 신용 관련 정책을 재평가하여 비양허성차관을 받을 수 있도록 허용한다.

AfDF의 융자기간은 최대 10년간의 거치기간을 포함한 50년으로, AfDB에 비해 더 긴 편이다. 기금재원을 실적기준 배분제도에 따라 융자대상국에 할당하고 있어, 경제실적이 좋은 나라에 더 많은 재원을 배분하여, 융자수혜국의 정책 및 제도개혁에 유인을 부여하고 있다.

융자형태는 프로젝트융자, 정책관련융자 등이 있으며, 소규모 프로젝트에 대해 지역금융기관이 신용공여한도를 설정한다.

프로젝트융자(project loan)는 일반적인 형태로 도로 및 발전소 건설 등 국가 또는 지역개발계획의 일환으로 추진되는 특정사업에 자금을 지원하며, 공공부문 및 민간부문의 프로젝트를 모두 포함하고 있다.

정책 관련 융자(policy-based loan)는 부문조정융자, 구조조정융자, 예산지원융자 등이 있으며, 거시경제정책, 부문조정, 구조조정, 예산지원 등을 위해 사용되고 있다.

(2) 기타업무

AfDB는 융자 외에도 설립목적 달성을 위한 수단의 일환으로 무상공여를 제공한다. 무상공여는 기술지원, 예산지원, 아프리카 식량위기 해결, 특별안정기금 등의 형태로 지원되고 있다. 또한 IMF와 IBRD의 외채과다 빈곤국 외채경감구상(HIPC)에 참여하여 외채과다 빈곤국들의 외채경감노력을 지원하고 있다.

4. 재원조달과 운용

(1) 재원조달

AfDB는 납입자본금 및 차입금으로 조성되는 일반재원과 출연금에 의해 조성되는 특별재원을 구분하여 운영·관리하고 있다. AfDB는 수권자본금제도를 채택하고 있는데, 설립당시 2.5억 UA[2)]에 불과했던 수권자본금은 6차례의 일반증자와 12차례의 특별증자를 거치면서 646억 UA로 증액되었으며, 납입자본은 40억 UA로 대부분 요구불자본으로 구성되어 있다.

AfDB는 그 목적 및 기능 수행을 위해 특별기금을 설치할 수 있다. 현재 예상치 못한 자연재해를 당한 역내국을 지원하기 위한 특별기금인 '특별구제기금', 중국과 AfDB가 공동으로 10년간 20억 달러규모의 금융지원을 목표로 설립한 '아프리카성장 협력기금', 'Mamoun Beheiry기금', 가뭄과 기근에 처한 역내국지원을 위한 '가뭄 및 기근에 대한 긴

---

2) 1993년부터 AfDB 등 아프리카 금융기구에서는 통화단위로 UA(Unit of Account)를 회계단위로 쓰고 있으며, 가치는 1UA=1SDR이다.

급원조기금' 등의 신탁기금이 운영되고 있다.

(2) 재원운용

AfDB의 융자는 주로 프로젝트융자에 52.3%, 정책융자에 28.6%를 집중하고 있으며, 부문별융자는 삶의 질 제고를 위한 교육, 교통인프라 확대, 식수 및 위생 확보 등을 위해 주로 지원하고 있으며, 기타 전력 및 에너지 공급 확대, 농업생산 증대 등에도 비중을 할애하고 있다.

AfDB의 자금지원은 그룹 설립목적 달성에 기여할 수 있다고 판단되는 기관에 대한 지분여 형태로도 이루어지고 있다. 다만 지분참여는 일반재원의 납입자본금, 적립금 및 잉여금 합계의 15%를 초과할 수 없도록 협정문에 명시되어 있다.

5. 우리나라와 관계

1978년 AfDB그룹 연차총회에서 역외국에 가입이 허용됨에 따라 우리나라는 1979년 참가 신청을 하고, 1982년 회원국이 되었다. 가입 당시 19.96백만 UA를 출자하였으며, 현재 우리나라의 출자금은 3.1억 UA이다.

우리나라와 아프리카 간의 경제협력을 증진하기 위해 2006년 한·아프리카 경제협력협의체(KOAFEC: Korea Africa Economic Cooperation)을 출범하여, 경제개발경험 전수, 인프라 및 자원개발, IT, 인력개발 등 중점협력분야에서 구체적인 협력사업을 발굴·추진하고 있다. 또한 협력사업을 지원하기 위해 KOAFEC 신탁기금을 AfDB내에 설치하여 현재까지 약 6천만 달러를 출연하고 있다.

Ⅴ. 아시아인프라투자은행

1. 설립목적

2013년 중국의 주도로 역내개발도상국의 인프라투자를 활성화하기 위해 아시아 인프라투자은행(AIIB: Asian Infrastructure Investment Bank)이 제안되었다. 이듬해 22개국이 은행 설립을 위한 양해각서(MOU)에 서명하여 2016년 영국 등 유럽 주요국가와 우리나라를 포함한 57개국이 창립회원으로 참여하여, 베이징에 본부를 둔 AIIB가 공식 출범하게 되었다.

AIIB는 기존의 개발금융기구들이 개발도상국의 경제발전을 설립목적으로 하는데 반해, 인프라투자를 통한 경제발전 지원을 설립목적으로 하고 있다. 중국의 주도적 운영에서 탈피하여 기존 국제금융기구와 보완 및 협력관계를 구축하는 경우, 기존의 국제금융협력체계에 더하여 역내 경제개발 지원을 촉진할 수 있을 것으로 기대된다.

2. 회원국 및 조직

AIIB에 가입하기 위해서는 IBRD 또는 ADB회원국이어야 한다. 역내 회원국은 UN 기준 아시아 및 오세아니아지역에 위치한 국가, 역외 회원국은 그 외의 국가를 지칭한다. 2015년 출범 당시 창립회원국은 57개국이었으나 2017년 27개국이 추가로 가입하면서 현재 회원국은 84개국이며, 역내국은 48개국 역외국은 36개국이다.

우리나라는 창립회원국으로 AIIB에 가입하였으며, 출자금은 37.4억 달러, 납입자본금은 출자금의 20%에 해당하는 7.5억 달러이다. 우리나라의 출자금비중은 3.94%로 중국, 인도, 러시아, 독일에 이어 5위 수준이며, 이스라엘, 몽골, 우즈베키스탄, 피지와 함께 투표권그룹을 형성하여, 이 그룹의 이사직은 우리나라가 맡고 있다.

3. 재원조달 및 운용

(1) 재원조달

① 일반재원

AIIB는 회원국정부의 출자와 국제금융시장에서의 차입 등으로 일반재원을 조달하며, 이를 회원국에 대한 융자, 국채, 예금 등으로 운용하고 있다. AIIB는 수권자본제도[3]를 채택하고 있어 설립 당시 수권자본금은 1,000억 달러이며, 이 중 출자·배분된 자본금이 증가하고 있다.

증자는 일반증자와 특별증자가 있으며, 일반증자에는 각 회원국이 기존출자비율에 따라 참여하며, 특별증자는 회원국의 요청에 따라 당해국의 상대적 경제력을 반영하기 위하여 실시한다.

② 특별기금

AIIB는 2016년 회원국들의 출연금으로 재원을 조달하는 'AIIB 사업준비 특별기금(AIIB project preparation special fund)을 설립하였다. 동 특별기금은 일반재원과 독립적으로 관리·운영되며, ADB가 운영하는 ADF와 같이 저소득개발도상국에 대한 개발사업 지원을 목표로 하고 있다.

2018년 기준 중국정부가 특별기금에 3,000만 달러를 출연하였으며, 우리나라(800만 달러), 영국(500만 달러)도 출연을 합의한 상태이다.

---

3) 수권자본제도는 주식회사 등에서 정관에 기재한 총 발행예정 주식 수 중 일부는 회사 설립 시 발행하나, 나머지 주식은 필요시마다 이사회의 인정을 얻어 발행하게 되는 방식의 제도이다.

(2) 재원운용

AIIB는 협정문에 의거하여 융자, 지분투자, 지급보증, 기술지원 및 협조융자를 수행하고 기타 금융 업무를 수행하게 된다. AIIB는 독자적 업무를 추진하는 대신, 이미 검증되고 신뢰도가 높은 여타 국제금융기구와 협조융자를 추진하는 방식으로 업무를 확대하고 있으며, 이를 위해 ADB, EBRD, 세계은행 등 여타 국제금융기구와 업무협조를 위한 양해각서를 체결하였다.

영업 첫해인 2016년 9건의 프로젝트에 대해 총 17.3억 달러의 융자를 승인하였으며, 이 중 6건은 ADB, 세계은행, EBRD의 협조를 받아 추진하였고, 나머지 3건만 독자적으로 융자를 추진하였다.

프로젝트는 아시아 낙후지역의 고속도로 건설, 에너지발전시설, 철도·항만 등 사회간접시설 확충, 빈민가 개발, 국가 간 가스파이프라인 설비 등 인프라를 확장하기 위한 사업이 주요내용이 된다.

요 약

1. OECD의 주요업무 및 지향목표는 다음과 같다.
첫째, 상호정책조정 및 협력을 통해 회원국의 경제성장과 금융안정을 도모함으로써 세계경제에 기여한다.
둘째, 각국의 건전한 경제성장을 촉진한다.
셋째, 다자주의와 비차별 원칙에 입각하여 세계무역의 확대에 기여한다.
2011년 OECD 설립 50주년을 기념하여 OECD가 추진해 가야 할 비전선언문을 채택하고 있는데 그 내용은 다음과 같다.
첫째, 나은 삶을 위한 좋은 정책.
둘째, 회원국과 개발도상국과의 정책공유.
셋째, 개발의 새로운 패러다임.
넷째, 글로벌 정책네트워크.

2. IBRD의 설립목적을 다음과 같다.
첫째, 전쟁으로 인해 파괴 또는 와해된 경제의 회복, 평시수요체제로의 생산설비 재 전환, 저개발국가의 생산설비와 자원개발 등 생산목적의 자본투자를 용이하게 함으로써, 회원국의 부흥과 개발을 지원한다.
둘째, 민간투자자에 의한 대출 및 기타투자에 대해 보증하거나 참가함으로써 민간부문의 해외투자를 촉진하며, 민간자본의 이용이 여의치 않을 경우에는 적절한 조건으로 은행이 조달한 자금을 공여하여 민간투자를 보완한다.
셋째, 회원국의 자원개발을 위한 국제투자를 장려함으로써 국제무역의 장기적 균형발전과 국제수지의 균형을 도모하고, 이로써 회원국의 생산성, 생활수준, 노동여건 향상에 기여한다.
넷째, 은행 이외의 경로를 통해 이루어진 국제융자와 연계하여 융자나 보증을 제공하여, 유용하고 긴급한 사업계획이 그 규모에 관계없이 우선적으로 시행될 수 있도록 조치한다.
다섯째, 국제투자가 회원국의 경제상태에 미치는 영향을 적절히 고려하여 은행 업무를 수행하고, 특히 전쟁 후 수년간은 전시경제로부터 평시경제로 원활히 이행할 수 있도록 지원한다.

참 고 문 헌

강호상, 외환론, 법문사, 2016.
국제금융연구회, 국제금융론, 경문사, 2016.
곽태운, 현대국제금융론, 박영사, 2013.
김인준·이영섭, 국제금융론, 율곡출판사, 2013.
신상기, 국제금융시장, 무역경영사, 2003.
안홍식, 국제금융론, 삼영사, 2019.
이환호, 외환의 이론과 실제, 국제금융입문, 경문사, 2010.
이효구, 국제금융시장, 범한서적, 2012.
장홍범·권태용, 국제금융: 이론과 실제, 한티미디어, 2018.
전기석, 현대금융시장론, 명경사, 2019.
최생림, 외환론, 박영사, 2016.
최성섭, 금융시장론, 두남, 2014.
최해범, 국제금융론, 두남, 2013.
한국은행, 국제금융기구, 2016.
한국은행, 국제수지통계의 이해, 2016.
한국은행, 한국의 금융시장, 2016.
한국은행, 한국의 외환제도와 외환시장, 2016.
Almeida A., C. Goohart, and R. Payne, "The Effects of Macroeconomic News on High Frequency Exchange Rate Behavior," *Journal of Financial Quantitative Analysis*, Vol.33, pp.383–408, 1998.
Andrew B. Abel, and Frederic S. Miskin, "An Integrated View of Tests of Rationality, Market Efficiency and the Short–run Neutrality of Monetary Policy," *Journal of Monetary Economics*, Vol.11, pp.3–24, 1983.
Baillie, Richard T., and McMahon, Patrick C., "The Foreign Exchange Market," Cambridge University Press, 1989.
Baker, James D., "International Finance," Prentice Hall, 1998.
Bartov E., and G. M. Bodner, "Firm Valuation, Earnings Expectations, and the Exchange Rate Exposure Effect," *Journal of Finance*, Vol.19, pp.1755–1785, 1994.
Bernhard Heitger, "Purchasing Power Parity under Flexible Exchange Rate : The Impact of Structural Change," *Weltwirtschaftliches Archiv*, Vol.123, pp.149–156, 1987.
Bodurtha J., and G. Gourtadon, "Efficiency Tests of the Foreign Currency Option

Market," *Journal of Finance*, Vol.41, pp.151–162, 1986.

Buckley, A., "Multinational Finance," Second edition, Prentice Hall, 1992.

Calvo, G., and Mendoza, E., "Mexico's Balance of Payments Crisis: A Chronicle of a Death Foretold," *Journal of International Economics*, 41, pp.234–264, 1997.

David D. Van Hoose, "A Note on Interest on Required Reserves as An Instrument of Monetary Control," Journal of Banking and Finance, Vol.10, pp.147–156, 1986.

David S. Kidwel, and David A. Blackwell, and David Whidbe, "Financial Institutions, Markets, And Money," John Wiely&Sons, Inc. 2013. .

Diamond, D., and Dybvig, P., "Bank Runs, Liquidity, and Deposit Insur- ance," *Journal of Political Economy*, pp.401–419, 1983.

Dornbusch, R., "Expectations and Exchange Rate Dynamics," *Journal of Political Economy*, pp.1161–1176, 1976.

Dumas B., and B. Solnik, "The World Price of Foreign Exchange Risk," *Journal of Finance*, Vol.39, pp.445–479, 1995.

Edwards, S., "Real Exchange Rates, Devaluation, and Adjustment," The MIT Press, 1991.

Eun, and Resnick, "International Finance" McGraw–Hill Education Limited, 2014.

Fama E. F., "Forward and Spot Exchange Rates," *Journal of Monetary Economics*, Vol.14, pp.319–328, 1984.

Frankel, Jeffrey A., "Monetary and Portfolio Balance Model of Exchange Rate Determination," in J. S. Bhandari and B. H. Putnam, Economic Interdependence and Flexible Exchange Rates, MIT Press, 1983.

Frankel, Jeffrey A., and Rose, A., "Currency Crashes in Emerging Market : An Empirical Treatment," *Journal of International Economics*, pp.351–366, 1996.

Frenkel, J. A., "A Monetary Approach to the Exchange Rate: Doctrial As –pects and Empirical Evidence," *Scandinavian Journal of Economics*, pp.169–191, 1976.

Goldjajn, I., and Valdes, R. O., "Capital Flows and the Twin Crisis: The Role of Liquidity," *IMF Working Paper*, Vol.87, 1997.

Hall J. C., Options Futures, and Other Derivative Securities, second ed., Prentice–Hall, 1993.

Kaminsky, G. L., and Reinhart, C. M., "The Twin Crisis: The Causes of Banking and Balance of Payments Problems," *American Economic Review*, June 1999.

Kenneth Rogoff, "Reputational Constraints on Monetary Policy," *Carnegie–Rochester Conference Series on Public Policy*, Vol.26, pp.141–182 1987.

Kenneth R. French, "A Comparison of Futures and Forward Prices," *Journal of Financial Economics*, Vol.38, pp.311–342, 1983.

Kenneth Singleton, "Speculation and the volatility of Foreign Currency Exchange Rates," *Carnegie–Rochester Conference Series on Public Policy*, Vol.26, pp.9–56, 1987.

Kirt C. Butler, "Multinational Finance: Evaluating the Opportunities, Cost and Risks of Multinational Operations," *John Wiley&Sons*, Inc. 2016.

Krugman P., "A Model of Balance of Payments Crisis," *Journal of Money*, Credit and Banking, Vol.11, pp.311–325, 1979.

Krugman, P. R., "A Model of Balance of Payments Crisis," *Journal of Money*, Credit and

Banking, pp.311–325, 1979.

LeBaron B., "Technical Trading Rule Profitability and Foreign Exchange Intervention," *Journal of International Economics*, Vol.49, pp.125–143, 1999.

Lemma W. Senbet, and Robert A. Taggart, Jr., "Capital Structure Equilib rium under Market Imperfections and Incompleteness," *Journal of Financial Economics*, Vol. 39, pp.77–92, 1984.

Meese, R., and Rogoff, K., "Empirical Exchange Rate Models of the Seventies: Do They Fit out of Sample," *Journal of International Economics*, pp.3–24, February 1983.

Michael H. Moffett, and Arthur I. Stonehill, and David K. Eiteman, "Fundamentals of Multinational Finance," Pearson Education Limited 2016.

Mishkin, Fredric, S., "Lessons from the Asian Crisis," *Journal of International Money and Finance*, Vol.18, pp.709–723, 1999.

Obstfeld, Maurice, "Rational and Self–Fulfilling Balance of Payments Crisis," *American Economic Review*, Vol.76, pp.321–35, 1986.

Obstfeld M., and K. Rogoff, Foundations of International Macroeconomics, MIT Press, 1996.

Rajan, R., "The Future of the IMF and the World Bank," *American Economic Review*, pp.110–115, May 2008.

Rene M. Stulz, "Currency Preferences, Purchasing Power Risks, and the Determination of Exchange Rates in an Optimizing Model," *Journal of Money*, Credit and Banking, Vol.14, pp.302–316, 1984.

Robert F. Stambaugh, "Arbitrage Pricing with Information," *Journal of Financial Economics*, Vol.38, pp.357–369, 1983.

Salvatore D., "The Euro: Expectations and Performance," *Eastern Economics Journal*, pp.121–136. Winter 2002,

Sebastian Edwards, "Is the U.S. Current Account Deficit Sustainable?" *Bookings Papers on Economic Activity*, Vol.1. pp.211–271. 2005.

Stephen J. Turnovsky, "Exchange Market Intervention under Alternative Forms of Exogenous Disturbances," *Journal of International Economics*, Vol.17, pp.279–298, 1984.

Sweeny R., "Beating the Foreign Exchange Market," *Journal of Finance*, Vol.41, pp.163–182,1986.

Victor Levy, "Demand for International Reserves and Exchange–Rate Intervention Policy in An Adjustable–Peg Economy," *Journal of Monetary Economics*, Vol.11, pp.89–102, 1983.

William S. Haraf, "Tests of A Rational Expectations Structural Neutrality Model with Persistence Effects of Monetary Disturbances," *Journal of Monetary Economics*, Vol.11, pp.103–121,1983.

찾 아 보 기

ㄱ

▮ L ▮

▮ M ▮

▮ N ▮

▮ O ▮

▮ P ▮

▮ R ▮

▮ S ▮

▮ T ▮

▮ U ▮

▮ W ▮

저자 약력

■ **이 종 섭 (李鍾燮)**

- 전북대학교 상과대학 무역학과(상 학사)
- 서강대학교 경영대학 무역학과(상학 석사)
- 전북대학교 상과대학 무역학과(경제학 박사)
- 한국무역학회 이사
- 한국국제경영학회 이사
- 외환관리사 출제위원
- 전국 면세점 선정위원
- 7급 국가공무원 출제위원
- South-East Missouri State University 객원교수
- 현재 군산대학교 사회과학대학 무역학과 교수

국제금융론

초　판 1쇄 발행 —— 2019년 8월 10일
초　판 2쇄 발행 —— 2020년 1월 25일
지은이 —— 이 종 섭
펴낸이 —— 전 두 표
펴낸곳 —— 도서출판 **두남**
서울시 강동구 성내로6길 34-16 두남빌딩
신 고 : 제25100-1988-9호
TEL : 02) 478-2065~7, 2311
FAX : 02) 478-2068
E-mail : dunam1@unitel.co.kr
http://www.dunam.co.kr

정가 28,000원

ISBN 978-89-6414-846-4　93320